Deutschbuch

Handreichungen für den Unterricht

3

für Gymnasien in Baden-Württemberg

Herausgegeben von
Margret Fingerhut und Bernd Schurf

Erarbeitet von
Sabine Bethke-Bunte (Neuenstadt),
Karlheinz Fingerhut (Ludwigsburg),
Margret Fingerhut (Marbach),
Beate Graf (Freiburg),
Peter Imhof (Vaihingen/Enz),
Uwe Loewer (Reutlingen),
Claudia Mutter (Singen),
Birgit Neugebauer (Stuttgart),
Christina Peter-Brutscher (Wertheim),
Kerstin Scherer (Karlsruhe),
Frank Schindler (Soest),
Monika Schittenhelm (Wendlingen)

Cornelsen

🎧 Die mit diesem Symbol versehenen Texte sind auch in dem „Deutschbuch Hörbuch 7/8“ enthalten.

UMGANG MIT TEXTEN UND MEDIEN • UMGANG MIT TEXTEN UND MEDIEN • UMGANG MIT TEXTEN UND MEDIEN •

ARBEITSTECHNIKEN UND … • UMGANG MIT TEXTEN UND MEDIEN • UMGANG MIT TEXTEN UND MEDIEN •

Vorwort

1 Zur Grundkonzeption des Lehrwerks

Das „Deutschbuch" ist ein **integriertes Lehrwerk**. Es geht von der Erfahrung vieler Lehrerinnen und Lehrer aus, dass die Binnengliederung des Fachunterrichts in die Teildisziplinen „Sprache" und „Literatur" weder von den Gegenständen her gerechtfertigt ist noch dem pädagogischen Grundsatz entspricht, dass alles erfolgreiche Sprachlernen sich aus komplexen und realitätsnahen Lernsituationen heraus entwickelt. Mündliche und schriftliche Mitteilungen, Gebrauchs- oder Sachtexte eröffnen die Möglichkeit, ihre sprachlichen Besonderheiten zu thematisieren sowie die Bedingungen sprachlichen Handelns zu reflektieren. Literarische Texte fordern eine genaue Analyse von Formulierungsentscheidungen der Autoren. Insofern sind sie besonders geeignete Objekte, um Sprachaufmerksamkeit zu erzeugen. Deshalb ist die Integration von Sprache und Literatur im Fach Deutsch ein didaktisches Konzept, zu dem es eigentlich keine Alternative gibt. Wie die meisten Lehrpläne verlangen auch die Bildungsstandards in Baden-Württemberg – selbst wenn sie das Fach gegenstands- und bereichsspezifisch gegliedert vorstellen – die Integration der Teilbereiche des Faches in der konkreten Planung von Lernprozessen.

Integration im „Deutschbuch" heißt stets **Integration von den Gegenstandsstrukturen her** und **Integration von den intendierten Lernprozessen her**. Ausgangspunkte der fünfzehn Kapitel, in die der Band 3 gegliedert ist, sind im Sinne eines erfahrungsbezogenen Unterrichts Problemstellungen und Themen, die sich an der Alltagsrealität der Schülerinnen und Schüler orientieren. Sie erhalten ihre fachspezifische Ausprägung jeweils dadurch, dass in den auslösenden Lebens- und Lernsituationen Sprache zum Problem wird oder literarische bzw. pragmatische Texte Erfahrungen anderer Menschen zur Kenntnis bringen und zur Diskussion stellen.

Die konsequente Anknüpfung an die Lebenswelt der Schülerinnen und Schüler und an gesellschaftliche Schlüsselprobleme verlangt, dass das Integrationsprinzip auch die Fachgrenzen überschreitet. Dies gilt vor allem dann, wenn Unterricht handlungsorientiert (bis hin zum Projekt) angelegt werden soll und der zu erarbeitende oder zu erforschende Bereich nicht nur Sprache und Literatur umfasst. Hier schließt das fachimmanente Integrationsprinzip nahtlos an das fächerübergreifende an. Das ist gerade im Deutschunterricht auch insofern gerechtfertigt, als in den Sachfächern ja häufig sprachlich und an Texten gearbeitet wird. Deswegen wird man im „Deutschbuch" Aufgabenstellungen finden, die auf Gegenstände, Textbeispiele oder Arbeitsergebnisse anderer Fächer zurückgreifen. Mit der Berücksichtigung der sprachlichen Dimension in den Sachfächern versucht das „Deutschbuch" einen Beitrag zur Überwindung der Aufsplitterung des schulischen Lernens und Arbeitens im künstlichen System der „Fächer" zu leisten. Dabei gewährleistet das Prinzip des exemplarischen Arbeitens eine angemessene Reduktion der Stofffülle.

1.1 Die Arbeitsbereiche

In vielen Lehrplänen hat sich eine Gliederung des Faches in die Arbeitsbereiche „Sprechen und Schreiben", „Reflexion über Sprache" und „Umgang mit Texten" als eine pragmatische Entscheidung durchgesetzt. Viele Fragen bleiben offen: Warum ist „Schreiben" z.B. kein eigener Bereich? Wo wird die Orthografie eingegliedert, wo der Bereich „Medien"? Trotz einiger Überschneidungen und Unschärfen dient die Untergliederung des Deutschunterrichts in Lernbereiche aber der Übersichtlichkeit und der gewünschten didaktisch-methodischen Schwerpunktsetzung im konkreten Unterricht. Aus diesen Erwägungen heraus berücksichtigt auch das „Deutschbuch" die **Einteilung des Faches in Arbeitsbereiche** bei der Anordnung der einzelnen Kapitel. Gemäß den Bildungsstandards für Baden-Württemberg werden die Arbeitsbereiche **„Sprechen", „Schreiben", „Lesen/Umgang mit Texten und Medien"** und **„Nachdenken über Sprache/Sprachbewusstsein entwickeln"** ausgewiesen. Die Bereiche „Sprechen" und „Schreiben" werden dabei, wie es auch die einleitenden Vorbemerkungen zu den Bildungsstandards Deutsch in Baden-Württemberg nahe legen, mit Blick auf die Unterrichtspraxis einem übergeordneten Arbeitsbereich zugewiesen.
Nach einem einleitenden Kapitel, das anhand einer besonders wichtigen, altersspezifischen Fragestellung in das Deutschprogramm des jeweiligen Jahrgangs einführt, sind thematisch orientierte Kapitel den einzelnen Arbeitsbereichen zugeordnet. Dabei soll eine formale Gleichgewichtigkeit erreicht werden. Das wirkt sich vor allem positiv für den Arbeitsbereich „Sprechen und Schreiben" aus, der in der traditionellen Zweiteilung der Leitmedien des Deutschunterrichts in Sprach- und Lesebuch kaum eigenes Profil gewinnen konnte. Das „Deutschbuch" möchte zur didaktischen Überwindung dieser Defizite dadurch beitragen, dass es mehrfach Sprechen/Schreiben ins Zentrum rückt und von dort aus Brücken zu anderen fachspezifischen Tätigkeiten schlägt.
In einem eigenen, abschließenden Kapitel werden übergreifende Arbeitsstrategien und -techniken exemplarisch vorgestellt und eingeübt. Darüber hinaus kommt das Methodenlernen in allen weiteren Kapiteln integriert zur Anwendung, in Band 3 beispielsweise das Schreiben eines Lesetagebuchs (Kap. 1) oder die Auswertung und Aufbereitung von Informationen (Kap. 4, 12).
Die Entscheidung für eine angemessene Berücksichtigung der Leitprinzipien „Schüler-" und „Wissenschaftsorientierung" ist von den Herausgebern und Mitarbeiter(inne)n am „Deutschbuch" so getroffen, dass in jedem Einzelfall überlegt wird: So viel Situations- und Erfahrungsanbindung wie möglich, so viel Fachsystematik wie unbedingt nötig.
Die Folge des durchgehend geforderten Prinzips „Lernen in Zusammenhängen" ist, dass das Lehrgangsprinzip im „Deutschbuch" nur noch dort Gültigkeit für die Organisation von Lernprozessen hat, wo fachlichem Klärungsbedarf anders nicht zu entsprechen ist, z.B. beim Aufbau einer grammatischen „Verkehrssprache" in Sachen Wortarten und Satzbau. Aber auch dort geht es nicht um das systematische Lernen von Regeln und Definitionen, sondern um operatives Erarbeiten und „(sprach-)entdeckendes" Lernen, das Sprachaufmerksamkeit fördert und kontinuierlich Sprachbewusstsein entwickelt. Einheiten des Rechtschreibunterrichts können sich z.B. im Gefolge eines Schreibvorhabens oder aber im Anschluss an eine Sprachreflexion ergeben. Natürlich wird man auch die Grammatik als thematisierte Sprachreflexion wieder finden. Warum und wie unterteilen wir Wörter nach ihrer Leistung im Satz und nach ihren Bildungsregeln in „Wortarten", warum lernen wir verschiedene „Satzfunktionen" kennen? Aber es gibt immer Angebote, die Sprachreflexion mit anderen Bereichen des Deutschunterrichts zu verklammern. Schreib- und Lesesituationen, kommunikative Anlässe oder auch Sprachspiele ermöglichen Einsichten in Bauformen, Funktionen und Leistungen der Sprache.

1.2 Das Prinzip der Integration in den einzelnen Kapiteln

„Integration" bedeutet im „Deutschbuch" nicht das Hintereinanderschalten von Arbeitsteilen aus den Sektoren des Deutschunterrichts, sodass überall ein gewisses Fortschreiten zu verzeichnen ist, sondern das gemeinsame Entwickeln traditionell unterschiedlich zugeordneter **fachspezifischer Tätigkeiten der Schülerinnen und Schüler im Zusammenhang einer nachvollziehbaren Lernsituation**. Aus dem Umgang mit literarischen Texten z. B. kann eine produktive Schreibaufgabe, eine analytische Operation oder eine Sprachbetrachtung erwachsen – je nach der konkreten Unterrichtskonstellation.
Die Kapitel des „Deutschbuchs" sind nach dem Prinzip des **Dreischritts** aufgebaut: Im ersten Teilkapitel wird einer der Arbeitsbereiche dominant gesetzt. Im zweiten Teilkapitel wird ein weiterer Arbeitsbereich integriert oder Aufgaben und Materialien werden präsentiert, die ein fächerübergreifendes Lernen ermöglichen. Das dritte Teilkapitel dient dem Anwenden, Üben und Vertiefen des zuvor Gelernten. Es eignet sich mit seiner Fülle an Aufgaben und Übungen auch für das selbstständige Lernen der Schülerinnen und Schüler. Über die Materialfülle und die fächerübergreifenden Aspekte, die in den einzelnen Teilkapiteln angeboten werden, kann die Lehrkraft auch leicht eine Schwerpunktsetzung im Sinne der durch die Bildungsstandards geforderten Entwicklung eines schuleigenen Curriculums vornehmen. Ein Farbsystem informiert über das jeweilige Zusammenspiel von dominanten und zugeordneten Arbeitsbereichen. Die übrigen Arbeitsbereiche sollen in allen Teilkapiteln situativ durch einzelne Aufgabenstellungen integriert werden.
Die vorgeschlagenen Tätigkeiten der Schülerinnen und Schüler verknüpfen den dominanten Arbeitsbereich mit dem ergänzenden oder erweiternden Bereich. Der „Ausflug" über die Grenzen der Arbeitsbereiche hinaus erfolgt dabei nicht nur auf der Ebene der Materialien, sondern konkret auf der Ebene der einzelnen Tätigkeiten. Ersatz- und Umstellproben etwa sind nicht nur Operationen des Grammatikunterrichts zur Bestimmung von Satzgliedern, sondern sie haben eine weitere Funktion beim Verbessern eigener Texte und beim Analysieren von Literatur. Im dritten Schritt, dem der Übung und Festigung, werden die integrativen Momente dadurch verstärkt, dass nicht mehr klassifikatorisch unterschieden wird, wohin nun eine vorgeschlagene Tätigkeit gehört.

2 Weitere Besonderheiten des Konzepts

2.1 Die Einführungskapitel

Die Eröffnungskapitel setzen einen **kommunikationsorientierten Schwerpunkt**, der vom **Lebensumfeld der Schülerinnen und Schüler**, ihren unmittelbaren Erfahrungen und Deutungsmustern, ihren Interessen und Erwartungen ausgeht. Diese didaktische Akzentuierung spiegelt sich in den Kapitelüberschriften wider, z. B.: „Wir und unsere Schule" (Bd. 1), „Freundschaften" (Bd. 2), „Wer bin ich?" (Bd. 3) oder „Vorbilder" (Bd. 4).
Sich über eigene Situationen mündlich und schriftlich zu verständigen, sich selbst und die persönliche Lebenswelt besser kennen zu lernen, ist Voraussetzung für die Klärung der individuellen Lage im gesellschaftlichen Handlungsfeld. Die eigenen Lebenswelterfahrungen werden mit den Erfahrungen anderer in Beziehung gesetzt, wobei aktuelle Fremderfahrungen und multikulturell vermittelte Andersartigkeit in den Blick rücken.
Die dezidierte **Schülerorientierung** der einleitenden Kapitel bildet einerseits das Fundament

eines eigenverantwortlichen und handlungsorientierten Lernprozesses. Andererseits werden hier bereits fachliche und methodische Kompetenzen entfaltet, die für „Sprechen und Schreiben“ grundlegend sind.

2.2 Lernen in Unterrichtsprojekten/ Fächerübergreifendes Lernen

Jeder Band enthält Vorschläge für Projekte und projektartig angelegte Arbeitsschritte, z.B. in Band 3 Freizeitbroschüren erstellen (Kap. 3), einen Vortragsabend gestalten (Kap. 11), Jugendzeitschriften auswerten (Kap. 13), ein Programmheft schreiben (Kap. 14). Diese Projekte haben jeweils einen fachspezifischen Ausgangspunkt, sie beschränken sich aber nicht auf das Fach Deutsch, sondern beziehen Aspekte anderer Fächer mit ein. Aus der Didaktik des Projektunterrichts stammen die beiden wichtigsten pädagogischen **Prinzipien des handlungs- und erfahrungsorientierten Lernens** und **des selbst organisierten und selbsttätigen Arbeitens in Gruppen**. Aus der Fachdidaktik stammen die Prinzipien der besonderen Berücksichtigung des sprachlichen Anteils an den Lernprozessen. Dabei können unterschiedliche Texte, Alltagssprache, Fachsprache, der funktionale Einsatz von Sprache zur Verständigung der Teilnehmer und zur Organisation der Arbeit besondere Aufmerksamkeit verdienen.
Die Teilkapitel, die Projekte vorschlagen, sind so konstruiert, dass sie Absprachen zwischen den Fachlehrerinnen und Fachlehrern einer Klasse wünschbar und sinnvoll erscheinen lassen, dass sie aber auch von der Deutschlehrkraft allein durchgeführt werden können.

2.3 Arbeitstechniken und Methoden

Das Abschlusskapitel stellt Arbeitstechniken und Methoden vor, die nicht nur für den Deutschunterricht, sondern auch für anderen Fachunterricht eine wichtige Grundlage bilden. In Band 3 und 4 liegt der Schwerpunkt auf dem Einüben von Gruppenarbeit und der Förderung kommunikativer Kompetenzen.

2.4 Integration des Umgangs mit informationstechnischen Medien

Sowohl Medien- als auch Methodenkompetenz können sich nur aufbauen und erweitern, wenn Anwendungen im Zusammenhang mit entsprechenden Lern- und Gegenstandsbereichen ermöglicht werden. Deshalb werden überall dort, wo der Lerngegenstand es erfordert oder sinnvoll erscheinen lässt, Aufgabenstellungen zum Umgang und zur Verwendung der modernen Informations- und Kommunikationsmedien integriert, z.B. in Kap. 3.1 oder 6.1 („Informationen einholen“), in Kap. 15.2 („Texte am PC überarbeiten“).

3 Didaktische Prinzipien in den Arbeitsbereichen

Innerhalb der Arbeitsbereiche haben sich in den letzten Jahren eine Reihe **fachdidaktisch begründeter methodischer Neuansätze** ergeben, die auch in den Bildungsstandards und in einem modernen Lehrwerk wie dem „Deutschbuch" ihren Niederschlag finden und die auch in zentrale und abschließende Prüfungsaufgaben Eingang gefunden haben. In den Bereichen „Sprechen" und „Schreiben" sind das die Integration des darstellenden Spiels in den Deutschunterricht und die Reform des Aufsatzunterrichts zur prozessorientierten Schreibdidaktik, im Bereich „Nachdenken über Sprache / Sprachbewusstsein entwickeln" der integrative, funktionale und operative Grammatikunterricht und die neuen Wege im Rechtschreibunterricht. Im Bereich „Umgang mit Texten und Medien" sind es der erweiterte Textbegriff, speziell die Integration des Umgangs mit den elektronischen Medien, der Aufbau einer grundlegenden Lese- und Verstehenskompetenz im Umgang mit Sach- und literarischen Texten sowie der produktive Ansatz im Literaturunterricht. Das bedeutet, dass im „Deutschbuch" dem kreativen Schreiben in all seinen Formen der angemessene Platz eingeräumt wird.

3.1 Sprechen und Schreiben

Die didaktisch-methodischen Innovationen im Bereich des „Sprechens" beziehen sich weniger auf den kommunikativen Grundansatz, der weiter ausgebaut wird, indem explizit Gesprächsregeln und bewusste Formen der Gesprächsführung angeboten und gelernt werden sollen, sondern auch auf das Wieder-Hereinnehmen von methodischen Möglichkeiten, die in den vergangenen Jahrzehnten vernachlässigt worden sind. Zu diesen gehören das **gestaltende Sprechen**, der freie Vortrag und die Präsentation von literarischen Texten sowie das szenische Lesen mit verteilten Rollen.
Durch die systematische Berücksichtigung methodischer Möglichkeiten des **„Darstellenden Spiels"** bei den Aufgabenstellungen und bei den Vorschlägen zur Projektarbeit soll gewährleistet werden, dass die ästhetische Komponente in diesem Arbeitsbereich angemessen berücksichtigt wird.
Im Bereich „Schreiben" haben sich in der fachdidaktischen Diskussion erhebliche Veränderungen vollzogen. Nach der so genannten „kommunikativen Wende" in der Aufsatzdidaktik waren bereits die traditionellen Aufsatzgattungen und deren Begründung als „Naturarten" der Schriftlichkeit stark in Zweifel gezogen worden. Die gattungstypologische Unterscheidung von "Erlebniserzählung" und „Bericht" oder gar „Schilderung" muss heute keinen Schüler mehr quälen, ebenso wenig wie der zwischen „Erörterung" und „Besinnungsaufsatz". Die Angabe des Adressaten im Thema und die Einbettung der Schreibaufgabe in eine wieder erkennbare Situation gelten seitdem als zentrale Schreibsteuerung. Um den **Prozesscharakter des Schreibens** zu betonen, spricht das „Deutschbuch" vom **Erzählen, Berichten oder Erörtern als Tätigkeiten**. Die Grenzen, die die entsprechenden Substantive in den Köpfen der Schülerinnen und Schüler aufrichten, sind weggefallen. Beim erörternden Schreiben – und darauf legt die Schreibdidaktik des „Deutschbuchs" besonderen Wert – ist der sorgfältige Aufbau einer Argumentation entscheidend: Was ist ein Argument? Was ist ein Belegbeispiel, eine Stützung des Arguments durch Berufung auf eine Autorität, auf allgemeine Erfahrung? usw.
Freie und **kreative** Formen des Schreibens erhalten im „Deutschbuch" einen besonderen Stellenwert. Das Spektrum reicht vom spontanen, textungebundenen Schreiben bis zum produktiven Schreiben im Anschluss an Textvorlagen.

Wichtig und neu hinzukommend zu allen Formen des „Aufsatzschreibens" ist das **funktionale Schreiben**. Es handelt sich um Arbeitstechniken der Schriftlichkeit, die nicht zu in sich geschlossenen Texten führen, wohl aber im Alltag zur Bewältigung von Lernsituationen große Bedeutung besitzen. Dazu gehören nicht nur die bekannten „Notizzettel" und „Stichpunktsammlungen", sondern auch der schriftliche Entwurf von Argumentationsskizzen, die Mitschriften in Gesprächen und der Entwurf von Gliederungen für umfangreichere Ausführungen. Eine besondere Art des funktionalen Schreibens ist das Verbessern von Geschriebenem. Der Arbeitsschwerpunkt **„Textoptimierung"** (mit und ohne Einbezug der Benutzung von Schreibprogrammen der PCs) besitzt ein großes Gewicht im gegenwärtigen Deutschunterricht. Er geht bis zu dem Vorschlag, Texte von Schülerinnen und Schülern erst nach der gezielt vorgenommenen Textverbesserung zu bewerten.

3.2 Nachdenken über Sprache / Sprachbewusstsein entwickeln

Im Bereich „Nachdenken über Sprache / Sprachbewusstsein entwickeln" ergeben sich wesentliche Innovationen. Besonders wichtig ist der Schritt vom systematischen Grammatikunterricht hin zum situativen und funktionalen. Es geht um den Weg vom **Regel- und Auswendiglernen zum operativen Lernen**. Ausgangspunkt sind spontan gebildete subjektive („innere") Regeln, über die Schülerinnen und Schüler verfügen, Ziel ist die Schreibentscheidung des erwachsenen und kompetenten Schriftbenutzers.
Der traditionelle und nachgewiesenermaßen für die Beherrschung der Muttersprache völlig wirkungslose Grammatikunterricht arbeitete an Definitionen von Wortarten und Satzformen. Er veranlasste die Schülerinnen und Schüler, aus Beispielsätzen unter der Leitung des Lehrers / der Lehrerin „Regeln" abzuleiten und mit deren Hilfe die eigene Benutzung der Schriftsprache zu verbessern, Fehler zu erkennen und zu vermeiden. In den seltensten Fällen konnten dadurch sprachliche Defizite behoben werden; genauso wenig kam es zu einer hinreichenden Sicherheit in der Benutzung der grammatischen Terminologie. Deswegen wird im „Deutschbuch" in Anlehnung an neuere didaktische Konzepte ein anderer Weg beschritten. Sprachliche Phänomene werden nicht mehr über Definitionen gelernt, sondern **funktional** eingeführt. Dabei sind sowohl grammatische Merkmale wichtig als auch deren semantische, syntaktische, stilistische oder kommunikative Funktion. Entscheidend ist, dass es keine allumfassenden Definitionen mehr gibt, sondern Prototypenbeschreibungen: Kann man ein Wort mit einem Artikel versehen, kann man es deklinieren und bezeichnet es einen in der Wirklichkeit vorkommenden Gegenstand, Vorgang oder Gedanken, dann ist das ein Substantiv. Die Schülerinnen und Schüler lernen, mit solchen prototypischen Beschreibungen als Prüfinstrument umzugehen. Ihr deklaratives und operatives Sprachwissen hilft ihnen, Situationen zu bewältigen, die metasprachliche Kompetenzen erfordern. Dies bezieht sich z. B. auf die Analyse und Interpretation von Texten, das Thematisieren sprachlicher Alltagssituationen und das Bewältigen von Schreibaufgaben sowie auf die Beherrschung der Rechtschreibung. Demzufolge werden Aspekte der Sprachreflexion in die Kapitel der Bereiche „Sprechen und Schreiben" sowie „Umgang mit Texten und Medien" integriert.
Damit ist zugleich für die **Integration des Rechtschreibunterrichts in die Sprachreflexion** das entscheidende Argument gefallen. Die deutsche Orthografie ist kein willkürliches Regelwerk mit vielen Ausnahmen, sondern eine auf wenigen und plausiblen Grundsätzen aufgebaute Abfolge von Entscheidungen. Die Prinzipien der phonemischen und der morphematischen Schreibung stehen im Zentrum. Ziel ist es, Sprachaufmerksamkeit, d. h. Fehlersensibilität bei Schülerinnen und Schülern zu wecken und sprachbewusste Lösungskompetenz zu vermitteln,

die zur Verbesserung der Schreibkompetenz führen. Das geschieht in Form von Übungen, die darauf achten, dass Phänomene, die zwar systematisch gesehen zusammengehören (wie etwa „Dehnung und Schärfung"), einander im Lernprozess aber hemmen, nicht zusammen gelernt werden.
Rechtschreibung wird im „Deutschbuch" grundsätzlich aus konkreten Sprachverwendungssituationen heraus thematisiert. Dies geschieht in thematisch orientierten Rechtschreibkapiteln, in denen die Rechtschreibübungen aus Schreibsituationen, Schülertexten und Lesesituationen erwachsen. Über die Rechtschreibkapitel hinaus besteht in den übrigen Kapiteln des „Deutschbuchs" die Möglichkeit, Übungen zur Rechtschreibung angemessen einzubringen. Immer wieder bietet das „Deutschbuch" Anlässe, Fragen zur Rechtschreibung und Zeichensetzung integrativ aufzugreifen und zu sichern. Dabei wird ein besonderer Schwerpunkt auf unterschiedliche Verfahren der Überarbeitung von Schülertexten gelegt.

3.3 Umgang mit Texten und Medien

Besondere Aktualität kommt dem Bereich „Umgang mit Texten und Medien" nicht zuletzt nach der PISA-Studie zu. Das Lesen und Erfassen von Texten gilt als eine wesentliche Kompetenz zum Erwerb von Wissen und ist damit eine wichtige Voraussetzung für die Teilhabe an unserer Kultur, für die Mitgestaltung gesellschaftlicher Entwicklungen und für die personale und berufliche Weiterentwicklung. Im „Deutschbuch" wird dem Rechnung getragen durch die Auswahl unterschiedlicher Texte und durch vielfältige Anregungen zum Lesen.
Den Schülerinnen und Schülern begegnen Texte sowohl in kontinuierlicher, schriftlicher Form – z. B. als literarische und anwendungsbezogene Texte – als auch in Form von diskontinuierlichen Texten – etwa als Grafiken, Tabellen, Schaubilder und Diagramme. Darüber hinaus rezipieren sie auch Texte in audiovisuellem Format (z. B. Medientexte wie Film und Fernsehen).
Bei der Textauswahl für das „Deutschbuch" werden unterschiedliche Gattungen, historische Zusammenhänge, Autorinnen und Autoren der Vergangenheit und Gegenwart sowie interkulturelle Themen berücksichtigt. Gleichfalls werden Texte aus dem Bereich der Kinder- und Jugendliteratur, Sachtexte und solche aus audiovisuellen Medien angeboten. Ausschnitte aus altersgemäßen Jugendbüchern und Lesetipps sollen zum Weiterlesen als Klassenlektüre oder zur individuellen Lektüre einladen.
Sach- und Gebrauchstexte werden vorwiegend unter dem Aspekt des Lesens, der Entnahme, Verknüpfung und Auswertung von Informationen angeboten. Entsprechende Aufgabenstellungen fördern das sinnerfassende Lesen und das Sichern, Reflektieren und Bewerten von Informationen. Dabei werden auch diskontinuierliche Texte und Bilder einbezogen.
Das „Deutschbuch" widmet dem Umgang mit Medien ein eigenes Kapitel. Darüber hinaus wird der Umgang mit Medien in weiteren Kapiteln integrativ und projektartig verortet.
Eine wichtige Form der Auseinandersetzung mit Texten ist das **kreative und freie Schreiben** im Literaturunterricht. Gemeint sind unterschiedliche Formen des Wechsels der Schülerinnen und Schüler aus der Rezipienten- in die Produzentenrolle. Das „Deutschbuch" entwickelt hier zahlreiche Vorschläge, bis hin zur Einbeziehung produktiver Aufgabenstellungen in Klassenarbeiten. Der Sinn dieses didaktischen Ansatzes ist es, den Schülerinnen und Schülern das Recht auf subjektive Formen des Verstehens zu verschaffen und ihnen nahe zu bringen, dass das fantasievolle Weiterdenken und das experimentierende Eingreifen in Gegenstände der Lektüre nicht deren Zerstörung bedeutet, sondern einen Weg zu besserem und tieferem Verstehen sein kann. Produktionsorientierte Arbeitsweisen beim Umgang mit Texten stellen eine wesentliche Ergänzung analytisch-hermeneutischer Methoden dar, die selbstverständlich ihre Berechtigung behalten.

4 Methodische Entscheidungen

Die methodischen Entscheidungen kommen in besonderer Weise in den Aufgabenstellungen zum Ausdruck. Leitend sind die Prinzipien des themenorientierten und induktiven Vorgehens. Darüber hinaus wird den Benutzern des „Deutschbuchs" vor allem das breite Spektrum an kreativen, handlungsorientierten und analytischen Aufgabenstellungen auffallen, die den Schülerinnen und Schülern auch die Möglichkeit eröffnen, über ihr Arbeiten zu reflektieren.

4.1 Selbstständiges Lernen/Aufgabenstellung

Eigenverantwortliches und handlungsorientiertes Arbeiten der Schülerinnen und Schüler fördert die Effizienz des Lernprozesses und stärkt die Selbstständigkeit. Diese Zielsetzung wurde bei der Formulierung der Arbeitsanregungen besonders berücksichtigt. Oftmals kann die Aufgabenstellung von der Lehrkraft je nach situativem Unterrichtskontext problemlos modifiziert werden; sie enthält Alternativen oder sie lädt ein, einen Versuch zu unternehmen, der nicht unbedingt zu einem vorzeigbaren „Ergebnis" führen muss. Insgesamt ist der Prozess des Lernens wichtiger als das jeweils entstehende Produkt.
Aufgabenstellungen haben im „Deutschbuch" oft einladenden Charakter, sie enthalten mehrere Vorschläge, von denen sinnvollerweise nur einer wirklich realisiert werden sollte. Darin liegt auch eine Aufforderung an die Schülerinnen und Schüler, selbst mitzuentscheiden, welche Variante der vorgeschlagenen Tätigkeiten sie für sich aussuchen. Besonders bei Anregungen für Gruppenarbeit und in den projektartig angelegten Teilen des Unterrichts ist es wünschenswert, dass die Lerngruppe aushandelt und selbst organisiert, was jetzt von wem zu tun ist.

4.2 Orientierungswissen

Eine wichtige Rolle für das selbstständige Lernen spielt das Orientierungswissen. Dort, wo in den Kapiteln das von den Schülerinnen und Schülern erarbeitete Wissen gesichert werden muss, weil es die Grundlage für das weitere Vorgehen bildet, wird es zur Orientierung zusammenfassend dargestellt. Auf diese Weise festigt sich auch die eingeführte Terminologie, sodass der Lerngruppe die notwendigen Begriffe für ihre weiteren Lernaktivitäten zur Verfügung stehen. Die Orientierungshilfen belasten das Prinzip des entdeckenden Lernens in keinem Fall.
Entlastende Funktion kommt dem Anhang zu: Dort wird das Orientierungswissen im Überblick dargestellt, sodass die Schülerinnen und Schüler es selbstständig nachschlagen können, wenn sie sich nicht im Kapitelzusammenhang bewegen. Auf dieses Kapitel sollten die Schülerinnen und Schüler im Verlauf des Schuljahres immer wieder hingewiesen werden.
Im Sinne des kumulativen Lernens ist das gesamte Orientierungswissen aus den Bänden 1 und 2, um die neuen Inhalte ergänzt, in Band 3 noch einmal abgedruckt.

4.3 Hinweise zur Arbeitsorganisation

Die Arbeitsorganisation bleibt weitgehend offen. Ob etwas als Gruppenarbeit oder Einzelaufgabe gelöst werden soll, ist zunächst einmal Angelegenheit der Lehrpersonen und der Lerngruppen. Aber das Lehrbuch macht Vorschläge, die sinnvoll sein könnten und praxiserprobt sind.

Arbeitsschritte, Materialien und Aufgabenstellungen sind im „Deutschbuch“ so organisiert, dass Lehrerinnen und Lehrer phasenweise eine stärker moderierende und prozessbegleitende Rolle einnehmen können. Diese Lehrmethoden erlauben den Schülerinnen und Schülern zunehmend ein selbsttätiges und mitverantwortliches Arbeiten, das ihre sozialen und kommunikativen Kompetenzen stärkt.
Die Kapitel des „Deutschbuchs“ sind nicht darauf angelegt, vollständig erarbeitet zu werden. Je nach Lernsituation und vorgesehenem Zeitrahmen können einzelne Teilkapitel oder auch nur wenige Abschnitte in der gewünschten Schwerpunktsetzung sinnvoll behandelt werden.

4.4 Freiarbeit

Freiarbeit ist den Schülerinnen und Schülern vielfach aus der Grundschule vertraut. In der Sekundarstufe I wird diese Lernorganisation, bei der die Schülerinnen und Schüler weitgehend selbst gesteuert arbeiten, meist phasenweise eingesetzt. Das „Deutschbuch“ lässt sich in dreifacher Weise für solche Freiarbeitsphasen nutzen:

- Der **Schülerband** bietet an zahlreichen Stellen Möglichkeiten des Einsatzes von Freiarbeit im Rahmen des themengebundenen Unterrichtsvorhabens. Übungsbezogene Materialien, Hinweise für Projektschritte und vielfältige Impulse für Einzelarbeit finden sich schwerpunktmäßig jeweils im dritten Teilkapitel, z. B. in Band 3:
  Zeitungsberichte (S. 36 ff.) und Reportagen (S. 36 ff., 222 ff.) verfassen, Haikus (S. 56), Moritaten- (S. 198) und Rap-Texte (S. 205) schreiben, Manga-Helden beschreiben und zeichnen (S. 59 f.), Kalendergeschichten schreiben und einen Kalender gestalten (S. 198 ff.), Szenen erfinden (S. 255 f.) usw.
- in den **„Handreichungen für den Unterricht“** sind zahlreiche Zusatzmaterialien enthalten, die zur Akzentuierung einzelner Aspekte oder auch zur Förderung besonders interessierter Schülerinnen und Schüler genutzt werden können.
- Das **Arbeitsheft** enthält ein besonders reichhaltiges Angebot an Freiarbeitsmaterialien. Da den Schülerinnen und Schülern zu sämtlichen Aufgaben die Lösungen in einem Beiheft vorliegen, ist hier die Chance des selbst gesteuerten Lernens im Sinne der Individualisierung und Differenzierung in besonderem Maße gegeben.

5 Das Zusatzmaterial im Überblick

Integration findet im „Deutschbuch“ auch dahingehend statt, dass sich zusätzliche Materialien in den Unterricht integrieren lassen:

- Neben Übungen zu Rechtschreibung, Zeichensetzung und Grammatik bietet das **„Deutschbuch 3 Arbeitsheft“** Anregungen zum Berichten, Beschreiben und Verfassen von Sachtexten; darüber hinaus enthält es ein Kapitel zum Lesetraining und zur Arbeitstechnik „Wie bereite ich mich auf Klassenarbeiten vor?“.
- Prominente Sprecherinnen und Sprecher tragen wichtige Texte aus dem „Deutschbuch“ vor: Gedichte, Märchen, Fabeln und Sagen, Jugendbuchauszüge und Erzählungen macht das **„Deutschbuch Hörbuch 7/8“** hör- und erlebbar. Die Hörtexte schulen die Wahrnehmung und verbessern die Vorlese- und Vortragskompetenz der Schülerinnen und Schüler. Der gesprochene Text ist zugleich bereits ein Beitrag zur Textinterpretation. Das Begleitheft zur CD-ROM gibt wichtige Anregungen zum Einsatz des Hörbuchs im Unterricht.

- Die neue Lernsoftware **„Deutschbuch interaktiv 7"** ist auf die Lerninhalte des „Deutschbuchs" abgestimmt, mit ihr können Rechtschreibung, Grammatik und die Arbeit mit Texten geübt werden. Wie sich einzelne Kapitel des „Deutschbuchs 3" mit der Lernsoftware verknüpfen lassen, zeigt die Übersicht auf S. 14 f.
- Das **„Teachweb"**, das Internet-Angebot für Lehrerinnen und Lehrer, hält unter der Rubrik „Schulbuch plus" Arbeitsblätter und Vorschläge für Klassenarbeiten bereit, die an das „Deutschbuch" angelehnt sind. Lerngegenstände und Themen der Schülerbände werden hier ergänzt, erweitert und vertieft: **http://www.cornelsen-teachweb.de/co/deutschbuch.**

Eine Übersicht über die zusätzlichen Übungsmaterialien ist in diesen Handreichungen dem jeweiligen Kapitel vorangestellt.

Verknüpfung von Kapiteln im „Deutschbuch 3“ mit Übungen in der Software „Deutschbuch interaktiv 7“

Die Software „Deutschbuch interaktiv 7“ ermöglicht das Testen und Üben der Kenntnisse in Rechtschreibung, Grammatik und Zeichensetzung am Computer. Außerdem sind Übungen zur Textarbeit in einer Detektivhandlung (Bereich „Aktion“) integriert.
Die Übersicht über die Software-Übungen zeigt Ihnen Verknüpfungen mit einzelnen Kapiteln im „Deutschbuch 3 Gymnasium Baden-Württemberg“. In der Spalte **Deutschbuch 3 Gymnasium Baden-Württemberg** finden Sie die entsprechenden Kapitelangaben, in der Spalte **Wegweiser** die Angaben zu den passenden Software-Übungen. Die Spalte **Schwierigkeitsstufe** gibt an, auf welchem Anspruchsniveau – leicht, mittel, schwer – die Übung angesiedelt ist, sodass eine Binnendifferenzierung möglich ist. In der Handreichung zur Software sind die Lösungen sämtlicher Übungen aufgeführt.

Deutschbuch 3 Gymnasium Baden-Württemberg	**Wegweiser**	**Schwierigkeitsstufe**
Kapitel 2		
Berichte S. 25–31	→ Aktion → Deutschlandkarte → Stadtplan → Orte → Berichte	leicht/mittel/schwer
Reportagen S. 36–38	→ Training → „Such dir einen Job“/Reporter	mittel/schwer
Kapitel 6		
Fremdwörter S. 91–102	→ Training → „Schritt für Schritt“/Rechtschreibung → Fremdwörter	mittel/schwer
	→ Training → „Übung zur Klassenarbeit“/Diktate → Diktat 4/Fremdwörter	mittel
	→ Test → Rechtschreibung	mittel/schwer
Kapitel 7		
Gliedsätze S. 103–120	→ Training → „Schritt für Schritt“/Grammatik → Satzreihen und Satzgefüge	mittel
	→ Training → „Schritt für Schritt“/Grammatik → Satzgefüge	schwer
	→ Training → „Übung zur Klassenarbeit“/Grammatik → Adverbialsätze und adverbiale Bestimmungen	schwer
Zeichensetzung S. 116–120	→ Training → „Schritt für Schritt“/Zeichensetzung → Satzschlusszeichen und Kommas	mittel
	→ Training → „Schritt für Schritt“/Zeichensetzung → Kommas	schwer
Kapitel 8		
Groß- und Kleinschreibung S. 121–124, 139	→ Training → „Schritt für Schritt“/Rechtschreibung → Groß- und Kleinschreibung	leicht/mittel/schwer
	→ Training → „Übung zur Klassenarbeit“/Diktate → Diktat 5/Groß- und Kleinschreibung	leicht/mittel
	→ Test → Rechtschreibung	leicht/mittel/schwer

Deutschbuch 3 Gymnasium Baden-Württemberg	Wegweiser	Schwierigkeitsstufe
Getrennt- und Zusammenschreibung S. 127–131, 140	→ Training → „Schritt für Schritt“/Rechtschreibung → Getrennt- und Zusammenschreibung	leicht/mittel/schwer
	→ Training → „Übung zur Klassenarbeit“/Diktate → Diktat 9/Getrennt- und Zusammenschreibung	leicht/mittel
	→ Test → Rechtschreibung	leicht/mittel/schwer
Kapitel 10		
Tempus S. 174–176	→ Training → „Schritt für Schritt“/Grammatik → Tempusformen	leicht/mittel/schwer
	→ Training → „Übung zur Klassenarbeit“/Grammatik → Tempusformen, Aktiv und Passiv	leicht
	→ Training → „Übung zur Klassenarbeit“/Grammatik → Aktiv und Passiv	mittel/schwer
	→ Test → Grammatik	leicht/mittel/schwer
Geschichten schreiben S. 179–182	→ Training → „Such dir einen Job“/Schriftsteller	leicht/mittel/schwer
Kapitel 12		
Berichte S. 218–222	→ Aktion → Deutschlandkarte → Stadtplan → Orte → Berichte	leicht/mittel/schwer
Reportagen S. 222–230	→ Training → „Such dir einen Job“/Reporter	mittel/schwer

1 Wer bin ich?

Konzeption des Gesamtkapitels

Entwicklungsbedingt spielen bei Schülerinnen und Schülern der Jahrgangsstufe 7 Fragen der Selbst- und Fremdwahrnehmung eine zunehmend wichtige Rolle. Der Anspruch auf Selbstständigkeit wächst, Freizeitaktivitäten gewinnen an Bedeutung und setzen damit ein Gegengewicht zur Schule. Nach Abschluss der Orientierungsstufe wachsen zugleich die schulischen Anforderungen, die dann häufig als Begrenzung des Strebens nach Selbstständigkeit erlebt werden. Elternhaus und Schule treten bei den alltäglichen Selbstverständigungsprozessen gegenüber Freundschaftsgruppen und Cliquen in den Hintergrund. Geheimnisse, Sehnsüchte und Probleme finden hier nun verstärkt ihren Artikulationsraum.

Das Kapitel bietet auf verschiedenen Zugangsebenen Möglichkeiten, diese Phase der Ich-Entwicklung im Unterricht behutsam zu thematisieren. Das erste Teilkapitel (**„Mein Alltags-Ich“**) enthält ein Dossier von unterschiedlichen Medien, das die Schülerinnen und Schüler dazu anregt, über ihr „Alltags-Ich“ und das Beziehungsgeflecht, in dem es steht, zu reflektieren. Die am Erfahrungshorizont der Jugendlichen orientierten Arbeitsanregungen strukturieren in diesem Teilkapitel den Lernbereich „Sprechen und Schreiben“.

Das zweite Teilkapitel (**„Ein Romanheld auf dem Weg zu sich selbst“**) integriert den Lernbereich „Umgang mit Texten“ in den thematischen Zusammenhang; es stellt einen längeren Auszug aus einem Jugendbuch vor. Anschaulich und spannend wird hier die krisenhafte Lebensphase eines Jugendlichen geschildert. Der Auszug entspricht aufgrund seines realistischen Erzählstils insbesondere der Anforderung der Literaturdidaktik, Literatur als Mittel zur Entdeckung der eigenen Lebenswelt zu nutzen.

Das dritte, produktionsorientierte Teilkapitel (**„Selbstbeschreibungen: sich in Texten spiegeln“**) lädt dazu ein, Selbstporträts zu verfassen. Die im Schülerbuch angebotenen Textbeispiele verstehen sich dabei durchaus als Muster – freilich nicht in dem Sinn, es genauso zu machen. Die Unterrichtspraxis zeigt vielmehr, dass solche Texte Hemmschwellen beim Schreiben abbauen helfen und auch leistungsschwächere Schülerinnen und Schüler anregen, ein Selbstporträt zu verfassen.

		Inhalte	Kompetenzen
S. 9	1.1	**Mein Alltags-Ich**	Die Schülerinnen und Schüler können – Gedichte vortragen und gestaltend abschreiben – über sich und andere reflektieren – Zusammenhänge zwischen sozialem Beziehungsgeflecht (Familie, Schule, Freundinnen/Freunde, Nachbarn usw.) und eigener Persönlichkeit erkennen und beschreiben
S. 9		Klaus Kordon **Einfach alles**	
S. 9		Ernst Jandl **my own song**	
S. 11		David Klass **Wer ich nicht bin**	
S. 12		**In meinem Reich – was mir wichtig ist**	
S. 13	1.2	**Ein Romanheld auf dem Weg zu sich selbst**	– sich am Beispiel einer literarischen Figur mit der Ich-Entwicklung eines Jugendlichen auseinander setzen – die Persönlichkeitsgestaltung einer fiktiven Figur erkennen und differenziert beschreiben und bewerten – den Zusammenhang zwischen sozialem/familiärem Umfeld und der Persönlichkeitsentwicklung eines Jugendlichen erkennen – mit fachspezifischen Grundbegriffen/erzählerischen Mitteln (innerer Monolog, Erzählperspektive, Perspektivenwechsel, Darstellung von Gedanken und Gefühlen) umgehen – produktive Möglichkeiten der Auseinandersetzung mit den Romanhelden und den Nebenfiguren einsetzen, z. B. ein fiktives Interview führen, ergänzende Abschnitte verfassen, eine andere Erzählperspektive wählen
S. 14		Nigel Hinton **Buddy**	
S. 22	1.3	**Selbstbeschreibungen: sich in Texten spiegeln**	– computergestützt schreiben, mit Layoutmöglichkeiten experimentieren – ein Lesetagebuch verfassen – unterschiedliche Formen der schriftlichen Selbstbeschreibung erkennen – ein Selbstporträt verfassen – in Ansätzen den metaphorischen Sprachgebrauch bei Selbstbeschreibungen untersuchen und anwenden – die Bedeutung des Spiegelmotivs für das Thema des Unterrichtsvorhabens erfassen
S. 23		Christine Nöstlinger **Ein wildes, wütendes Kind – Ich über mich**	

1.1 Mein Alltags-Ich

S. 9

Klaus Kordon

Einfach alles

S. 9

Ernst Jandl

my own song

1 *a/b) Der Einstieg in das Kapitel kann über einen stummen Impuls erfolgen: Zu Beginn der Unterrichtsstunde schreibt die Lehrkraft „ICH" an die Tafel und fordert alle Schülerinnen und Schüler auf, ebenfalls „Ich" an die Tafel zu schreiben. Prozess und Ergebnis dieser „Schreibaufgabe" sind gleichermaßen interessant und aufschlussreich: Lauter „Ichs", die die Tafel füllen, führen zu der Frage, was das Ich denn eigentlich ist und ob alle Ichs zusammen ein Wir ergeben. Damit ist der größere Rahmen für die Frage „Wer bin ich?" vorgezeichnet.*

Die Gedichte von Kordon und Jandl werden die Schülerinnen und Schüler auf ihren eigenen Erfahrungshorizont beziehen. Nach einer stillen Lesephase sollen die Texte laut und gestaltend vorgelesen werden. Dabei muss der Jandl-Text, der durch konsequente Kleinschreibung und das Fehlen von Interpunktionszeichen schwierig zu lesen ist, zunächst in seinem syntaktischen Zusammenhang erfasst werden. Entlastung kann der Auftrag schaffen, die fehlenden Satzzeichen zu ergänzen (Folie über den Text legen). Mit den verschiedenen Betonungsmöglichkeiten des Texts (Betonung der Verneinung, des „Ich", der Verben) sollte ausgiebig experimentiert werden, um seinen sprachspielerischen Charakter erfahrbar zu machen. Beim Kordon-Text muss darauf geachtet werden, die Verse in einem den Sinn betonenden Rhythmus zu lesen und nicht in einen schematisch starren Wechsel von unbetonten und betonten Silben zu verfallen.

Die zu begründende Entscheidung für den Text, der die Schülerinnen und Schüler mehr anspricht, lenkt das Augenmerk auf die Besonderheiten der beiden Gedichte, macht Gemeinsamkeiten und Unterschiede in Aussage und Form bewusst. Dabei kann an der Tafel zunächst das „Abstimmungsergebnis" notiert werden, die Gründe für die Entscheidung werden danach stichpunktartig festgehalten. Erfahrungsgemäß wird sich die Mehrheit der Schülerinnen und Schüler für den Kordon-Text entscheiden. Er erscheint ihnen leichter zu verstehen, ist eindeutig als Gedicht zu identifizieren (Reime), ihrem Alter und ihrer eigenen Sprache angemessener. Sie können sich vorstellen, was der Autor meint. Hier sollten die Schülerinnen und Schüler dazu angehalten werden, diese ihre Vorstellungen zu konkretisieren, und sie sollten damit die bildhafte Sprache als Besonderheit des Gedichts erkennen: Wie sieht „ein Sack voll Blödsinn" aus? Was bedeutet es, „ein Baum im Walde" zu sein? Auch auf die Widersprüche in den Aussagen des Gedichts, die vor allem in der letzten Strophe deutlich werden, muss eingegangen werden. Der literarische Text ermöglicht es den Schülerinnen und Schülern, auch über eigene Wünsche, Zukunftsvorstellungen, Hoffnungen, Träume und Gefühle zu sprechen.

Wer sich für den Jandl-Text entscheidet, wird inhaltlich den Aspekt der Unabhängigkeit, formal die starke Reduktion der Ausdrucksmittel und deren Variation zur Begründung heranziehen.

2 *a–c) Nach der Besprechung im Plenum bekommt jede Schülerin/jeder Schüler die Möglichkeit, sich schreibend, typografisch gestaltend und illustrierend mit dem Gedicht ihrer/seiner Wahl individuell auseinander zu setzen. Dabei können Ergebnisse aus der Besprechung der Texte im Unterricht ebenso wie eigene, ganz individuelle Lesarten verarbeitet werden. Hierbei bietet sich die Arbeit mit dem PC an. Im Vergleich mit manuellen Gestaltungen können Leistung und Grenzen des PCs bei kreativen Aufgaben diskutiert werden.*

Die Teilaufgaben b und c führen vom genauen Lesen zurück zur konkreten Vorstellung, regen zum Nachdenken darüber an, ob bzw. wie Inneres und Äußeres von Personen zusammenpassen. Die Reflexion von Fremdbild und Selbstbild kommt dadurch in Gang. Bei der Präsentation und Besprechung der Ergebnisse ist darauf zu achten, dass die Schülerinnen und Schüler möglichst genau erklären, was sie mit ihrer Gestaltung des Textes ausdrücken wollten. Dialogischer wird die Besprechung, wenn die Schülerinnen und Schüler nicht das eigene Ergebnis, sondern das des Nachbarn bzw. der Nachbarin zu erklären versuchen.

3 *In der Aufgabe wird auf induktivem Weg, nämlich durch eigenes Schreiben, die Struktur des Kordon-Gedichts differenziert erarbeitet: lyrisches Ich, Bilder, Reihungen („und"), Widersprüche, Parallelismen („ich möchte" am Anfang jeder Strophe), Strophen und Verse von unterschiedlicher Länge, nur ein Reimpaar pro Strophe, Wendung des lyrischen Ichs an die anderen („ihr") im letzten Vers. Wie bei allen kreativen Schreibaufgaben kann auch hier eine Reflexionsphase angeschlossen werden, in der die Produkte der Schülerinnen und Schüler gewürdigt, aber auch im Hinblick auf die Erfüllung der Aufgabe beurteilt werden. Dabei sollten eigenständige Lösungen, die das vorgegebene Muster aufbrechen, unbedingt honoriert werden.*
Die Aufgabe eignet sich für den zweiten Teil einer Doppelstunde – unter dem Aspekt des geselligen Schreibens, z. B. in Kleingruppen – oder als individuelle Hausaufgabe.

S. 10

1 *Die Bildbeschreibungsaufgabe verlangt genaues Hinschauen und adressatenbezogenes Sprechen. Das Bild zeigt eine Person (keine Puppe), die an Füßen, Händen, Kopf und Rumpf an Fäden hängt. Ihr Ich ist nur ein ebenfalls angebundenes Schild, das ohne Führung an der rechten Hand baumelt. Von den Marionettenspielern sind nur die Hände zu sehen, die in unterschiedlichen Handschuhen stecken. Die Person wirft einen dunklen Schatten auf den Boden, der ihre Lage verdeutlicht: Sie ist orientierungslos, wird hin- und hergezerrt, verliert den Boden unter den Füßen. Im Gesichtsausdruck der Person (aufgerissene Augen, ein punktförmig schmaler Mund, zu Berge stehende Haare) sieht man Angst, Ratlosigkeit, Verunsicherung.*

2 *In einer 7. Klasse wurden von den Schülerinnen und Schülern folgende Überschriften vorgeschlagen:*

Verzogen	*Von Fäden geleitet*
Der Hampelmann für alle	*Bin ich ich oder ihr?*
Alle wollen was von mir	*Handgesteuert*
Mein Leben, mein Weg oder	*Andere haben mich in der Hand*
„Zieht nicht an mir!"	*Hin- und hergerissen*

Die Überschriften verraten in der Regel viel davon, auf welche Art und Weise die Schülerinnen und Schüler die „Marionette" deuten und welchen Verständnisgrad ihr Bezug zum Thema schon erreicht hat. Deshalb sollten die Überschriften auch gesammelt vorgestellt und diskutiert werden. Zur besseren Vergegenwärtigung lassen sich die Überschriften auch auf einem großen Kartonbogen bzw. einer Wandzeitung sammeln und in der Klasse aufhängen.

3 *Die Leerstellen könnten von den Schülerinnen und Schülern wie folgt ausgefüllt werden:*
3. Hand: Mein Trainer
4. Hand: Meine Freundinnen/Freunde
5. Hand: Musik/Idole
6. Hand: Meine Schwester/Mein Bruder

4 *Der Aufgabe kommt insofern eine wichtige relativierende Funktion zu, als die vorangegangenen Arbeitsschritte eher dazu tendieren, die Situation des jugendlichen Ichs als eine abhängige, tendenziell unfreie und ständig von Geboten geprägte Lebenslage vorzustellen. So nehmen Jugendliche dieser Altersstufe ihre Ich-Situation auch verstärkt wahr. Allerdings sollte der zunächst legitimen, aber vorschnellen Abwertung aller Abhängigkeitsverhältnisse eine differenziertere Bestimmung folgen. (Unterschied etwa zwischen Einfluss der Werbung und dem der Eltern, Freunde etc.) Das Gespräch könnte zu dem Ergebnis führen, dass eine eigenständige Ich-Entwicklung und das gewünschte Ausprobieren eines selbstbestimmten Freiraums nicht im Widerspruch zu bestimmten, notwendigen Abhängigkeitsverhältnissen stehen müssen, sondern im Gegenteil von diesen auch gefördert werden können. In der Regel wird schon bei den Fäden, die die Schülerinnen und Schüler auf keinen Fall abschneiden möchten, deutlich, dass sie bestimmte Abhängigkeiten durchaus einsehen und realistisch einschätzen.*

5 *a–c) Ausgehend von der Reflexion der Karikatur suchen die Schülerinnen und Schüler weitere Bilder für die Situation des Ichs. Dabei muss im Unterrichtsgespräch genau geklärt werden, dass dem Bild ein Vergleich zwischen Ich und Marionette zugrunde liegt. Die Lehrkraft kann eventuell mit Impulsen weiterhelfen, z. B. „Ich fühle mich manchmal wie ...“ Auch der Hinweis auf den Kordon-Text hilft bei der Ideenfindung. Die Sensibilität für metaphorisches Sprechen und für Bildlichkeit als Merkmal von Lyrik wird bei dieser Aufgabe gefördert.*
Bei der visuellen Umsetzung des Bildes kann je nach Fähigkeiten zwischen Malen/Zeichnen und der Collage gewählt werden. Die Lehrkraft sollte klären, was unter einer Collage zu verstehen ist: Es geht nicht darum, lediglich passende Bilder bzw. Bild- und Textausschnitte auf ein Blatt zu kleben, sondern darum, durch die Anordnung des Materials neue Bezüge herzustellen.
Die Aufgabe eignet sich gut als individuelle Hausaufgabe, ist aber, vor allem bei der Gestaltung als Collage, auch als kooperative Kleingruppenarbeit denkbar.

S. 11

David Klass

Wer ich nicht bin

In dem Jugendroman mit dem provozierenden Titel „Ihr kennt mich nicht!“ geht es um den 14-jährigen Jugendlichen John, in dessen Leben einiges schief läuft – in der Schule, in der Familie, mit dem neuen Partner seiner Mutter, in der Freundesgruppe. John ist davon überzeugt, dass niemand ihn kennt, dass er selber aber alle anderen ganz und gar durchschaut. Der Leser begreift recht schnell, was John selbst erst in einem schmerzhaften Prozess der Selbstfindung entdeckt: Nicht die anderen sind es, die ihn verkennen, er selbst ist für sich der große Unbekannte.
In der abgedruckten Passage wendet sich der Ich-Erzähler an ein Du, mit dem sich einerseits der Leser angesprochen fühlt, andererseits eine Person aus der fiktionalen Welt des Romans gemeint ist. Die apodiktische Aussage „Du kennst mich nicht“, die den Adressaten auf Distanz halten soll, wird zwar mehrfach wiederholt und ausführlich begründet, die vielen Fragen im Text (Z. 20, 26–28) zeigen aber auch, dass der Ich-Erzähler sein Gegenüber zu einem Dialog provozieren und seine Zuwendung bekommen möchte. Er ist, wie alle Jugendlichen in der Pubertät, nicht nur auf der Suche nach persönlicher Identität, sondern auch nach einer neuen sozialen oder Rollenidentität.
Gerade in der Sekundarstufe I geraten viele Jugendliche in eine Lesekrise. Der Deutschunterricht sollte deshalb immer wieder Anregungen und Lektüretipps geben. Im Gespräch werden auch die privaten Lesepräferenzen der Schülerinnen und Schüler thematisiert und Buchvorstellungen angeregt. Auf einschlägige Internetadressen mit Buchvorstellungen und Rezensionen kann hingewiesen werden, z. B. www.lesebar.uni-koeln.de/rezensionlesen, www.freitag.de.

2 *a/b) Die Aufgabe erfordert eine Konkretisation der literarischen Figur des Ich-Erzählers auf der Grundlage einer textnahen Lektüre.*

Der Ich-Erzähler

- misstrauisch, abwehrend, ironisch
- fantasievoll (erfindet witzige Namen für seine Mitmenschen)
- Einzelgänger, der die anderen nicht an sich heranlässt
- bevorzugt die Beobachterperspektive
- von sich überzeugt,
- hält sich für überlegen (den Erwachsenen, den Lehrerinnen und Lehrern gegenüber)
- will unabhängig sein
- unsicher, nicht gefestigt
- noch in der Entwicklung (körperlich, geistig, seelisch)

3 *a/b) Ausgehend vom literarischen Text können die Schülerinnen und Schüler über sich selbst sprechen. Im Klassengespräch sollte die Lehrkraft behutsam vorgehen und unbedingt respektieren, wenn sich Jugendliche nicht äußern wollen.*
Das Gespräch kann durch folgenden Arbeitsauftrag (auch als Hausaufgabe denkbar) wichtige Impulse bekommen:
„So könnt ihr mich kennen lernen." – Schreibt eine Liste mit zehn Empfehlungen im Imperativ, in der ihr erklärt, wie euch die anderen kennen lernen können.

c) Die moderne Schreibdidaktik betont die Leistung des Schreibens insbesondere für die Identitätsgewinnung Jugendlicher. Die Aufgabe ist so offen formuliert, dass die Schülerinnen und Schüler sowohl fiktionale als auch autobiografische Texte verfassen können. Die Orientierung am literarischen Muster entlastet nicht nur die weniger versierten Schreiber, sondern fördert auch die Lese- und Interpretationskompetenz.

In meinem Reich – was mir wichtig ist

S. 12

1 / **2** *Ins Zentrum dieses offenen, weitgehend schülerzentrierten Unterrichtsangebots sollten nach der Sammelphase die Geschichten rücken, die mit den herausgehobenen Erinnerungsstücken verbunden sind, sowie die daraus erwachsenen Funktionen. Die Geschichten sollten möglichst darüber Auskunft geben, warum gerade dieser Gegenstand eine besondere Bedeutung gewonnen hat.*
Möglicher Impuls: Wie kommt es, dass an sich leblose, häufig materiell nicht wertvolle Gegenstände zu einem Stück von einem selbst werden können?
Im Kontext des Unterrichtsgesprächs über die Funktionen von Erinnerungsstücken wird auf die wohl häufigste ***Unterscheidung zwischen Glücksbringer/Talisman und Trostspender*** *hinzuweisen sein. Zugleich wird die dritte Gruppe der bloßen Erinnerungsstücke eine Rolle spielen, deren Funktion darin bestehen könnte, wichtige Momente bzw. Erfahrungen des verflogenen, flüchtigen Lebens festzuhalten. In der Jahrgangsstufe 7 kann durchaus schon in einem ersten Schritt mit den Schülerinnen und Schülern über die konstitutive Bedeutung der Vergangenheit für das jeweils gegenwärtige Lebensbewusstsein gesprochen werden. Zu diskutieren wäre dabei die Frage, inwieweit man durch bestimmte einschneidende Erfahrungen (Umzug, Schulwechsel, Ende einer engen Freundschaft, Verlust eines nahen Verwandten, Unfall etc.) in seiner Persönlichkeit (in seinen Ansichten, Verhaltensweisen etc.) nachhaltig beeinflusst werden kann.*

3 *Auch bei dieser Aufgabe wird autobiografisches Schreiben im Schutz einer Rolle oder einer literarischen Fiktion ermöglicht, Verfremdungstechniken werden geübt. Der Perspektivenwechsel – z. B. aus der Sicht des Teddybären zu erzählen – führt dazu, dass die Schreibenden auf Distanz zu sich gehen und sich selbst gegenüber die Außenperspektive einnehmen. Auch dies ist ein wichtiger Schritt für die Entwicklung von Ich-Identität, die es im Deutschunterricht zu fördern gilt.*

1.2 Ein Romanheld auf dem Weg zu sich selbst

Der Roman bietet sich auch dazu an, als Ganzschrift gelesen zu werden. Gerade Schülerinnen und Schüler der Jahrgangsstufe 7, die nicht mehr mit „Kinderliteratur" abgespeist werden wollen, spricht die spannende, individuelle wie soziale Probleme ansprechende Geschichte an; sie fühlen sich ernst genommen. Viel trägt dazu auch die realistische Erzählform bei, die auch in der vorliegenden Übersetzung aus dem englischen Original gut getroffen ist.

S. 13

1 / **2** *Von den Schülerinnen und Schülern könnten für die Porträtskizze Buddys folgende Eindrücke gesammelt werden: nachdenklich, vielleicht ratlos, eher unglücklich, traurig, nicht entspannt, Blick ins Leere ...*
Aufgrund der Vorinformationen könnte Buddy als jemand beschrieben werden, der nicht so leicht aufgibt, der nach Möglichkeiten sucht, mit der erkennbar schwierigen Situation fertig zu werden; eventuell wird auch schon darauf verwiesen, dass er aufgrund seiner Lebensumstände wohl daran gewöhnt ist bzw. darauf angewiesen ist, sich alleine helfen zu müssen.

S. 14

Nigel Hinton

Buddy

3 *Nach der Lektüre werden wohl mehr Übereinstimmungen als Abweichungen im Vergleich mit dem Ersteindruck (Aufgaben 1 und 2, S. 13) festgehalten werden können. Mögliche Eindrücke, die durch die Lektüre bestätigt bzw. zusätzlich gewonnen werden können:*
- *Er muss sich selber helfen.*
- *Er hat Energie, will sich nicht hängen lassen.*
- *Er sucht zunächst Hals über Kopf, dann planmäßig einen Ausweg.*
- *Er erscheint leichtsinnig, risikobereit.*
- *Er will Zeit gewinnen, um in Ruhe nachdenken zu können.*
- *Er gerät aber in eine ausweglos erscheinende Situation, weiß zum Schluss (des Textausschnitts) nicht mehr, wer er ist.*

4 *Die Aufgabe zielt auf die Absicherung des globalen Textverständnisses. Die Schülerinnen und Schüler sollten dazu angehalten werden, ihre Antworten mit Textstellen zu belegen.*

5 *Folgende Textstellen sind für Buddys „Gedanken" besonders aufschlussreich: Z. 108–113, 307–313, 319–321, 381–399, 448–468.*

a) *Erzählerische Mittel:*
   - *Erzählperspektive: personaler Er-Erzähler, der Buddys Perspektive einnimmt*
   - *Blick ins Innere von Buddy (Introspektion): Gedanken, Gefühle, erlebte Rede*

b) *Die Umformulierung in einen inneren Monolog ist eine anspruchsvolle Aufgabe. Sie setzt voraus, dass sich die Schülerinnen und Schüler in Buddy hineinversetzen und das Geschehen aus seiner Perspektive nachvollziehen. Im inneren Monolog sollte deutlich werden, dass ein Jugendlicher spricht, der sich in einer ausweglos erscheinenden Stresssituation befindet. Die Sprache des inneren Monologs wird sich demnach stilistisch dem mündlichen Sprachgebrauch heutiger Jugendlicher annähern: Ausrufe, vielleicht Kraftausdrücke, eher kurze, eventuell elliptische Sätze, aber auch Fragesätze werden vorherrschen. Der innere Monolog erzeugt den Eindruck von Unmittelbarkeit und durchbricht die lineare Erzählstruktur.*
   Der Vergleich der Schülertexte mit dem Original verdeutlicht die Leistung des Er-Erzählers: Er macht sich zwar Buddys Sicht zu Eigen, verzichtet aber nicht darauf, die Ereignisse zu ordnen und zu gestalten. Er verwendet dabei nicht nur die Introspektion, sondern erzeugt bewusst Spannung (durch Verzögerungen, Andeutungen) und veranschaulicht das Geschehen durch Bilder und Vergleiche. Dies ist ihm nur möglich, weil er nicht in das Geschehen involviert ist. Empathie ist nicht gleichzusetzen mit eigenem Erleben.

6 *Fortsetzungsromane in Jugendzeitschriften sind den Jugendlichen bekannt. Bei der Aufteilung des Romanausschnitts in kürzere Fortsetzungskapitel mit passender Überschrift müssen verschiedene Kriterien beachtet werden, u. a.:*
- *Ergibt der Abschnitt auch für sich selbst einen Sinn?*
- *Müssen eventuell einleitende oder überleitende Passagen geschrieben werden?*
- *Entsteht am Schluss des Abschnitts Lesemotivation für die nächste Folge?*
- *Wie lang oder kurz darf/muss der Abschnitt sein?*
- *Wie viel muss/darf die Überschrift verraten?*

Da es unterschiedliche Lösungsmöglichkeiten gibt, ist die Aufgabe als arbeitsgleiche Gruppenarbeit sinnvoll. In der Diskussion der Ergebnisse sollten auch – im Sinne eines metakognitiven Lernens – die Arbeitsprozesse reflektiert werden.

7 *a–c) Aufgaben zum Weiterschreiben eines Erzähltextes sind den Schülerinnen und Schülern schon aus der Grundschule und der Orientierungsstufe bekannt. Dabei tritt in der Sekundarstufe I das freie Fantasieren zunehmend zurück zugunsten eines Sich-Einlassens auf den vorgegebenen Text. Bei der Erstellung eines* **Schreibplans** *sollten keine Vorschriften, sondern Angebote gemacht werden, z. B. Erzähltreppe, Cluster, Mind-Map usw. Auch Visualisierungstechniken – einen Comic, eine Folge von Bildern und Symbolen zeichnen – können verwendet werden.*
Die Ergebnisse sollten im Unterricht ausführlich besprochen und gewürdigt werden. Dabei sind Kriterien zu entwickeln, nach denen ein Kapitel als gelungen bezeichnet werden kann (Stimmigkeit im inhaltlichen und formalen Sinn, insbesondere Konsistenz der Figur Buddys). Nach neueren Erkenntnissen profitieren die Schülerinnen und Schüler mehr von den Rückmeldungen Gleichaltriger als von Lehrerkommentaren. Verfahren wie die Textlupe bieten sich zu einer differenzierten Schreibberatung an: Ein Schüler/eine Schülerin liest seinen/ihren Text freiwillig in der Klasse vor. Die Zuhörenden reagieren darauf mit drei Arten von Kommentar: Das hat mir gut gefallen. – Hier fällt mir etwas auf./Da habe ich noch Fragen./Hier stört mich etwas. – Meine Tipps/Meine Vorschläge.

S. 21

Ein Lesetagebuch schreiben

Bei der Lektüre von Jugendbüchern im Unterricht kann ein Lesetagebuch als zusätzliche Lernleistung (mit dem gleichen Gewicht wie eine Klassenarbeit) gewertet werden. Die Lehrkraft sollte darauf achten, einen **verbindlichen Rahmen** für Aufgaben festzulegen, u. U. auch gemeinsam mit der Klasse zu entwickeln. Dazu gehören klare Absprachen über:
– Pflicht- und Wahlaufgaben
– Formalia (Titelblatt, Inhaltsverzeichnis, Zitiertechnik, Quellenangaben usw.)
– Verhältnis von Fremd- und Eigenleistung (Rolle von Internetrecherchen)
– Verhältnis von formaler Gestaltung und Inhalt
– zeitlichen Rahmen und Abgabetermin

Lesetagebücher zählen zu den projektorientierten, offenen Unterrichtsformen und verlangen von den Lernenden ein hohes Maß an Eigenverantwortung und Planungskompetenz. Die Lehrkraft sollte als Ansprechpartner zur Verfügung stehen, z. B. indem sie feste Beratungszeiten anbietet. Auch die kollegiale Beratung der Lernenden untereinander sollte gefördert werden.

9 a) *Die entsprechende Stelle im Roman lautet: „Er riss die Zeitung an sich, seine Blicke überflogen die Seite. Er hatte eine Nachricht über seine Mum erwartet, aber er fand ein Bild von sich selbst. Es war während seines ersten Oberschuljahres aufgenommen worden, als er noch langes Haar gehabt hatte. Es sah ihm überhaupt nicht mehr ähnlich. Neben dem Foto standen die Worte: ‚Stadtjunge vermisst'. Er las die erste Zeile, dann überflog er die kurzen Abschnitte: ‚Freitagabend ... bei Freunden aufgehalten ... Sonntag ... Suche ... Polizei ... Erkundigungen ...' "*
Erläuterung der Stelle: Buddy hatte die Ausweglosigkeit seiner „Flucht" erkannt und wollte zu seiner Mutter zurückkehren, um zusammen mit ihr seinem Vater zu helfen. Er konnte sie aber zunächst nicht finden und dachte daher, ihr sei etwas zugestoßen; deshalb heißt es in der Stelle: „Er hatte eine Nachricht über seine Mum erwartet." Der Roman geht im Übrigen insofern mit einer positiven Perspektive zu Ende, als Buddys Mutter sich wieder um ihren Sohn kümmert, der Vater schließlich nur zu einer begrenzten Freiheitsstrafe verurteilt wird und alle drei sich vornehmen, die vor ihnen liegende schwierige Zeit gemeinsam durchzustehen.

Was muss bei einem Zeitungsbericht beachtet werden?

- *Findet eine passende Schlagzeile und einen passenden Untertitel.*
- *Ein Zeitungsbericht will nur sachlich informieren (anders die Reportage) und enthält sich einer persönlichen Stellungnahme.*
- *Für die Gestaltung des Anfangs könnt ihr euch an die bewährten W-Fragen halten: Informiert den Leser darüber, was* ***wann, wo, wie, warum, weshalb, wozu*** *geschah. Das Wichtigste zuerst nennen, oft typografisch durch Fettdruck hervorgehoben, heißt in der Zeitungsfachsprache „Lead-Stil"!*
- *Ein Bericht wirkt glaubwürdiger, wenn er sich auf Quellen beruft.*
- *Wenn ihr ausdrücken möchtet, dass etwas nicht hundertprozentig sicher bzw. noch unklar ist, oder wenn ihr die Information aus zweiter oder dritter Hand bezogen habt, verwendet die indirekte Rede, den Konjunktiv (es könnte sein) oder Wörter wie vermutlich, angeblich, erfahrungsgemäß, vielleicht ...*

1.3 Selbstbeschreibungen: sich in Texten spiegeln

1 *Das Gespräch über Patrick und Anna führt zu den „Lücken" in den Selbstbeschreibungen:* S. 23
Wie sieht Patrick aus? Hat er Geschwister? Ist er ein guter oder eher schlechter Schüler? Welche Freizeitaktivitäten hat er außer der Musik? Welche Art von Musik spielt und hört er? usw.
Auch bei Anna bleiben viele Frage offen: Hat sie Freunde und Freundinnen? Versteht sie sich mit ihren Eltern, ihrem Bruder? Wie steht sie zur Schule und den Lehrerinnen und Lehrern ? usw.
Deutlich werden sollte, dass Selbstbeschreibungen sowohl inhaltlich als auch formal sehr unterschiedlich ausfallen und immer nur ausschnitthaft sein können. Dabei gilt der Grundsatz: Weniger ist oft mehr.

2 *a) Die Schülerinnen und Schüler können diese Aufgabe in Einzel- oder Partnerarbeit lösen und ihre Assoziationen in einem* ***Cluster*** *festhalten:*

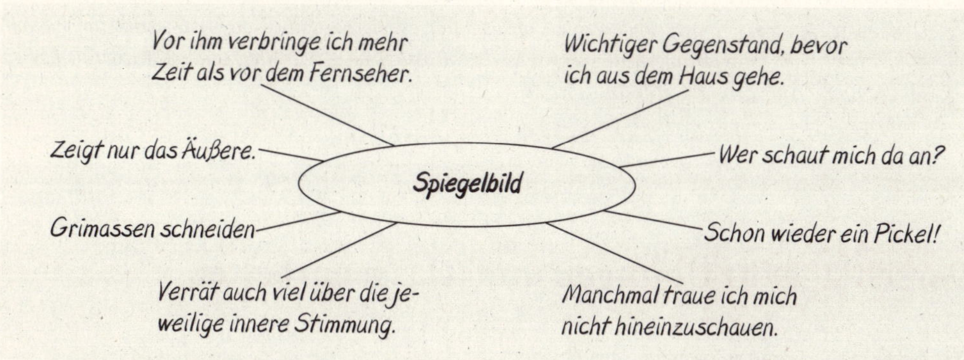

b) Mögliche Gesprächsimpulse:
- *Das Spiegelbild – spiegelverkehrt?*
- *Sucht Unterschiede zwischen Spiegelbild und echtem Bild, das die anderen von außen gewinnen.*
- *Wie finde ich eine Sprache, um mich selbst zu beschreiben?*
- *Problem der Ehrlichkeit und Authentizität bei Texten, die andere lesen werden (→ Hinweis auf das Tagebuchschreiben)*

3 *a–c) Die Orientierung an den beiden Schülerbeispielen sollte nur als Möglichkeit angeboten werden. Selbstverständlich ist das Spektrum von Selbstbeschreibungen wesentlich größer und sollte von den Schülerinnen und Schülern auch ausgeschöpft werden.*
Die Aufgabe, eine Porträt-Galerie zu gestalten, integriert die Ergebnisse verschiedener Unterrichtsphasen. Die Verschiedenheit der unterschiedlichen Persönlichkeiten, aber auch die Notwendigkeit, sich in eine Gruppe einzugliedern, wird augenfällig – und damit diskutierbar.

Christine Nöstlinger S. 23

Ein wildes, wütendes Kind – Ich über mich

4 *Im Gegensatz zu den Schülerarbeiten (Ausnahme eine kurze Stelle bei Anna) dominiert bei Christine Nöstlinger die Rückschau, was sicherlich mit der Erwachsenenperspektive, „der längeren Lebenszeit", zu tun hat. Aber diese rückschauende Perspektive hat die Funktion, ihren gegenwärtigen Lebensstil und seine Eigenarten zu erklären. Im Unterrichtsgespräch sollte in diesem Zusammenhang auch auf die Bedeutung* *der drei Zeitebenen (Vergangenheit, Gegenwart und Zukunft) im Kontext von Selbstbeschreibungen verwiesen werden (sehr deutlich bei Nöstlinger). Dabei wird die Zukunft häufig im Modus des Konjunktivs angesprochen, um das auszudrücken, was man sich noch wünscht. Gerade die Wünsche und Träume verraten ja viel von einer Persönlichkeit und gehören zu einer Selbstbeschreibung durchaus dazu.*

5 *b) Der Text wird als Dialogangebot betrachtet. Textstellen, an denen angeknüpft und von eigenen Erfahrungen erzählt werden kann:*

- *Z. 12–15: Ratschläge Ewachsener*
- *Z. 24–28: Geschwisterbeziehungen*
- *Z. 72f.: Ängste, aber auch das Verhältnis zu Tieren*
- *Z. 74f.: Essverhalten (evtl. Essstörungen), Lieblingsgerichte*
- *Z. 83: Stellenwert des schulischen und außerschulischen Lernens für die Schülerinnen und Schüler*

6 *Die Einbeziehung der Großelterngeneration weitet und relativiert den Blick auf Kindheit und Jugend und auf die jeweiligen Entwicklungsbedingungen. Fächerübergreifend mit Geschichte kann sich ein kleines Projekt im Sinn der „oral history" anschließen.*

Vorschläge für Übungen und Klassenarbeiten

1 *Verfasse eine Personenbeschreibung zu Buddy.*
Achte auf sein Verhalten, seine Gedanken, seine Handlungen, seinen äußeren wie inneren Zustand. Denke an seine Eigenschaften. Berücksichtige auch die Frage, inwiefern Buddy eine sympathische Romanfigur verkörpert.

2 *An einer weiteren Stelle im Roman heißt es: „Er wusch Hände und Gesicht und betrachtete sich im Spiegel. Er war blass und das dunkle Haar über seiner Oberlippe schien dunkler als je zuvor. Seine Mum sagte immer, er habe schon als Baby einen Schnurrbart gehabt. Er fuhr sich mit der Hand über das kurz geschnittene Haar. Ihm gefiel, wie es sich anfühlte – spitzig und doch weich. Sein Vater dagegen konnte die Frisur nicht leiden und sagte, er sähe aus wie ein Sträfling." (S. 22f.)*
Stelle dir vor, Buddy hätte in diesem Moment zu seinem Spiegelbild gesprochen. Was könnte in seinem Kopf vor sich gehen? Schreibe einen inneren Monolog.

3 *a) Lies den folgenden Text mehrmals genau durch. Unterstreiche alle Wörter, die dir besonders auffallen. Notiere alles, was dir dazu einfällt.*
„Sechs Jahre trug ein Kind seinen Schulranzen eine große Mauer entlang, die ein verziertes und ewig verschlossenes Holztor hatte und hinter der immer ein Springbrunnen erzählte. Heute verkauft dieses Kind als Mann täglich von 8 bis 12 und von 14 bis 17 Uhr Briefmarken an Schalter 7." *(Helmut Lamprecht [Hrsg.]: Ungewisser Tatbestand. München 1964)*

b) Gestalte den Text zu einer Geschichte aus. Wähle eine Erzählperspektive, die dir passend erscheint.

Berühmte Autorinnen und Autoren wie Gabriele Wohmann, Horst Bienek oder Günter Bruno Fuchs haben das Motiv zu ganz unterschiedlichen literarischen Erzählungen ausgestaltet. Auch die Schülerinnen und Schüler können sich daran versuchen.
Der Text sollte in großer Schrift und mit großem Zeilenabstand in die Mitte eines DIN-A4-Blattes gesetzt werden, sodass die Schülerinnen und Schüler ihre Assoziationen und Erzählideen frei außen herum gruppieren können. Eventuell kann eine Variante mit einer weiblichen Hauptfigur hinzugefügt werden.

Literaturhinweise

Aufwachsen. Die Entwicklung von Kindern und Jugendlichen. Themenheft SCHÜLER 2004. Friedrich Verlag, Seelze 2004

Göpfert, Ingrid: Schreiben über mich. In: Deutsch-Werkstatt – Handlungsbezogener Deutschunterricht in der Sekundarstufe I. Beispiele, Tipps, Anregungen. Hg. v. Horst Bartnitzky/Ulrich Hecker. Essen 1991, S. 5, 169–182

Kionke, Heike: „Anderssein“ – Eine Unterrichtsreihe in Klasse 7. In: Der Deutschunterricht, 7–8/1997, S. 350–352

Lübking, Hans-Martin: Kursbuch Konfirmation. Ein Arbeitsbuch für Konfirmandinnen und Konfirmanden. Düsseldorf 1995 (bietet gute Unterrichtsideen zum Thema)

Pubertät. Pädagogik, 7/2001

Schreibaufgaben. Sonderheft Praxis Deutsch, 2004

2 Freizeit – Berichte und Reportagen schreiben

Konzeption des Gesamtkapitels

Die Gestaltung ihrer Freizeit ist ein wichtiges Thema für Jugendliche. Sie sammeln in diesem Bereich identitätsstiftende individuelle und gemeinschaftliche Erfahrungen, wählen oft Anforderungen und Bewährungen selbst, verwirklichen ihre eigenen Interessen. Allerdings birgt dieser Bereich auch die Gefahr in sich, bestimmte Aktivitäten als Statussymbole zu missbrauchen, sich ganz auf eine kommerzialisierte Gestaltung der Freizeit zu beschränken und auch den Trends und Moden zu unterliegen. Aus dieser Problematik ergeben sich vielfältige Gesprächsanlässe, so etwa bei der Suche nach Vergleichsgrößen der Freizeitgestaltung.
Das Thema „Freizeit" durchzieht alle drei Teilkapitel. Dominanter Lernbereich ist dabei „Sprechen und Schreiben", im zweiten Teilkapitel wird der Lernbereich „Umgang mit Texten" integriert, das dritte Teilkapitel bietet vor allem Möglichkeiten der Übung und führt in einer Gemeinschaftsproduktion zu einer Broschüre mit regionalen Freizeitempfehlungen.
Methodisch geht es im ersten Teilkapitel **(„Von der Freizeit berichten")** um die Weitergabe von Informationen. Berichten wird hier als eine relativ weit gefächerte Operation der Informationsweitergabe verstanden. In der Regel geben Schülerinnen und Schüler dieser Altersstufe ihre Informationen noch subjektiv getönt weiter, berichtet wird von besonderen, interesseweckenden, oft auch den Sprecher in ein positives Licht setzenden Ereignissen. Eine Standardsituation wäre etwa das Pausenhofgespräch. Dieser Form des Berichtens wird nun einerseits der objektivere – streng sachliche – schriftliche Text entgegengesetzt, andererseits werden die Unterschiede zwischen mündlichem und schriftlichem Berichten thematisiert. Zielsetzung sollte die Fähigkeit sein, situationsangemessene Formen (definiert über Zweck und Adressaten) der Informationsweitergabe unterscheiden und anwenden zu können. Als besondere Form des schriftlichen Berichtens sollen Zeitungsberichte mit ihren formalen Besonderheiten (W-Fragen, Anordnung der W-Fragen) Lerngegenstand sein.
Das zweite Teilkapitel **(„Freizeitreportagen untersuchen")** umfasst zwei Reportagen, die ungewöhnliche Freizeitaktivitäten vorstellen. Die Schülerinnen und Schüler sollen die Struktur der Reportage analytisch erarbeiten, Merkmale der Textsorte identifizieren und eigene Schreibversuche unternehmen.
Im dritten Teilkapitel **(„Freizeitempfehlungen entwerfen")** bildet eine Diskussion über die Ergebnisse einer bundesweiten Umfrage zum Freizeitverhalten Jugendlicher den Ausgangspunkt. Zentraler Übungsteil ist jedoch die Erstellung einer regionalen Freizeitbroschüre für Jugendliche. In Form von schriftlichen Berichten oder Reportagen für Gleichaltrige sollen die Schülerinnen und Schüler die Möglichkeiten der Freizeitgestaltung in ihrer Region darstellen. Der Prozesscharakter des Schreibens wird dabei durch die Besprechung der Entwürfe in einer „Redaktionskonferenz" und durch ihre Überarbeitung einsichtig gemacht.

Zusätzliches Übungsmaterial

„Deutschbuch 3 Arbeitsheft":
– Texte überarbeiten: S. 3–6 – Berichten: S. 17–18

Mögliche Verknüpfungen zwischen diesem Kapitel und Übungen in der Software **„Deutschbuch interaktiv 7"** zeigt die Übersicht auf S. 14 f. in diesen Handreichungen.

Inhalte | **Kompetenzen**

S. 25 **2.1 Von der Freizeit berichten**

S. 26 Ernst Jandl
die zeit vergeht

S. 27 **Ein Unfall beim Reiten**

S. 29 **Berichte in der Zeitung**

S. 30 **Unterschiedliche Berichte schreiben**

Die Schülerinnen und Schüler können
- nach Schreibimpulsen eigene Texte gestalten
- die Besonderheiten mündlichen und schriftlichen Sprachgebrauchs erkennen und gezielt anwenden
- verschiedene Formen berichtenden Schreibens unterscheiden und anwenden (z. B. persönlicher Bericht, Zeitungsbericht)
- Zweck- und Adressatengebundenheit von Berichten unterscheiden
- Berichtsanlässe und -zwecke untersuchen und unterscheiden
- in selbst verfassten Texten über Ereignisse berichten

S. 32 **2.2 Freizeitreportagen untersuchen**

S. 32 Michael Krechting
Unterricht ohne Pause

S. 34 Alexandra Kraft/
Bernhard Spöttel
Ein Leben auf der Kippe

S. 36 **Eine Reportage verfassen**

- Bauelemente einer Reportage erkennen und benennen
- Strukturierungsmöglichkeiten von Informationsblöcken auf ihre Wirkung hin überprüfen
- die Verwendungsweise von Zitaten untersuchen
- den Zweck der indirekten Redewiedergabe in Berichten/Reportagen erkennen
- fremde Freizeiterfahrungen diskutieren und mit eigenen vergleichen
- zwischen zweckgebundenen, sachlichen Darstellungsweisen, die der Information dienen, und der Darstellung und Wiedergabe subjektiver Eindrücke unterscheiden
- Reportagen über eigene Freizeitaktivitäten erstellen und im Austausch bewerten

S. 37 **2.3 Freizeitempfehlungen entwerfen**

S. 37 Thomas Wolgast
Jugendliche in der Freizeit „voll gestresst"

S. 37 **Eine Freizeitbroschüre für Jugendliche erstellen**

- das eigene Freizeitverhalten kritisch reflektieren
- örtliche Freizeitmöglichkeiten sammeln und bewerten
- Reportagen planen, schreiben und überarbeiten
- eine Broschüre ansprechend und leserfreundlich gestalten und die spezifischen Möglichkeiten des Computers nutzen

2.1 Von der Freizeit berichten

Der Bildeinstieg kann als **Impuls** genutzt werden, um Gespräche über das eigene Freizeitverhalten am Wochenende anzuregen. Dieser Einstieg sollte noch sehr stark am Inhalt der Schülerbeiträge interessiert und offen gestaltet sein.

S. 25 **1**–**3** *Diese Aufgaben bieten vielfältige Variations- bzw. Kombinationsmöglichkeiten und müssen nicht in aller Breite ausgeschöpft werden. Im Vordergrund sollte die* ***Erzählfreude*** *der Schülerinnen und Schüler stehen, die in dieser Jahrgangsstufe in der Regel abzuebben beginnt. Wirkt die Situation des privaten Erzählens vor der gesamten Klasse zu künstlich, kann auf die Kleingruppe zurückgegriffen werden; die signifikantesten Ergebnisse für typische bzw. außergewöhnliche Erlebnisse könnten dann dem Plenum vorgestellt werden.*

S. 26

Ernst Jandl
die zeit vergeht

1 *a/b) Beim lauten Lesen sollte die Parallele zu einer tickenden Uhr auffallen. Die Länge der Zeilen ist äquivalent zur vergangenen Zeit.*

c) Das Gedicht zum Thema „Zeit" kann von bekannten Gedichten ausgehen, wobei die Schülerinnen und Schüler die Form übernehmen und den Inhalt entsprechend umformen. Dieses Vorgehen bietet sich an, wenn das Metrum und möglicherweise das Reimschema im Vordergrund stehen. In der Regel fällt es Schülerinnen und Schülern leichter, eine Vorgabe zu kopieren, als selbst ein eigenes Metrum zu schaffen. Es ist aber auch möglich, von einem gedanklichen Gerüst aus seine Form zu suchen.
Das Verfassen des Gedichts hat hier auch die unterstützende Funktion, die Schülerinnen und Schüler über ihr Verständnis von Zeit reflektieren zu lassen.

2 *a–d) Ausgehend von einer Definition des Begriffs „Freizeit" verfolgt die Aufgabe die Absicht, die Schülerinnen und Schüler selbst Material für eine klasseninterne Untersuchung des Freizeitverhaltens erstellen zu lassen. Die Motivation, etwas über das eigene Verhalten im Verhältnis zu dem der Klassenkamerad(inn)en zu erfahren, ist erfahrungsgemäß größer als die, sich auf eine Buchvorlage einzulassen. Bei entsprechendem Interesse kann die Aufgabe bereits zu Beginn der Sequenz gestellt werden. Nach der Untersuchung des eigenen Freizeitverhaltens kann eine Überprüfung der in der Teilaufgabe a) erfolgten Begriffsklärung stattfinden.*

3 *b) In der Diskussion wird die Bedeutungsbreite des Begriffs „Freizeit" noch deutlicher: Nicht in der Schule bzw. am Arbeitsplatz verbrachte Zeit bzw. Zeit, die ohne jegliche Verpflichtung zur freien Verfügung steht.*

Ein Unfall beim Reiten

S. 27

Anhand einer Bilderfolge über einen Reitunfall ungewöhnlicher Art werden in den folgenden Aufgaben mittels typischer Textsorten (Bericht, Brief) sowie Gesprächssituationen die Adressatenbezogenheit von Berichten und die Unterschiede zwischen schriftlicher und mündlicher Darstellungsweise bewusst gemacht.

1 *a) Mögliches* ***Tafelbild:***

Informationen im Text	*Informationen in der Bildergeschichte*
Alter und Name des Jungen *Name und Ort des Reitstalls* *Verwandtschaftsverhältnis* *Grund für das Herunterfallen des Topfes* *Eingreifen der Schwester*	*Ermahnung durch Mitreiterin* *missmutiges Aufsetzen des Helmes* *Herunterfallen des Blumentopfes* *Kommentar des Arztes: → Ermahnung*

In dem Bericht erfährt der Leser mehr über die Umstände des Unfalls (Grund für das Herunterfallen des Topfes), während in der Bildergeschichte die innere Haltung der Beteiligten deutlich wird.

b) Diese Aufgabe dient der Stilanalyse sachlich berichtender Texte bzw. der Bestimmung ihres Kontextes (der durch die Adressaten und den Zweck definiert wird).
- *Satzreihen: Dabei löste sich ... am Kopf. Christian S. sackte ... am Zügel.*
- *Satzgefüge: Der Junge ... gegossen wurden.*
- *Erster und letzter Satz: Hauptsätze*
- *Adjektive: 13-jährige, verrottete*
- *Tempus: Präteritum*

Der Stil ist äußerst sachlich (ohne Umschweife und Ausschmückungen jeglicher Art). Von besonderer Bedeutung ist der Hinweis auf das Präteritum als Berichtstempus, da es in schriftlichen Berichten fast ausschließlich verwendet wird.

c) ***Text:*** *Die Knappheit der Informationen und die Beschränkung auf das zum Verständnis Notwendige dient dazu, einen Adressaten möglichst schnell und präzise zu informieren. Denkbar wäre ein solcher Text als Nachricht in der Zeitung.*
Bildergeschichte: *Die Bildergeschichte verdeutlicht die Umstände des Unfalls und lenkt die Aufmerksamkeit durch die Kommentare der Reiterin und des Arztes auf eine mögliche, weit größere Unfallgefahr, die dann bestanden hätte, wenn der Reiter ohne Kappe losgeritten wäre (Appellation).*

2 *a–b) Bei einem Rollenspiel sind die Beobachter so wichtig wie die Spieler. Die Aufteilung der Klasse in Beobachtergruppen erleichtert es, die Vielzahl der Fragestellungen parallel aufzunehmen. Es ist auch möglich, das Rollenspiel von mehreren Spielergruppen – die sich möglichst nicht sehen sollten – nacheinander spielen zu lassen; bei dieser Erweiterung können die Beobachter bei ihrer Aufgabenstellung bleiben (Übungsfaktor) oder sie wechseln (wechselnde Perspektive auf das Geschehen). Die Spielergruppe sollte ermuntert werden, durch entsprechendes Reagieren die Berichtenden zu unterstützen. Die Ergebnisse werden am besten in schriftlicher Form für alle sichtbar gemacht (Tafel, OHP-Folie).*

c) Siehe Lösung zu Aufgabe 3 b).

3 a) *Auch in dem privaten Brief an den Reitstallbesitzer wird von diesem persönlich erlebten Ereignis berichtet, allerdings werden im Unterschied zum Bericht in der Klasse sowohl der Inhalt als auch die Form an den Adressaten angepasst werden müssen.*
Beim Verfassen der Briefe ist demnach darauf zu achten, dass das Grundtempus (Präteritum) durchgehalten und der Adressat höflich angesprochen wird. Anzeichen von (Schein-)Dialogen („Wie Sie es uns beigebracht haben ...") kennzeichnen u.a. einen solchen privaten Brief.
Den Reitstallbesitzer werden vor allem die Informationen interessieren, die mit seinem Reitstall, seinem Reitunterricht bzw. seinen Reitschülern zu tun haben.

b) Mögliches **Tafelbild:**

	Gespräch	Brief
Wie wird das Interesse geweckt?	Gesten, Mimik, veränderte Lautstärke, Einleitefloskeln	Einleitesätze, Andeutungen, Anrede des Adressaten
Wie reagieren die Leser/Zuhörer?	abhängig von der Leistung des Sprechers, z.B. Erstaunen, Unglauben, Zweifel, Nachfragen, Äußern von Kritik	keine direkte Reaktion möglich
Wie ist der Satzbau gestaltet?	zum Teil unvollständige Sätze, Einschübe, Satzreihen	in der Regel grammatikalisch vollständige Sätze, komplex, Satzgefüge und Satzreihen
Welche Tempora herrschen vor?	vorwiegend Perfekt und Präsens	meistens Präteritum

4 *Der Brief könnte insgesamt als ein Bindeglied zwischen dem mündlichen, sehr privaten und direkten Berichten und der schriftlich-sachlichen Darstellung, z.B. eines Zeitungsberichts, gesehen werden. Es gilt zu betonen, dass im Gegensatz zum Bericht von S. 27 der Adressat des Briefes eindeutig benannt ist. Neben der persönlichen Anrede ist es sicherlich das Hervorheben bestimmter Inhalte („Wie Sie es uns beigebracht haben ..."), die den Zweck eines solchen Berichtes markieren. Zu sprechen ist also an dieser Stelle über die Adressaten- und Zweckbezogenheit eines Berichts (s. Merkkasten S. 28 im Schülerbuch).*

S. 29

Berichte in der Zeitung

1 *Ziel dieser Aufgabe ist es, den Schülerinnen und Schülern einen ersten, inhaltlichen Zugang zu den beiden Berichten zu ermöglichen.*
In beiden Berichten reagierten Beobachterinnen oder Beobachter so irritiert bzw. schockiert, dass sie die Polizei riefen. Während man im ersten Bericht erfährt, dass die Anwohnerin wegen der Kampfgeräusche um den Schlaf gebracht wurde, erfährt man im zweiten Bericht nichts über die Reaktion eventueller Beobachter. Sicherlich hatte sich die alarmierte Polizei im ersten Fall vor allem um die erschrockenen Anwohner zu kümmern, im zweiten Bericht ist auch um die Sicherheit des Stepptänzers zu fürchten.

2 *a/b)*

Text 1

Was *ist geschehen?*	*Mittelalterliche Kämpfe*
Wann *geschah es?*	*Mitten in der Nacht*
Wo *geschah es?*	*In einem Schwabinger Park*

***Wer** war beteiligt?*	*Ritter und Zauberer, Jäger*
***Wie** geschah es?*	*mit Langschwert und Krummsäbel bewaffnet, Jäger mit Fell und Leder behängt*
***Warum** geschah es?*	*Tagsüber würden sie die Passanten mit ihrer Verkleidung erschrecken.*
***Welche Folgen** hatte das Geschehen?*	*Anwohner rufen Polizei, die die Beteiligten ins Bett schickt.*

Text 2

***Was** ist geschehen?*	*Stepptänzer trainiert auf Seitenstreifen der Autobahn.*
***Wer** war beteiligt?*	*25-jähriger Stepptänzer aus Bonn*
***Wann** geschah es?*	*In der Nacht auf Freitag*
***Wie** geschah es?*	*Er legte ein Holzbrett auf die Fahrbahn.*
***Warum** geschah es?*	*Er besucht einen Steppkurs an der Uni, kann aber die Tanzlektionen wegen der Geräuschentwicklung in seiner Wohnung nicht nachüben.*
***Welche Folgen** hatte das Geschehen?*	*Polizei greift Tänzer auf.*

Den Schülerinnen und Schülern sollte bei der Analyse der beiden Artikel klar geworden sein, dass beide Artikel einem bestimmtem Schema folgen: Am Anfang steht das Ereignis, über das berichtet wird, anschließend werden die näheren Umstände geklärt.

c) *Da Zeitungsberichte nicht nur informieren, sondern auch das Interesse der Leserinnen und Leser wecken wollen, finden sich viele Bestandteile, die über einen rein sachlichen Inhalt hinausgehen. Den Schülerinnen und Schülern sollte deutlich werden, welcher Art diese zusätzlichen Informationen (Inhalt und Form, z. B. wörtliche Rede) sind und welchen Zweck (Unterhaltung) sie haben. In diesem Zusammenhang gilt es zu thematisieren, dass in heutigen Presseberichten Mischformen journalistischer Texte auftauchen (Bericht, Reportage).*
Beispiele:
Text 1: – *mit Langschwert bzw. Krummsäbel bewaffnet (Z. 8 f.)*
– *dieses kaum fassbare Bild (Z. 14 f.)*
– *entpuppte sich ... als völlig harmlos (Z. 20 f.)*
– *Die drei 18-Jährigen ... mittels eines Schaukampfes (Z. 21 ff.)*
Text 2: – *angehender Stepptänzer (Z. 3)*
– *an der Uni (Z. 11)*

Unterschiedliche Berichte schreiben

S. 30

In diesem Abschnitt haben die Schülerinnen und Schüler die Möglichkeit, die Zweck- und Adressatengebundenheit verschiedener Berichte zu erproben.

1 *Zum persönlichen Bericht in Briefform siehe den Merkkasten S. 28, zum Zeitungsbericht siehe den Merkkasten S. 30.*

2 *a) Mögliches* ***Tafelbild:***

	Adressat	Absicht
– ... nahm unsere Theater-AG am Schülertheater-Festival teil	Mitglieder der Schule („unsere Theater-AG") oder Mitglieder der Theater-AG selbst	Information, Würdigung der großen Leistung der Theater-AG
– ... die Ettlinger Mannschaft spielte einfach besser	Sportbegeisterte, Zuschauer, Ettlinger Bürgerinnen und Bürger, Sportinteressierte aus der Gemeinde des Gegners	Bewertung des Spiels bzw. Gründe für die Niederlage der gegnerischen Mannschaft
– ... legte der traditionelle Umzug den Verkehr lahm	alle Autofahrer der Gemeinde	Information
– ... das Konzert der Fanta 4 in Stuttgart war super	Fans der Gruppe, Jugendliche (Sprachstil!)	Information, Wertung des Konzerts als Besonderheit
– ... nach Zeugenaussagen wurde der Fahrradfahrer am Vorderrad gestreift	Polizei, Versicherung	Rekonstruktion des Unfallgeschehens

b–d) Grundsätzlich lassen sich aus allen Sätzen sowohl Zeitungsberichte als auch persönliche Berichte in Briefform verfassen. Für die Überarbeitung bietet sich als Methode die Schreibkonferenz an.

3 *a–c) Diese Aufgabe bietet die Möglichkeit, den Kontakt des Unterrichts bzw. der Schule nach außen zu intensivieren. Zudem wird ein weiterer Lernbereich integriert.*

2.2 Freizeitreportagen untersuchen

Das zweite Teilkapitel erarbeitet anhand zweier Beispiele den Unterschied zwischen den bereits behandelten berichtenden Textsorten und der Reportage. Die außergewöhnlichen Aktivitäten, mit denen sich die Texte befassen, regen zusätzlich zur kontroversen Diskussion an.

S. 32

Michael Krechting

Unterricht ohne Pause

Wie Hamburger Schüler rekordverdächtig lernten

1 *Im Mittelpunkt der Diskussion sollte stehen, ob der Begriff „Dauerlern-Aktion" hält, was er suggeriert: Wurde tatsächlich in der Nacht viel gelernt? Was wird den Schülerinnen und Schülern davon im Gedächtnis bleiben?*
Die Diskussion ließe sich auch dahingehend ausweiten, dass Lernstrategien insgesamt thematisiert werden.

2 *Den Schülerinnen und Schülern sollte bewusst werden, dass Reportagen sich durch zahlreiche erzählerische Elemente vom rein informativen Zeitungsbericht abheben.*

a) Mögliche Lösung (Berichte von Fakten kursiv gesetzt, lebendige Gestaltung unterstrichen):

25 Stunden lang haben sie pausenlos gebüffelt. Das bedeutet: Weltrekord! Jetzt dürfen die *35 Hamburger Gymnasiasten* endlich ins Bett. Ihr Traum: *ein Eintrag ins Guinness-Buch der Rekorde. Ob es dazu reicht, ist noch unklar.*
Linda muss ein dickes Fell haben. Jetzt fangen ihre Mitschüler schon wieder damit an: „Linda ist eben fast eingeschlafen". Das geht natürlich nicht. Einschlafen verboten! Sven grinst über seine Idee, wie er Linda den Schlaf austreiben will: „Wir halten einfach ihre Finger ins Wasser." Ob das reicht? Wahrscheinlich nicht, mag Amelie denken, denn ihr Vorschlag ist weitaus radikaler: „Wir halten sie einfach aus dem Fenster."
Linda Oldenburg, Sven Schneider, Amelie Bernsdorf – die drei 15-jährigen Neuntklässler vom Charlotte-Paulsen-Gymnasium aus Hamburg kämpfen gegen den Schlaf. Und für den Rekord. 25 Stunden lang müssen sie und ihre 32 Mitschüler deshalb ohne Pausen lernen, lernen, lernen. Und zwischendurch natürlich mal die Müden hänseln.
Es ist halb sieben an diesem Donnerstagabend. Wenn 25 Schüler und ihr Lehrer Jochen Bauer noch genau 16 1/2 Stunden oder 990 Minuten oder 54 400 Sekunden durchhalten, dann haben sie einen Weltrekord geschafft. Ob der es dann, wie von den Schülern erhofft, in das Guinness-Buch der Rekorde schafft, liegt allerdings in der Macht des Guinness-Verlags. Der Verlag sorgte zumindest bei Lehrer Bauer für Irritationen, indem zwei Mitarbeiter zwei verschiedene Meinungen vertraten. Zunächst hieß es, 24 Stunden und 32 Schüler müssten geschlagen werden. Deswegen wollten die Hamburger Schüler 25 Stunden lernen. Dann hieß es am Abend vor dem Rekordversuch vom Guinness-Verlag, die Rekordmarke liege viel höher: 272 Schüler und 72 Lehrer, also eine ganze Schule, habe 24 Stunden durchgelernt.
„Ich habe das meinen Schülern gar nicht so erzählt", gesteht Bauer. Am Abend vorher das Weltrekordprojekt absagen? Nein. Dafür fand der Lehrer die Idee der Schüler zu gut. Sein Blick schweift immer wieder durch den Kunstraum, in dem seine Schüler schon ein ordentliches Chaos angerichtet haben. Allerdings ein Chaos mit Inhalt. *In verschiedenen Arbeitsgruppen vertiefen sich die Schüler in die Welt der zwanziger Jahre – Bauhaus-Architektur und Salvadore Dalí, Zeppeline und Charlie Chaplin.*

„Das ist Unterricht" – nicht nur Spaß

„Das ist Unterricht", betont Bauer. *Nur unter der Bedingung habe er sich bequatschen lassen, beim Weltrekordversuch mitzumachen.*
Immer wieder schauen Oberstufenschüler vorbei. Einige von ihnen sind sogar die ganze Zeit dabei, als Zeugen des Weltrekordversuchs. Alles wird mit der Videokamera dokumentiert. Auch das Fernsehen war schon da, hat eine Live-Schaltung gemacht.
Auf dem Boden, auf den Stühlen, auf den Tischen liegen Papierschnipsel und aufgeschlagene Bücher. Seite 23 des Biobuches: Darwins Lehre: Daneben ein Computer-Ausdruck: „Neoklassizismus und Surrealismus" steht oben auf der Seite, darunter ein Text über Picassos Schaffen in den Jahren 1917–1924. Aus dem Blätterwald ragt immer wieder eine Cola-Flasche heraus. Ein rotes Plüschherz liegt noch auf einem Stuhl in der Ecke. Noch braucht das hier keiner.
Auch Linda nicht. Denn die muss sich gerade Kritik vom Lehrer anhören. Herr Bauer steht mit Linda und drei anderen Schülern vor dem Ausstellungsplakat „Verkehr". Wie gesagt: „Das ist Unterricht", und deswegen geht Bauer einen Schritt zurück und schaut sich das Plakat genauer an. „Was macht das Auge, wenn es auf das Plakat schaut? Es schaut in die Mitte und dann weiß es nicht mehr weiter. Ihr führt den Betrachter nicht über euer Plakat." Kurze Stille. Dann Linda: „Aber man muss sich im Leben immer entscheiden." Recht hat sie, und deshalb entscheidet Jochen Bauer: „Baut das Plakat noch mal um."

Dauerlernen macht mehr Sinn als Dauerduschen

Zeit bleibt dafür noch genug, erst am nächsten Morgen um elf müssen die Plakate endgültig fertig sein. Dann soll im Schulfoyer als krönender Abschluss die Ausstellung zum Thema „Kultur und Leben der Zwischenkriegszeit“ eröffnet werden. Also kann sich Linda mit ihrer Gruppe noch gut überlegen, wie das Plakat besser wird.

Die Frage bleibt, wie verzweifelt oder enttäuscht die Schüler wären, wenn es jetzt mit dem Eintrag ins Guinness-Buch nichts werden würde. „Schade wär's ja,“ meint Linda. Sven sagt: „Und wenn, wir hatten trotzdem unseren Spaß.“ Die beiden sind sich einig, ihre Zeit nicht sinnlos verplempert zu haben: „Pfahlsitzen oder Dauerduschen, da gibt's andere Wettbewerbe, die viel weniger Sinn haben.“ Jochen Bauer wird das gern gehört haben. Denn: „Das ist Unterricht.“

Am Freitagmorgen um elf Uhr enthüllten die Rekordschüler vor den Augen ihrer Mitschüler die Ausstellungsplakate. Ihre Augen waren zwar müde, aber sie haben es durchgehalten. Ihr Lehrer Bauer hatte sie nachts mit unkonventionellen Methoden wach gehalten: Zwei Stunden lang tanzten die Schüler Tango – den Modetanz der Zwanziger.

b) *Mittel (siehe auch Abschnitt „Die Reportage“ im Orientierungswissen S. 299 des Schülerbuchs):*
- *wörtliche Rede, Zitate*
- *detaillierte Beschreibungen (z. B. Z. 63 ff.)*
- *Focus auf kurze Vorfälle während der Nacht (z. B. Z. 6 ff.)*
- *kurze eingeschobene Kommentare (z. B. Z. 8 f.)*

c) *Insgesamt steht der Autor der Dauerlern-Aktion sicherlich wohlwollend gegenüber. Er schildert eine zwar chaotische, aber durchaus produktive Arbeitsatmosphäre. Das gesteckte Ziel, die Ausstellung am nächsten Morgen, wird erreicht und der Lehrer, der immer wieder betont, es handle sich um Unterricht, bleibt letztendlich unwidersprochen.*

3 a) *Eine kurze Zeitungsmeldung könnte so aussehen:*

35 Schülerinnen und Schüler des Charlotte-Paulsen-Gymnasiums aus Hamburg versuchten, mit einem 25-stündigen Dauerlernrekord in das Guinness-Buch der Rekorde zu kommen. Zusammen mit ihrem Lehrer Jochen Bauer beschäftigten sie sich mit den 20er Jahren des 20. Jahrhunderts und präsentierten zum Abschluss des Rekordversuchs die Ergebnisse ihrer Arbeit in einer Ausstellung. Ob die Dauerlernaktion in das Guinness-Buch aufgenommen wird, ist noch unklar.

Der Vergleich sollte ergeben, dass die Zeitungsmeldung sich auf die objektivierbaren Fakten beschränkt (Beantwortung der W-Fragen), während die Reportage bemüht ist, die Dauerlernaktion anschaulich zu machen (s. Aufgabe 2 b).

b) *Indirekte Rede wirkt durch den Gebrauch des Konjunktivs oft gekünstelt, klingt umständlich und dadurch wenig lebendig. Der Konjunktiv schafft Distanz, die dem Anliegen einer Reportage widerspricht.*

S. 34

Alexandra Kraft/Bernhard Spöttel

Ein Leben auf der Kippe

1 a/b) *Dass Base-Jumping illegal ist, liegt zum einen daran, dass der Base-Jumper regelmäßig in Gebäude eindringt, zu denen er keinen Zutritt hat, also Hausfriedensbruch begeht. Zum anderen gefährdet er nicht nur sich, sondern auch andere, wenn er z. B. in dicht bewohntem Gebiet abspringt.*

Der Trend zu immer riskanteren und spektakuläreren Freizeitbeschäftigungen sollte an dieser Stelle diskutiert und mögliche Ursachen sollten erörtert werden. Besonders Jugendliche neigen seit jeher dazu, besonders hohe Risiken einzugehen: „Der Jugendliche muss sein Handeln kontrollieren, da er z. B. als Verkehrsteilnehmer oder Bediener einer Maschine Verantwortung zu tragen hat. Dieses Gebot des verantwortlichen Handelns deckt sich oft nicht mit den triebhaften Bedürfnissen der Jugendlichen. Das Streben nach Ich-Erhöhung ist oft mit hohem Risiko und Gefahr verbunden" (Lotte Schenk-Danzinger: Entwicklung – Sozialisation – Erziehung. Stuttgart 1993). Eine Gesellschaft, in der Jugendlichkeit ein Ideal ist, muss zwangsläufig die Risikobereitschaft der Jugendlichen in ihr Freizeitangebot integrieren.

2 a) *Hintergründe: z. B. Z. 1–27*
Einzelne Ereignisse: z. B. Z. 30–51
Kommentar: „... erklärt Baumgartner lapidar und hört sich an wie ein Banker" (Z. 26 ff.)

3 b) *Chronologischer Ablauf:*
- *Motorradmechaniker*
- *Knöchelbruch*
- *lange krank geschrieben*
- *Verlust der Arbeitsstelle*
- *Gelegenheitsarbeiter und nebenbei erste Vermarktung von Sprüngen*
- *Sprung vom Petronas Tower und von der Jesus-Statue (in dieser Reihenfolge 1999; im Text nicht angegeben)*
- *Baffin Island*

2.3 Freizeitempfehlungen entwerfen

Das dritte Teilkapitel vereint das Thema des ersten mit der Textsorte des zweiten Teilkapitels zu Übungszwecken. Ziel ist die Erstellung einer eigenen Freizeitbroschüre, die nicht nur die Klasse als Adressaten hat, sondern durchaus einen größeren gleichaltrigen Personenkreis.

Thomas Wolgast

Jugendliche in der Freizeit „voll gestresst"

S. 37

Der Artikel ist in erster Linie als Impuls zu einer Diskussion über das eigene Freizeitverhalten gedacht.

1 *Der Blick auf eigene Erfahrungen im Vergleich zu den statistisch ermittelten des Artikels bezieht die Lebenswelt der Schülerinnen und Schüler in die Diskussion mit ein. Die Wertung, die der Autor vornimmt, kann thematisiert und kritisiert werden, Gegenbeispiele könnten gesucht und in ihrer Aussagekraft untersucht werden.*

S. 37

Eine Freizeitbroschüre für Jugendliche erstellen

Die Gesamtaufgabe sollte als **Projekt** angegangen werden. Ideal wäre ein authentischer Adressatenkreis, sodass die Arbeit ihren reinen Übungscharakter verliert.
Die Reportageerstellung kann auf die Techniken der Textsorte zurückgreifen, die im zweiten Teilkapitel erarbeitet worden sind. Zentral ist in diesem Teilkapitel der Schritt 4, der eine Überarbeitung der Texte mit Hilfe einer Schreibkonferenz vorsieht.

Möglicher Zusatztext
Die Reportage „Feuer frei zum Abschuss der Krieger" thematisiert die Spielweise in so genannten „Laserdromen" und stellt die Kritik an ihnen dar.
Der Text liegt in zwei Versionen vor: Die erste hat die einzelnen Absätze willkürlich vermischt, die zweite ist die Originalreportage. Das Rekonstruieren des Originals wird verschiedene Versionen zum Ergebnis haben, die miteinander und mit der Originalversion verglichen und ausgewertet werden können. Dabei sollte in einer Begründung der Absatzkombination auf die Logik und auf textsyntaktische Merkmale wie Verweise („Tja, das alles ...; Aha, so geht das ...") und Wiederaufnahme einzelner Stichwörter („... das gibt's dann zum Abschied als Ausdruck. Ein Abschied für immer ...") zurückgegriffen werden.

1 *Du bist Redakteur/in einer Tageszeitung und hast eine Reportage über Laserdrome von einem Korrespondenten zugefaxt bekommen. Leider hat ein Computervirus dabei die Absätze völlig durcheinander gewirbelt. Rekonstruiere die Reportage und begründe deine Entscheidungen.*

Karin sagt gar nichts und eröffnet das Feuer.

Kurze Erklärung: So ein „Laserdrom" besteht aus einem 400 Quadratmeter großen Saal. Darin wird gespielt. Zunächst jedoch wird der Sternenkrieger in einem Vorraum mit dem Gerät vertraut gemacht. Eine schwarze Weste mit allerlei blinkenden Birnchen wird übergezogen, ein Kabel führt zur Laser-Pistole.

Laserdrom, Spielwiese für große Kinder, gerät jetzt selbst mächtig unter Beschuss

Nun, wer weiß, ich hab' auch andere Sorgen. Der Yedi-Ritter hat wieder volle Energie.

Aha. So geht das. Fünf, sechs Laserblitze kann man abschießen hintereinander, dann kurze Pause. Wieder Feuer. Wird ein Mitspieler getroffen – an vier speziellen Kontakten an Pistole, am Rücken und auf der Brust – dann ist für einen Moment Sendepause, kein Saft, kein Schuss. Und der Computer führt Buch.

Da eine konkrete gesetzliche Regelung fehlt, geht die Stadt jetzt mit einer Ordnungverfügung vor. Das heißt, sie geht von einem „Verstoß gegen die öffentliche Sicherheit und Ordnung" aus.

Der Geschäftsführer des Laserdroms sieht das erwartungsgemäß anders: „Dann müssten Westernstädte doch auch geschlossen, Ritterspiele verboten werden. Und was ist mit Fechten, Karate? Dürften solche Sportarten dann noch betrieben werden? Also für mich ist das ein harmloses Spiel." Da immerhin trifft er sich mit Bajon. Der sagt: „Für mich ist das auch ein Spiel. Für Erwachsene, die eigentlich noch Kinder sind."

Zwar gilt der Eintritt erst ab 18 Jahre, Hajo Bajon, Ordnungsdezernent, fasst die Argumente der großen Mehrheit des Stadtrates zusammen: „Wir gehen mit allen Mitteln dagegen vor. Wir wollen auch Formen der Gewaltverherrlichung, auch des simulierten Tötens, nicht hinnehmen. Jeder regt sich auf über im Fernsehen gezeigte Gewalt und wir machen das hier zu einer Freizeitgestaltung? Nein! Es müssen Zeichen gesetzt werden."

Das ist jetzt wieder gegenwärtig und aus irgendeinem Grunde benehmen sich auch alle recht schnell wie die Blagen und alle kichern. Wie bei einer Schneeballschlacht. Ja, genau, das ist es, eine elektronische Schneeballschlacht.

Die Tür geht auf, Nebel, Schummerlicht. Mit uns geht ein Pärchen auf die Pirsch. Karin (24) aus Cottbus, Martin (26) aus Dorsten. Er kennt das Spiel. „Im Urlaub in Italien, da unten gibt's das ja schon öfter." Stimmt. Fast überall in Europa, auch gerade in den Niederlanden, sind diese merkwürdigen Vergnügungspaläste längst etabliert.

Tja, das alles war nicht an einem Tag in ferner Zukunft, nicht Millionen von Lichtjahren entfernt, nix, das war letzte Woche in Recklinghausen. „Laserdrom" heißt diese gigantische Spielwiese für große Kinder, die aber nun ihrerseits mächtig unter Feuer geraten ist. Die Stadt will schließen.

Das Fensterchen darauf verrät, wie viel Schuss man noch im Köcher hat, wie oft man schon getroffen wurde. Ein paar Anweisungen in Sachen Sicherheit werden vorgebetet: nicht rennen, nicht knien, schon gar nicht hinlegen, kein Körperkontakt.

Am Anfang ist die Hemmung. Klar ist das ein Spielzeug. Aber da ist eine Barriere. Besonders auf jemanden anzulegen, den man gar nicht kennt. Doch dann kommt doch der Zeitreiseeffekt. Nicht in die Zukunft, in die Vergangenheit, dreißig Jahre zurück, hinter der Garage auf die Nachbarjungs gewartet, links die Erbsenpistole, rechts das Blasrohr.

Der private Sternenkrieg ist exorbitant teuer (15 Mark pro Person) und der Rücksturz zur Erde kommt raketenschnell. Schon nach einem Viertelstündchen schiebt der müde Krieger seinen Laser ins Halfter, alle Daten werden verarbeitet, wer wen wie oft traf, das gibt's dann zum Abschied als Ausdruck.

Feuer frei zum Abschuss der Krieger

Ein Abschied für immer, wenn's nach dem Willen der Stadt Recklinghausen geht. Das im September geöffnete Drom soll schließen. Noch streiten die Gerichte, haben bisher kein einhelliges Urteil finden können.

Von NRZ-Redakteur MATTHIAS MARUHN
RECKLINGHAUSEN. Armer Yedi-Ritter. Er hat keine Chance. Das Flackerlicht bricht sich im wabernden Nebel und bescheint gespenstisch das breite Kreuz des ahnungslosen Toren. Ich krümme den Abzugsfinger und schicke ihm den roten Laser hinterher. Ein Strahl, ein zweiter, der dritte sitzt im Ziel. Sein Energiezentrum erlischt, der Yedi-Ritter dreht sich um und sagt mit einer Stimme, die mich an meinen Kollegen Michael erinnert: „Scheiße, getroffen."

Feuer frei zum Abschuss der Krieger

Laserdrom, Spielwiese für große Kinder, gerät jetzt selbst mächtig unter Beschuss

Von NRZ-Redakteur MATTHIAS MARUHN

RECKLINGHAUSEN. Armer Yedi-Ritter. Er hat keine Chance. Das Flackerlicht bricht sich im wabernden Nebel und bescheint gespenstisch das breite Kreuz des ahnungslosen Toren. Ich krümme den Abzugsfinger und schicke ihm den roten Laser hinterher. Ein Strahl, ein zweiter, der dritte sitzt im Ziel. Sein Energiezentrum erlischt, der Yedi-Ritter dreht sich um und sagt mit einer Stimme, die mich an meinen Kollegen Michael erinnert: „Scheiße, getroffen."

Tja, das alles war nicht an einem Tag in ferner Zukunft, nicht Millionen von Lichtjahren entfernt, nix, das war letzte Woche in Recklinghausen. „Laserdrom" heißt diese gigantische Spielwiese für große Kinder, die aber nun ihrerseits mächtig unter Feuer geraten ist. Die Stadt will schließen.

Kurze Erklärung: So ein „Laserdrom" besteht aus einem 400 Quadratmeter großen Saal. Darin wird gespielt. Zunächst jedoch wird der Sternenkrieger in einem Vorraum mit dem Gerät vertraut gemacht. Eine schwarze Weste mit allerlei blinkenden Birnchen wird übergezogen, ein Kabel führt zur Laser-Pistole.

Das Fensterchen darauf verrät, wie viel Schuss man noch im Köcher hat, wie oft man schon getroffen wurde. Ein paar Anweisungen in Sachen Sicherheit werden vorgebetet: nicht rennen, nicht knien, schon gar nicht hinlegen, kein Körperkontakt.

Die Tür geht auf, Nebel, Schummerlicht. Mit uns geht ein Pärchen auf die Pirsch. Karin (24) aus Cottbus, Martin (26) aus Dorsten. Er kennt das Spiel. „Im Urlaub in Italien, da unten gibt's das ja schon öfter." Stimmt. Fast überall in Europa, auch gerade in den Niederlanden, sind diese merkwürdigen Vergnügungspaläste längst etabliert.

Karin sagt gar nichts und eröffnet das Feuer.

Aha. So geht das. Fünf, sechs Laserblitze kann man abschießen hintereinander, dann kurze Pause. Wieder Feuer. Wird ein Mitspieler getroffen – an vier speziellen Kontakten an Pistole, am Rücken und auf der Brust – dann ist für einen Moment Sendepause, kein Saft, kein Schuss. Und der Computer führt Buch.

Am Anfang ist die Hemmung. Klar ist das ein Spielzeug. Aber da ist eine Barriere. Besonders auf jemanden anzulegen, den man gar nicht kennt. Doch dann kommt doch der Zeitreiseeffekt. Nicht in die Zukunft, in die Vergangenheit, dreißig Jahre zurück, hinter der Garage auf die Nachbarjungs gewartet, links die Erbsenpistole, rechts das Blasrohr.

Das ist jetzt wieder gegenwärtig und aus irgendeinem Grunde benehmen sich auch alle recht schnell wie die Blagen und alle kichern. Wie bei einer Schneeballschlacht. Ja, genau, das ist es, eine elektronische Schneeballschlacht.

Der private Sternenkrieg ist exorbitant teuer (15 Mark pro Person) und der Rücksturz zur Erde kommt raketenschnell. Schon nach einem Viertelstündchen schiebt der müde Krieger seinen Laser ins Halfter, alle Daten werden verarbeitet, wer wen wie oft traf, das gibt's dann zum Abschied als Ausdruck.

Ein Abschied für immer, wenn's nach dem Willen der Stadt Recklinghausen geht. Das im September geöffnete Drom soll schließen. Noch streiten die Gerichte, haben bisher kein einhelliges Urteil finden können.

Zwar gilt der Eintritt erst ab 18 Jahre, Hajo Bajon, Ordnungsdezernent, fasst die Argumente der großen Mehrheit des Stadtrates zusammen: „Wir gehen mit allen Mitteln dagegen vor. Wir wollen auch Formen der Gewaltverherrlichung, auch des simulierten Tötens, nicht hinnehmen. Jeder regt sich auf über im Fernsehen gezeigte Gewalt und wir machen das hier zu einer Freizeitgestaltung? Nein! Es müssen Zeichen gesetzt werden."

Da eine konkrete gesetzliche Regelung fehlt, geht die Stadt jetzt mit einer Ordnungverfügung vor. Das heißt, sie geht von einem „Verstoß gegen die öffentliche Sicherheit und Ordnung“ aus.

Der Geschäftsführer des Laserdroms sieht das erwartungsgemäß anders: „Dann müssten Westernstädte doch auch geschlossen, Ritterspiele verboten werden. Und was ist mit Fechten, Karate? Dürften solche Sportarten dann noch betrieben werden? Also für mich ist das ein harmloses Spiel.“ Da immerhin trifft er sich mit Bajon. Der sagt: „Für mich ist das auch ein Spiel. Für Erwachsene, die eigentlich noch Kinder sind.“

Nun, wer weiß, ich hab' auch andere Sorgen. Der Yedi-Ritter hat wieder volle Energie.

(aus: Neue Ruhr/Neue Rhein Zeitung – NRZ, 3.2.1995)

Vorschläge für Übungen und Klassenarbeiten

Vorschlag 1

Liebe Oma,

du brauchst dir keine Sorgen mehr machen. Wie Mama dir am Telefon bereits gesagt hat, geht es mir wieder gut und die Erkältung ist am Abklingen.
Du wolltest wissen, was passiert ist. Also, Jan und ich haben am Dienstag vor einer Woche ein Schlittenwettrennen gemacht. O.K., eigentlich wollte Jan nicht, aber ich und die anderen aus meiner Klasse haben ihn überredet. Ich muss dir gestehen, ich hatte auch ziemlichen Bammel, weil der Hang ganz schön steil war. Aber irgendwie war klar, dass wir jetzt nicht mehr kneifen konnten, weil die anderen schon ganz heiß auf das Rennen waren. Tobias, du weißt, der Sohn von unseren Nachbarn, hat sich gleich bereit erklärt, den Schiedsrichter zu machen. Als es dann losging, war jede Angst bei mir verflogen. Ich gab einfach alles, was der Schlitten zuließ. Ich hatte schon nach kurzer Zeit einen kleinen Vorsprung und als ich über eine Bodenwelle rübersauste, sprang ich sicherlich zwei Meter weit. Damit hatte ich Jan vollständig abgehängt. Schon völlig im Siegestaumel sah ich den See auf mich zurasen und – konnte nicht mehr bremsen. Schreiend schlitterte ich auf das zugefrorene Wasser und kurz darauf brach das Eis unter mir. Das Wasser war so kalt, dass es sich anfühlte, als ob Tausende von Nadeln in mich eindrangen. Vor Schreck bekam ich keine Luft mehr. Es war entsetzlich und Panik stieg in mir hoch. Immer wieder versuchte ich mich an der Eiskante festzuhalten, doch sie brach genauso oft ab. Plötzlich sah ich Jan, der mir seine Hand entgegenstreckte. Ich griff zu und noch nie in meinem Leben habe ich etwas so fest gehalten. Trotzdem erschien es mir wie eine Ewigkeit, bis Jan mich auf seinen Schlitten gezogen hatte und mich ans Ufer brachte. Irgendjemand hatte mit dem Handy bereits den Krankenwagen gerufen, aber erst im Krankenhaus taute ich langsam wieder auf. Eines steht für mich auf jeden Fall fest: Der eigentliche Held des Rennens war auf jeden Fall Jan.

Bis hoffentlich bald!
Liebe Grüße *dein Manuel*

1 *Schreibe den Brief in einen Zeitungsbericht um.*
(Alternative: Eine kurze Erzählung in einen Zeitungsbericht umschreiben lassen.)

Vorschlag 2

Die Mädchen haben sich abgemeldet von Rouven Sperling

Schöne neue Welt: Turnvater Jahn hat schon längst die rote Karte bekommen und trendiger Freizeitsport ist seit Jahren im Spiel. Streetball, Beachball, Mountainbiking, Kickboarding, Snowboarding oder Canyoning – vermarktet wird alles, Hauptsache, es ist hip. Und zwar als Erstes für Jugendliche. Aber egal, ob in der Halfpipe, beim Skatertreff, auf dem Streetballplatz oder an der BMX-Bahn – eins ist immer gleich: Gesportelt wird von den Jungs. Da fragt sich doch vor allem eines: Wo sind die Mädchen?

Manchmal ist es vielleicht Zufall. Und sicher ist es nicht wie Skater Alex lautstark auf dem Bahnhofsvorplatz kundtut: „Mädels sind voll unfähig, was Sport angeht!" Ganz klar haben Mädchen oft ganz andere Bedürfnisse und sind einfach gar nicht scharf auf die neuen Trends. So jedenfalls formuliert gestenreich Erkan mit seinem Lakers-Käppi im Schatten der Stühlingerkirche. Dafür, dass die Mädchen bei den Trendsportacts meistens außen vor sind, gibt es tatsächlich eine ganze Reihe von Gründen. Und die können in vielen Bereichen liegen, angefangen von der Familie, über Geld, bis hin zum Geschlechterverhältnis. [...]
Noch immer wachsen etliche Mädchen und Jungen unter deutlich verschiedenen Voraussetzungen auf. Und noch immer gibt es Untersuchungen, die feststellen, dass Jungen bereits früh große Freiheiten eingeräumt werden, während die gleichaltrigen Mädchen in vielen Familien immer noch die Ersten sind, die beim Einkaufen, Putzen und Geschwisterhüten helfen müssen. Das kann einer der Gründe sein, weshalb für Mädchen neben der Schule oft weniger Zeit für das Leben außerhalb der Wohnung bleibt. Ein weiterer Punkt, der wenig verlockend ist, sagt Streetballerin Laura, 15 Jahre, sei die Furcht vor Übergriffen. Eine Erfahrung, die viele Mädchen mit ihr teilen: auch wer nie selbst angegriffen wurde – die meisten waren zumindest schon in irgendeiner Weise mit unangenehmen Situationen konfrontiert, sei es verbal oder handgreiflich, beides hinterlässt einen nachhaltigen Eindruck auf das Leben einer Jugendlichen. Das ist auch einer der Gründe dafür, dass institutionalisierte Freizeiträume wie Jugendhäuser einen ungemein hohen Andrang von Mädchen genießen: Dort nämlich wähnen sich die Mädchen (und die Eltern der Töchter) in „Sicherheit". [...]
Und Sicherheit ist nach wie vor auch ein wichtiges Kriterium bei der Wahl der traditionelleren Freizeitbeschäftigungen von Mädchen. Angefangen vom Reitsport oder Ballett bis hin zum Aerobic oder dem jüngeren Streetdance. [...]
Klar ist, dass eigentlich [...] in den Trendsportarten die Karten neu gemischt werden. Eigentlich wäre das ja die beste Chance für Jungs und Mädchen, auch die Rollen neu zu verteilen. Die Mädchen jedenfalls, die nicht nur als Zuschauerinnen neben der Halfpipe sitzen, sondern selber Stunts zeigen, sind häufig genug viel wendiger und mutiger als die Jungs.

(Badische Zeitung, 25. April 2002, online)

1 *Welche Gründe nennt der Text für die Tatsache, dass weniger Mädchen als Jungen Trendsportarten ausüben? Inwiefern kannst du die genannten Gründe nachvollziehen? Beschreibe die Situation, wie du sie in deiner Umgebung erlebst.*

2 *Verfasse selbst eine Reportage über Mädchen in Trendsportarten in deiner Gemeinde bzw. Stadt.*

Vorschlag 3

1 *Verfasse zu einem der folgenden Themen eine Reportage:*
- *Der Ort, in dem ich lebe*
- *Mein Hobby*
- *Eine Reise*

Literaturhinweise

Fachdidaktisches Orientierungswissen. Berichten, „Bericht"/Erzählen, „Erzählung": Tätigkeiten und Textsortennormen. In: Deutschbuch 5/6. Ideen für den Unterricht. Hg. v. Ute Fenske u.a. Berlin 2002, S. 191–193

Frommer, Harald: Erzählen. Eine Didaktik für die Sekundarstufe I und II. Frankfurt/M. 1992

3 Japan – beschreiben und erklären

Konzeption des Gesamtkapitels

Schülerinnen und Schüler der Jahrgangsstufe 7 haben erfahrungsgemäß großes Interesse an exotischen Themen (z. B. Ritter, Indianer, Reisen). Anhand verschiedener Beispiele aus dem japanischen Kulturbereich sollen sich die Schülerinnen und Schüler Möglichkeiten des Beschreibens und Erklärens erarbeiten.
Welcher Schüler, welche Schülerin kennt nicht Produkte aus Japan, die zu unserem Alltag gehören? Mit Autos, Kameras und Walkman gehen wir selbstverständlich um, aber das Land und seine Kultur kennen wir kaum. Das Exotische kann dabei nicht nur selbst ein motivierendes Objekt der Beschreibung sein, sondern auch einen Anreiz bieten, Personen, Bilder, Gegenstände und Vorgänge des eigenen Kulturbereichs wie für fremde Ohren zu beschreiben und zu erklären. Denn gerade die Perspektive aus der Distanz ermöglicht es, Alltägliches genau zu beobachten (z. B. Kleidung, Esskultur, Sport, Hobby).
Das erste Teilkapitel **(„Konnichi wa – Japanisches aus der Nähe betrachtet“)** setzt den Schwerpunkt im Lernbereich „Sprechen und Schreiben“. Es führt ein breites Spektrum japanischer Kulturgegenstände vor, spricht aber auch die konkrete Lebenswelt der Schülerinnen und Schüler an. In der Spannung von Fremdheit und Vertrautheit werden differenzierte Beobachtung und Sprachkompetenz vor allem in der Textproduktion gefordert. Vom thematischen Schwerpunkt Japan aus werden Prozesse des Beschreibens und Erklärens am Beispiel von Personen, Bildern, Gegenständen und Vorgängen entfaltet.
Auf das hauptsächlich an der Textproduktion orientierte erste folgt ein zweites, textanalytisches Teilkapitel **(„Erzählungen und Gedichte aus Japan“)**. Der Lernbereich „Umgang mit Texten“ wird sinnvoll integriert, wenn die Schülerinnen und Schüler anhand japanischer Literatur die poetische Funktion und die stilistischen Mittel beschreibender Passagen kennen lernen.
Das dritte Teilkapitel **(„Ein Besuch im Museum“)** dient der Anwendung und Festigung des Erlernten, indem es sich insbesondere an die Handlungskompetenz der Schülerinnen und Schüler richtet. Ein fiktiver Museumsbesuch bietet den Anlass, museale Einrichtungen des eigenen Umfeldes zu erkunden, und regt an zu einem realen Museumsbesuch. Das Thema „Manga-Helden“ kommt dem allgemeinen Interesse der Schülerinnen und Schüler an Comics entgegen.

Zusätzliches Übungsmaterial

„Deutschbuch 3 Arbeitsheft“:
- Personen beschreiben: S. 12
- Bilder beschreiben: S. 13
- Orte beschreiben: S. 14
- Vorgänge beschreiben und erklären: S. 16

Das **„Deutschbuch Hörbuch 7/8“** enthält die in diesem Kapitel behandelten Haikus.

Inhalte			Kompetenzen
S. 39	3.1	**Konnichi wa – Japanisches aus der Nähe betrachtet**	Die Schülerinnen und Schüler können – das Land Japan, seine Geografie, die Menschen und Kulturgegenstände (Dichtung, bildende Kunst, Kunsthandwerk, Sport) beschreiben und erklären – die Genauigkeit in der Beobachtung als Voraussetzung einer detaillierten und anschaulichen Beschreibung nutzen (treffende Adjektive und Verben verwenden) – Personenbeschreibungen in Abhängigkeit vom Kontext (Zweck und Adressat) anfertigen – aus der Sicht des Beschreibenden einen Text beurteilen – Bilder nicht nur im formalen und inhaltlichen Aufbau, sondern auch subjektiv-fantasievoll beschreiben – durch den fremden Blick auf Handlungen japanischer Kultur Vorgänge in ihrer Reihenfolge genau erfassen und erklären – gewohnte Handlungen genau beschreiben
S. 40		**Auf die Beobachtung kommt's an: Personen beschreiben**	
S. 44		**Ins Bild gesetzt: Bilder beschreiben**	
S. 46		**Wie geht das vor sich? – Vorgänge beschreiben**	
S. 51	3.2	**Erzählungen und Gedichte aus Japan**	– beschreibende und erklärende Passagen in japanischen Prosatexten auffinden und analysieren – sich mit der Gedichtform des Haiku rezeptiv und produktiv auseinander setzen – Bilder beschreiben und zu Texten in Beziehung setzen – die Natur, insbesondere das Meer, als zentralen Gegenstand japanischer Literatur erkennen
S. 51		**Texte über das Meer**	
S. 55		**Das japanische Haiku**	
S. 57	3.3	**Ein Besuch im Museum**	– eine Wegbeschreibung verfassen – erworbene Kenntnisse und Fertigkeiten beim Beschreiben und Erklären von Personen, Bildern, Gegenständen und Vorgängen anwenden – einen Museumsbesuch für die Klasse planen – Mangas herstellen und deren inhaltlichen Hintergrund erläutern
S. 57		**Den Weg zum Museum beschreiben**	
S. 58		**Masken beschreiben**	
S. 59		**Manga-Helden beschreiben und zeichnen**	

3.1 Konnichi wa – Japanisches aus der Nähe betrachtet

S. 39 Die Auftaktseite bietet Gelegenheit, über den Fudschijama, den Shinkansen oder japanische Schriftzeichen ins Gespräch zu kommen. Weitere Gesprächsthemen über Japan, welche die Schülerinnen und Schüler unter Umständen ansprechen, z. B. japanische Autos, Elektrotechnik, Kleidung, können analog zur Aufgabe 2 für alternative Schülerleistungen fruchtbar gemacht werden.

1 *Beim Vergleich sollten vor allem Ausstattung, Sitzhaltung, Anrichtung der Speisen, Anwesenheit der Geisha, evtl. der lächelnde Gesichtsausdruck zur Sprache kommen.*

S. 40

Auf die Beobachtung kommt's an: Personen beschreiben

1 *Durch die – für europäische Verhältnisse – große Ähnlichkeit der äußeren Merkmale kommen durch Ausschlussverfahren und den Hinweis „etwas verdeckt" nur noch drei Mädchen in Frage. Da die eine davon aber verhalten lächelt, die andere eine nicht erwähnte Brille trägt, wird wohl das Mädchen rechts von den beiden Europäerinnen als Ayumi zu identifizieren sein. Diese Erkenntnisse lassen entsprechend detaillierte Angaben zur Aufgabe 2 erwarten.*

3 *a/c) Wenn man Personen beschreibt, sind die* ***Merkmale*** *hervorzuheben, die diese Person von anderen unterscheidet. Die Schülerinnen und Schüler sollten darauf achten, abfällige Bemerkungen zu vermeiden und eine sinnvolle Reihenfolge der Stichpunkte einzuhalten.*

4 *a) Mögliche Ergänzungen:*

Größe:	groß
Körperbau:	untersetzt, mollig, schlank, athletisch, hager
Haare:	gelockt, glatt, gefärbt, schulterlang, rötlich
Gesicht:	kantig
Augen:	eng beieinander, vorstehend, mandelförmig, dunkel, streng, weit geöffnet, leicht schielend, strahlend
Mund:	breit, schmal, verbissen, lächelnd
Nase:	spitz, winzig, knollig
Kleidung:	elegant, gepflegt, schlampig, ordentlich
Auffälligkeiten:	Narbe, Muttermal, Sommersprossen

b) Mögliche Verbesserungen:

Die Augen sind blau. → Die Augen strahlen blau.
Der Mantel ist lässig. → Der Mantel hängt lässig über der Schulter.
Sie hat schulterlange Haare. → Die Haare reichen ihr bis auf die Schultern.
Sie hat eine Kappe auf. → Sie trägt eine Kappe.
Sie hat rote Haare. → Ihre Haare leuchten rot.

5 *a/b) Durch die deutlichen Unterschiede der Personen in Geschlecht, Größe, Haut- und Haarfarbe wird sofort klar sein, wer jeweils gemeint ist, sodass sich das Augenmerk auf Aufbau und Wortwahl der Beschreibungen richten kann.*
Die Schülermitbewertung dient der Wiederholung, Zusammenfassung und Vertiefung der Kriterien zur Personenbeschreibung.

6 *a) Bei der Beschreibung des alten Mannes sollen die Schülerinnen und Schüler ihre bisherigen Fertigkeiten (s. Aufgabe 5) vertiefen, indem sie besonders auf eine anschauliche Wortwahl (treffende Verben und Adjektive) achten.*

b) Über die momentane Verfassung (Stimmung) hinaus erfährt man auch etwas über den Lebenswandel: starke körperliche und seelische Belastungen, intensive Witterungseinflüsse, evtl. Zufriedenheit, Verbitterung.

7 *a–d) Es sollte deutlich gemacht werden, dass sich manche beschreibenden Textsorten mehr auf äußere Merkmale, andere stärker auf Eigenschaften, Verhaltensweisen oder Interessen beziehen. Außerdem müssen die Schülerinnen und Schüler den Adressatenbezug berücksichtigen.*
Fahndung, Steckbrief, Kaufhausdurchsage, Vermisstenanzeige:
Schwerpunkt: äußere Erscheinung (Kleidung, Haarfarbe, Größe, Alter), besondere Kennzeichen, letzter Aufenthaltsort – Schreibstil: sachlich, nüchtern
Heiratsanzeige:
Hervorheben positiver Merkmale, äußere Erscheinung, Geschlecht, Alter, Eigenschaften, Interessen, Hobbys, Vorlieben, Abneigungen, Wünsche, Lebensziele – Schreibstil: knapp, treffend, individuell
Schriftliche Beurteilung:
erbrachte Leistungen, Eigenschaften, soziales Verhalten, Kompetenzen
Starporträt in einer Zeitung:
Lebensdaten, künstlerische Leistungen, Privatleben, Vorlieben, Hobbys
Erinnerung:
Besonderheiten der äußeren Erscheinung und Eigentümlichkeiten in Bezug auf Verhalten und Eigenschaften; Schwerpunkt: Charakter, Verhalten, Beispiele

(mögliche Erweiterung:) ***Information für einen Brieffreund:***
Aussehen, Kleidung, Schwerpunkt: Interessen, Hobbys, Lieblingsbücher, Reiseziele, Schulerfahrungen, Familienleben, Haustiere, Freundschaften.

Oba Minako

Die Schwestern

S. 42

Oba Minako, geboren am 11. November 1930 in Tokio, Tochter eines Marinearztes; sie erlebte den „Atompilz“ über Hiroshima aus 25 Kilometern Entfernung mit und leistete Hilfsdienste in der zerstörten Stadt; sie studierte englische Literatur und ging ab 1959 mit ihrem Mann für elf Jahre nach Alaska; sie studierte auch an Universitäten in den USA und erhielt für ihre Romane verschiedene Preise.

1 *a) Die Mutter der Erzählerin fühlt sich aufgrund ihres europäischen Aussehens in der Familie als Außenseiterin. Sie weiß diese Situation aber als Möglichkeit zu nutzen, ihre Individualität auszudrücken. Als Jüngste kann sie sich durch moderne Kleidung und Frisur, orientiert am westeuropäischen Stil, von den Schwestern unterscheiden. Die beiden älteren Schwestern, Takiko und Matsue,*

konkurrieren miteinander in Bezug auf ihre Wirkung (besonders auf Männer) auf traditionelle japanische Weise.
Takiko eifert der älteren Schwester nach und versucht sich durch eine andere Farbwahl abzugrenzen. Sie legt mehr Wert auf die Ausstrahlung ihres Gesichts.

b) *Wäre die Mutter in Europa aufgewachsen, hätte sie vielleicht als hübsch gegolten. Die Schülerinnen und Schüler sollten bedenken, wodurch Geschmack gebildet wird (Generationenunterschied, Landeskultur, familiäre Einflüsse, Modetrends).*

2 a) *Mögliches* ***Tafelbild:***

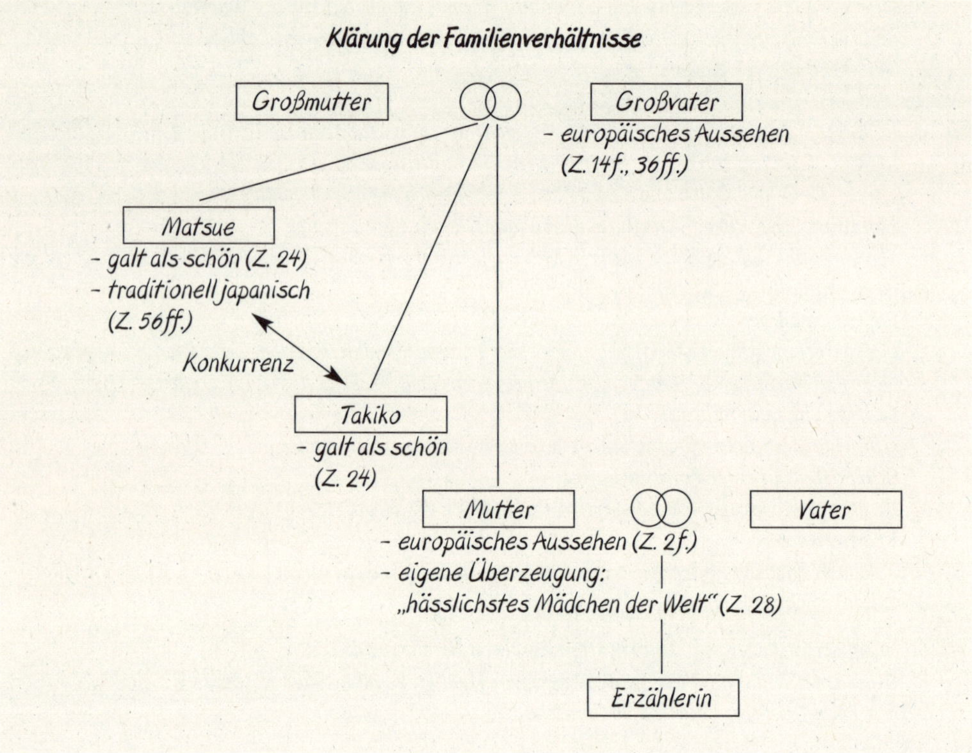

3 a–c) *Die Schülerinnen und Schüler sollen sich bewusst machen, dass Mode schnelllebig und zeitbedingt ist. Diskutiert werden kann, ob das Tragen der sog. unmodernen Kleidung auch immer mit einem Verlust von Schönheit einhergeht.*

S. 44

Ins Bild gesetzt: Bilder beschreiben

1 a) *Die Schülerinnen und Schüler haben zunächst die Gelegenheit, ihren subjektiven Anteil zu sichern. In der Aufforderung, unterschiedliche sinnliche Eindrücke festzuhalten, erleben sie das Gemälde als komplexes Gebilde, von dem ganze Geschichten ausgehen (Every picture tells a story).*

b) *Die Beschreibung der auffälligen Darstellungsmittel, Farben und Komposition, ist funktional gebunden an die Wirkung des Bildes. Stimmungen und Bewegungen sollen festgehalten werden. Es gibt mehrere Bewegungsrichtungen, z. B. der dunkle Keil mit Spitze zur linken Bildmitte hin unterstreicht*

die Wind- und Regenrichtung (ablesbar an den nach links geneigten Baumwipfeln) sowie die Bewegung der drei nach oben laufenden Personen. Diagonale Linien erzeugen Bewegungen. Die Farben sehen kühl, „ausgewaschen" aus. Ein heller Keil mit der Spitze nach rechts unten (Hügel) und die zwei gegen den Wind ankämpfenden Figuren unterstreichen die gegenläufigen Bewegungen.
Die Stimmung, die das Bild vermittelt, kann sowohl zu Beginn der Bildbetrachtung stehen als auch diese abschließen.

2 *Möglicher Text:*
Auf dem Landschaftsbild des japanischen Künstlers Utagawa Hiroshige werden flüchtende Menschen im Sturm dargestellt. Der 25,5 x 38,2 cm messende Holzschnitt wurde 1834 angefertigt. Im Vordergrund verläuft vom linken mittleren Bildrand nach rechts unten ein bläulich grüner Hang. Der Blick wird auf fünf hellgelb gekleidete Personen gelenkt, die vor einem Regenschauer flüchten. Drei laufen geduckt nach links bergauf. Zwei von ihnen tragen eine Sänfte, aus der ein Arm lugt. Die beiden Figuren rechts laufen tief nach vorne gebeugt den Hang hinab. Einer von ihnen schützt sich mit einem Schirm. Die Menschen sind spärlich bekleidet. Ihre Hüte und Umhänge sind aus hellgelbem Stroh. Sie ducken sich darin vor Wind und Schauer. Am oberen Bildrand bildet ein tiefschwarzer Streifen die dunkle Regenwolke, aus der graue Streifen schräg von rechts oben nach links unten quer über das ganze Bild verlaufen. Die Sträucher rechts vorne, die mit dünnen schwarzen Linien gezeichnet sind, neigen sich ebenfalls nach links. Rechts am Mittelgrund sind die Dächer einiger Häuser zu erkennen. Ihre Wipfel liegen hinter einem dichten Regenschleier. Auch die Dächer der niedrigen Häuser sind einheitlich grau.

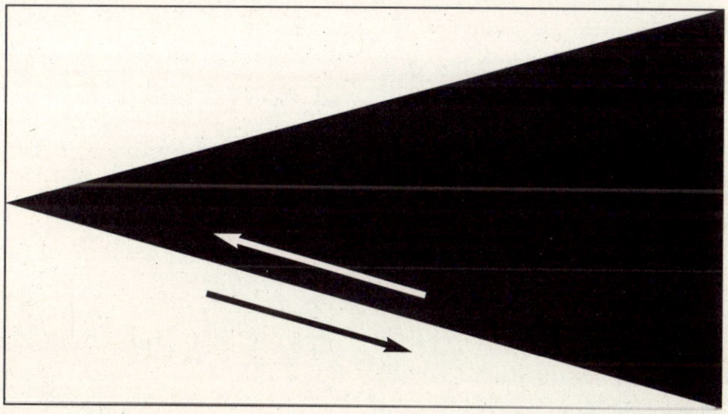

Kompositionsskizze

3 *b) Ostasiatische Landschaftsbilder (Hängerollen) lassen sich nicht mit einem Blick als Gesamtbild erfassen. Die Raumschichten liegen nicht hinter-, sondern übereinander, die Dinge verlieren in der Tiefe (oben im Bild) nur unwesentlich an Schärfe/Detailgenauigkeit und an Größe, sodass der erste Eindruck der eines verworrenen, irritierenden Gebildes ist. Der Blick wird nicht offensichtlich gelenkt, sondern springt von Detail zu Detail.*
Die Schülerinnen und Schüler schlagen als Zugänge zum Bild möglicherweise vor:
- *von unten nach oben (den Weg gehen),*
- *von Detail zu Detail (Menschen, Häuser, Brücken),*
- *über die Schriftzeichen nach unten.*

Die erste Möglichkeit bietet sich an, das Bildformat fordert eher zu vertikaler als zu horizontaler Sehrichtung auf. Die Rückenfigur auf der Brücke am rechten unteren Bildrand nimmt diesen Weg.

4 *Durch den großen Spielraum, den Bild (monochrome Tuschmalerei) und Aufgabenstellung der Fantasie lassen, vollziehen die Schülerinnen und Schüler Aspekte der eigentlichen Funktion ostasiatischer Hängerollbilder nach: Sie laden ein, meditativ in sie einzutauchen, in Einklang mit der Natur durch die Ideallandschaft zu wandern, um schließlich Zugang zum Paradies zu erlangen (Kloster in oberster Bildzone).*

S. 46

Wie geht das vor sich? – Vorgänge beschreiben

1 *a) G – f; E – d; C – c; B – b; D – h; I – e; A – a; F – i; H – g.*

2 *Bei der Beschreibung dieser an sich recht einfach wirkenden Körperhaltung sollen die Schülerinnen und Schüler besonders auf die Ausrichtung der Hände und Füße, die Winkelstellung der Arme und Beine, den Grad der Kopfneigung, die Rundung des Rückens, die Blickrichtung achten.*

3 / **5** *Das handlungsorientierte Ausprobieren steht hier im Vordergrund. „Judokas" in der Klasse können Schiedsrichter sein, Anweisungen und Erklärungen geben, Verbesserungsvorschläge machen.*

4 *a/b) Die Rolle vorwärts, wie sie die Schülerinnen und Schüler aus ihrem Sportunterricht kennen, ist eine eher „leichte" Übung, in der nach vorne über den Nacken und den gekrümmten Rücken abgerollt wird. Die Unterschiede zur Judorolle sind offensichtlich.*

6 *a) Die Schülerinnen und Schüler beschreiben und erklären Sportarten wie Fußball, Basketball, Tennis, Reiten oder Rudern. Herausgearbeitet werden soll das Besondere der jeweiligen Sportart. Einzelne Regeln, z. B. die Abseitsregel beim Fußball, gilt es detailliert und verständlich zu erklären.*

7 *a)*
- *Fehlende Fachbegriffe*
- *unsachliche Bezeichnungen: „Schiedsrichterzwerglein" (Z. 7); „Fleischriesen" (Z. 9)*
- *Unkenntnis: „unbekanntes Signal" (Z. 16); „merkwürdige Bewegung" (Z. 33)*
- *unsystematische Anordnung*
- *reine Beschreibung*
- *fehlende Erklärungen*

b) Sumo ist ein 2000 Jahre alter japanischer Nationalsport, an dem ausschließlich Männer teilnahmen. Jährlich finden sechs große Turniere in Sumo-Stadien statt, z. B. in Tokio, die auch im Fernsehen übertragen werden.
Die Sumotori sind Schwergewichtsringer mit einem durchschnittlichen Körpergewicht von 138 kg.
Der Kampf beruht auf einfachen Regeln: Zwei Männer kämpfen innerhalb eines Rings. Der Schiedsrichter gibt das Zeichen zum Angriff mit einem Fächer. Verloren hat derjenige, der zuerst den Ring verlässt oder aber den Boden innerhalb des Ringes mit einem anderen Körperteil als den Fußsohlen berührt. Um dieses Ziel zu erreichen, gibt es etwa 48 Griff-, Schub- und Stoßtechniken. Dabei geht es um Schnelligkeit und Beweglichkeit. Der Kampf ist sehr kurz, er dauert oft nur 30 Sekunden. Die Vorbereitungen sind allerdings länger als der Kampf selbst: Das Salzstreuen im Ring hat einen religiösen Hintergrund und das Stampfen mit den Füßen soll Dämonen verscheuchen.
Nach Beendigung des Kampfes überreicht der Schiedsrichter dem Sieger auf einem Fächer Sponsorengelder in einem Briefumschlag.
Alle Sumo-Kämpfer tragen langes Haar, das zu einem Knoten zusammengesteckt ist. Es dient nicht nur als Schmuck, sondern bietet auch Schutz vor Verletzungen, wenn der Ringer im Kampf gegen den Kopf des Gegners prallt oder zu Boden geht.
Die Ringer sind beim Kampf nur mit einem Gürtel (Mawashi) bekleidet, der etwa 9 cm lang und 60 bis 70 cm breit ist. Er wird längsseits vierfach gefaltet und mehrfach um Taille und Leistengegend gewickelt. Vor dem Mawashi hängt zur Zierde ein Sagari, ein kurzer Gürtel mit Seidenfransen.

Unter Umständen kann hier auch eine Videoaufnahme eines Sumo-Kampfes einbezogen werden.

Anmerkung: Heute gibt es durchaus bekannte Sumo-Ringerinnen, die in einteiligen badeanzugähnlichen Trikots kämpfen, wie z. B. die Europameisterin 1998 im Sumo, Karin Kutz.

9 *Zu erwarten sind Schülerarbeiten, die sich an TV- oder Radiokommentaren orientieren und so die Vorlage bieten, weitere, eher journalistische Formen des Berichtens in den Blick zu nehmen. Merkmale der Reportage/des Features als weniger sachlichen journalistischen Textform lassen sich erarbeiten und an Ton- oder Bildaufzeichnungen bzw. Reportagen aus dem Sportteil einer Tageszeitung verifizieren. (Siehe hierzu auch die Kapitel 2 und 12.)*

Japanisch essen

S. 50

1 a) *Die eigentliche Anleitung findet sich in den Zeilen 15 bis 35.*

b) *Auch der umgekehrte Vorgang ist denkbar und sinnvoll: Nur die Zeichnung bleibt aufgedeckt, die Worte müssen gefunden werden.*

3 a) Essen mit Messer und Gabel
Du nimmst die Gabel in die linke, das Messer in die rechte Hand. Beide Essgeräte werden im oberen Drittel des Griffes umfasst. Der Zeigefinger liegt oben auf dem Griff auf, mit ihm kannst du jeweils den Druck auf das Gerät verändern. Die Gabelzinken, deren innere Seite zu dir zeigen, stichst du zunächst in das Fleisch hinein, mit dem Messer schneidest du hinter dem Gabelrücken ein Fleischstück ab, während du mit der Gabel das Fleischstück festhältst. Dann führst du die Gabel mit dem aufgespießten Fleisch zum Mund (nicht umgekehrt!). Das Messer kannst du in der rechten Hand auf dem Teller liegen lassen.
Wenn du die Beilagen isst, liegt die Gabel ähnlich wie ein Essstäbchen in deiner Hand. Die Spitze der Gabel ruht auf dem Teller. Mit einer Seite der Messerschneide kannst du z.B. Gemüse bequem auf das untere Ende der Gabel schieben. Du solltest es vermeiden, dass das Messer über den Boden des Tellers schabt und ein quietschendes Geräusch verursacht.
Achte darauf, dass du beim Essen gerade sitzt und die Unterarme leicht auf der Tischkante aufliegen. Auf keinen Fall darfst du die Ellenbogen aufstützen.
Wenn dein Teller leer ist und du nichts mehr nachnehmen möchtest, legst du Messer und Gabel parallel auf den Teller. Die Gabelzinken zeigen dabei nach oben.

b) Stelle das Ei in einem Eierbecher vor dich auf den Tisch. Nimm ein Messer in die rechte (bei Linkshändern: linke) Hand und schlage den Kopf des Eies am unteren Rand des oberen Drittels ab.
Nun kannst du bequem mit einem Eierlöffel das abgeschlagene „Hütchen" und das Unterteil des Eies auslöffeln. Voraussetzung ist, dass das Ei weder zu hart geworden noch zu flüssig geblieben ist. Salz nicht vergessen!

4 a) – *Angabe der Zutaten und der Mengen*
– *Beschreibung des Ablaufs*

b) *Besonders das Fehlen der Angaben „in dünne Streifen schneiden" und „darin Seetang gar kochen" könnte zu ernsthaften Schwierigkeiten bei der Umsetzung führen.*

c) *Die Umformung in den Imperativ wird keine Schwierigkeiten bereiten, eignet sich aber nur, wenn geduzt werden kann (Kochbuch für Kinder). Das Passiv wirkt selbst hier stilistisch schwerfällig und erfordert das Einfügen der bestimmten Artikel: Formulierungen mit „man nehme" sind sicher die elegantesten, wirken aber veraltet.*

3.2 Erzählungen und Gedichte aus Japan

S. 51

Texte über das Meer

Lafcadio Hearn (1850–1904), „der einzige Europäer vielleicht, der dieses Land [Japan] ganz gekannt und ganz geliebt hat. Nicht mit der Liebe des Ästheten und nicht mit der Liebe des Forschers, sondern mit einer stärkeren, einer umfassenderen, einer selteneren Liebe: mit der Liebe, die das innere Leben des geliebten Landes miterlebt", schrieb Hugo von Hofmannsthal 1904, als er die Nachricht vom Tode Hearns erhielt. Lafcadio Hearn hatte seit 1890 in Japan gelebt und gearbeitet; er war mit einer Japanerin verheiratet. Unter seinem japanischen Namen Koizumi Yakumo steht Hearn heute in den japanischen Schulbüchern, die Schülerinnen und Schüler lesen ihn allerdings, ohne zu wissen, dass er Ausländer war. Sein Haus in Matsue ist heute ein Museum. (Nach: Ele Fuchs [Hg.]: Reiseschmöker Japan. Frank & Frei, Bonn 1990, S. 300)

1 a) *Aufgrund von traditionellem Erzählgut kann sich Hamaguchi die Naturbeobachtung erklären. Die „Ebbe" ist nur ein vorübergehender Zustand, das Meer kommt Sekunden später mit einer riesigen Flutwelle zurück und wird das Dorf überschwemmen. Für lange Erklärungen hat er keine Zeit, er muss handeln. Um die 400 Dorfbewohner, die an den Strand gelaufen sind, zu retten, zündet Hamaguchi auf dem Berg seine Reisgarben an. Da die Dorfbewohner nun den Brand löschen wollen, rennen sie auf schnellstem Weg auf den Berg. Ohne es zu wissen, sind sie dadurch der Gefahr durch das Wasser entronnen.*

b) *Zu erwarten sind Schülerbeiträge, die ein energischeres Auftreten des Jungen befürworten. Ein abschließendes Gespräch wird ergeben, dass dies nichts bewirkt hätte und in diesem Fall eine abwartend vertrauensvolle Haltung die klügste war.*

2 *Diese fächerverbindende Aufgabe knüpft an die Einstiegsreferate an. Schon die ersten Recherche-Versuche im Internet bringen eine Vielzahl englischer und deutscher Berichte und Fotos.*

Yukio Mishima (1925–1970, Selbstmord durch Harakiri), Sohn eines Ministerialbeamten, lebte nach einer auf das Jurastudium folgenden kurzzeitigen Anstellung im Finanzministerium ab Herbst 1948 als freier Schriftsteller. Mit seinen Romanen, Novellen, No-Stücken, in denen sich japanische Tradition mit Einflüssen europäischer psychologischer Darstellungskunst verbindet, wurde er einer der bedeutendsten Nachkriegsautoren.

3 ***Vergleiche:*** *wie zwei unhöflich zur Seite aufgeschlagene Fächer (Z. 38 f.), wie von gleißenden Eiszapfen (Z. 45 f.)*
anthropomorphisierende Metaphorik: *kläglicher Tod (Z. 11), sanftes, gnädiges Scheitern (Z. 12 f.), Gefühlsverwirrung (Z. 14), glitschige Bäuche (Z. 29), Klagen (Z. 31), Flüstern (Z. 32), glatter weißer Rücken (Z. 50), Zähneknirschen (Z. 51)*
Pferde-Metaphorik: *riesige weiße Renner (Z. 32), kleine weiße Traber (Z. 33), kräftige Pferdeleiber der Linienkavallerie (Z. 34 f.), wühlende weiße Hufe (Z. 36)*
Adjektive: *trocken (Z. 1), frisch (Z. 3), unermesslich (Z. 9 f.), kläglich (Z. 11), sanft (Z. 12), gnädig (Z. 12), feucht (Z. 15), glatt (Z. 15 f.), leicht (Z. 17), olivfarben (Z. 29), glitschig (Z. 29), laut (Z. 31), riesig (Z. 32), klein (Z. 33), kräftig (Z. 34), heftig (Z. 42), scharf (Z. 42), brodelnd (Z. 43), gleißend (Z. 45 f.), glatt (Z. 50), weit (Z. 53), offen (Z. 53), kraftvoll (Z. 56), schwach (Z. 57), dicht (Z. 59), schwer (Z. 59), schwach (Z. 60), dünnflüssig (Z. 60 f.), jadefarben (Z. 63), dick (Z. 64), fest (Z. 65), dünn (Z. 69), erregt (Z. 69)*

4 a) *Hier wird an das Beschreiben von Bildern (Teilkapitel 1) angeknüpft. Die Schülerinnen und Schüler sollten zunächst ihre subjektiven Eindrücke zum Bild festhalten. Als Anregung dazu könnten sie aufgefordert werden, sich in die Situation eines der Menschen in einem der Boote zu versetzen.*

b) *Die „Welle" passt eher zum Text von Koizumi Yakumo. Ihre verschlingende Gewalt wirkt so einmalig wie die vernichtende Kraft des Meeres in der Erzählung über Hamaguchi.*
Hokusai hat zu seinem Bild selbst einen Text geschrieben.

Möglicher Zusatztext:

Katsushika Hokusai

Der Fuji und das Meer

Die Möwen tanzen
Im Kinderreigen,
Um den erzürnten Gott
Des Meeres scherzend ...
Von Neuem erregt
Steigt die Wucht
Bis an den Himmelsrand
Aus der Ferne erfreut
Sich der Berg lächelnd
Des heiteren Sommerspiels

(aus: Katsushika Hokusai: Fujijama – Der ewige Berg Japans. Insel, Leipzig 1937, S. 20 f.)

1 *Beschreibt die Wirkung, die in diesem Einstrophengedicht vom Meer ausgeht.*

Das japanische Haiku

S. 55

Zur Geschichte des Haiku

Matsuo Basho (1644–1694) ist der „Vater des Haiku". Yosa Basan (1716–1763) und Kobayashi Issa (1763–1827) entwickelten diese Dichtkunst weiter. Dann geriet das Haiku längere Zeit in Vergessenheit. Moderne Dichter, z. B. Santoka, beziehen sich aber ausdrücklich auf diese Klassiker. Natürlich gab es zwischen ihnen Unterschiede. Issa z. B. zeichnet sich u. a. dadurch aus, dass er gerne in Umgangssprache und Dialekt dichtete. Man spricht daher vom sog. „Issa-Ton". Dies stellt besondere Anforderungen an die Übersetzungen.
Im 20. Jahrhundert wird das Haiku wie so vieles aus seiner starren Form befreit: Das Jahreszeitenwort (kigo), welches früher oft ein Haiku einleitete, verschwindet zunehmend. Auch Vers- und Silbenzahl werden freier gehandhabt. Unerlässlich bleiben aber Glanz (hikari) und Kraft (chikara).
Einer der bekanntesten modernen Haiku-Dichter ist Santoka. Er starb 1940 mit 57 Jahren nach einem unsteten Leben als Trinker und Außenseiter der Gesellschaft.

1 a/b) *In der japanischen Haiku-Tradition tauchen folgende* ***Motive*** *immer wieder auf: jahreszeitlich bedingte Lebenssituationen (Wintereinsamkeit, Frühlingsmelancholie, Todesahnung im Herbst) und damit verbunden bestimmte atmosphärische Erscheinungen (Schneetreiben, Herbststurm), außerdem Pflanzen (Kamelie, Chrysantheme, Kirschbaum) sowie Tiere (Frosch, Kranich, Libelle).*
Die Schülerinnen und Schüler werden vieles davon, auch mit Hilfe der Illustrationen, in den Haikus entdecken (Kranich-Holzschnitt von Hokusai, Schriftzeichen oben „Frühling", unten „Herbst"). Einen umso intensiveren Eindruck von dieser Gedichtform können die Schülerinnen und Schüler gewinnen, wenn ihnen die auf der CD ***„Deutschbuch Hörbuch 7/8"*** *enthaltenen Hörbeispiele vorgespielt werden. Der Hörtext kann als Vorbereitung für das Verfassen und den Vortrag eigener Haikus dienen, die sich aufgrund ihrer Kürze besonders gut eignen, Schreibbilder zu ihnen anzufertigen (s. Aufgabe 2).*

c) Frühling: Dômei (Shiki), Matsuo Basho
Sommer: Issa („Glutheiß...")
Herbst: Issa („Grad...")
Winter: Yokoi Yayu (Shiki)

Alternative Vorgehensweise: *Die Form des Haikus kann aus den vorgelegten Beispielen herausgearbeitet werden, als Ergebnissicherung dient der Merkkasten auf S. 56 im Schülerbuch.*

2 *a/b) Die im Merkkasten genannten formalen Merkmale des Haikus sollten nach der eigenen Textproduktion überprüft werden.*
Die Scherenschnitte illustrieren die Haikus und bemühen sich um dieselbe Einfachheit und Einprägsamkeit wie die Texte selbst. Die Pinselstriche mit Tusche müssen auf Anhieb richtig und schön „sitzen", denn sie lassen sich nicht korrigieren. Insofern passt diese äußere Form zum Haiku, das selbst auch von Anfang an in seiner knappen Aussage festgelegt ist.

3 *b) Die produktive Auseinandersetzung erlaubt neben Interpretation auch Sprachbetrachtung.*

3.3 Ein Besuch im Museum

S. 57

Den Weg zum Museum beschreiben

Der einleitende Text eignet sich zum lauten Vorlesen. Einschlägige Erfahrungen der Schülerinnen und Schüler mit Museumsbesuchen sollten hier unbedingt Raum finden. Das Foto auf S. 57 im Schülerbuch entstand in den 1990er Jahren während einer Japan-Sonderausstellung.

S. 58

Masken beschreiben

Auch dieser einleitende Sachtext sollte laut vorgelesen werden. Je nach Interesse der Klasse und Stoffverteilungsplan der Lehrkraft bietet sich in der Folge die Erarbeitung des Kapitels zur Reiseliteratur (Kap. 12) an.

1 *a) Die **Bato-Maske** wirkt auf den Betrachter furchterregend. Die leuchtend rote, fast rechteckige Gesichtsform wird von einer mächtigen hohen Stirn mit weit nach hinten weisenden Wülsten geprägt. Einige wenige, aus brauner Schnur verfertigte Kopfhaare hängen in langen Strähnen herab und fliegen beim Tanzen um den Kopf. Die breiten wie ein „V" zulaufenden Augenbrauen berühren die Wurzel der übergroßen, kräftigen und stark nach unten gebogenen Nase. Nach unten blickende Metallaugen, deren äußere Winkel nach oben weisen, stehen eng aneinander und sind ungewöhnlich groß.*

Die Augenbrauen berühren beinahe die Nasenwurzel. Diese ist so lang, dass sie über den etwas geöffneten Mund, dessen Winkel ebenfalls nach unten gebogen sind, reicht. Einige Oberkieferzähne werden sichtbar. Das breite Kinn ist vorgeschoben.

b) Die ***No-Maske:***
- *Haare: glatt, strähnig aufgemalt, mit Mittelscheitel, hohe Stirn, Augenbrauen unmittelbar unter dem Haaransatz*
- *Gesicht: oval, langgezogen, glatte Oberfläche*
- *Nase: unten breiter, flach*
- *Augen: mäßig geschlitzt, schmal, ruhiger Ausdruck, schauen den Betrachter an, keine Ohren*
- *Mund: leicht geöffnet, lächelnd, lieblicher, sanfter Ausdruck*
- *Zähne: schwarz gefärbt*
- *Kinn: spitz zulaufend*

Zusatztext:

Bertolt Brecht

Die Maske des Bösen

An meiner Wand hängt ein japanisches Holzwerk
Maske eines bösen Dämons, bemalt mit Goldlack.
Mitfühlend sehe ich
Die geschwollenen Stirnadern, andeutend
Wie anstrengend es ist, böse zu sein.

(aus: Bertolt Brecht: Gesammelte Werke.
© Suhrkamp Verlag, Frankfurt/M. 1967)

1 *Setzt euch mit dem Gedicht von Bertolt Brecht auseinander. Was erregt sein Mitgefühl?*

Manga-Helden beschreiben und zeichnen

S. 59

1 *Neben äußeren Merkmalen (Frisur, Haarfarbe, „unasiatisch“ große Augen etc.) sollte vor allem Teetas unerschrockenes Wesen Erwähnung finden. Nähere Angaben sind der Auftaktseite zu dieser Episode zu entnehmen.*
Internetadressen: www.katzura-haji.de/plastic%20little.html-15k
www.setsu.de/charon/reviews/little.html-6k
www.uni-frankfurt.de/fb10/jhebufo/mangainfo

2 / 4 *Diese Arbeitsaufgabe kann durch die Anleitung zum Manga-Malen auf S. 60 im Schülerbuch vorbereitet werden. Ggf. sollte hier eine arbeitsteilige Gruppenarbeit stattfinden. Ein Klassenmanga wäre ein gelungener Abschluss der Unterrichtseinheit.*
Vom Handlungsablauf wäre eine Hinführung zum Höhepunkt der Geschichte und einer wie auch immer gearteten Lösung zu Gunsten der Helden zu erwarten. Vielleicht leitet auch eine verträgliche Lösung zwischen Wal und Mensch über zur Aufgabe 3.

3 *Leicht zugängliche Quellen im Internet klagen Japans Verhalten an. So ist es wohl ein Zeichen der eigenen Walfangpolitik, die es aus japanischer Sicht opportun erscheinen lässt, den Wal als „Feind“ zu brandmarken. Eine Diskussion im Unterricht bietet sich an dieser Stelle an.*

Vorschläge für Übungen und Klassenarbeiten

Vorschlag 1

1 *Menschen aus Ostasien fällt es oft ebenso schwer, Europäerinnen und Europäer zu unterscheiden, wie umgekehrt. Schau dir das Bild des amerikanischen Marineoffiziers Commander Perry (1794–1858) genau an und versuche herauszufinden, was für den japanischen Zeichner das Auffällige an Menschen aus dem Westen gewesen sein mag.*

Vorschlag 2

Michel Vigoureux/Damien Chavant

Japan heute

Japan, Nippon (■), ist ein 372 000 km^2 großes Inselreich vor der Ostküste Asiens. Es besteht aus vier großen und mehr als ■ kleinen Inseln mit ■ Einwohnern. Auf Hokkaido, der ■ Insel herrscht sibirisches ■. Der Winter dauert hier sechs Monate und der Sommer ist angenehm, aber relativ ■ (kaum 20° C). Auf der ■ Honschu findet sich der Übergang von den kalten zu den warmen Regionen. Sie bildet einen weiten ■ mit einer maximalen Breite von 250 km. Sie ist die wirtschaftlich am weitesten entwickelte ■ des Landes, besonders in dem Gebiet zwischen der Hauptstadt (der größten Stadt der Welt) und Hiroschima. Die kleinste der vier Hauptinseln, ■, grenzt das Binnenmeer, das „Mittelmeer Japans“, gegen den ■ ab. Hier liegen die ■ für Frachtschiffe, Öltanker und Fähren. Weiter ■ liegt schließlich die Insel Kiuschu, die nur durch eine Meerenge von 200 km von ■ getrennt ist. Der Sommer dauert hier fünf bis sechs Monate, und das warme Klima lässt Bambus, ■ und Kampferbäume gedeihen. ■ liegt genau auf der Route der Taifune, die gegen Sommerende das Land heimsuchen und jedes Jahr zahlreiche ■ fordern. Die ■ Inseln liegen in einem Bereich, wo sich die Pazifische Platte unter den Rand der ■ schiebt. Erdbeben und ■ begleiten diese Bewegungen.

1 a) *Ordne den Lücken die entsprechenden Begriffe zu und schreibe sie in der richtigen Reihenfolge auf:*
Schifffahrtsrouten Tokio Südkorea Pazifischen Ozean Bogen Insel japanischen Opfer Schikoku 3000 Palmen kühl Klima Vulkanausbrüche Hauptinsel Kiuschu 125 Millionen im Süden das Land des Sonnenaufgangs nördlichsten Eurasischen Platte
Schau im Zweifelsfall im Atlas nach.

b) *Sollte dir der Schluss Schwierigkeiten bereiten, dann hilft dir ein Lexikon weiter. Suche unter dem Stichwort „Plattentektonik".*

c) *Bereite mit den Stichwörtern einen Kurzvortrag über Japan vor.*

d) *Erweitere den Text um zusätzliche Informationen, vielleicht sogar mit Lücken, die die Klasse füllen soll.*

Vorschlag 3

Die Koto ist ein uraltes Saiteninstrument, das ursprünglich aus China stammt. Seit dem 17. Jahrhundert wird es auch in Japan gespielt, besonders bei höfischen Festen. Heute gilt es als Lieblingsinstrument traditionsbewusster Japanerinnen und Japaner.

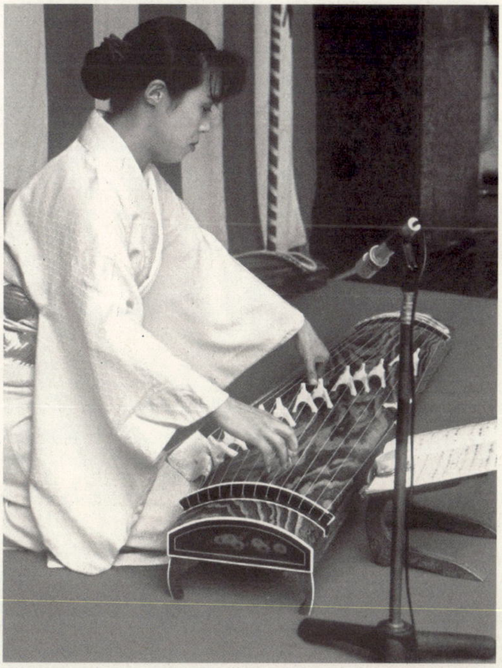

1 *Beschreibe das Instrument so, dass Aussehen, Spielweise und Klanggestalt deutlich werden. Benutze dabei die folgenden Angaben aus dem Wortspeicher:*
Klangkörper aus Paulowniaholz (Paulownia = Blauglockenbaum) – Länge: ca. 2 m – 13 Saiten aus Seide oder Nylon – Anschlag mit Plektren (Plektrum = Plättchen oder Stäbchen aus Holz, Elfenbein, Metall o. Ä., mit dem die Saiten von Zupfinstrumenten geschlagen oder angerissen werden) – Klang ähnlich wie bei Zither oder Harfe

Vorschlag 4

Japanisch	Englisch	Deutsch
araike ya	the new pond	???
kawazu tobikomu	not a sound of a frog	???
oto mo nashi	jumping in	???

Ryokan, der Dichter dieses Haiku, lebte von 1758 bis 1831 und ist heute noch sehr berühmt. Mit diesem Frühlingshaiku bezieht er sich auf ein bekanntes Gedicht von Bashō, das man etwa so übersetzen könnte:

Der alte Brunnen
Ein Frosch stürzt sich froh hinein
Der Klang von Wasser

1 *Vergleiche die beiden Gedichte. Warum nimmt Ryokan in neuerer Zeit diese Veränderungen vor?*

Vorschlag 5

Über allen Gipfeln
Ist Ruh',
In allen Wipfeln
Spürest du
Kaum einen Hauch;
Die Vögelein schweigen im Walde.
Warte nur, balde
Ruhest du auch.

Stille ist
Im Pavillon aus Jade,
Krähen fliegen stumm
Zu beschneiten
Kirschbäumen
Im Mondlicht.
Ich sitze
Und weine.

1 *Bei dem linken Gedicht handelt es sich um Goethes „Wandrers Nachtlied". Mehr als hundert Jahre nach seiner Entstehung wurde es 1902 ins Japanische übertragen, 1911 weiter ins Französische und kurz darauf zurück ins Deutsche – in der Annahme, es handle sich um ein japanisches Gedicht.*
Was stellst du fest? Versuche, die Unterschiede zu erklären.

2 *Die Italiener sagen „traduttore – traditore", das erste Wort heißt „Übersetzer", das zweite „Verräter".*
Was meinen sie wohl damit?

Literaturhinweise

Beschreiben und Beschreibungen. Praxis Deutsch, 182/2003

Chamberlain, Basil Hall: ABC der japanischen Kultur. Ein historisches Wörterbuch. Manesse, Zürich [2]1991

Fahr-Becker, Gabriele (Hg.): Japanische Farbholzschnitte. Benedikt Taschen, Köln 1993

Hijiya-Kirschnereit, Irmela (Hg.): Japan – Der andere Kulturführer. Insel, Frankfurt/M. 2000

Hokusai: 46 Holzschnitte und Zeichnungen. piper, München 1958

Ryokan: Selected Tanke, selected Haiku. Niigata 2000

Sahanishi, Hachiro: Issa Kobayashi, Haiku. Sapporo 1985

Wittkamp, Robert F.: Santoka. Tokyo 1996

4 In Diskussionen bestehen

Konzeption des Gesamtkapitels

Ziel des Kapitels ist es, den Schülerinnen und Schülern Methoden an die Hand zu geben, mit denen sie sich zu strittigen Sachverhalten differenziert, flüssig und sprachlich korrekt äußern können. Sie entwickeln Konfliktlösungsstrategien und erfahren Sprache als Mittel zwischenmenschlicher Verständigung. Indem sie die Technik des Argumentierens ebenso anwenden lernen wie die Unterscheidung verschiedener Diskussionsformen und ihrer Regeln, stärken sie ihre soziale Kompetenz.
Im ersten Teilkapitel (**„Einen Standpunkt vertreten"**) geht es um alltagsnahe Situationen, bei deren Untersuchung und spielerischer Gestaltung die Schülerinnen und Schüler verschiedene Formen sprachlicher Beeinflussung erkennen können. Sie lernen das Argumentieren als überzeugendste Form der sprachlichen Beeinflussung kennen, wobei das Augenmerk auf den Aufbau und die Beurteilung von Argumenten gelegt wird. Sie werden damit vertraut, Standpunkte sowohl mündlich als auch schriftlich mit Argumenten zu vertreten und in schwierigen Situationen durch Diskussion und Argumentation Lösungen herbeizuführen.
Im zweiten Teilkapitel (**„Zoos: Beitrag zum Naturschutz oder Tierquälerei? – Strittige Themen erschließen und diskutieren"**) erfahren die Schülerinnen und Schüler zunächst, wie sie aus Texten, die unterschiedliche Positionen zu einem Thema formulieren, Informationen entnehmen und diese für eine Diskussion methodisch aufarbeiten können, um sie schließlich als Expertenmeinung zur Argumentation in einer Diskussion präsent zu haben.
Das dritte Teilkapitel (**„Besondere Diskussionsformen einüben"**) trainiert Diskussionsformen, mit denen Schülerinnen und Schüler auf interessante und methodisch variantenreiche Weise Informationen austauschen und zur Klärung strittiger Fragen betragen können.

Zusätzliches Übungsmaterial

„Deutschbuch 3 Arbeitsheft":
– Argumentieren: S. 19–20

		Inhalte	Kompetenzen
S. 61	4.1	**Einen Standpunkt vertreten**	Die Schülerinnen und Schüler können
S. 61		**Schon wieder aufräumen?**	– verschiedene Verfahren sprachlicher Beeinflussung erkennen, benennen, sortieren und bewerten – mit Hilfe von Rollenspielvarianten die Wirkung solcher Verfahren erkennen
S. 63		**Argumente finden und beurteilen**	– eigene Argumente finden, sie sinnvoll strukturieren, darstellen und bewerten – sachlich und fair mit den Argumenten der anderen umgehen
S. 66		**Schwierige Entscheidungen**	– eigene Argumente sinnvoll strukturieren – eine begründete Stellungnahme abgeben
S. 67		**Standpunkte schriftlich vertreten**	
S. 69	4.2	**Zoos: Beitrag zum Naturschutz oder Tierquälerei? – Strittige Themen erschließen und diskutieren**	– Arbeitstechniken zur Erfassung des Inhalts von Texten anwenden (z. B. Schlüsselwörter, Überschriften, Gliederung) – Informationen aus Texten gewinnen, sie ordnen und für eine Diskussion aufbereiten
S. 71		**Informationen aus Texten gewinnen**	– eine Diskussion inhaltlich vorbereiten – verschiedene Formen der Diskussion unterscheiden und ihre Regeln anwenden
S. 72		**Informationen für eine Diskussion aufbereiten**	
S. 73		**Spielregeln: Standpunkte vertreten**	
S. 75	4.3	**Besondere Diskussionsformen einüben**	– besondere Gesprächsformen anwenden (Talkshow, Expertenpodium, Kreuzverhör) und mit ihnen Strittiges in Gruppen thematisieren
		„Das finde ich IN!“ „Ach, das kann man doch vergessen!“	

4.1 Einen Standpunkt vertreten

S. 61

Schon wieder aufräumen?

1 / **2** *Die Situation ist sicherlich allen Schülerinnen und Schülern bekannt. Die Empathie kann durch das Rollenspiel verstärkt werden. Im szenischen Spiel, das zudem Gestik und Mimik mit einbezieht, werden die verschiedenen Formen, mit denen Menschen ihren Standpunkt vertreten können, deutlich. Die Jugendlichen erfahren im Spiel, wie sich die unterschiedlichen Arten der Beeinflussung auswirken; sie können bereits gesammelte Erfahrungen im Hinblick auf die Überzeugungskraft ihrer Argumente einbringen.*

3 *a) Mögliches* ***Tafelbild:***

	Tochter	Sohn	Vater	Mutter
begründet behaupten	Leon, du machst die meiste Unordnung, ...	Ich räume gerne auf, aber nur auf meine Art ...		Wenn ich euren Dreck wegmache, bekomme ich ...
drohen		Wenn ich jetzt mit aufräume, schreib ich morgen ...		Wenn ihr euch nicht beteiligt, streike ich 7 Tage.
schmeicheln	Ach, Pappilein, du bist ...			
Belohnungen versprechen	Leon, wenn du für mich den Müll runterbringst, ...		Wenn ihr in den nächsten 60 Minuten aufräumt, ...	Wenn ihr aufräumt, spendiere ich eine Woche Segeln ...
andere herabsetzen		Spülen war immer schon ...		
sich selbst aufwerten	Ich hab den dritPreis bei „Jugend forscht" ...			
auf die eigene Autorität verweisen			Irgendwann muss jede Diskussion ein Ende haben ...	
(verdeckt) an das Mitgefühl der anderen appellieren		Ich bekomm vom Aufräumen immer Pickel, dann ...		

b) Die emotionale Wirkung der unterschiedlichen Standpunkte auf den/die Angesprochene/n ist den Schülerinnen und Schülern durch das Rollenspiel präsent. Sie ist hilfreich bei der Begründung, welcher Standpunkt am meisten überzeugt. Welche Form verletzt mich am wenigsten? Wann reagiere ich nicht trotzig?

c) Es ist sinnvoll, die Schülerinnen und Schüler zunächst in Gruppen Regeln fürs Aufräumen entwickeln zu lassen, die z. B. auch in der Familie zur Diskussion stehen könnten.

4 / **5** *Die Jugendlichen üben anhand ihnen bekannter Situationen das Argumentieren. Optimal ist es, den Schülerinnen und Schülern dabei Argumente an die Hand zu geben, die sich für sie als hilfreich bei der Bewältigung von Konflikten im Alltag erweisen könnten.*
Sicherlich wirken die in der Klasse vorgespielten Diskussionen oft künstlich. Wichtig ist es zu klären, dass Konflikte zwischen nahe stehenden Personen von Emotionen geprägt sind und diese eine objektive Argumentation verhindern können. Der Wert einer argumentativen Konfliktkultur sollte gemeinsam erarbeitet und diese als – wenn auch manchmal utopisches – Ziel dargestellt werden.
In Institutionen mit einer hierarchischen Befehlsstruktur, wie sie z. B. bei Militär, Feuerwehr und Polizei vorherrscht, ist in vielen Fällen eine Argumentation überflüssig. Diese Tatsache könnte dadurch verdeutlicht werden, dass man die Klasse in Gruppenarbeit Szenen entwerfen lässt, in denen in heiklen Situationen Anweisungen vor ihrer Ausführung zunächst diskutiert werden.
Es sollten jedoch auch die Gefahren zur Sprache kommen, die durch das unreflektierte Ausführen von Befehlen entstehen können. Soweit es die Altersstufe bereits zulässt, könnte auch der moralische Aspekt Erwähnung finden, dass der Hinweis auf das „bloße" Ausführen von Befehlen nicht von Schuld befreit.

Argumente finden und beurteilen

S. 63

2 *Für Jugendliche in meinem Alter gehört es dazu, auf Partys zu gehen (Z. 7 ff.).*

3 *Der Arbeitsauftrag ist für Schülerinnen und Schüler dieser Altersstufe nicht einfach auszuführen. Aus diesem Grund empfiehlt sich die Partnerarbeit.*

	Mutter	Sarah
These	Kinder in deinem Alter sollten abends zu Hause sein,	Für Jugendliche gehört es dazu, auf Partys zu gehen.
1. Argument	denn es ist gefährlich für sie, nachts allein unterwegs zu sein.	Ich werde sonst zum Außenseiter und für arrogant gehalten.
1. Beispiel	Erst letzte Woche ist ein Mädchen in deinem Alter überfallen worden.	Stefan und Verena sind davon schon überzeugt, weil ich nicht bei Michaels Party war.
2. Argument	Denn sie bekommen sonst zu wenig Schlaf und können sich in der Schule nicht mehr konzentrieren.	Jugendliche langweilen sich sonst zu Hause.
2. Beispiel	Frederik ist sitzen geblieben, nachdem er abends immer wegging.	Annika streitet sich abends immer mit den Eltern um das Fernsehprogramm.
3. Argument		Ich möchte Zeit mit meinen Freunden verbringen und Spaß haben.

4 *Es ist anzunehmen, dass einige Schülerinnen und Schüler die Aussagen in den angegebenen Zeilen als Argumente einordnen, gerade auch das gerne verwendete „Totschlagargument": „Das machen doch alle". Um den Unterschied zu einer stichhaltigen Argumentation deutlich zu machen, bietet es sich an, nochmals auf die Argumente aus dem Streitgespräch auf S. 61 im Schülerbuch zurückzugreifen.*

5 *Die **Mind-Map** könnte so vervollständigt werden:*

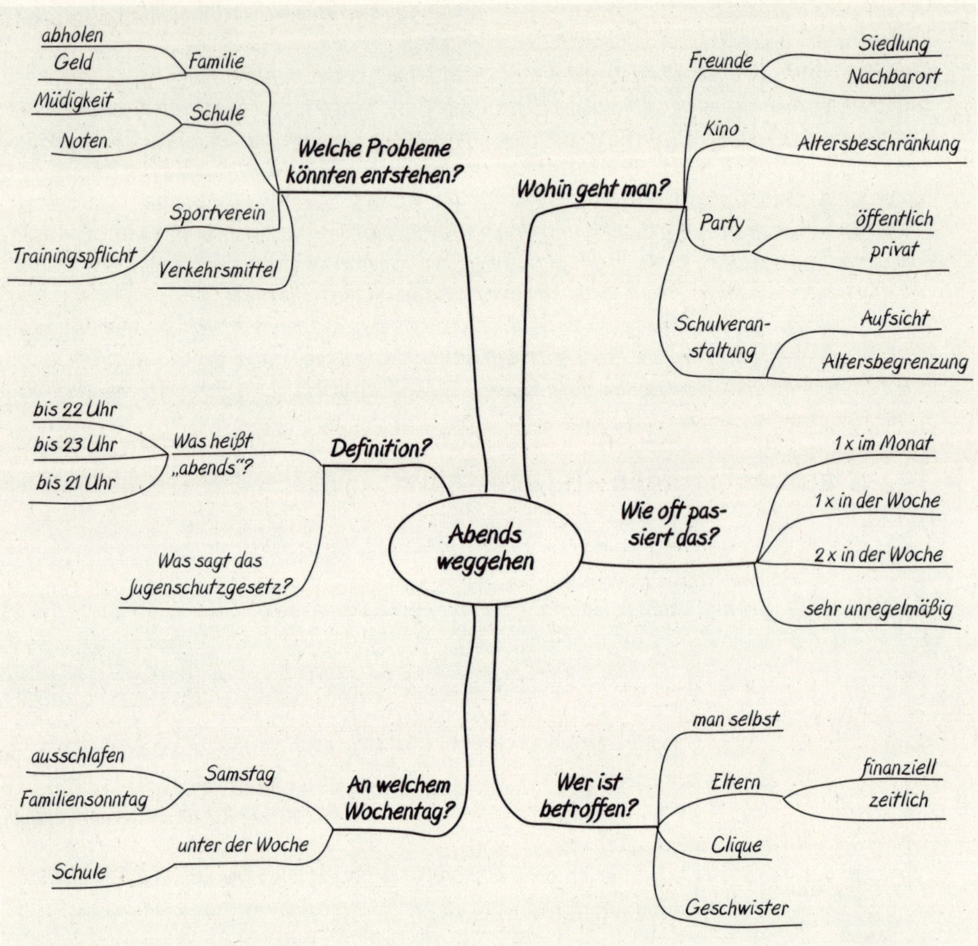

6 *b/c) Der Beurteilungsbogen unterstützt die Rückmeldung, die sonst oft zu unspezifisch ausfällt.*
Im Rollenspiel kann erprobt werden, dass Mimik, Gestik und Sprechweise ihren Beitrag zur Überzeugungskraft eines mündlich vorgetragenen Arguments leisten können.
Anhand der gespielten Diskussion können an dieser Stelle bereits, auch im Hinblick auf die späteren Diskussionsanregungen des Kapitels, die Regeln für ein produktives Gespräch wiederholt werden.

S. 66

Schwierige Entscheidungen

1 *Mögliche Situationen könnten sein:*

- ***Wandern oder Freizeit-Park?** Ein Klassenausflug steht an und es soll entschieden werden, wohin die Klasse fährt. Die Meinungen gehen weit auseinander. Eine Gruppe möchte in einen Freizeit-Park, einige Schülerinnen und Schüler sind allerdings dagegen.*
- ***Schulfest – ja oder nein?** Mehrere Schülerinnen und Schüler wollen nicht, dass die Klasse sich mit einem Stand (Getränke, Snacks) am Schulfest beteiligt. Der Arbeitsaufwand wäre zu groß, zumal nicht alle Zeit haben, dabei zu sein. Eine Gruppe von Schülerinnen und Schülern ist anderer Meinung.*

2 / **3** *Es bietet sich an, einen Beobachtungsbogen zu entwerfen. Ebenso sollten die zu beantwortenden Fragen auf die zuhörenden Schülerinnen und Schüler verteilt werden. Um die Überzeugungskraft der Argumente überprüfen zu lassen, kann der Beobachtungsbogen auf S. 65 im Schülerbuch herangezogen werden.*

	Diskussions-teilnehmer 1	...	...
Wie ist der Umgang miteinander?			
Wer hat sich durchgesetzt?			
Wodurch hat er sich durchgesetzt? Warum?			
Welche Einigungen gab es?			

Standpunkte schriftlich vertreten

S. 67

2 *a/b) Im **Gespräch** werden folgende Argumente genannt:*
Zeitnot in der Mittagspause (Der Bus ins Jugendzentrum braucht 15 Min., Z. 7 ff.)
Verbesserung des Klassenklimas (Verständnis untereinander hat sich gebessert, Z. 11 ff.)
Qualität des Essens (Eltern würden Verpflegung gutheißen, Z. 22 f.)
***Weitere Argumente** könnten sein:*
- *Preisvorteil gegenüber Supermarkt oder Schnellimbiss (Beispiel: Ein türkischer Döner kostet immerhin bereits xy Euro).*
- *Erziehung zu gesunder Ernährung und bewusstem Essen, vor allem bei jüngeren Schülerinnen und Schülern (Beispiel: Viele Kinder und Jugendliche sind heutzutage zu dick).*
- *Verantwortungsgefühl für die Schule, bessere Identifikation mit der Schule (Beispiel: Schülerinnen und Schüler können in den Organisationsplan der Kantine miteinbezogen werden).*
- *Gesundheit im Allgemeinen (Beispiel: Schnellimbissgericht wie Pizza, Döner, Hamburger enthalten wenig Nährstoffe, viele Kohlenhydrate und Fett).*
- *Entlastung der Eltern (Beispiel: Berufstätige Eltern wissen ihre Kinder mittags gut versorgt und sie müssen nicht vorkochen oder sich um Betreuung kümmern).*

c) Bei der Gewichtung der Argumente muss der Adressat, der Elternbeirat, im Auge behalten werden. Um die Arbeit zu erleichtern, bietet es sich an, die Schülerinnen und Schüler die Argumente auf Kärtchen schreiben zu lassen, die man in Partnerarbeit sortieren kann. Möchte man die Sortierung mit der gesamten Klasse vornehmen, können die Argumente auf DIN-A3-Bögen geschrieben werden, die an der Klassenzimmerwand befestigt werden. Jede Schülerin und jeder Schüler erhält Klebepunkte, mit denen sie/er nun die Gewichtung vornehmen kann, z. B. wichtigstes Argument drei Punkte, weniger wichtiges zwei Punkte etc.

4 *Gelungen ist in diesem Brief:*
- *Die SMV beschreibt die momentane Situation und legt den Standpunkt der Schulleitung dar (Z. 1–4).*
- *Sie formuliert klar und deutlich ihren Standpunkt (Z. 5–7) und betont, dass es sich um die Meinung aller Schülerinnen und Schüler handelt.*
- *Sie führt Argumente, die die Stadtverwaltung sicherlich weniger interessieren (Belebung der Pausen, Bewegung, Miteinander) an vorderster Stelle an.*
- *Sprachliche Mittel (rhetorische Fragen).*

Verbesserungswürdig erscheint:
- *Das für die Gegenseite wichtigste Argument (Verletzungsgefahr) wird nicht ausreichend widerlegt.*
- *Das Schlussargument („Und Basketballspielen macht auch voll Spaß!“, Z. 16) ist nicht ausgeführt.*
- *Zur Kennzeichnung der Steigerung fehlen die Signalwörter.*

4.2 Zoos: Beitrag zum Naturschutz oder Tierquälerei? – Strittige Themen erschließen und diskutieren

S. 71

Informationen aus Texten gewinnen

1 *a/b) Die Schülerinnen und Schüler sollen mit dieser Aufgabe an das kursorische Lesen von Texten herangeführt werden. Zum sinnerfassenden Lesen zählt die Klärung unbekannter Begriffe aus dem Kontext.*

2 *a) Mit Hilfe der in Teilaufgabe 1 d) markierten Schlüsselwörter können die Schülerinnen und Schüler die beiden Texte strukturieren und Überschriften bilden.*

Die Rolle der Zoos

...

2. Abschnitt Z. 20 bis 45: Zoos können die Menschen von der Notwendigkeit des Naturschutzes überzeugen.

3. Abschnitt Z. 46 bis 56: Den Zoos kommt die Aufgabe zu, für die Zucht und Erhaltung seltener und bedrohter Tierarten Sorge zu tragen.

4. Abschnitt Z. 57 bis 64: Die am EEP beteiligten Zoos treten nur als Halter der Tierarten auf.

5. Abschnitt Z. 65 bis 73: Wiederansiedlung ist möglich, weil natürliche Merkmale durch das Zuchtmanagement erhalten werden.

6. Abschnitt Z. 74 bis 83: Die Tiere müssen, was ihre Verhaltensweisen und ihre Gesundheit betrifft, auf das Leben in der Wildbahn vorbereitet werden.

7. Abschnitt Z. 84 bis 90: Um den Erfolg des Projekts zu gewährleisten, müssen die Tiere überwacht werden.

8. Abschnitt Z. 91 bis 101: Nur wenige hundert Arten können gerettet werden.

9. Abschnitt Z. 102 bis 109: Bedeutung gewinnt das Artenschutzprojekt durch seinen beispielhaften Charakter.

b) ***Zoos – eine teure Tierquälerei?***

1. Abschnitt Z. 1 bis 5: Sinn des Lebens in Gefangenschaft

2. Abschnitt Z. 6 bis 19: Tiere in Gefangenschaft werden psychisch krank.

3. Abschnitt Z. 20 bis 27: Grenzen des Machbaren: Nur 20–30 % aller Arten sind überhaupt in den Zoos vertreten.
4. Abschnitt Z. 27 bis 32: Grenzen des Machbaren: Die Gesamtfläche aller Zoos reicht nur zur Erhaltung weniger Arten.
5. Abschnitt Z. 32 bis 46: Grenzen des Machbaren: Die Arterhaltung ist eine extrem kostspielige Angelegenheit.
6. Abschnitt Z. 51 bis 57: Nur ein geringer Prozentsatz wird ausgewildert, zumal viele ein Leben in freier Wildbahn verlernt haben.

3 ***Mind-Map:***

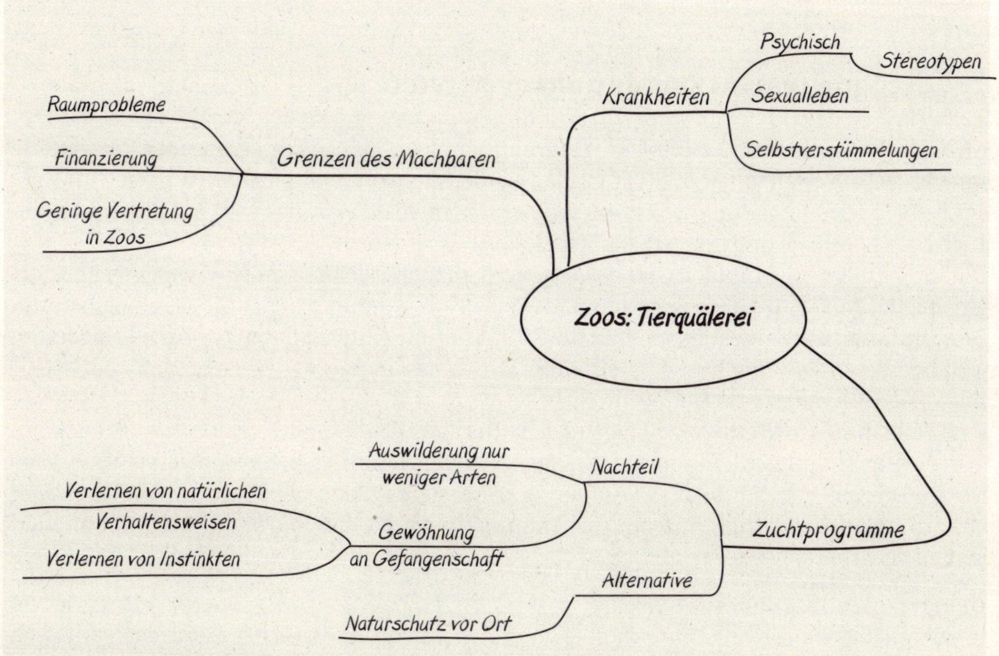

Gliederung:

1. Krankheiten
1.1 Psychische Krankheiten
1.2 Störungen im Sexualleben
1.3 Selbstverstümmelungen
2. Zuchtprogramme
2.1 Nachteile
2.1.1 Auswilderung nur weniger Arten
2.1.2 Gewöhnung an Gefangenschaft
- *Verlernen von natürlichen Verhaltenweisen*
- *Verlernen von Instinkten*

2.2 Alternative: Naturschutz vor Ort
3. Grenzen des Machbaren
3.1 Raumprobleme
3.2 Finanzierung
3.3 Geringe Vertretung in Zoos

S. 72

Informationen für eine Diskussion aufbereiten

1 a) *Die Karteikarten könnten beispielsweise folgende Informationen bzw. Expertenmeinungen enthalten:*
Beispiel 1:
Zoo = Tierschutz
Expertenmeinung: Zoos verpflichten sich zu Arten- und Naturschutz.
Beispiel: Zoos züchten und erhalten bedrohte Tierarten. Im EEP wird dies seit 1985 zentral gesteuert.

Beispiel 2:
Expertenmeinung: Zoos treten nur als Halter der dem EEP angehörenden Tiere auf.
Beispiel: Eine Artkommission regelt die Betreuung.

S. 73

Spielregeln: Standpunkte vertreten

Ab Klasse 7 nimmt der Einfluss der Peergroups auch auf das in der Lerngruppe gezeigte Gesprächsverhalten erheblich zu. Standpunkte werden dann oftmals öffentlich nur noch im Sinne der bei den Meinungsführern vermuteten Ansichten geäußert. Dies trifft auf den Inhalt und auch auf das verbale und nonverbale Verhalten zu.
Die im Schülerbuch vorgeschlagenen Gesprächsabläufe (Debatte, Fishbowl) in einem geregelten Spielrahmen einzuüben, können motivieren, sich mündlich in die Diskussion einzubringen. Die durch die Zeitfestlegung und die Ritualisierung mitgelieferten Grenzen bringen notwendige Beschränkungen, sodass ein vom Druck des individuellen Bekennens entlastetes spielerisches Agieren ermöglicht wird.
Eine Teilnahme am Wettbewerb „Jugend debattiert" der Gemeinnützigen Hertiestiftung könnte in diesem Zusammenhang eine große Chance bieten, Erlerntes anzuwenden und einzuüben. Das im Rahmen des Wettbewerbs zur Verfügung gestellte Material bietet auch über den Wettbewerb hinaus vielfältige Anregungen. Informationen zu diesem Wettbewerb unter: www.jugend-debattiert.ghst.de.

Debatte
In siebten Klassen wird die Lehrerin/der Lehrer sich je nach tatsächlicher Autorität der Klassensprecherin/des Klassensprechers oder anderer Schüler/innen die rein formale Leitung der Debatte selbst vorbehalten müssen, bis in der Lerngruppe ein breiteres Interesse entsteht, auch diese Herausforderung aus dem Schülerkreis zu bewältigen.

Fishbowl-Diskussion
Bei diesem Verfahren sollte die Lehrerin/der Lehrer auch in ungeübten Lerngruppen höchste Geduld und Zurückhaltung bewahren, selbst wenn das Gespräch zunächst etwas zäh anläuft. Die weitgehend durch die Sitzpositionen und die beiden unbesetzten Stühle aufgebauten räumlich erlebbaren Rollenverteilungen führen in der Regel zu starken individuellen Herausforderungen, die durch Lehrerermutigung nicht unterstützt werden müssen. Voraussetzung: Das Thema muss den Schülerinnen und Schülern klärungsbedürftig erscheinen und strittig sein.

4.3 Besondere Diskussionsformen einüben

„Das finde ich IN!" – „Ach, das kann man doch vergessen!"

S. 75

1 *a) Mehr als drei Viertel aller Befragten bezeichnen tolles Aussehen als „in", womit es den Spitzenplatz der Nennungen einnimmt.*
Fast ebenso häufig (78–82 Prozent) werden die Bereiche Karriere, Technik, Treue und Markenkleidung angeführt, wobei der Begriff „Treue" heraussticht. Unter den meist genannten Bereichen finden sich also nicht nur Äußerlichkeiten, sondern auch ein moralischer Wert.
Zu diesem Bereich können auch die Angaben „glauben" und „selbstständig machen" gezählt werden, die beide bei 61 Prozent liegen.
Politisches bzw. soziales Engagement wird von nur ca. 25 Prozent der Befragten als „in" bezeichnet. Das ist deshalb erstaunlich, da 65 Prozent der Jugendlichen die Übernahme von Verantwortung gutheißen. Unter Umständen lässt sich daraus ableiten, dass sich dies auf den privaten oder beruflichen Bereich bezieht und im Zusammenhang gesehen werden muss mit der Nennung von sich „selbstständig machen".
Immerhin ein Viertel der Befragten hält Drogen für „in".

2 *Talkshow, Expertenpodium und Kreuzverhör erzeugen eine Theatersituation (Aufteilung der Lerngruppe in Darstellergruppe und Zuschauer), die durch kleine und nicht aufwändige Requisiten und die Raumgestaltung unterstützt werden sollte. Die Rollenträger können durch leichtes Schminken, ein typisches Requisit, ein charakterisierendes Kleidungsstück aus der schulischen Alltagssituation herausgehoben und in ihrem extrovertierteren Auftreten unterstützt werden.*
Bei der ***Talkshow*** *können TV-Realitätselemente eingebaut werden, z. B. dass die Studiogäste durch von der Senderegie hochgehaltene Schilder („Beifall", „Lachen", „Entsetzt stöhnen") zu bestimmten Reaktionen herausgefordert werden.*
Das ***Expertenpodium*** *kann durch das Wasserglas für die Teilnehmer, Mikrofone, aber auch durch typische Expertenkleidung und Expertengestik oder eine für den Klassenraum ungewöhnliche Bestuhlung oder ein Hintergrundtransparent charakterisiert werden.*
Für das ***Kreuzverhör*** *sollten erhöhte Sitzplätze für die Richter und Schöffen eingerichtet werden, die Angeklagten auf einen Platz festgelegt sein, der sie allen Blicken ausliefert usw.*
Den zuschauenden Schülerinnen und Schülern sollte genau bekannt sein, ob sie nur als Mitschüler/innen zusehen oder aber aus einer Zuschauerrolle heraus, wie z. B. Besucher/in im Gerichtssaal, in einer Fernsehshow, bei einer öffentlichen Talkshow.

3 *Das Verfassen eines Leserbriefs verlangt von den Schülerinnen und Schülern, zu einem Sachverhalt begründet Stellung zu nehmen. Ausgehend von der in der Aufgabenstellung formulierten These müssen demnach Argumente gefunden, gewertet und formuliert werden, z. B.:*
- *Abwertung persönlichen Stils bzw. Geschmacks*
- *Verhindern individueller Entwicklung*
- *übertriebene Konsumorientierung*
- *Ausgrenzung Einzelner oder kleiner Gruppen*
- *erschwerte Entwicklung von Kreativität durch Kanonisierung*

Bei der Anordnung der Argumente muss der Adressat im Auge behalten werden.

Vorschläge für Übungen und Klassenarbeiten

Vorschlag 1

Kerstin Kohten

Eine alltägliche Szene?

Drei Jungen in einer Klasse haben immer wieder ihren Spaß daran, einen vierten mit ihren Sticheleien fertig zu machen. Ein fünfter Junge findet das nicht gut.

STEFAN: Thomas, hör' auf, den Müll durch die Klasse zu werfen!
MARC: Genau, Thomas, du bist immer ein ganz schlimmer Störenfried.
LEHRER: Thomas, wenn du nicht sofort aufhörst, bekommst du eine Sonderaufgabe. Die anderen können sich doch auch benehmen.
THOMAS: Ich war das nicht. Das waren die anderen!
LEHRER: Ich bin bisher mit jedem fertig geworden, auch mit solchen Lügnern wie dir. Wenn du in den nächsten zehn Minuten nicht ruhig bist, bekommst du einen Brief an die Eltern.
KLAUS: Thomas hat wirklich nichts gemacht. Die anderen wollen ihn nur fertig machen. *(Zu Stefan gewandt:)* Ich finde das nicht nett von dir. Du solltest dich einmal in seine Rolle versetzen, dann würdest du auch nicht mehr lachen.
STEFAN *(hält ein Gummibärchen hoch, arroganter Gesichtsausdruck):* Ach Thomas, morgen wird bestimmt alles besser. Du bist doch sonst nicht so eine Heulsuse. Wenn du nicht weinst, bekommst du auch eine Belohnung.
LEHRER: Es ist genug. Hört auf, Thomas zu ärgern. Wir haben noch etwas anderes zu besprechen. Stefan, Du hast dich gestern mit Marc geprügelt. Das verstößt gegen die Hausordnung.

(Dieser Dialog wurde von einer Schülerin der Klasse 7 geschrieben.)

1 *Schreibe einen kleinen Aufsatz über diesen Dialog. Setze dich darin mit den folgenden Fragen auseinander:*
- *Wie ist das Verhältnis von Stefan, Marc und Thomas in dieser Szene?*
- *Warum fällt es dem Lehrer so schwer, die Situation zu verstehen?*
- *Wie versuchen die Beteiligten, sich zu beeinflussen? Betrachte besonders Stefan, Klaus und den Lehrer.*

Vorschlag 2: Begründete Stellungnahme zu einem Sachverhalt aus Schule oder Freizeit

1 *Aus Kostengründen stehen im Schülerarbeitsraum keine Computer. Die Schülerinnen und Schüler nehmen in einem Brief an die Schulleitung bzw. an die Stadtverwaltung Stellung und erklären, warum die Ausstattung dieses Raumes mit Computern wichtig ist.*

2 *Die SMV möchte für den Schulhof Sitzgruppen (Bänke und Tische). Sie versucht in einem Brief, die Stadt von ihrer Vorstellung zu überzeugen.*

Literaturhinweise

Argumentieren. Praxis Deutsch, 160/2000

Beste, Gisela: Sprechen und Zuhören, Mündlichkeit. In: *Kämper-van den Boogaart, Michael (Hg.):* Deutschdidaktik. Leitfaden für die Sekundarstufe I und II. Cornelsen Scriptor, Berlin 2003, S. 236 ff.

Einsiedler, Wolfgang: Wissensstrukturierung im Unterricht. Neuere Forschung zur Wissensrepräsentation und ihre Anwendung im Unterricht. In: Zeitschrift für Pädagogik, 2/1996, S. 167–192 (dort eine umfangreiche Literaturliste)

Fritz, Jürgen: Methoden des sozialen Lernens. Juventa Verlag, Weinheim und München [3]1993

Klippert, Heinz: Methoden-Training. Übungsbausteine für den Unterricht. Beltz & Gelberg, Weinheim und Basel 1994

Ders.: Kommunikations-Training. Übungsbausteine für den Unterricht. Beltz & Gelberg, Weinheim und Basel 1995

Thema im Unterricht: Methoden-Kiste. Hg. v. Bundeszentrale für politische Bildung. Bonn [2]2001

www.jugend-debattiert.ghst.de (Auf dieser Internetseite erhält man neben ersten Informationen auch die Möglichkeit, Informationsmaterial zu bestellen.)

5 Sprachspiele

Konzeption des Gesamtkapitels

Die Sequenz „Sprachspiele“ setzt bei der zu erwartenden hohen Motivation der Schülerinnen und Schüler an, um diese für Sprachreflexions- und Gestaltungsprozesse zu nutzen. Im ersten Teilkapitel steht der Witz als „kurzer, selbstständiger, fiktionaler, komisch pointierter Prosatext“ (Köhler, S. 267) im Mittelpunkt. Im zweiten Teilkapitel dominieren Dinggedichte und Sprachspiele (vor allem aus dem Bereich der „Konkreten Poesie“), sodass Inhalte der Jahrgangsstufe 5 wieder aufgegriffen werden. Das dritte Teilkapitel thematisiert die szenische Darstellung komischer Situationen und Texte.
Das erste Teilkapitel **(„Kennt ihr *den*? – Sprachwitze“)** ist dem Lernbereich „Reflexion über Sprache“ zugeordnet und behandelt im Wesentlichen zwei Fragen: Warum lachen wir? und: Worüber lachen wir? Nach einem offenen Einstieg wird spielerisch mit einem Erzählwettbewerb („Witzparade“) begonnen. Dieser gibt allen, auch den schwächeren Schülerinnen und Schülern die Gelegenheit, sich anders, als sie es gewohnt sind, in den Deutschunterricht einzubringen. Gleichzeitig ist die „Witzparade“ als Sammlungsphase für später benötigtes Sprachmaterial zu verstehen. Nachdem die Wortfamilie „Witz“ erarbeitet worden ist, wird der Lernprozess auf das Phänomen „Pointe“ gerichtet. Sie „bildet den markanten Schlussstein des Witzes, ohne sie ist die Textsorte nicht existent“ (Lixfeld, S. 52). In einem weiteren Schritt soll über Visualisierungen und bei bewusster Verengung auf Sprachwitze eine erste Klassifizierung vorgenommen werden. Die Begriffe „Homonym“, „Synonym“, Antonym“, „Denotation“ und „Konnotation“ können an dieser Stelle erarbeitet werden.
Im zweiten Teilkapitel **(„Mit Sprache experimentieren – mehr als Wortspiele“)** ist der Lernbereich „Schreiben“ dominant. Dieses Teilkapitel bietet komplexere Texte aus dem Bereich der „Konkreten Poesie“. Zum einen können hier zentrale Zusammenhänge zwischen Form und Inhalt auf einer spielerisch-kreativen Ebene erfahren werden; zum anderen bieten die Texte die Möglichkeit, grammatische Kategorien (hier: Wortarten) in Funktionszusammenhängen wieder aufzugreifen und zu erproben. Ausgehend von Texten Ernst Jandls, Eugen Gomringers und Timm Ulrichs’ können die Schülerinnen und Schüler (am Computer) analoge Texte produzieren und so die Möglichkeiten moderner Textverarbeitung kreativ nutzen.
In einem zweiten Teilschritt wird das Thema „Veranschaulichung“ anhand von Dinggedichten weiterverfolgt, neu eingeführte Begriffe (Denotation/Konnotation) werden angewendet und schließlich an einem Figurengedicht alle angesprochenen Bereiche – Sprachreflexion, Erzeugung von Komik, Veranschaulichung eines Gegenstandes – zusammengeführt.
Das dritte Teilkapitel **(„Szenen mit Witz“)** vertieft die gewonnenen Einsichten und nutzt die Dialogstruktur vieler Witze zur szenischen Gestaltung (Lernbereich „Sprechen“). Die Schülerinnen und Schüler haben die Möglichkeit, ihre Fähigkeiten in diesem Bereich zu vertiefen. Gerade der pointierte Vortrag sprachlich witziger Texte sowie das szenische Spiel komischer Situationen stellen eine besonders reizvolle Herausforderung dar. Die Unterrichtsreihe könnte dann – als kleines Projekt verstanden – in einen szenischen Abend münden.

Zusätzliches Übungsmaterial

Das **„Deutschbuch Hörbuch 7/8“** enthält den in diesem Kapitel enthaltenen Sketsch „In der Apotheke“ in der Originalversion.

	Inhalte	Kompetenzen
S. 77	**5.1 Kennt ihr *den*? – Sprachwitze**	Die Schülerinnen und Schüler können – komische Alltagssituationen und Missverständnisse als Quelle für Witze erkennen
S. 79	**Warum wir lachen**	– spannend und pointiert Witze vortragen – die Wortfamilie „Witz“ erarbeiten
S. 80	**Mit Bedeutungen spielen**	– den Begriff „Pointe“ erklären und ihre Funktion theoretisch erkennen – Situationskomik von Sprachwitz unterscheiden – einen gelesenen Witz aufschreiben und nach den notwendigen Schlüsselwörtern suchen – die Funktionsweise unterschiedlicher Sprachwitze erklären – unterschiedliche Quellen für Missverständnisse isolieren: Homonyme, Denotation/Konnotation, Unterschied von wörtlicher und metaphorischer Bedeutung – selbst Witze verfassen
S. 83	**5.2 Mit Sprache experimentieren – mehr als Wortspiele**	– das Spiel mit Wortarten und -bedeutungen erkennen – anhand der Texte den Begriff „Konkrete Poesie“ inhaltlich füllen
S. 83	Elke Erb **die schwarzen weiss redenden/die weissen schwarz redenden**	– vergleichend wesentliche Gestaltungsprinzipien erkennen – analoge Texte (am Computer) erstellen – Form-Inhalt-Relationen beschreiben
S. 84	**Konkrete Poesie**	– Dinggedichte beschreiben – die Abhängigkeit der Wirkung und Bedeutung von Wortwahl, Reimstruktur etc. erklären
S. 85	**Dinge mit Worten erfassen – Dinggedichte** Conrad Ferdinand Meyer Joachim Ringelnatz F. W. Bernstein Christian Morgenstern	– Wörter als Träger von Meinungen erkennen – die Wirkung unterschiedlicher Stilebenen erkennen – Figurengedicht von Konkreter Poesie abgrenzen
S. 88	**5.3 Szenen mit Witz**	– einen Text mit verteilten Rollen darstellend lesen – einen Witz rekonstruieren
S. 88	Kurt Tucholsky **Ein Ehepaar erzählt einen Witz**	– eine Szene fortführen – aus mehreren Sprachwitzen eine Szene gestalten – einen längeren Witz als Szene spielen
S. 90	Karl Valentin **In der Apotheke**	

5.1 Kennt ihr *den*? – Sprachwitze

S. 77 **1** *Diese Aufgabe lässt sich auch direkt als Gruppenarbeit mit der Aufgabe 2 auf Seite 78 verbinden.*

2 *a/b) Mögliche **Ergänzung:** Überarbeitet die Texte eures Nachbarn/eurer Nachbarin. Achtet besonders auf die Zeichensetzung bei wörtlicher Rede.*
Da fast alle Witze mit Dialogen arbeiten, lässt sich bei der schriftlichen Fixierung eine Wiederholung der Zeichensetzungsregeln aus Klasse 6 beim Gebrauch der wörtlichen Rede anschließen. Siehe Orientierungswissen S. 290.

c) Als vorbereitende Hausaufgabe sinnvoll.
*Mögliche **Differenzierung:** Ein Teil der Klasse bereitet das Erzählen vor, ein anderer entwickelt Beobachtungskriterien für eine Jury. Ein Bewertungsbogen könnte so aussehen:*

Bewertungsbogen „Witzparade" Klasse 7

Jury: ...

Name	Artikulation	Erzähltempo	Betonung	Pointe
....	deutlich – undeutlich	variiert – langweilig	angemessen?	
......				
......				
......				

3 *a) Die Teilaufgabe ermöglicht eine erste Annäherung an das Wortfeld. Eventuell werden Redewendungen wie „Der Witz an der Sache ist ..." oder Wörter wie „gewitzt" genannt und eröffnen schon vor der Lektüre des Lexikonartikels eine Problematisierung des Wortes.*

b) Die Schülerinnen und Schüler können aus dem Artikel einen „Stammbaum der Sprachentwicklung" ableiten und so den Umgang mit der Lesetechnik „Strukturskizze eines Textes erstellen" üben. Ein Stammbaum könnte z. B. so aussehen:

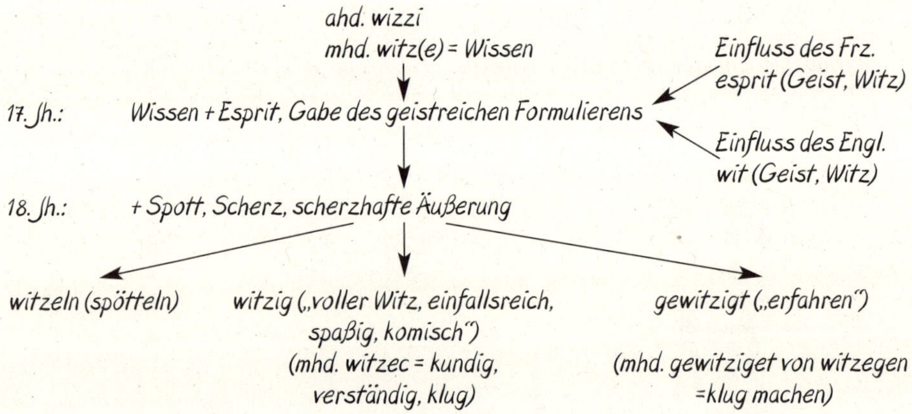

c)

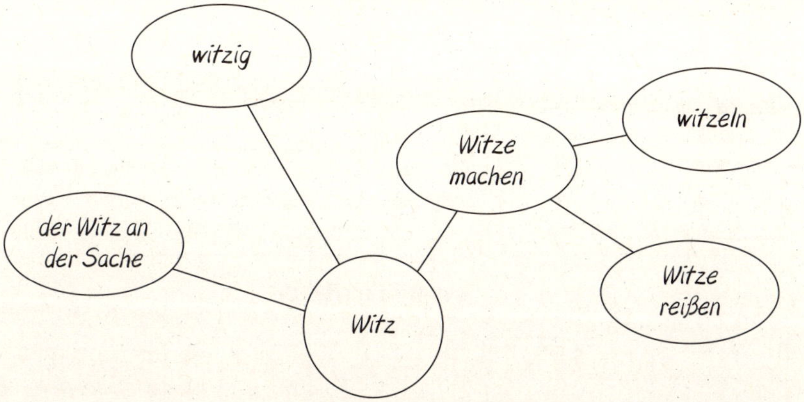

4 *a) Die moralische Frage, ob Witze auf Kosten anderer zulässig sind, ist heikel. Psychoanalytische und soziologische Modelle bieten mehrere Erklärungsvarianten: „Soziokulturelle Bedingungen" determinieren die „individuellen Empfänglichkeiten" – jede Zeit hat ihre Minderheiten, über die Witze gemacht werden. Derartige Witze grenzen gesellschaftliche Gruppen, z. B. psychisch Kranke, aus, stellen aber auch eine Gelegenheit zur „Angstbewältung" dar, bieten also letztlich eine Perspektive im Sinne einer Ich-Stärkung.*

b) Hier lässt sich der diskriminierende Charakter vieler Witze im sozialen Kontext erarbeiten.

c) Tod, Unglück, schwere Krankheiten sind Bereiche, die nach wie vor (meist) ausgeklammert bleiben. Hier könnten Gründe thematisiert werden, warum sie nicht oder nur selten Gegenstand von Witzen sind.

Warum wir lachen

S. 79

1 *a) Die Personen in Witzen sind häufig durch soziales Gefälle voneinander getrennt (vgl. bei den Witzen auf S. 77 im Schülerbuch: Lehrer – Schüler, Chefin – „Neuer", Arzt – Sportler). Viele Witze bedienen sich desselben Personals (z. B. Lehrer – Fritzchen), dessen Erwähung schon ein Signal für „Witz" ist, sodass unabhängig von der beschriebenen Situation ein Witz erwartet wird.*
Häufig entsteht Komik durch Kontrast, bei Witzen durch den Kontrast zwischen erwarteter Handlung/Reaktion und tatsächlicher Handlung/Reaktion (durch Fehlinterpretation von Situationen, Missverständnisse, unangemessenes Verhalten in einer Situation). So auch in den Witzen auf S. 77 im Schülerbuch: Der Sportler versteht seine bedenkliche gesundheitliche Lage als Wettkampf, die beiden Betrunkenen halten die Schienen und Schwellen der Bahn für Treppen und Geländer. Bei den anderen Witzen handelt es sich bereits um Sprachwitze, deren Komik sich aus Missverständnissen, ausgelöst durch unterschiedliche Konnotation, bzw. Doppeldeutigkeit von Wörtern (Homonymen) ergibt.

b) Wir lachen also,
... weil ein Patient seine Situation verkennt;
... weil die Betrunkenen nicht bemerken, dass sie auf Schwellen und nicht auf Treppen gehen;
... weil Huschke rechnen soll, aber die Unsinnigkeit der Aufgabe erkennt, die einen Sachverhalt zum Gegenstand hat, der seiner Meinung nach wirtschaftlich nicht rentabel ist, sich nicht „rechnet";
... weil Fritzchen „legen" im konkreten Wortsinn versteht und nicht in der Fügung „Eier legen";
... weil Frau Neureich offensichtlich keine Erfahrung mit dem Internet hat und den Begriff „Surfen" nur als Bezeichnung einer sportlichen Aktivität kennt.

2 *Jeder Witz verschlüsselt zunächst einen Zusammenhang, den die Pointe aufdeckt. Die so hervorgerufene Spannung entlädt sich in der Pointe. Die meisten Witze folgen einem Dreischritt, bestehend aus Einleitung, Überleitung und Pointe. Weiterleitende Stichwörter markieren die drei Abschnitte: „Einleitend-unbestimmt" (hier: „Sportler"), „überleitend-konkretisierend" (hier: „40 Grad") und „aufgreifend-kulminierend" (hier: „Weltrekord"). (Siehe hierzu Lixfeld, S. 48–51.)*
Um der Dramatik des mündlichen Erzählens (Witz als kleine Anekdote) stärker zu entsprechen, bietet sich auch folgende Visualisierung (im Sinne einer Analogie) an, wobei die erste und zweite Stufe fließend ineinander übergehen können:

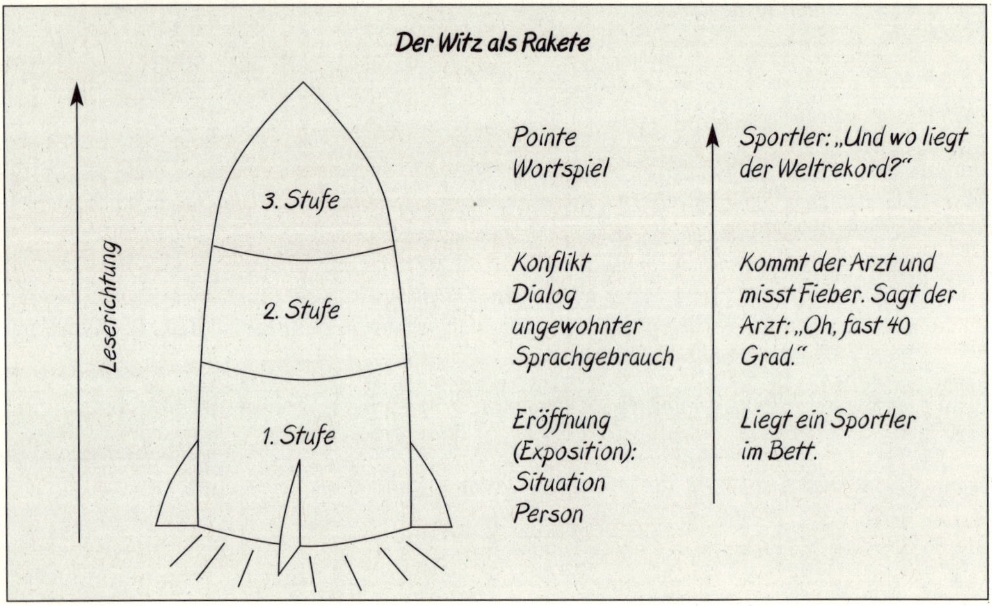

3 *a/b) Z. B.:* – *Einleitung: „mit einem Besen kehren"*
– *Überleitung: „Universität"*
– *Pointe: „Ich zeige es Ihnen"*

Problematisch wird die Einteilung in Phasen nur beim Fritzchen-Witz, da hier auf semantischer Ebene mit einer unerwarteten Opposition („werfen" vs. „legen") gespielt wird. Die Schülerinnen und Schüler werden hier aller Voraussicht nach keine Überleitung finden. Es bietet sich eine Erweiterung des Witzes etwa wie folgt an: Fritzchen überlegt, wie er sich aus der Affäre ziehen oder die Frage der Lehrerin missverstehen könnte. Diese Überleitungen ergänzen wir automatisch, da wir die Witzfigur „Fritzchen" als kulturellen Topos kennen.
Einen ähnlich gelagerten Fall stellt auch der Witz über das Surfen dar.

S. 80

Mit Bedeutungen spielen

Es geht hier um die Erarbeitung von Homonymen (von griech. hómos = gemeinsam, gleich und ónoma = Name, Wort). Die unterschiedliche Bedeutung kann ihre Wurzel darin haben, dass die gleich lautenden Wörter einen unterschiedlichen etymologischen Ursprung besitzen (diachronische Sicht) oder aber dass sie bei gleicher etymologischer Herkunft in ihrer Bedeutung sehr differieren (synchronische Sicht).
Bei Metaphern entsteht die Bedeutungsdifferenz durch die Übertragung eines Begriffes auf ei-

nen anderen Gegenstand/Sachverhalt, wobei Bildspender und Bildempfänger eine gemeinsame Eigenschaft aufweisen.

1 *a–c) Bei den Witzen müssten die Schülerinnen und Schüler folgende Worte und Satzteile isolieren: Sauhaufen, helfen, lange – kurze, neues Blut, Schitten fahren.*

2 *a) Zustandekommen der komischen Wirkung:*

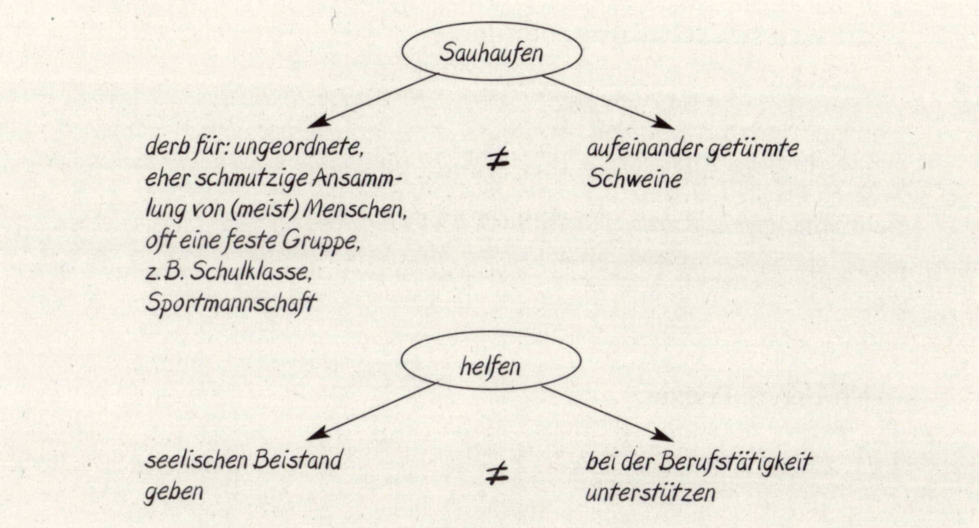

b) Eine Formulierung könnte lauten: Manche Witze beruhen auf dem Spiel mit der Mehrdeutigkeit von Sprache. Sie entsteht dadurch, dass ein Wort zwei Bedeutungen hat bzw. zwei Wörter gleich klingen. (An dieser Stelle muss noch nicht auf den metaphorischen Gebrauch eines Wortes eingegangen werden. Dieser Aspekt wird auf S. 82 im Schülerbuch aufgegriffen.)

3 *b) Die Schülerinnen und Schüler erkennen, dass Homonyme im gleichen Artikel abgehandelt werden und (meist) jeweils eine eigene Ziffer erhalten.*

5 *a) Vor allem in den verschiedensten Zeitschriften werden Witze abgedruckt, so dass mit diesem Hinweis diese nicht ganz einfache Aufgabe von den Schülerinnen und Schülern durchaus bewältigt werden kann.*

7 *a/b) Durch das Versprachlichen der Bilder kann gezeigt werden, dass in diesem Beispiel der Witz nur als Cartoon wirkt, weil hier der Leser gezwungen ist, die Verbindung „alte Schachtel" – „alte Frau" selbst zu erkennen. Das Erkennen der Sprechabsicht des Postmitarbeiters, nämlich die Frau durch den mit gemeinten metaphorischen Sinn seiner Worte zu beleidigen, bereitet das Vergnügen. Es wird verstärkt durch den Gesichtsausdruck des Postangestellten, der es genießt, die Frau zu beleidigen, ohne dass ihm eine Beleidigung nachgewiesen werden kann. Man kann die Schülerinnen und Schüler den Witz erzählen lassen, um auf diese Besonderheit aufmerksam zu machen. Ein ähnliches Phämonen liegt im Bilderwitz „Schlitten fahren" vor.*

8 *Zu dieser Gruppe von Witzen gehören noch „Sauhaufen", „neues Blut", „Schlitten fahren".*

5.2 Mit Sprache experimentieren – mehr als Wortspiele

S. 83

Elke Erb

die schwarzen weiss redenden
die weissen schwarz redenden

1 *a) Der Text spielt mit dem Homonym „weiß" (Farbe – 3. Pers. Sg. von wissen) sowie mit dem metaphorischen Sprachgebrauch in der Redewendung „schwarz sehen". Außerdem finden sich zahlreiche Ambivalenzen aufgrund der (fast) vollständig fehlenden Interpunktion: „Weiß weiß nichts!" oder: „Weiß weiß nichts?"*
***Zusätzliche Aufgabe:** Schreibt einen Teil des Gedichts ab und setzt dabei sinnvolle Satzzeichen.*

b) Die Schülerinnen und Schüler reflektieren nochmals das Spiel mit dem Homonym weiß als zentralem Stilmittel des Textes.

S. 84

Konkrete Poesie

3 *Konkrete Poesie, auch „Konkrete Dichtung" oder „Visuelle Poesie": Sprachliches Material (z. B. Buchstaben) wird visuell oder akustisch gestaltet.*

4 *In beiden Texten wird der Gezeitenwechsel grafisch umgesetzt. Ulrichs' Text betont darüber hinaus das Ewig-Wiederholende des Naturschauspiels. Im Text von Jandl wird das Sich-Ausdehnen der Wassermassen bei Flut durch die (gleichsam akustisch anschwellende) Verlängerung des Vokals verdeutlicht. Der Text eignet sich deshalb auch zum gestaltenden Vortragen.*

S. 85

Dinge mit Wörtern erfassen – Dinggedichte

2 *Bewusst wurde hier auf eine Illustration verzichtet, damit die Schülerinnen und Schüler den römischen Brunnen vor ihrem inneren Auge entstehen lassen können. Das gemeinsame Betrachten der entstandenen unterschiedlichen Bilder soll zu einer genaueren Textlektüre führen.*

3 *Die formalen Unterschiede sind leicht feststellbar:*
- *Fassung von 1860: Zehn männlich paargereimte Verse.*
- *Fassung von 1865: Zwei Strophen zu acht Versen, je vier kreuzgereimt, weibliche und männliche Kadenzen im Wechsel.*
- *Fassung von 1869: Zwei Strophen zu vier Versen, kreuzgereimt männlich.*
- *Fassung von 1882: Acht Verse, kreuzgereimt männlich, gleiche Reimwörter wie 1869, aber die Reimwörter der Verse 2 und 4 vertauscht, letzter Vers verkürzt.*

4 *Die Wörter, die für die **Quelle** benützt werden (1860 „Quelle"; 1869 „Springquell"; 1865/1882 „Strahl"), die Wörter, die für das **Fließen des Wassers** verwendet werden (1860 „sinken, überfließen, sich gießen in, überströmen, füllen, quellen"; 1865 „sacht übergießen, niedersteigen, voll sein, fluten"; 1869 „plätschern, ergießen, sich verschleiernd überfließen, wallend geben, strömen"), und die **Varian-***

ten ***des Schlusses*** *(1860 „Ein jedes nimmt und gibt zugleich …"; 1865 „Ein Nehmen und ein Geben …"; 1869/1882 „Und jede nimmt und gibt zugleich …") zeigen, dass Konnotationen wesentlich sind: „Springquell" (1869) wird mit Idylle, Muntersein, Sorglosigkeit konnotiert, während „Strahl" (1865/1882) den Eindruck von Stärke und Zielgerichtetheit vermittelt, „plätschert" (1869) wirkt beiläufig, unernst, absichtslos, während „sinkt" (1865) oder „fallend gießt" (1882) einer deutlich höheren Stilebene zuzuordnen sind, vor allem das adverbiale Partizip hebt das zweite Beispiel auf eine noch höhere Stilebene. In der letzten Fassung finden sich gleich drei auf diese Weise verwendete Partizipien („fallend gießt", „sich verschleiernd überfließt", „gibt wallend").*

5 *Man wird auf dieser Klassenstufe noch zu keiner differenzierten Interpretation kommen, aber Schülerinnen und Schüler einer siebten Klasse können erkennen, dass z. B. in der* ***Fassung von 1860*** *die Becken unterschiedlich sind („schlanke Schal', Muschel, Marmorbecken"), dass der Strahl Subjekt des Satzes ist, dass durch „Ein jedes nimmt …" (V. 7 f.) ausdrücklich eine Übertragung auf andere Zusammenhänge, ein direkter Hinweis auf die Symbolfunktion des Brunnens gegeben wird, dass das Gedicht als „Bild" (letztes Wort) zu verstehen ist.*

Die ***Fassung von 1865*** *beschreibt das Umfeld des Brunnens recht genau. Die Stropheneinteilung bindet Garten, Situierung des Brunnens und Beschreibung der ersten Schale zusammen, die zweite Strophe ist den beiden weiteren Schalen und der Deutung gewidmet. Die Deutung bleibt mit „Ein Nehmen und ein Geben …" (V. 13) zwar abstrakter als in der Fassung von 1860, ist aber immer noch explizit.*

In der ***Fassung von 1869*** *sind erste und zweite Schale zuerst Lokaladverbien und werden dann selbst Subjekte, damit wird das Nehmen und Geben, das hier auf die Schalen des Brunnens bezogen ist und verstärkt wird durch die Personifizierung der zweiten Schale, von der Grammatik unterstützt. Eine Deutung über das konkrete Bild hinaus wird erst im letzten Vers mit „Und alles strömt" gegeben.*

Die ***letzte Fassung*** *zeigt Veränderungen in vielerlei Hinsicht: Es ist eine Strophe (enge Zusammenschau der drei Schalen); „der Springquell plätschert" ist ersetzt durch das in Wortwahl und Satzbau (Inversion) einer deutlich höheren Stillage zuzuordnende „Aufsteigt der Strahl"; die Reimwörter „Rund"/ „Grund" sind vertauscht, Grund zeigt etwas Tieferes an und beschreibt besser die zweite Schale als die erste; der letzte Vers ist verkürzt auf einen zweihebigen Jambus, die Ruhe wird durch die Stille ersetzt, die aus der Abwesenheit von Worten entsteht. Eine Deutung unterbleibt hier völlig.*

Joachim Ringelnatz

Meine alte Schiffsuhr

S. 86

F. W. Bernstein

Ode an einen Hammer

S. 86

1 *a/b) Die Schülerinnen und Schüler sollten möglichst selbstständig arbeiten.*
Herausgearbeitet werden könnte, dass im ***Ringelnatz-Gedicht*** *der Besitzer einer Uhr spricht, die ihrer Pflicht, die richtige Zeit anzuzeigen, nicht nachkommt, die sich auch nicht am richtigen Ort (Schiff) befindet und mit ihrer Eigenwilligkeit Uhrmacher zur Verzweiflung bringt. Das lyrische Ich verbringt viel Zeit mit der Uhr, die es schätzt und mit Humor betrachtet. Sie ist Ausgangspunkt seiner Fantasien bzw. seiner Erinnerung, wie sich im letzten Vers zeigt. Auffallen könnten den Schülerinnen und Schülern die Begriffe aus der Seemannssprache: „Glasen" (V. 3), „Dünung" (V. 12), „Freibeuter-Klabautergeist" (V. 16), „Nebelglocke" (V. 19), „Hundswachenschnack" (V. 20). Personifizierung der Uhr, Lautmalerei („spukende, unkende Uhr", V. 22), Neologismen („Freibeuter-Klabautergeist", V. 16), Hyperbeln („Teufelsstück", V. 7) erzeugen Komik.*

***Bernstein** erzielt durch den feierlichen Ton der Ode (Apostrophe mit „O du …“), der im Kontrast zum Wortschatz („zerteppert“, V. 4) steht, Komik, verstärkt wird dieser Eindruck durch die Kritik an dem Hammer („das mit / den / Kriegszwecken“, V. 16–18). Auch hier stehen sowohl der eher mündliche Stil als auch der kritische Inhalt im Gegensatz zur eigentlich feierlich lobenden Textsorte Ode.*

2 *Ein Dinggedicht ist nach Gero von Wilpert (Sachwörterbuch der Literatur, Stuttgart 1955) „im Gegensatz zum bewegten, ein Werdendes (Stimmungsablauf) schildernden Gedicht mit subjektiver, echt lyrischer Stimmungshaltung ein auf unpersönliche, episch-objektive Beschreibung eines Seienden (Gegenstand) angelegtes Gedicht, behandelt häufig Werke der bildenden Künste in sprachlichem Nachvollzug und damit Neuschöpfung des Kunstwerks, Läuterung von allem Zufällig-Unwesentlichen und Einfühlung in sein Wesen und inneres Gesetz, aus der die Neigung zu symbolischer Ausdeutung entspringt. […] Zuerst bei Mörike (Auf eine Lampe), dann bei C. F. Meyer (Der römische Brunnen) aus einer Haltung der Distanz vom Gegenstand und unter Ausschluss eigener Stimmungsübertragung, rein gegenständlich, schließlich bei Rilke (Römische Fontäne) auch auf andere Alltagsgegenstände (Der Panter, Das Karussell) ausgedehnt und als sehnsuchtsvolles Versenken in das Wesen des Dinges als ein Abbildes Gottes.“*
Die Schülerinnen und Schüler sollten herausfinden, dass

- *Dinggedichte Gegenstände zum Thema haben;*
- *es häufig um mehr geht als den Gegenstand selbst;*
- *der Gegenstand auf etwas anderes verweist;*
- *es Gedichte gibt, die mit dem Gedichttypus selbst spielen (z. B. „Ode an einen Hammer“).*

S. 87

Christian Morgenstern

Die Trichter

1 / **2** *Die Aspekte „Konkrete Poesie“ – hier in der traditionelleren Form des Figurengedichts –, Dinggedicht und Komik begegnen sich in Morgensterns Trichter-Gedicht. Zu untersuchen wären:*

- *Inwiefern unterscheidet sich das Figurengedicht von den Texten der Vertreter der konkreten Poesie?*
- *Inwiefern wird hier das Dinggedicht abgewandelt (nicht der Gegenstand als solcher steht im Mittelpunkt des Interesses, sondern ein Gegenstand ist „handelnde Person“ im Gedicht, keine über den Gegenstand und die komische Situation hinausgehende symbolische Bedeutung)?*
- *Wodurch wird hier Komik erzielt (Personifikation des Trichters, hoher Stil [„wandeln“], Kontrast von Klischees [„weißes Mondlicht“] und unerwartetem alltagssprachlichem Schluss [„u.s.w.“])?*

5.3 Szenen mit Witz

S. 88

Kurt Tucholsky

Ein Ehepaar erzählt einen Witz

1 *a) Es ist für die Schülerinnen und Schüler sehr schwierig, den Text angemessen zu lesen, vor allem weil sich die beiden Ehepartner ins Wort fallen. Hierzu einige Tipps:*

- *Es ist hilfreich, die Schülerinnen und Schülern z. B. eine Folie über den Text legen zu lassen, damit sie sich Stichworte markieren können.*
- *Wenn die letzten Worte eines Sprechers/einer Sprecherin zunehmend langsamer gesprochen werden (wie beim Ritardando in der Musik), fällt das pointierte Unterbrechen leichter.*

Die Anlässe für das Scheitern des Erzählens sind nicht immer explizit, sondern müssen teilweise erschlossen werden: Tabakstreuen (Z. 6 ff.); abfällige Gestik oder Mimik des Mannes (Z. 14); Unterbrechung durch den Mann (Z. 14, 21 ff., 70, 101); Verwirrtheit des Mannes (Z. 26 f.); abfällige Gestik oder Mimik der Frau (Z. 33 f.); Diskussion der beiden Eheleute (Z. 42–51); Unterbrechung durch die Frau (Z. 56 f., 123 f.); Streit der beiden um den Kern des Witzes (Z. 59–66, 103–110); Klingeln des Telefons/Telefongespräch (Z. 74–79); Mitteilung der Frau über das Telefongespräch (Z. 87–89).

Mit Blick auf das Kommunikationsmodell nach Watzlawick ließe sich anhand des Textes die Unterscheidung zwischen Sach- und Beziehungsebene einführen.
*Mögliches **Tafelbild**:*

Woran scheitert die Ehe?			
	Einleitung (Z. 1–5)	Hauptteil (Z. 6–136)	Schluss (Z. 137–Ende)
Sachebene: Erzählen des Witzes	Frau will den Witz erzählen	Störung durch - äußere Einflüsse, z. B. Telefon - Fehler beim Witze-Erzählen	keine äußeren Störungen mehr Ebene jetzt bedeutungslos
Beziehungsebene: Ehe von Walter und Trude	neutral bis harmonisch	Störung durch Aussagen über die Person des anderen: „Meine Frau kann keine Witze erzählen." (Z. 21) „Du verdirbst aber wirklich jeden Witz." (Z. 130)	Angriffe gegen die Person des anderen: „Wenn du vielleicht glaubst, daß es ein Genuß ist, dir zuzuhören …" (Z. 150 f.) usw.
=> Schwierigkeiten auf der Sachebene => Übertragung auf die Beziehungsebene => Eskalation: Scheitern des Witzes + Scheitern der Ehe			

***Alternative:** Das Tafelbild wird den Schülerinnen und Schülern ohne das zusammenfassende Fazit gegeben und mit der Aufgabenstellung verbunden: Erläutert das Schaubild und erklärt dabei das Scheitern der Ehe.*

2 *Ein Wanderer verirrt sich im Gebirge, sieht ein Licht, geht darauf zu und kommt zu einer Hütte, in der ein alter Bauer mit seiner jungen und hübschen Frau lebt. Der Wanderer bittet um ein Nachtquartier. Die Bauern sind arm, haben nur eine Ziege im Stall und eine einzige Konservendose im Kühlschrank, die bis zum nächsten Markttag reichen muss. Der Bauer bietet dem Wanderer an, zu dritt in dem einzigen Bett zu schlafen. Gegen Abend zieht ein fürchterliches Gewitter auf, der Bauer steht auf, um nach der Ziege zu sehen. Da stupst die junge Frau den Wanderer in die Seite und sagt: „Na, jetzt wäre doch so eine Gelegenheit." Aber der Wanderer bleibt eisern, will die Gutmütigkeit des Bauern nicht ausnutzen. Nach einiger Zeit kommt der Bauer zurück und die drei schlafen wieder ein.*
Mitten in der Nacht gibt es wiederum ein schreckliches Blitzen und Donnern und wiederum geht der Bauer hinaus, um nach der Ziege zu sehen. Wiederum stupst die junge Frau den Wanderer in die Seite und sagt: „Na, nun wäre doch so eine Gelegenheit ..." Obwohl die Versuchung sehr groß ist, bleibt der Wanderer eisern. Der alte Bauer kommt nach einiger Zeit zurück und die drei schlafen wieder ein.
Kurz vor dem Morgengrauen kommt es erneut zu einem schweren Unwetter, der Bauer steht zum dritten Mal auf, geht hinaus, um nach der Ziege zu sehen, und wieder stupst die junge Frau den Wanderer in die Seite und sagt: „Na, jetzt wäre doch so eine Gelegenheit." Diesmal kann der Wanderer nicht mehr widerstehen, steht auf, geht zum Kühlschrank und öffnet die Konservendose.

S. 90

Karl Valentin

In der Apotheke

1 *a/b) Die Komik dieser Szene beruht z.T. auf dem Spiel mit Homonymen (fehlen, Z. 11), z.T. auf der Naivität Valentins, der nicht zu wissen scheint, dass Babys nicht sprechen oder nicht zeigen können, wo es ihnen weh tut.*

2 *Die Beiträge der Schülerinnen und Schüler können ebenso mit dem Original, das auf der CD* ***„Deutschbuch Hörbuch 7/8"*** *enthalten ist, verglichen werden wie die Ergebnisse des szenischen Spiels (s. Aufgabe 3).*

3 *Optimal sind hierbei Gruppen zu je vier Schülerinnen und Schülern: Zwei Darsteller, ein Souffleur, ein Regisseur. Man sollte auch Rollenwechsel ausprobieren, um alle zum Spielen anzuhalten. Die Schülerinnen und Schüler können den Text während des Probens erlernen.*
Die Originalaufnahme auf der CD ***„Deutschbuch Hörbuch 7/8"*** *kann auch dazu genutzt werden, den Schülerinnen und Schülern Hilfestellung bei der Gestaltung des szenischen Spiels zu geben.*

4 *a/b) Die Spielorte Restaurant und Arztpraxis eignen sich aus zwei Gründen besonders zur Ausgestaltung einer etwas längeren Szene: Die Schülerinnen und Schüler kennen aus diesem Bereich erfahrungsgemäß sehr viele Witze. Außerdem ist der Handlungsort leicht anzudeuten, wobei sich insbesondere das Restaurant auch zum Erproben pantomimischen Spiels eignet.*

Vorschlag für Übungen und Klassenarbeiten

1 *a) Beschreibe genau, worin der Witz in den beiden Cartoons besteht.*

b) Was ist beiden Cartoons gemeinsam?

2 *Überlege dir weitere komische Darstellungen, die auf einem ungewohnten Wechsel der Perspektive beruhen.*

Literaturhinweise

Dencker, Klaus Peter (Hg.): Politische Sprachspiele vom Mittelalter bis zur Gegenwart. Reclam, Stuttgart 2002

Gomringer, Eugen (Hg.): Konkrete Poesie. Deutschsprachige Autoren. Reclam, Stuttgart 1991

Köhler, Peter (Hg.): Das Witzbuch. Reclam, Stuttgart 1994

Lixfeld, Hannsjost (Hg.): Witz. Reclam, Stuttgart 1993

Preisendanz, Wolfgang: Über den Witz. Konstanz 1970

Weller, Rainer (Hg.): Sprachspiele. Reclam, Stuttgart 1991

6 Sprach -und Kulturgeschichte – Lehnwort, Erbwort, Fremdwort

Konzeption des Gesamtkapitels

Das Kapitel eröffnet einen exemplarischen Zugang zur Begriffs- und Bedeutungsgeschichte anhand der sprachlichen Bezeichnungen wichtiger Nahrungsmittel. Als Untersuchungsgegenstand wurde der Zucker ausgewählt, weil er unter ernährungspsychologischen und -physiologischen Aspekten für die Gesundheitserziehung und Ernährungslehre großes gesellschaftliches Gewicht bekommen hat. Über die Sprache sollten die Schülerinnen und Schüler auf zunehmendem Reflexionsniveau Einsicht in die Problematik einer Allgegenwart von „Zucker" und Zuckerersatzstoffen, angezeigt durch die sprachlichen Bezeichnungen und die denotativen und konnotativen Bedeutungsvarianten, bekommen.
Im ersten Teilkapitel **(„Zucker und Honig – die Geschichte der Wörter und der Nahrungsmittel")** zeichnen die Schülerinnen und Schüler die Kulturgeschichte des Zuckers und des Honigs nach, erfahren so die Genese von Lehn- und Erbwörtern und gewinnen Einsicht in die Etymologie.
Im zweiten Teilkapitel **(„Unser täglicher Zucker – wie aus einem Genussmittel ein Nahrungsmittel wurde")** soll – entsprechend der Leitfunktion des Faches Deutsch – in einer engen Verbindung mit der Sachgeschichte der Schritt von der Reflexion der Sprachpraxis zur Reflexion der Lebenspraxis vollzogen werden. Die Schülerinnen und Schüler bekommen bei der Untersuchung von Lebensmittelverpackungen Einsicht in die vielfach nicht unproblematischen Lebens- und Essgewohnheiten und werden für bewussteres Ess- und Konsumverhalten sensibilisiert.
Das dritte Teilkapitel **(„Sugarbaby" oder „Süße"? – Anglizismen")** thematisiert die Allgegenwart von Anglizismen in der deutschen Gegenwartssprache und setzt sie in Kontrast zu den sprachpuristischen Positionen in der neueren Entwicklung der deutschen Sprache.

Zusätzliches Übungsmaterial

„Deutschbuch 3 Arbeitsheft":
– Richtig nachschlagen: S. 7–8
– Sachtexte auswerten: S. 9–11
– Fremdwörter: S. 65–68

Mögliche Verknüpfungen zwischen diesem Kapitel und Übungen in der Software **„Deutschbuch interaktiv 7"** zeigt die Übersicht auf S. 14 f. in diesen Handreichungen.

		Inhalte	Kompetenzen
S. 91	6.1	**Zucker und Honig – die Geschichte der Wörter und der Nahrungsmittel**	Die Schülerinnen und Schüler können – eine Landkarte als Info-Medium nutzen – Informationen aus einem Lexikonartikel entnehmen, strukturieren und weitergeben
S. 93		**Honig gab's schon immer**	– Bild- und Textinformationen einander zuordnen – den Unterschied zwischen Fremd- und Lehnwort erklären – Entwicklungsstufen der deutschen Sprache benennen – die Varianten des Bedeutungswandels ermitteln – ein etymologisches Wörterbuch benutzen
S. 95	6.2	**Unser täglicher Zucker – wie aus einem Genussmittel ein Nahrungsmittel wurde**	– Informationen aus Sachtexten ermitteln, strukturieren und in Referaten weitergeben – den Gebrauch von Fremdwörtern im Alltag untersuchen – die eigenen Konsum- und Essgewohnheiten reflektieren
S. 98		**Nicht immer steht „Zucker" drauf, wo Zucker drin ist**	
S. 100		**Das Würfelzucker-Spiel: Süß oder süßer?**	
S. 100		**Lebensmittelquiz – Recherche im Supermarkt**	
S. 101	6.3	**„Sugarbaby" oder „Süße"? – Anglizismen**	– den Begriff „Anglizismus" erklären – Tendenzen der deutschen Gegenwartssprache erkennen und reflektieren – konnotative Bedeutungsvarianten erkennen

6.1 Zucker und Honig – die Geschichte der Wörter und der Nahrungsmittel

S. 91 Legt man die Alltäglichkeit der beiden Nahrungsmittel Zucker und Honig zugrunde, dann sind folgende Impulse als Einstieg in die Unterrichtseinheit denkbar:
- die Präsentation von Lebensmitteln, in denen Zucker in allen möglichen Formen enthalten ist (Suppentüten, Zuckerpäckchen, Cola-Dose etc.) und – verfremdend – die Nennung der Wörter aus den frühen Verbreitungsräumen von Zucker;
- die Präsentation der Karte im Schülerbuch;
- der Vergleich von Zucker und Honig mit Präsentation der Lebensmittel;
- ein Ideenstern.

Der parallele Einsatz von Karte und Text ermöglicht, die Wort- und die Sachgeschichte unmittelbar zu erschließen.

1 *a/b) Mögliches **Tafelbild:***

„Zuckerorte"	Wörter
...	...
Persien	schäkär
Arabien	sukkar
Rom	saccharum
Venedig	zuccarum
Cordoba	azucar
Deutschland	ahd. zukker; mhd. zuccer, cucker, zuker; niederdt. zocker; hochdt. Zucker
Tübingen	
Freiburg	

2 *Die Aufgabe übt die freie Verbalisierung von sehr konzentrierter Information eines Lexikonartikels. Als Orientierungshilfe kann die Karte eingesetzt werden.*

3 *Die Schreibung von „Zucker" war vor 1901 in Deutschland sehr variantenreich. Eine Liste der Schreibweise vom Althochdeutschen bis ins Neuhochdeutsche kann von den Schülerinnen und Schülern erstellt werden. Die Variante „Zukker" vor 1901 bildet die Vorstufe zu der hochsprachlichen Norm. Die alte Form der Trennung von „ck" verweist auf die Variante.*

4 *Die Häufigkeit der Entlehnungen aus dem Lateinischen gibt das reale Gewicht dieser Sprache für den frühneuhochdeutschen Wortbestand wieder.*

5 *b) Hier sind die Informationen aus dem zweiten Teil des Lexikonartikels zu verwerten, der auf die Entlehnungen aus dem Italienischen und Französischen und auf den Beitrag dieser Länder für die europäische Küche hinweist.*

Honig gab's schon immer

S. 93

Der Text zeigt die große soziale Bedeutung dieses Süßungsmittels, solange es den Zucker als Alternative noch nicht gab. Hier sollte auf den Honig als ökologisch alternatives Nahrungsmittel angesichts der nicht unproblematischen Allmacht von Zucker in der Ernährung hingewiesen werden.

7 *Mögliches **Tafelbild:***

ab ca. 800	*ahd.*	*honag, honang*
15. Jh.	*mhd.*	*honec*
19. Jh.	*nhd.*	*Honig*

Die Entwicklung innerhalb der deutschen Sprache belegt den Status als Erbwort.

8 *b) Hier ist die Bedeutungsverengung auf gekochte Nutzpflanzen, aber auch die Bedeutungserweiterung auf ungekochte Nutzpflanzen aufzuzeigen.*
Die zeichnerische Demonstration dieses Prozesses kann sich an die Abbildungen im Schülerbuch anlehnen.

9 *a) ahd. spisa*

b) Bedeutungsverengung auf den Begriff in der Metallverarbeitung, ugs. auf „Mörtel", die häufigste Verwendung „Speise" in der Entlehnung aus mlat. „spensa".

6.2 Unser täglicher Zucker – wie aus einem Genussmittel ein Nahrungsmittel wurde

Gerhard Holzapfel/Helga Schmiedel

S. 95

Die Entdeckung des Rübenzuckers

Dieser relativ umfangreiche Sachtext beinhaltet die historischen und technologischen Voraussetzungen für die Verbreitung des Zuckers als allgemeinem Nahrungsmittel.
Die im ersten Teilkapitel präsentierte Allgegenwart dieses Nahrungsmittels dürfte eine gute Motivationsgrundlage für die Beschäftigung mit dessen wissenschaftlicher Vorgeschichte und Entdeckung sein. Hier können auch Hinweise auf den Fächerverbund Geografie/Wirtschaft/Gemeinschaftskunde und auf Naturphänomene hilfreich sein.

1 *a) Gliederungsmöglichkeit:*
1. *Vorgeschichte für die Rübenzuckergewinnung (bis Z. 30)*
2. *Systematische Produktion (ab Z. 30)*

b) Die markierten Informationen sollten den Weg von dem „wissenschaftlichen Nachweis" über dessen Bedeutung als „bahnbrechende Erkenntnis" bis hin zu den Voraussetzungen der industriellen Verwer-

tung (Kontakt mit dem König, wissenschaftlicher Einfluss über die Akademie, Finanzierung) deutlich machen.
Im zweiten Teil sollten die Variablen und Hindernisse des systematischen Anbaus aufgezeigt und die wichtigsten Bausteine der Technologie markiert werden.

2 a) *Als wichtigstes Faktum: die gleiche chemische Beschaffenheit (Z. 4 f.).*

b) *Hier geht es darum, die in der Teilaufgabe 1 b) gewonnenen Informationen selbstständig zu verbalisieren.*

S. 96

Wie wird Rübenzucker industriell produziert?

In diesem Text werden die Schülerinnen und Schüler zum ersten Mal mit fremd-/fachsprachlichem Vokabular konfrontiert, dessen Bedeutung sie sich selbst erschließen müssen, eine Erfahrung, die einen grundständigen Erkenntnisprozess beinhaltet und auf eine systematische Beschäftigung mit Fremdwörtern und Fachsprachen vorbereitet.

2 a/b) *Mögliches* ***Tafelbild:***

Die zehn Arbeitsschritte	Bild
1 Zerkleinerung der Rüben in der Schnitzelmaschine	A
2 Auslaugung mit Wasser in eisernen Zylindern	A
3 Versetzung mit Kalkmilch	
4 Einleiten von Kohlendioxid	
5 Eindicken in Vakuumapparaten	C
6 Verkochen in Kochapparaten	B
7 Erkalten	
8 Zentrifugieren	
9 Raffinade	
10 Portionierung (Würfel, Hauben etc)	D

S. 98

Nicht immer steht „Zucker" drauf, wo Zucker drin ist

1 a) *Beispiele: Maltodextrin, Glukosesirup, Invertzuckersirup.*

2 a) *Mögliches* ***Tafelbild:***

Präfix	Wortstamm	Suffix
Malto-	-dextr-	-ose
	Gluc-	-ose
	Sacchar-	-ose
Poly-	-sacchar-	-ide

Zu leicht gemacht: Light

S. 99

In diesem Text wird der ernährungswissenschaftliche Bezug der Unterrichtseinheit in kritischer Absicht verdeutlicht. Auch wenn Zuckerersatzstoffe verabreicht werden, bleibt die Gefahr einer durch Sucht gelenkten Ernährung bestehen. Den konnotativen Bezug zur Werbung stellt das Wort „light" her.

3 *a) Die wichtigsten Informationen:*

- *Je dicker die Bevölkerung wird, desto beliebter wird Süßstoff.*
- *Allgemeine Verbreitung; erleichtert durch*
  - *die Süßungsmittel-Richtlinie*
  - *also: allgemeiner Verzehr*
- *Zahl der Dicken in den USA nimmt weiter zu.*
- *Süßstoff verführt zum Mehr-Essen von scheinbar Leichtem.*
- *Süßstoff wirkt appetitanregend.*

4 *Als mögliche Kriterien sind hier allgemeine Verbreitung und allgemeine Verständlichkeit (für das Lehnwort) und die Integration in den Bestand der Einheitssprache zu nennen. Besser: „Anglizismus", andererseits: Flexion wie ein Fremdwort.*

Das Würfelzucker-Spiel: Süß oder süßer?

S. 100

Hier wird die Untersuchung des Sprachgebrauchs verknüpft mit der Ernährungspraxis der Schülerinnen und Schüler. Solche Tests werden von den Krankenkassen zur Prävention und Information zur Verfügung gestellt.

1 *Cola: 12 – Eiscreme: 6 – Gummibärchen: 49 – Nuss-Nougat-Creme: 87 – Erdbeerkonfitüre: 96.*

Lebensmittelquiz – Recherche im Supermarkt

S. 100

2 / **3** *Bei diesen Aufgaben muss entsprechend der Praxisorientierung der Lernort gewechselt werden. Das Gelernte und der Erkenntniszuwachs sollen in der Praxis überprüft werden. Bewusstsein für gesündere Ernährung wird hier in einem ersten Schritt durch die kritische Sichtung der Lebensmittelverpackungen entwickelt.*

6.3 „Sugarbaby" oder „Süße"? – Anglizismen

S. 101 Die exemplarische Analyse der Aufnahme eines englischen Wortes in die deutsche Sprache legt das Gewicht auf die im Sprachgebrauch der Jugendmedien instrumentalisierte konnotative Bedeutungskomponente vieler Anglizismen. Daneben lassen sich auch in der Differenzierung von Grund- und Bestimmungswort bei den Zusammensetzungen die Wortbildungsmuster analysieren, nach denen englische Wörter auch schrittweise in die deutsche Sprache eingedrungen sind.

1 b) *In der Differenzierung der Bestandteile bei Zusammensetzungen können die einzelnen Schritte des Entstehens von Anglizismen aufgezeigt werden:*

Bestimmungswort	***Grundwort***
Zucker	*Kind*
Zucker	*Baby*
Sugar	*Baby*

Die Präferierung von „Sugarbaby" bestätigt den Trend des Sprachwandels bezüglich der Anglizismen.

c) *Hier sollte an die Definition des Begriffs „Fremdwort" (Schülerbuch, S. 98) erinnert und die Kriterien der Schreibung und Lautung wiederholt werden.*

2 a–c) *Die Schwierigkeiten bei der Einordnung spiegeln den Sprachwandel wider.*
Vorausgeschickt werden sollte die Definition des Begriffs „Lehnwort": Lehnwort ist ein Fremdwort, das sich seiner neuen sprachlichen Umgebung in Aussprache und/oder Schreibweise, Flexion und Betonung so weit angeglichen hat, dass es heute als in die deutsche Sprache integriertes Wort angesehen werden kann, z. B. Fenster (lat. fenestra), Büro (frz. bureau).

Echte Fremdwörter		Lehnwörter
cool	Popcorn	Schocker
Flirt-Tipps	Fantasy-Action	garantiert
Horoskop	SciFi	Infos
Psycho-Checks	Love	ironisch
News	Fun	genial
Mega-Action	more	Effekt
Event	Horror-Thriller	

3–**5** *Mit Hilfe dieser Aufgaben können die Schülerinnen und Schüler konkret die Arbeit der Sprachpuristen nachvollziehen, die ihre Interessen u. a. im „Verein zur Wahrung der Deutschen Sprache e. V." vertreten (http://www.vwds.de). Die Diskussion sollte offen gehalten werden, sie sollte auch differenzieren zwischen kultureller und sprachlicher Annäherung.*
Die kritische Einstellung gegenüber einer globalisierten, amerikanisierten Kultur sollte den Einfluss des Englischen als allgemeiner Verkehrssprache nicht zu gering gewichten.

Vorschläge für Übungen und Klassenarbeiten

Vorschlag 1

1 *In einer Zeitungsanzeige des „Vereins zur Wahrung der deutschen Sprache e.V." in Dortmund heißt es: „Der Verein bekämpft die Ausbreitung überflüssiger englischer Wörter in der deutschen Alltagssprache und tritt für mehr Selbstachtung und Würde aller Menschen ein, die Deutsch als Muttersprache haben." Verfasse zu der Zeitungsanzeige eine kritische Stellungnahme.*

Vorschlag 2

FASTFOOD / Konzern reagiert in England und USA auf Druck wegen übergewichtiger Bevölkerung

McDonald's nimmt Riesenmenüs von der Karte

Die Hälfte der Briten ist übergewichtig oder gar fett. Deshalb geriet auch der Fastfood-Konzern McDonald's unter Druck. Die Folge: Riesenmenüs gibt es nicht mehr.

London. Der Fastfood-Konzern McDonald's nimmt seine extra großen Menüs in Großbritannien von der Speisekarte. Bis Ende dieses Jahres sollen die riesigen Cola-Becher und übergroßen Pommes-Tüten – die so genannten Supersize-Menüs – der Vergangenheit angehören. Damit reagiere das Unternehmen auf Druck von Politik und Verbraucherorganisationen, meinten britische Zeitungen. In Amerika sei Ähnliches geplant. Nach einem Regierungsbericht vom Februar ist mehr als die Hälfte der englischen Bevölkerung übergewichtig oder fett. Die Lebenserwartung dicker Menschen sei im Durchschnitt um neun Jahre niedriger als diejenige schlanker Zeitgenossen.

„Wir überprüfen fortlaufend unseren Speiseplan, um sicherzustellen, dass unser Essen und Service den Erwartungen der Kunden gerecht wird", begründete McDonald's seine Entscheidung ... „Supersizing" an sich verursache zwar kein Übergewicht, aber man müsse „die ganze Debatte um Übergewicht in Großbritannien offenkundig berücksichtigen", hieß es weiter.

Erst kürzlich hatte die Regierung in London erwogen, Liebhaber von Hamburgern, Schokoriegeln oder süßer Brause mit einer „Fettsteuer" zur Kasse zu bitten, um die zunehmende Fettleibigkeit zu bekämpfen ...

(dpa)

PROJEKT / Schüler kochen gegen Fastfood

Vollkorn statt Zucker

„Kochen gegen Fastfood“ heißt ein Pilotprojekt des Deutschen Hausfrauenbundes (DHB), bei dem auch Schülerinnen und Schüler lernen sollen, gesund und umweltbewusst zu kochen.

VERENA KRUG

Reutlingen. Verlockend sieht es auf den ersten Blick aus, was die Kinder der Hermann-Kurz-Schule auf der Theke ihrer Schulküche zusammengestellt haben: Süßigkeiten, Cola, Eistee und andere Leckereien stehen dort. Doch wenn man sich das bunte Ensemble genauer ansieht, dann hat man bald keinen Bedarf mehr an Kinderriegeln, Nutella und Co. Denn in kleine Schüsseln haben die Schüler die Inhaltsstoffe der Süßigkeiten gefüllt, und an die Getränke sind Beutel mit der Anzahl an enthaltenen Zuckerwürfeln gebunden. 40 Würfel in einem Liter Cola? Und das soll ich trinken?

Die Kinder, die im vergangenen Schuljahr die Arbeitsgemeinschaft „Ernährung, Gesundheit, Umwelt“ besucht haben, wissen, dass alles hochgradig gesundheitsschädlich ist. Unter Leitung der Lehrbeauftragten des Kultusministeriums, Waltraud Lutz-Kothe, lernen sie jeden Freitagnachmittag, alternative Gerichte zuzubereiten: Vollkornwaffeln und -nudeln, Apfelmus, Quark, Jogurt, Butter und sogar Pommes Frites oder Pizza – alles geht ohne Zucker und andere schädliche Zusatzstoffe.

„Es ist wichtig, Kindern frühzeitig ein Bewusstsein für ihre Gesundheit zu vermitteln“, betont Eleonore Koschwitz, die schon seit rund 30 Jahren Seminare und Schülerkurse leitet. Denn Zivilisationskrankheiten wie Karies, Knochenprobleme oder Diabetes sind alle Folgen von übermäßigem Zuckerverzehr. Seit dem Schuljahr 2002/03 läuft das Pilotprojekt „Kochen gegen Fastfood“ [...]. Kurse im Ferienprogramm, ein Kurs am Achalmbad – auch für Eltern – mit dem Titel „Feste feiern im Familienkreis“ und die Arbeitsgemeinschaften an Schulen sind die drei Standbeine des Projekts.

[...]

Aus Zeitmangel oder aufgrund fehlender Informationen „versorgen“ viele Eltern ihre Kinder mit Cola und Tiefkühlpizza oder geben ihnen statt eines Pausenbrots Geld fürs Mittagessen mit. Dass sie sich davon bei dem großen Essensangebot nicht gerade ein Vollkornbrot kaufen, ist klar – es gibt so viel „Attraktiveres“. Auf Werbefallen aufmerksam machen, Alternativen zum Fastfood aufzeigen, das Bewusstsein schärfen und gleichzeitig Werte vermitteln sind die Ziele des Hausfrauenbundes. So bespricht Waltraud Lutz-Kothe mit den Kindern zunächst das Thema, dann wird gekocht und gebacken. „Die Theorie vermitteln wir während des Kochens“, erzählt sie. Hinterher wird der Tisch gedeckt. „Wir achten darauf, dass die Kinder zusammen essen“, erklärt DHB-Vorsitzende Angelina Wittrock. „Denn eine gemeinsame Mahlzeit findet in vielen Familien leider nicht mehr statt.“

Eine positive Bilanz können die Beteiligten jetzt schon ziehen. „Bei den Schülern hat das Projekt sehr großen Anklang gefunden“, freut sich Wittrock. Auch Evelin Malzon, Schulleiterin der Hermann-Kurz-Schule, sieht in der AG einen vollen Erfolg. Sie soll nächstes Jahr auf jeden Fall weitergeführt werden, denn „nur so kann man auch etwas erreichen, kann das Gelernte ins Bewusstsein dringen“, erklärt Angelina Wittrock.

Die Schüler haben Spaß am Kochen, probieren manche Sachen auch schon zu Hause aus. Denn auch wenn alles ohne Zucker und stattdessen mit „voll viel Vollkorn“ ist, wie die 12-jährige Melanie erzählt, schmeckt es einfach super – da sind sich alle einig.

(aus: Reutlinger Nachrichten, 2.8.2004)

1 *Schreibe zu einem der Zeitungsberichte einen Leserbrief. Wende darin deine Kenntnisse über den Sprachgebrauch im Wortfeld „Zucker" (im Alltag, beim Einkauf, beim Essen) und über die Folgen der Allgegenwart von Zucker an.*
Formuliere abschließend eine kurze Stellungnahme entweder zur Entscheidung von McDonald's oder zu dem Ernährungs-Projekt an der Hermann-Kurz-Schule in Reutlingen.

Literaturhinweise

Denglisch. Deutschunterricht (Braunschweig), 3/2004

Holzapfel, Gerhard / Schmiedel, Helga: Rund um den Zucker. Leipzig [2]1986

Pogarell, Reiner / Schröder, Markus: Wörterbuch überflüssiger Anglizismen. Paderborn [2]2000

Sprache und Kulturgeschichte. Der Deutschunterricht (Seelze), 1/2001

Studiothek: Es muss nicht immer Ketchup sein. Frankfurt/M. 1994

Thorbietz, Petra: Kursbuch. Gesunde Kinderernährung. München 2002

7 Rund ums Wasser – Gliedsätze verwenden

Konzeption des Gesamtkapitels

Im ersten Teilkapitel **(„Erklären – Adverbialsätze gebrauchen")** sollen unter dem Rahmenthema „Rund ums Wasser" die Arten der Adverbialsätze untersucht werden. Dabei werden die grundlegenden Einsichten in Satzgefüge wiederholt. Die kommunikativen Funktionen dieser Gliedsatzarten liegen vor allem im Erklären und Argumentieren. Diese Sprachhandlungen sind z. B. in Sachtexten relevant, in denen das Erläutern von Zusammenhängen und die Verknüpfung mit Hintergrundinformationen im Mittelpunkt stehen. In ihrer syntaktischen Funktion übernehmen diese Gliedsätze die Satzgliedrolle von entsprechenden adverbialen Bestimmungen. Die stilistische Funktion der Gliedsätze besteht darin, den beim sachlichen Erklären oft üblichen Nominalstil durch den Verbalstil zu variieren.
Im zweiten Teilkapitel **(„Sachbuchempfehlungen – Inhaltssätze verwenden")** wird der Inhaltssatz anhand von Sachbuchempfehlungen zum Thema „Wasser" einbezogen. Inhaltssätze kommen in den Inhaltsangaben und Bewertungsteilen von Klappentexten, Buchempfehlungen und Rezensionen natürlicherweise vor. Bei den Vorgängen der Textreduktion und der Textkommentierung tritt diese Gliedsatzart besonders häufig auf: Der Vorgang des Zusammenfassens führt dazu, dass mehrere Informationen in einem Satz kombiniert werden. So entstehen längere Sätze und Satzgefüge. Die Inhaltssätze können sowohl dass-Sätze als auch indirekte Fragesätze oder satzwertige Infinitive sein, die den wesentlichen Inhalt einer Gesamtaussage enthalten. Die kommunikative Funktion der Inhaltssätze besteht demnach darin, die im übergeordneten Hauptsatz angekündigten Informationen zu liefern. Diese Gliedsätze sind zu finden in darstellenden und urteilenden Passagen von Buchempfehlungen. An diesen Beispielen wird auch deutlich, dass Inhaltssätze von der syntaktischen Funktion her die Rollen von Subjekt und Objekt einnehmen können, also auch als Subjekt- bzw. Objektsätze anzusehen sind.
Im dritten Teilkapitel **(„Übungen zu Gliedsätzen – Zeichensetzung")** folgen zusammenfassende Übungen zu den behandelten Gliedsätzen sowie zur Zeichensetzung.

Zusätzliches Übungsmaterial

„Deutschbuch 3 Arbeitsheft":

- Sachtexte auswerten: S. 9–11
- Verben: Modus: S. 31–32
- Satzglieder und Satzgliederweiterungen: S. 35–36
- Die Satzreihe: S. 38–39
- Das Satzgefüge: S. 40–44
- Subjektsätze und Objektsätze (Inhaltssätze): S. 45–48
- Satzwertiger Infinitiv und satzwertiges Partizip: S. 49–50
- Satzzeichen setzen: S. 51–52
- s-Laute: S. 81–83

Mögliche Verknüpfungen zwischen diesem Kapitel und Übungen in der Software **„Deutschbuch interaktiv 7"** zeigt die Übersicht auf S. 14 f. in diesen Handreichungen.

Arbeitsblätter mit Übungen sind unter **http://www.cornelsen-teachweb.de/co/deutschbuch** zusammengestellt.

Inhalte

Kompetenzen

S. 103 **7.1 Erklären – Adverbialsätze gebrauchen**

S. 103 **Beschreiben und Erklären**

S. 104 **Mit Satzgefügen informieren**

S. 106 **Verschiedene Gliedsatztypen zum Erklären nutzen**

S. 109 **Mit Adverbialsätzen erläutern**

Die Schülerinnen und Schüler können
- Adverbialsätze als Gliedsätze wahrnehmen und verwenden
- bei Erläuterungen zwischen beschreibenden und erklärenden Sätzen differenzieren
- die syntaktische Grundform des Erklärens erkennen: Satzgefüge aus Haupt- und Nebensatz
- die Adverbialsatzarten identifizieren und unterscheiden
- Adverbialsätze als Varianten zu adverbialen Bestimmungen verstehen und anwenden

S. 110 **7.2 Sachbuchempfehlungen – Inhaltssätze verwenden**

S. 110 **Sachbüchern auf der Spur**

S. 111 **Inhaltssätze in Buchhinweisen**

S. 115 **Leseempfehlungen schreiben**

- Sachbuchempfehlungen zum Thema auf Inhaltssätze und deren Varianten und Funktionen untersuchen
- Sachbücher thematisch einordnen und vorstellen
- Inhaltssätze in Sachbuchempfehlungen endecken
- Subjekt- und Objektsätze in ihren syntaktischen Rollen beobachten: vom Satzglied zum Gliedsatz
- Inhaltssätze als notwendige informative Ergänzung zu einer noch offenen Ankündigung im Hauptsatz verstehen
- Varianten der Inhaltssätze unterscheiden: dass-Satz, indirekter Fragesatz, satzwertiger Infinitiv
- satzwertige Infinitive und satzwertige Partizipien erkennen und gebrauchen
- Inhaltssätze in den verschiedenen Teilen einer Sachbuchempfehlung nutzen

S. 116 **7.3 Übungen zu Gliedsätzen – Zeichensetzung**

- Adverbialsätze und Inhaltssätze identifizieren
- Stufenmodelle für Satzgefüge erproben
- Kommas in Satzgefügen setzen
- „das“ und „dass“ differenzieren
- eigene Texte unter Verwendung von Gliedsätzen schreiben und die Kommaregeln anwenden

7.1 Erklären – Adverbialsätze gebrauchen

Die Bedeutung des Themas „Gliedsätze" liegt vor allem in einer Optimierung der eigenen Textproduktion: Speziell bei den Prozessen der Textüberarbeitung ist darauf zu achten, dass die Gedanken syntaktisch angemessen verknüpft werden. Die Unterscheidung der Adverbialsatzarten ist Grundlage für die kontrollierende Sichtung der eigenen Texte und eine gezielte Korrektur.

S. 103

Beschreiben und Erklären

1 a) *Die Einstiegsaufgabe in das Kapitel soll die Schülerinnen und Schüler auf das Thema „Wasser" und gleichzeitig auf die Grammatik einstimmen. Beim Umschreiben des Begriffs „Wasserrad" werden automatisch Satzgefüge verwendet, etwa mit Relativsätzen, z. B. „Der gesuchte Begriff bezeichnet einen runden Gegenstand, der zu einer Mühle gehört." Wird die Definition eher über die Funktionsweise oder Wirkung anvisiert, sind Adverbialsätze zu erwarten, z. B. „Der gesuchte Gegenstand dreht sich und kann so Strom erzeugen, wenn er von einem Fluss angetrieben wird." Damit lässt sich auch gut zum zweiten Teil der Aufgabe überleiten.*

b) *Das Wasserrad, die älteste Wasserkraftmaschine, besteht aus einem sich meist in senkrechter Ebene drehenden Laufrad. Nach der Art des Wasserzulaufs unterscheidet man oberschlächtige (Zulauf hinter dem höchsten Punkt des Rades) und unterschlächtige Wasserräder (Zulauf auf der Unterseite). Auf dem Foto ist ein unterschlächtiges Wasserrad abgebildet. Bei diesem wird das Wasser durch das Unterwassergerinne in die Schaufeln geleitet. Das Wasserrad nutzt nun die Bewegungsenergie des Wassers (kinetische Energie), um sich selbst in Bewegung zu setzen (Aktionsprinzip).*

c) *Beim Erklären werden wohl besonders kausale und konditionale Zusammenhänge von Bedeutung sein. Neben der Parataxe (denn; nämlich etc.) ist auch die Hypotaxe zu erwarten. So kann sich gegebenenfalls eine kurze Wiederholung zu Haupt- und Nebensätzen anschließen.*

S. 104

Mit Satzgefügen informieren

1 *Fortsetzung der Liste:*

- *Wasserkrise in vielen Ländern*
  - *Gründe: Wasserknappheit und Wasserverschmutzung*
  - *Folgen: Krankheit und Tod*
- *Zukunftsperspektive: bei fehlender Gegensteuerung 2025 ein Drittel der Weltbevölkerung betroffen*
- *Ziele der UNO: verbesserte Abwasserentsorgung und neue Bewässerungsmethoden*

Die Informationsentnahme aus dem Text dient der Sensibilisierung im Hinblick auf die Brisanz des Themas. Zudem kann die Reduktion eines Textes auf Stichworte geübt werden. Die Notizen sollen möglichst in eigenen Worten formuliert werden. Indem sie mündlich wieder in ganze Sätze gebracht werden – etwa in Form eines kurzen Vortrags vor der Klasse –, sind die Schülerinnen und Schüler gezwungen, die Zusammenhänge (Gründe, Folgen usw.) sprachlich umzusetzen, evtl. unter Verwendung von Adverbialsätzen, wodurch der Blick direkt auf die Informationsverknüpfungen gelenkt werden kann.

2 *Gedanke von Information 1 wird in Information 2 fortgeführt; Verbindung durch Konjunktion.*

3 *a)* – ***Hauptsatz:*** *Personalform des Verbs an zweiter Satzgliedstelle; Aussage (Tatsache, Beobachtung, Behauptung) wird formuliert.*
– ***Gliedsatz:*** *Personalform des Verbs am Satzende, eingeleitet durch Konjunktion; weiterführende Erklärung zur Aussage wird geliefert (z. B. Folge, Ursache).*
– ***Komma*** *trennt Hauptsatz und Gliedsatz voneinander.*

b) Z. 5–7: Ursache; Z. 10–13: Folge; Z. 13–17: Bedingung; Z. 17–20: Ursache; Z. 21–26: Ursache; Z. 26–29: Absicht, Zweck.

4 *a/b)* *(1) Der 22. März wurde zum Tag des Wassers erklärt, damit die Menschen an einen verantwortungsbewussten Umgang mit Wasser erinnert werden. → Absicht, Zweck*
(2) Das Wasser wird immer knapper, weil die Weltbevölkerung seit Jahrzehnten stetig wächst. → Grund, Ursache
(3) Es ist nicht genügend Wasser vorhanden, sodass viele Industriezweige nicht produzieren können. → Folge, Wirkung
(4) Die Wasserkrise kann gemildert werden, wenn die Arbeit der UNO Erfolg hat. → Bedingung

Verschiedene Gliedsatztypen zum Erklären nutzen

S. 106

1 *a–c) Möglicher Hefteintrag:*

Zeile	Konjunktion	Funktion
3	sodass	Folge
6	wenn	Bedingung
8f.	wohingegen	Gegensatz
10	da	Grund
14	je	Art und Weise
16	während	Zeit
24	wenn	Bedingung
27	obwohl	Einräumung
28	damit	Absicht

2 *Bei der Besprechung der Tabelle sollte auf die Herleitung der Fachbegriffe besonderer Wert gelegt werden. Das Lateinische ist – sofern möglich – heranzuziehen, aber ebenso kann ein Blick auf die englische Sprache die doch recht komplizierten und zum Teil einander ähnelnden Bezeichnungen einsichtig machen. Auch weniger wissenschaftliche „Eselsbrücken“ sind erlaubt und hilfreich. Zudem ist besonders auf die Unterscheidung des adversativen und des temporalen Gebrauchs von „während“ hinzuweisen.*
Die Bearbeitung der Aufgabe kann auch in spielerischer Form gestaltet werden: Gruppen werden ausgelost, die gemeinsam Beispiele notieren und anschließend der Reihe nach einen Beispielsatz im Plenum einbringen. Für die schnellste richtige Benennung von Satztyp und Funktion gibt es einen Punkt für die jeweilige Gruppe. Das Spiel ist beendet, wenn alle Sätze vorgetragen sind.

3 *a–c) Möglicher Hefteintrag:*

Zeile	Konjunktion	Gliedsatztyp
(3)	obwohl	Konzessivsatz
(4)	da	Kausalsatz
(6)	während	Temporalsatz
(8)	wenn	Konditionalsatz
(9)	falls	Konditionalsatz
(10)	wenn	Konditionalsatz
(11)	sofern	Konditionalsatz
(12)	so ..., dass	Konsekutivsatz
(13)	weil	Kausalsatz
(14)	während	Adversativsatz
(15)	weil/sodass	Kausalsatz/Konsekutivsatz

4 *a) Besondere Beziehung zum Wasser:*

- *Baumart mit der höchsten Verdunstung (Z. 27)*
- *erträgt Dauernässe und kann daher vielfältig verarbeitet und eingesetzt werden (Z. 38–41)*
- *dient durch das ausgeprägte Wurzelwerk der Uferbefestigung von Wasserläufen (Z. 42–47)*

b) Mögliche Abschnitte:

Z. 1–6: Die Schwarz-Erle als „Baum des Jahres" – Laubbaum oder Nadelbaum?
Z. 6–9: Größe und Alter
Z. 10–18: Besonderheiten der Blätter
Z. 18–26: Unterschiede der Blüten
Z. 26–32: Verbreitung
Z. 32–38: Holzverwendung im Alltag – früher und heute
Z. 38–47: Vorzüge bei der Begegnung mit Wasser
Z. 47–50: Gefährdung der Baumart

5 *a) Möglicher Hefteintrag:*

Zeile	Konjunktion	Gliedsatztyp
2–3	Konzessivsatz	Zugeständnis/Einräumung
4–6	Konsekutivsatz	Folge, Wirkung
10–11	Kausalsatz	Grund, Ursache
11–12	Adversativsatz	Gegensatz
15–17	Konsekutivsatz	Folge, Wirkung
17–18	Kausalsatz	Grund, Ursache
18–20	Konzessivsatz	Zugeständnis, Einräumung
23–24	Adversativsatz	Gegensatz
26–28	Konzessivsatz	Zugeständnis, Einräumung
33–34	Kausalsatz	Grund, Ursache
36–38	Adversativsatz	Gegensatz
38	Kausalsatz	Grund, Ursache
42–44	Kausalsatz	Grund, Ursache [Relativsatz]
49–50	Kausalsatz	Grund, Ursache

6 b) *Zur Erarbeitung des Textes kann es sinnvoll sein, auch geeignetes Material in Buchform heranzuziehen. Die Texte können zwischen den Gruppen zur Bestimmung der adverbialen Gliedsätze ausgetauscht werden. Bei intensiver Auseinandersetzung und entsprechend längeren Texten kann auch hier eine Einteilung in Abschnitte wie in Aufgabe 4 b) vorgeschaltet werden.*

Mit Adverbialsätzen erläutern

S. 109

1 a) ***Vorteile:*** *geräuscharm, vibrationsfrei, umweltfreundlich (keine schädlichen Abgase)*
Nachteile: *komplizierte Technik; Betanken bisher nur im Betriebshof möglich; lange Tankzeit von 30 Minuten; Reichweite nur ca. 250 km; hohe Entwicklungskosten; teure Umrüstung der Tankstellen bei Nutzung der Technik für Autos.*
Mögliche weiterführende Fragen: Gibt es weitere Vor- oder Nachteile? Welche anderen Alternativen zu Benzin oder Diesel kennt ihr? Was wäre eurer Meinung nach eine gute Perspektive für die Zukunft?

b) *Im Vergleich zu den bisherigen Texten fällt die sparsame Verwendung von Satzgefügen auf. In einem zweiten Schritt kann das Auftreten von adverbialen Bestimmungen in den Blick genommen werden (Z. 6; 7–8; 10; 15; 20), die für den parataktischen Stil mitverantwortlich sind.*

2 (2) *Da/Weil Abgase vermieden werden, ist der Wasserstoffbus umweltfreundlich.*
(3) *Damit Wasserstoff gespeichert werden kann, befinden sich Flaschen auf dem Dach des Busses./ Auf dem Dach des Busses befinden sich Flaschen, sodass Wasserstoff gespeichert werden kann.*
(4) *Obwohl hohe Kosten entstehen, sollen dann die Tankstellen umgerüstet werden.*

3 *Mögliche Umformung in Satzgefüge:*
Z. 6–7: Wenn der Bus fährt, ist er leise und vibrationsfrei.
Z. 7–8: Da nur Wasserdampf ausgestoßen wird, ist er aber vor allem umweltfreundlich.
Z. 10–11: Wenn der Bus betankt werden soll, muss er in den Betriebshof zurückkehren.
Z. 15–16: Wenn (temporal)/Während der Tank aufgefüllt wird, vergehen etwa 30 Minuten.
Z. 20–21: Damit die Technik später für Autos genutzt werden kann, muss erst das Tankstellen-Netz umgerüstet werden.
An folgenden Stellen ist die Textvorgabe der Umformung stilistisch vorzuziehen: Z. 6–7; 10–11; 15–16.

7.2 Sachbuchempfehlungen – Inhaltssätze verwenden

Der Konjunktionalsatz, der in der Satzgliedrolle des Subjekts oder Objekts erscheint und eine „Leerstelle der Prädikats" füllt, wird hier als **Inhaltssatz** eingeführt, z. B.: *Ich habe gelesen, dass der 22. März zum Tag des Wassers erklärt wurde.* Damit wird seine **semantische** neben der **syntaktischen Funktion** betont, gibt er doch den eigentlichen inhaltlichen Kern des ganzen Satzes an. Dies zeigt etwa die Umkehrung des grammatischen Unterordnungsverhältnisses, z. B.: *Wir wissen, dass ohne Wasser kein Leben möglich ist. – Ohne Wasser ist kein Leben möglich, wie wir wissen.* In didaktischer Reduktion wird dabei nur Bezug genommen auf die Satzgliedrollen „Subjekt" und „Akkusativobjekt", obwohl der Inhaltssatz auch ein Genitivobjekt (z. B.: *Er rühmt sich, dass er alles* *über Wasser weiß*) oder ein Präpositionalobjekt (z. B.: *Sie besteht darauf, dass der Wasserhahn repariert wird*) vertreten kann. Schließlich werden verschiedene Varianten des Inhaltssatzes unterschieden: dass-Satz, indirekter Fragesatz und erweiterter, satzwertiger Infinitiv. Das satzwertige Partizip fügt sich in diesen Zusammenhang ein. Vernachlässigt wird der konjunktionslose Inhaltssatz in der Form eines angehängten zweiten Hauptsatzes, z. B.: *Sie glaubten, sie seien vor Haien sicher.*

Als situative Verwendungszusammenhänge für Inhaltssätze gibt es u. a. verschiedene Formen der Textsorte **Inhaltsangabe**: In Kommunikationssituationen unter Jugendlichen z. B. entstehen Gelegenheiten zur mündlichen Inhaltsangabe. In Leseempfehlungen, Rezensionen, Klappentexten etc. geht es um schriftliche Information und zugleich um eine distanzierte Auseinandersetzung des Lesers mit dem Text. Der Leser löst sich von der genießenden oder gar identifizierenden Rolle, er macht den Text zu einem Gegenstand, über den er spricht, z. B.: *Das Buch beschreibt, wie die Wikinger lebten. Mir gefällt, dass es zugleich spannend ist.* – Bei Klappentexten, Leseempfehlungen etc. kommt zur informierenden Sprache der werbende und urteilende Stil hinzu.

Als Merkmalskatalog für eine Schreibhilfe sowie als Kriterienkatalog für die Beurteilung nach entsprechender Einführung und Übung lässt sich empfehlen:

- Textwiedergabe in der 3. Person
- Einsatz der Tempusgruppe Präsens/Perfekt
- Partnerfiktion des nicht informierten Adressaten
- selbstständige Ordnung der Textinformationen (Reihenfolge)
- Raffung auf das Wesentliche hin
- ggf. Formulierung eines „hinführenden Satzes"
- ggf. Wiedergabe von wörtlicher Rede mit entsprechenden Signalen der Redewiedergabe (z. B. dass, Konjunktiv, Zitat)
- sachlicher Stil im informierenden Teil
- wertende, empfehlende oder ablehnende Stellungnahme am Schluss.

S. 110

Sachbüchern auf der Spur

1 *b) Buchcover, Umschlagklappen, Buchkataloge, (elektronische) Karteikarten in Büchereien, Buchhandlungen, Internet etc.*

2 *Der Besuch einer Buchhandlung soll der Information, aber auch der Anregung zum Lesen dienen. Mit den gesammelten Prospekten und Katalogen können die Schülerinnen und Schüler – entweder einzeln oder in Gruppen – weiterarbeiten, indem sie z. B. Collagen gestalten mit Informationen zu Büchern, die sie interessant finden bzw. die zu einem Themenkreis passen. Die Collagen lassen sich dann evtl. auch zur Dekoration des Klassenzimmers nutzen, indem sie beispielsweise zu einem „Bücherwurm" zusammengefügt und ausgestaltet werden.*

3 *Eine große Bandbreite an unterschiedlichen Themen ist hier beabsichtigt. Das Kapitelthema „Wasser" muss in diesem Zusammenhang keine Rolle spielen. Vielmehr sollen die Schülerinnen und Schüler ihren persönlichen Vorlieben nachgehen können. An die Vorstellung der Bücher kann sich ein Austausch über individuelle oder auch geschlechterspezifische Lesegewohnheiten – hier im Speziellen von Sachbüchern – anschließen.*

Inhaltssätze in Buchhinweisen

S. 111

1 a) *Es fehlt die eigentliche Information: Was beweist der Autor? – Was stellt dieses Buch anschaulich dar? – Was weiß kaum einer? – Was ist sehr spannend? – Satzglieder: Subjekt (Wer oder was?) und Objekt (Wen oder was?).*

b) *Möglicher Hefteintrag:*
Der Autor beweist, dass man abwechslungsreiche Ferien auch zu Hause erleben kann.
Dieses Buch stellt anschaulich dar, welche genialen Erfindungen der Natur als Vorbilder für die Technik dienen.
Kaum einer weiß, dass die Taucherglocke wie die Luftglocke der Wasserspinne funktioniert oder dass die Libelle das Modell für den Hubschrauber ist.
Es ist sehr spannend, in die atemberaubende Welt der Krokodile einzutauchen.

c) *Die Sätze sind gewissermaßen inhaltsleer und trotz vorhandenem Subjekt und Prädikat unvollständig. Der letzte Satz könnte für sich alleine stehen, jedoch fehlt hier der erklärende Bezug.*

2
- *Dass sie dennoch versunken sind, ist bekannt.*
  (Wer oder) was ist bekannt? → ..., dass sie versunken sind. → Subjekt
- *Der Unterwasserexperte Robert D. Ballard [...] erklärt, was damals geschehen ist und warum diese Schiffe untergehen konnten.*
  (Wen oder) was erklärt der Unterwasserexperte Robert D. Ballard? → ..., was damals geschehen ist und warum diese Schiffe untergehen konnten. → Akkusativobjekt
- *Das Buch bewirkt, dass man sich auf die Momente des Untergangs einlässt.*
  (Wen oder) was bewirkt das Buch? → ..., dass man sich auf die Momente des Untergangs einlässt. → Akkusativobjekt
- *Wie die Ozeanriesen ihr Ende fanden, wird anhand von eindrücklichen Illustrationen und Fotos gezeigt.*
  (Wer oder) was wird gezeigt? → ..., wie die Ozeanriesen ... → Subjekt

Die Subjekte und Objekte können vorausgehen oder nachfolgen, stehen also am Anfang oder am Ende des Satzes. Beide Varianten sollten jeweils mündlich ausprobiert werden.

3 *Diskutiert werden soll folgende Problematik: Die Faszination, die von den großen Schiffen ausgeht, darf nicht auf deren Untergang übertragen werden. Es geht also nicht um Katastrophen-Voyeurismus, vielmehr soll die Fähigkeit des Sich-Einfühlens betont werden. Wichtig ist grundsätzlich ein Einblick in die Thematik, bei dem das Ausmaß des Unglücks nicht nur technisch, sondern auch hinsichtlich der menschlichen Schicksale betrachtet wird.*

4 a) *Beispiele:*

Subjekt	**Prädikat**	**Objekt (Akkusativ)**
Ballard	erklärt	etwas.
Ballard	erklärt,	was geschehen ist.
Das Buch	bewirkt	etwas.
Das Buch	bewirkt,	dass sich der Leser auf die Momente des Untergangs einlässt.

b) *Die Beispiele aus dem Text enthalten kein Dativobjekt. Damit soll verdeutlicht werden, dass dieses nicht unbedingt erforderlich ist. Zudem handelt es sich um zusammengesetzte Prädikate.*

Beispiele:

Subjekt	Prädikat	Objekt (Dativ)
Etwas	ist bekannt.	–
Dass sie dennoch untergegangen sind,	ist bekannt.	–
Etwas	wird gezeigt.	–
Wie die Ozeanriesen ihr Ende fanden,	wird gezeigt.	–

c) *Personalform des Verbs am Schluss, Konjunktion/Fragewort am Anfang, vom Hauptsatz durch Komma abgetrennt.*

5 b) *Z. 3–6: Subjektsatz*
Z. 10–11: Objektsatz
Z. 12–13: Objektsatz, Subjektsatz
Z. 13–14: Subjektsatz
Z. 16–18: Objektsatz
Z. 20: Objektsatz
Z. 21–22: Objektsatz

6 *Vorteilhaft an diesem Verfahren ist die größere Freiheit in der Gestaltung, da sich der Autor bezüglich der Personen nicht an historische Daten halten muss, wohl aber beim zu vermittelnden Wissen im Hinblick auf die Wikinger im Allgemeinen. Bedeutsam ist auf jeden Fall Vigdis' Rolle als Identifikationsfigur für jugendliche Leserinnen und Leser, unabhängig von der Historizität.*

7 a) *Verben der sinnlichen und geistigen Wahrnehmung oder Tätigkeit, z. B. des Denkens, Sprechens und Fühlens.*

b)
- *Ausdrücke des Denkens und Wissens: es ist bekannt, dass ...; erfahren, dass ...*
- *Ausdrücke der geistigen und sinnlichen Vermittlung: vermitteln, wie ...; beweisen, dass ...; darstellen, welche ...; erklären, was ...; zeigen, wie ...; vor Augen führen, wie ...;*
- *Ausdrücke der beurteilten Wirkung: garantieren, dass ...; bewirken, dass ...; gelingen, ... zu ...; dafür sorgen, dass ...; es schaffen, ... zu ...*
- *Ausdrücke des Fühlens: es ist sehr spannend, ... zu ...; es macht viel Spaß, ... zu ...; gespannt sein, ob ...*

8 a/b)

Zeile	***Form***
3–5	*satzwertiger Infinitiv*
6–7	*indirekter Fragesatz*
8–9	*dass-Satz*
13–14	*indirekter Fragesatz*
17–18	*satzwertiger Infinitiv*
23–24	*dass-Satz*

9 a)
(2) *Der Autor versucht, Begeisterung für die Natur* ***zu*** *wecken.*
(3) *Er erklärt,* ***was*** *tausende von Kilometern von uns entfernt passiert.*
(4) *Großformatige Farbfotos verstärken den Eindruck,* ***dass*** *man mit dabei sein kann/ mit dabei sein* ***zu*** *können.*
(5) *So ist es nicht erstaunlich,* ***dass*** *er für sein Jugendsachbuch viel Lob bekam.*
(6) *Man fragt sich,* ***ob*** *nicht auch Erwachsene dieses Buch lesen sollten.*

10 a) *Z. 1–2: Um sich auf die Reise in den Regenwald machen zu können, ... (1)*
Z. 9–10: ..., anstatt auf die neueste Mode zu achten (2)
Z. 10–11: Ohne zu zögern, ... (3)
Z. 26–27: ..., vom Leser entdeckt zu werden (4)

b) *(1) Damit man sich auf die Reise in den Regenwald machen kann, ... → Finalsatz*
(2) ..., anstatt dass man auf die neueste Mode achtet. → Adversativsatz
(3) Ohne dass man zögert, ... → Modalsatz
(4) ..., dass sie [die Geheimnisse] vom Leser entdeckt werden. → dass-Satz

11 b) *Z. 4: Durch Impfungen geschützt, ... (Part. Perf.)*
Z. 15: Gut vorbereitet, ... (Part. Perf.)
Z. 17–18: Über reißende Ströme bis in die Wipfel gigantischer Bäume führend, ... (Part. Präs.)

c) *Mögliche Beispiele mit Bezug auf den Text:*
Auf sinnvolle Ausrüstung bedacht, packt der Forscher seinen Koffer.
Mit Überraschungen rechnend, macht er sich auf die Reise.
Denn im Regenwald bewegen sich sogar Schlangen, durch die Luft fliegend, fort.
Durch neue Erfahrungen bereichert, tritt er die Heimreise an.

Leseempfehlungen schreiben

S. 115

1 *Angeführte Gründe: Vorstellung einer bedeutenden Naturforscherin, lebendiges Porträt einer außergewöhnlichen Frau; lehrreich; spannend; auch heute noch beeindruckend.*
Mögliche weitere Gründe: unterhaltsam; regt die Fantasie an; vermittelt Wissen; behandelt aktuelle Themen, mit denen sich Jugendliche beschäftigen; vermittelt Werte etc.

2 a) *Z. 1–6: Thema und Buchart (Biografie)*
Z. 7–9: Leistung der Autorin
Z. 9–28: Lebenslauf und Leistungen der vorgestellten Person
Z. 28–34: Bewertung und Empfehlung

b) *Im Einleitungsteil formuliert man* ***Behauptungssätze*** *(Thesen) zum Buch. Die Behauptungen finden sich meist in Satzgefügen mit Inhaltssätzen (hier: Z. 1–3, 4–6, 7–9).*
Im Mittelteil kommt es bei der raffenden Darstellung von Vorgängen sowie der zusammenfassenden Wiedergabe von Meinungen und Äußerungen von Personen zur Anwendung von ***Inhaltssätzen*** *(hier: Z. 27–28).*
Im Schlussteil wird man urteilen und werten: Wie gefällt mir das Buch? Was halte ich von ihm? Als Antwort formuliert man ***Urteilssätze****, die man noch zu begründen versucht. Die Urteile finden sich ebenfalls oft in Satzgefügen mit Inhaltssätzen (hier: Z. 28–31, 31–32, 32–34).*

3 *Gemeinsam mit den Schülerinnen und Schülern lässt sich eine Schreibanleitung zu einer Buchempfehlung entwickeln:*
1. Bei der Buchempfehlung gibt man zunächst den **Titel**, die **Art** des Buches sowie den **Autor** an und formuliert in einem Einleitungsteil die Idee oder das **Thema** sowie das **Ziel des Buches** in einem Satz. So erhält der Leser eine erste Orientierung.
2. Im Mittelteil erläutert man den **Inhalt** des Buches näher. In einem kurzen zusammenhängenden Text geht man auf die grobe Handlung, das Hauptereignis oder die wichtigsten Themen und Probleme des Buches ein.

3. In einem Schlussteil gibt man sein **Urteil** ab und beschreibt, welche **Bedeutung** das Buch für einen selbst hat und welche Wirkungen es hervorruft.
Allgemein ist Folgendes zu beachten:
- Jemand, der das Buch nicht kennt, soll informiert werden.
- Man geht von sich aus und überlegt, für welche Zielgruppe das Buch wohl geschrieben ist.
- Beim Beurteilen des Buches begründet man seine Meinung.
- Als Tempusform wird das Präsens verwendet.

4 *Geeignete Texte, die sich auch thematisch anschließen, finden sich z. B. im Kapitel 12 („Reisen: Berichte und Reportagen").*

7.3 Übungen zu Gliedsätzen – Zeichensetzung

S. 116

1 *b) (1) Konsekutivsatz; (2) Finalsatz; (3) dass-Satz; (4) indirekter Fragesatz.*

c) „Kommas trennen Hauptsatz und Gliedsatz voneinander."

2 *b) „Kommas trennen nachgestellte, vorangestellte und eingeschobene Gliedsätze vom Hauptsatz."*

4 *Das gesuchte Buch: Alois Prinz: Das Paradies ist nirgendwo. Die Lebensgeschichte des Georg Forster. Beltz & Gelberg 2002. Das Buch ist als Taschenbuchausgabe erhältlich.*

5

Zeile	***Begründung***
3	*Kausalsatz*
6	*dass-Satz*
9	*dass-Satz*
10	*satzwertiger Infinitiv (das Komma muss wegen des hinweisenden Wortes „dazu" stehen)*
11	*indirekter Fragesatz*
13	*Adversativsatz*
15	*Aufzählung*
18	*satzwertiger Infinitiv („dazu" erfordert das Komma)*
21	*indirekter Fragesatz*
22	*Konsekutivsatz*

6 *Das Komma könnte entfallen bei den Sätzen (1) bis (3), sollte aber stehen bei (1), da ein Missverständnis möglich ist:*
- *Der Taucher befiehlt, seinem Kollegen zu Hilfe zu eilen.*
- *Der Taucher befiehlt seinem Kollegen, zu Hilfe zu eilen.*

Es muss stehen bei Satz (4), da „es" den satzwertigen Infinitiv ankündigt.

7 *a) (1) Konditionalsatz*
(3) dass-Satz
(4) satzwertiger Infinitiv
(5) indirekte Fragesätze (Objektsätze)

(7) indirekter Fragesatz (Objektsatz)
(8) Kausalsatz und indirekte Fragesätze (Objektsätze)
(9) dass-Satz
(10) satzwertiger Infinitiv (Objektsatz)
In Abgrenzung zum indirekten Fragesatz erscheint in Satz (2) ein direkter Fragesatz. Zur Wiederholung des Relativsatzes kann Satz (6) herangezogen werden.

b) *bei den Sätzen (1), (3) bis (5) und (7) bis (10) Abtrennung von Hauptsatz und Gliedsatz bzw. Gliedsätzen*
zusätzliche Kommas: (4) Apposition; (5) Aufzählung; (6) Relativsatz; (8) Aufzählung und anreihende Konjunktion in der Art einer Aufzählung

8 a) *Es empfiehlt sich folgende Vorgehensweise: Die Partner übertragen zunächst die Nummerierung von (1) bis (5) in ihre Hefte, jeweils mit zwei Leerzeilen dazwischen. Die Leerzeilen sind nützlich bei der Kontrolle und für die Korrektur möglicher Fehler. Partner A diktiert Partner B den ersten Satz und begründet mündlich seine Schreibung. Danach diktiert umgekehrt Partner B den zweiten Satz usw. Nach zwei Durchgängen sind beide Partner gemeinsam fertig. Die Schülerinnen und Schüler sollten darauf hingewiesen werden, die Kommas nicht mitzudiktieren. Anstelle von „das" oder „dass" kann von den Partnern auch ein Füllwort oder ein Signal vereinbart werden.*

9 a) *Obligatorische Kommas: Z. 5, 7, 9, 11, 16 (zweimal zur Abtrennung des Relativsatzes), 24, 25, 27 (zur Abtrennung des zweiten Hauptsatzes); fakultatives Komma: Z. 20.*

b) *Z. 9: dass; 16: das; 24: dass; 25: das.*

c) *Inhaltssätze: (1) indirekter Fragesatz (Z. 5–7); (2) indirekter Fragesatz; (3) dass-Satz; (4) indirekter Fragesatz; (8) Infinitivsatz; (10) dass-Satz.*

10 a) *Der Aufgabe kann ein gemeinsames Brainstorming mit Notizen an der Tafel oder eine Internetrecherche zu Wassermuseen (s. Illustration) vorausgehen. Grundsätzlich ist es jedoch auch möglich bzw. erwünscht, wenn die Schülerinnen und Schüler kreative Ideen einbringen, die ihrer Fantasie entspringen. Die schriftliche Ausarbeitung der Aufgabe eignet sich besonders als Hausaufgabe.*

b) *Für die Korrektur und Besprechung in Einzel- bzw. Partnerarbeit sollte ausreichend Zeit eingeplant werden. Im Anschluss könnte eine Präsentation von Beispielen im Plenum stattfinden.*

Vorschläge für Übungen und Klassenarbeiten

Vorschlag 1

1 *Stell dir vor, du bist Redakteurin oder Redakteur des naturwissenschaftlichen Jugendmagazins „Regenschirm“ und möchtest einen Artikel zum Thema „Wenn es regnet, ...“ verfassen.*

a) Schreibe den Artikel. Verwende dabei mindestens fünf verschiedene Typen von Adverbialsätzen und die Varianten der Inhaltssätze.
(Du solltest dir vorher Notizen dazu machen, was du inhaltlich darlegen möchtest. Hilfreiche Fragen, die du dir dabei stellen kannst, sind z. B.:
- *Warum regnet es überhaupt und zu welchem Zweck?*
- *Was kann sich ereignen, wenn es regnet?*
- *Welche Wirkung hat der Regen auf Pflanzen, Tiere und Menschen?*
- *Wie verlaufen die einzelnen Vorgänge, die mit dem Regen in Verbindung stehen?*

Beachte, dass ein zusammenhängender Sachtext entstehen soll, bei dem aber nicht nur Satzgefüge mit Gliedsätzen vorkommen müssen.)

b) Unterstreiche alle Gliedsätze, nummeriere und benenne sie. Gib bei den Adverbialsätzen auch jeweils deren Funktion an.

c) Forme drei deiner Adverbialsätze in adverbiale Bestimmungen um und überprüfe, ob bzw. welche der beiden Möglichkeiten stilistisch besser passt. Begründe deine Meinung.

Vorschlag 2

Hochwasser marsch!

Immer wieder gibt es Überschwemmungen, manchmal mit verheerenden Folgen. Aber wer weiß schon, wie Hochwasser eigentlich entsteht?

Überschwemmungen können unterschiedliche Ursachen haben. Oft kommt es zu Hochwasser, weil anhaltend starker Regen fällt. Das Wasser sammelt sich in Bächen und Flüssen. An deren Unterlauf kommen die geballten Wassermassen zusammen: Das Wasser aus höher gelegenen Flussabschnitten trifft auf ein bereits übervolles Flussbett, sofern es auch dort viel regnet. Eine andere Ursache kann sehr rasch einsetzendes Tauwetter sein. Besonders schlimm wird es, wenn von den Überschwemmungen auch noch Erdrutsche oder Felsstürze ausgelöst werden.

Obwohl das Wetter eine bedeutende Rolle spielt, sind auch menschliche Einflüsse schuld an Überschwemmungen. Häufig hört man, dass Unwetterkatastrophen in den letzten Jahrzehnten zugenommen haben. Das kann damit zusammenhängen, dass Menschen die Umwelt seit langem stark veränderten und damit vielerorts natürliche Schutzmechanismen gegen Hochwasser verloren gegangen sind. Seitdem viele Flüsse begradigt wurden, können sich Flutwellen ungebremster und schneller ausbreiten als in Flüssen mit natürlichen, kurvenreicheren Läufen. Große Teile der Landschaft wurden durch Häuser, Straßen und Industriegebiete „versiegelt“. Das bedeutet, dass an diesen Stellen das Regenwasser nicht mehr vom Boden aufgenommen wird. Die Kanalisation ist schnell überfordert, sodass es zu Überschwemmungen von Wohngegenden und Straßen kommen kann.

Eine weitere Maßnahme von Menschenhand ist die Umwandlung von Grünland in Ackerland. Wälder, die sehr viel Regenwasser aufnehmen können, wurden zu Feldern, die nicht so viel Wasser „binden“.

Schlimm sind vor allem die Folgen in besiedelten Gebieten, wohingegen eine Überschwemmung auf unbewohnten und unbewirtschafteten Flächen wesentlich weniger Schaden anrichtet. Die Besiedelung gewässernaher Bereiche ist somit ein Risikofaktor für die dort lebenden Menschen.

Da man meist nicht einfach umziehen kann, damit Gefahrenzonen geräumt werden, ist es zumindest wichtig, sich bewusst zu machen, woher Gefahren drohen könnten: Sind Flüsse, Bäche oder Teiche in der Nähe? Gab es in der Gegend schon einmal oder öfter Hochwasser? Gibt es ausgetrocknete Flussläufe, die sich im Hochwasserfall wieder füllen könnten? Sind in der Nähe Hänge, die durch heftigen Regen abrutschen könnten? Drohen Bäume unterspült zu werden und umzustürzen? Je mehr man über die Gefahren weiß, desto besser kann man sich davor schützen.

(nach: www.was-ist-was.de)

1 *Schreibe die Adverbialsätze heraus und bestimme jeweils Satztyp und Funktion.*

2 *a) Unterstreiche im Text die Inhaltssätze in vollständiger Länge und nummeriere sie.*

b) Bestimme die grammatischen Formen der Inhaltssätze und ordne sie den Satznummern zu.

c) Ergänze die Satzgliedrolle, welche die Inhaltssätze jeweils übernehmen.

3 *Schreibe eine Leseempfehlung zum Text „Hochwasser marsch!“.*

Literaturhinweise

Baurmann, Jürgen/Spinner, Kaspar H.: Wasser – als Thema des Deutschunterrichts. In: Praxis Deutsch, 130/1995, S. 16–24

Einecke, Günther: Unterrichtsideen integrierter Grammatikunterricht. Textproduktion und Grammatik. 5.–10. Schuljahr. Stuttgart ^{4}1995

Köller, Wilhelm: Konjunktionen und konjunktionale Verkettungen von Aussagen. In: Der Deutschunterricht, 4/2000, S. 38–47

Menzel, Wolfgang: Beziehungswörter – Sätze verbinden. In: Praxis Deutsch, 151/1998, S. 12–22

Ders.: Nachdenken über daß (dass) und das. In: Praxis Deutsch, 151/1998, S. 37–41

Sachbücher und Sachtexte lesen. Praxis Deutsch, 189/2005

8 Schule einst und jetzt – mit Rechtschreibschwierigkeiten umgehen

Konzeption des Gesamtkapitels

Wer schreibt, möchte verstanden werden. Wer mit seinen Texten etwas bewirken will, muss sich in unserer Gesellschaft an die Rechtschreibnormen halten, weil die Befähigung zu korrektem Schreiben einen hohen Stellenwert in der Einschätzung der Schreibenden hat. Aber auch aus der Sache heraus ist normgerechte Schreibung wichtig, da Lesen – weit mehr als das Sprechen – ein störanfälliger Prozess ist. Um diesem Zusammenhang Rechnung zu tragen und ihn zur Motivation der Schülerinnen und Schüler fruchtbar zu machen, sollte Rechtschreibung grundsätzlich aus konkreten Sprachverwendungssituationen heraus thematisiert werden.
Der erste Teil des Kapitels **(„Schulalltag und Schülerträume – richtig schreiben")** enthält zu diesem Zweck mehrere Teilsequenzen, in denen einzelne Rechtschreibphänomene erarbeitet, geübt und gefestigt werden können. Die thematische Klammer ist so gewählt, dass die Teilsequenzen auch als kleinere, über das Schuljahr verteilte Einheiten genutzt werden können. Darüber hinaus orientiert sich das Angebot an folgenden **Überlegungen** zur unterrichtlichen Bearbeitung von Rechtschreibphänomenen:

- **Recht-Schreiben lernt man durch Schreiben.** Dabei gilt: Kurze Lerneinheiten mit vielfältigen Arbeitsformen, häufiges Wiederholen und Anwenden des Gelernten in neuen Schreibsituationen unterstützen den Lernprozess nachhaltiger als einmaliges ausgedehntes Üben.
- Die Übungen sollen **mehrkanaliges Lernen** ermöglichen, d. h. Angebote zum Einprägen von Wortschemata und zum Nutzen akustomotorischer, analoger und logischer Lösungswege machen. Gleichzeitig lassen sich damit die verschiedenen Lerntypen berücksichtigen.
- Um keine Lernschwierigkeiten durch die Ähnlichkeitshemmung (Ranschburg'sche Hemmung) zu provozieren, **vermeiden** die angebotenen Materialien bei der Einführung und Einübung von Rechtschreibregelungen die **Arbeit mit Minimalpaaren**. Dem entspricht auch, dass Themen mit einem komplexen Regelungsapparat, wie z. B. Substantivierung/Desubstantivierung oder Getrennt- und Zusammenschreibung, nach Phänomengruppen gegliedert werden. Es gilt, erst das häufig Gebrauchte und Einleuchtende(re) zu sichern. Der vorliegende Band behandelt daher z. B. nur Grundprinzipien der Zusammenschreibung bei Verben. Im Sinne des Spiralcurriculums werden weitere Differenzierungen in den folgenden Bänden ergänzt.
- Die Rechtschreibdidaktik unterscheidet zwischen **satzabhängigen** und **satzunabhängigen Phänomenen**; letztere machen ca. zwei Drittel aller Fälle aus. Das vorliegende Kapitel setzt z. B. in der Beschäftigung mit Regelungen zur Getrennt- und Zusammenschreibung einerseits die wortbezogene Arbeit aus den Klassen 5 und 6 fort und geht andererseits beim Thema „Substantivierung" auf ein satzabhängiges Phänomen ein (vgl. Klasse 6).
- Auch in der Jahrgangsstufe 7 kann die **Rechtschreibkartei** bei altersentsprechendem Einsatz eine Lernhilfe sein: als individuelle Fehlerkartei, als Fundus des wachsenden Wortschatzes, als Materialsammlung, die bei der Regelbildung herangezogen werden kann. In den Arbeitsanweisungen wird daher vorausgesetzt, dass die Schülerinnen und Schüler die Kartei (oder ein vergleichbares Medium) weiterhin nutzen.

Dabei ist dieses Rechtschreibkapitel dem **Prinzip des Dreischritts** entsprechend aufgebaut. Die thematische Vernetzung ergibt sich aus dem wiederholten Bezug auf schulische und außerschulische Erfahrungen und Aktivitäten der Mädchen und Jungen der 7. Klasse eines Gymnasiums.

In diesem ersten Teilkapitel **(„Schulalltag und Schülerträume – richtig schreiben“)** werden Aspekte der Groß- und Kleinschreibung sowie der Getrennt- und Zusammenschreibung induktiv aus situativer Anbindung heraus entwickelt, systematisiert und in abgewandelten Kontexten geübt. Meist sind mit diesem letzten Element bereits eine produktive Schreibaufgabe, eine (text-)analytische Operation oder ein Stück Sprachreflexion verbunden.
Im zweiten Teilkapitel **(„Schule war früher anders als heute – die Rechtschreibung auch“)** beleuchten historische Texte das Schul-Leben früherer Jahrhunderte. Damit wird zum einen der Lernbereich „Umgang mit Texten“ integriert, zum anderen bietet das Material durch die Fremdheit der Schreibungen vielfältigen Anlass zur Reflexion über den steten Wandlungsprozess, in dem sich Sprache und Rechtschreibung befinden. Rechtschreibregelungen werden damit als Ergebnis von Konventionen und somit als veränderlich erkennbar und durch die Vorstellung des Dudens gleichzeitig in ihrer Funktion und Geltungsweise beschrieben.
Das dritte Teilkapitel **(„Rechtschreibschwächen erkennen und beheben“)** leitet dazu an, selbstständig individuelle Rechtschreibschwächen zu diagnostizieren, und stellt anschließend Rechtschreiboperationen für gezieltes Üben zur Vermeidung typischer Fehler bereit.

Vorschlag zur **Aufteilung** des Kapitels **in kleinere Lerneinheiten**:
Die im Teilkapitel 8.1 zusammengefassten Fallgruppen zur Groß- und Kleinschreibung und zur Getrennt- und Zusammenschreibung können im Sinne der Arbeit in kurzen Lerneinheiten folgendermaßen aufgeteilt werden:
- Groß- und Kleinschreibung in festen Fügungen;
- Groß- und Kleinschreibung bei der Schreibung von Tageszeiten und Wochentagen;
- Groß- und Kleinschreibung bei der Schreibung von Herkunftsbezeichnungen, geografischen Namen u. Ä.;
- Getrennt- und Zusammenschreibung: Getrenntschreibung in Verbindungen mit „sein“;
- Getrennt- und Zusammenschreibung: Zusammenschreibung bei untrennbaren Zusammensetzungen mit Verben.

Das Teilkapitel 8.2 sollte als geschlossene Einheit und erst dann behandelt werden, wenn die Regelungen aus dem ersten Teilkapitel als hinreichend gesichert erscheinen.
Das Teilkapitel 8.3 knüpft zwar zum Einstieg thematisch an 8.2 an, kann aber auch unabhängig davon genutzt werden. Die Einführung der Fehlerdiagnose und die Einübung in die Arbeit mit diesem Instrument sollten eine geschlossene Unterrichtseinheit bilden, z. B. im Anschluss an die Rückgabe einer Klassenarbeit. Die anschließenden Übungen sind nach Bedarf einsetzbar.

Zusätzliches Übungsmaterial

„Deutschbuch 3 Arbeitsheft“:
- Groß- und Kleinschreibung: S. 53
- Substantivierungen: S. 54–61
- Getrennt- und Zusammenschreibung: S. 62–64

Mögliche Verknüpfungen zwischen diesem Kapitel und Übungen in der Software **„Deutschbuch interaktiv 7“** zeigt die Übersicht auf S. 14 f. in diesen Handreichungen.

Arbeitsblätter mit Übungen sind unter **http://www.cornelsen-teachweb.de/co/deutschbuch** zusammengestellt.

Inhalte		Kompetenzen
S. 121	**8.1 Schulalltag und Schülerträume – richtig schreiben**	Die Schülerinnen und Schüler können – sich mit einer Sache argumentativ auseinander setzen und den eigenen Standpunkt appellativ formulieren – Groß- und Kleinschreibung in festen Fügungen erarbeiten und anwenden – metaphorischen Sprachgebrauch reflektieren – einen Text überarbeiten und geschlechterspezifische Bezeichnungen sachgerecht verwenden – Schreibung von häufig gebrauchten Zeitangaben erarbeiten und anwenden: Zeitadverbien; Wochentage und Tageszeiten in kontextuellen Verbindungen – einen lyrischen Text unter besonderer Berücksichtigung der Zeitangaben deuten – Schreibung von geografischen Namen erarbeiten und beim Beschreiben und Erklären politischer Gliederungen oder regionaler Eigenarten Deutschlands anwenden – Getrenntschreibung bei „sein"/„werden" beachten – die Regel zur Zusammenschreibung von untrennbaren Fügungen anwenden – zur Sicherung der Schreibentscheidungen mit dem allgemeinen Rechtschreibwörterbuch arbeiten
S. 121	**Gefährliches Radfahren – Substantivierungen**	
S. 122	**„Was machst du heute Nachmittag?" – Schreibung von Tageszeiten und Wochentagen**	
S. 125	**Partner in Ost und West – Geografische Namen und Herkunftsbezeichnungen**	
S. 127	**Wünsche und Tagträume – Getrennt- und Zusammenschreibung**	
S. 132	**8.2 Schule war früher anders als heute – die Rechtschreibung auch**	– Sachtexte in ihrer Struktur, Intention und Wirkung untersuchen und kritisch bewerten – Informationen aus einem historischen Text erschließen, in moderne Diktion übertragen, mit heutigen Regeln konfrontieren und auf ihre Gültigkeit hin überprüfen – im Rollenspiel eine Schulszene aus dem 19. Jahrhundert nachvollziehen und daraus den dort geltenden Verhaltenskodex erschließen – These und Schlüssigkeit ihrer Begründung aus einem Sachtext herausfiltern – die Lehre einer Fabel formulieren und ihre Aussage als Diskussionsbeitrag erkennen und werten – historische Veränderungen in der Rechtschreibung erkennen und in Fallgruppen ordnen – Fakten aus einem informierenden Text zusammenstellen und für eine Wandzeitung aufbereiten
S. 132	**Schul-Gesetze, welche denen Kindern in den Teutschen Schulen vorzulesen**	
S. 134	Ludwig Tieck **Erinnerungen**	
S. 135	Erhard Weigel **Die Tätigkeit des Geistes**	
S. 135	Gottlieb Conrad Pfeffel **Der Papagey**	
S. 136	**Deutsche Rechtschreibung im Wandel**	

Inhalte		Kompetenzen
S. 137	**8.3 Rechtschreibschwächen erkennen und beheben**	– einen Brief auf Fehler und Fehlergruppen analysieren und den Text der gültigen Rechtschreibung gemäß verbessern
S. 137	Wolfgang Amadeus Mozart **Brief an seinen Vater**	– eine Fehlerdiagnose erstellen und Fehlerschwerpunkte erkennen – individuelle Rechtschreibfehler korrigieren und im Partnerdiktat üben
S. 139	**Groß- und Kleinschreibung**	– Regelungen zur Getrennt- und Zusammenschreibung nach Fallgruppen getrennt erklären und anwenden
S. 140	**Getrennt- und Zusammenschreibung**	– vorgegebenes Wortmaterial in eigenen Texten und Partnerdikaten verwenden – Möglichkeiten und Grenzen der Rechtschreibprüfung des Computers einschätzen

8.1 Schulalltag und Schülerträume – richtig schreiben

S. 121

Gefährliches Radfahren – Substantivierungen

2 *Substantivierungen:*
der Letzte/das Letzte
der Nächste, bitte
das einzig Richtige
den Kürzeren ziehen
auf Biegen und Brechen
bei Grün
im Großen und Ganzen/im Nachhinein/
im Folgenden/in Bezug auf/im Allgemeinen
(nicht) im Geringsten/nicht das Geringste

3 *Redewendungen:*
sich in Acht nehmen
Gleiches mit Gleichem vergelten
auf dem Trockenen sitzen
(das einzig Richtige tun)
das Weite suchen
im Argen liegen
zum Besten geben
vor dem Nichts stehen
im Trüben fischen
den Kürzeren ziehen

Die Aufgabe lenkt das Augenmerk auf die z.T. gar nicht mehr bewusst wahrgenommene Metaphorik unserer Ausdrucksweise. Der Schreibauftrag kann die Funktionsweise/gedankliche Struktur von Metaphern erhellen. Während die Schülerinnen und Schüler über das Bild, z. B. „das Weite suchen", zur Erzählung einer konkreten Situation finden, in der „das Weite gesucht wird", rückt das sprachreflektorische Moment in den Vordergrund, die Substantivschreibung wird nebenbei geübt.

Ergänzend kann mit Hilfe eines ***Tafelbilds*** *das Merkwort „PAMPA" als „Eselsbrücke" für die Signalwörter erarbeitet werden:*

	Signalwort	Substantivierung
P	Pronomen	jede(r) Dritte, ...
A	Artikel	der Letzte, ...
M	Mengenangabe	nichts Neues, ...
P	(Artikel +) Präposition	im Nachhinein, ...
A	(Artikel +) Adjektiv	das einzig Richtige, ...

S. 122

„Was machst du heute Nachmittag?" – Schreibung von Tageszeiten und Wochentagen

1 *Im Text über das Grand-Prix-Turnier weist vor allem der Vorspann Diskussionsmaterial im Hinblick auf geschlechterspezifische Bezeichnungen auf: Wohl kann man problemlos von Qualifikantinnen sprechen, aber welche Möglichkeiten bestehen beim „Lucky Loser"?*
Die Aufgabe fordert dazu auf, verschiedene Möglichkeiten zur sprachlichen Erfassung weiblicher Handelnder zu erproben. Das soll das Bewusstsein für sprachliche Fairness schärfen, wird aber auch die damit verbundenen Formulierungsschwierigkeiten zeigen.

2 *Mögliches* ***Tafelbild:***

Zeitadverbien	*Zeitangaben (mit Substantiv-Signal)*
vorgestern Vormittag	während des Mittags
gestern Abend	mit 30 Minuten Verspätung
gestern Mittag	am Nachmittag
nachmittags	am heutigen Freitag
morgen Nachmittag	am Mittwochabend
	am Donnerstagnachmittag
	um 17 Uhr
	am späten Mittag

3 *a–c) Die Schülerinnen und Schüler sollen auf die Schreibung der Angaben zu Tageszeiten und Wochentagen in selbst verfassten Texten achten. Aus der Aufgabenkonstruktion ergibt sich, dass in Teilaufgabe a) schwerpunktmäßig Adverbien, in Teilaufgabe b) dagegen Zeitangaben mit Substantiv-Signalen verwendet werden dürften.*

Diesen Unterschied bewusst zu machen und damit die Regelanwendung bei der Schreibung zu stützen, ist Ziel des letzten Auftrags.

Der Erarbeitungsprozess lässt sich verkürzen, wenn die Aufgaben arbeitsteilig behandelt werden.

Analoge Aufträge eignen sich zur Leistungsüberprüfung:

- *Wie stellst du dir einen gelungenen Ferientag vor? Beschreibe den Tagesablauf.*
- *Zeugnisse – Ferienbeginn – Start in den Urlaub. Beschreibe, was in der letzten Woche alles passiert ist.*

Rolf Dieter Brinkmann, vielfach als Vertreter der „Alltagslyrik“ der 70er Jahre eingeordnet, zeigt in seinen Gedichten, so kunstlos sie erscheinen, deutlich mehr als bloße Alltagsschilderung. In seinen Texten konturiert er Erfahrungen, ohne sie allerdings durch mitgelieferte Sinnkontexte zu deuten. Im Gedicht „oh, friedlicher Mittag“ hält er einen Moment fest, der alltäglich ist und zugleich, jedenfalls in der Wahrnehmung des lyrischen Subjekts, über sich hinausweist: Die Zeitangaben sind ein geeignetes Instrument, dieser Beobachtung auf die Spur zu kommen – vgl. die Verschiebung von der Überschrift zu Z. 14, 15 f. und 19 f.

Möglicher Zusatztext:

Günter Kunert

So soll es sein

Zwecklos und sinnvoll
soll es sein
zwecklos und sinnvoll
soll es auftauchen aus dem Schlamm
daraus die Ziegel der großen Paläste
entstehen um wieder zu Schlamm zu
zerfallen
eines sehr schönen Tages
zwecklos und sinnvoll
soll es sein
was für ein unziemliches Werk
wäre das
zur Unterdrückung nicht brauchbar
von Unterdrückung nicht widerlegbar
zwecklos also
sinnvoll also
wie das Gedicht

(aus: Günter Kunert: Im weiteren Fortgang. Gedichte.
© 1974 Carl Hanser Verlag, München – Wien)

1 *Diskutiert, ob sich Kunerts Vorstellungen von einem Gedicht erfüllen lassen. Nennt Beispiele.*

2 *Schreibe ein Gedicht, das wiedergibt, wie es für dich sein soll.*

Das Gedicht stellt insofern hohe Ansprüche an die Jugendlichen, als sie über die Differenz zwischen Sinn und Zweck nachdenken müssen. Die Gegenüberstellung von Zweckfreiheit und Funktionalität deutet auf das spezifische Element von Kunst hin.
Kunerts Zeilen betonen, mit unterschiedlichem Schwerpunkt in den beiden Strophen, dass das Gedicht, so wie er es versteht, sich nicht für politische oder ideologische Zwecke einspannen bzw. ausnutzen lässt.
Die Schülerinnen und Schüler kennen bislang vorwiegend Gedichte, die dem Gedanken der Zweckfreiheit entsprechen, da sie im Deutschunterricht noch nicht ausdrücklich politische Lyrik behandelt haben. – Erzählende Gedichte, ein anderes Genre der Kindergedichte, dienen der Unterhaltung und damit indirekt auch dem interesselosen Wohlgefallen. – Die Jugendlichen kennen daneben aber viele Beispiele für die Instrumentalisierung lyrischen Sprechens in der Werbung; viele kennen auch, aus der eigenen (Jugendbuch-)Lektüre oder aus dem Politikunterricht, propagandistische Texte, z. B. aus der Nazi-Zeit.

S. 125

Partner in Ost und West – Geografische Namen und Herkunftsbezeichnungen

3 *Die Verwendung rein maskuliner Personenbezeichnungen lässt darauf schließen, dass in den alten Bundesländern wohl eher etwas mehr auf nicht-diskriminierenden Sprachgebrauch geachtet wird, als dies bisher in den neuen Bundesländern der Fall ist, wenn dies auch abhängig von Situation und sozialem Stand der Sprecherinnen und Sprecher ist.*

4 *c) Die **Rechtschreibregeln** lauten:*

- *Bei **Zusammensetzungen mit Eigennamen** wird der Bindestrich gesetzt, z. B. Hohenstaufen-Gymnasium. Dabei werden die Eigennamen wie alle Substantive großgeschrieben.*
  Ausnahmen sind Verbindungen mit St. ... und Bad ..., z. B. St. Martin, Bad Wimpfen.
- *In **mehrteiligen Eigennamen mit Bestandteilen, die keine Substantive sind,** schreibt man alle Wörter groß, mit Ausnahme der Artikel und Präpositionen, z. B. Roter Turm, Kahler Asten.*
  Andere Beispiele: Vereinigte Staaten von Amerika, Freie und Hansestadt Hamburg, Unter den Linden.
- ***Herkunftsbezeichnungen mit Ableitungen auf -er** schreibt man groß, z. B. Leipziger Allerlei.*
  Andere Beispiele: Kölner Dom, Berliner Bär, Meißener Porzellan, Heidelberger Schloss.
- ***Herkunftsbezeichnungen mit Ableitungen auf -isch** gehören zur Wortart der Adjektive, deswegen schreibt man sie klein, z. B. hessische Mundart, italienische Städte, sächsischer Hofchocoladier.*
  Andere Beispiele: badischer Wein, rheinischer Frohsinn, indischer Tee.
  Gehört das Adjektiv auf -isch zu einem Eigennamen, dann wird es großgeschrieben, z. B. der Bayerische Wald, das Adriatische Meer, die Brandenburgischen Konzerte (hier als Eigenname, da von Bach komponiert), Saarländischer Rundfunk.
  Diese Aufgabe kann, im Rahmen einer Klassenarbeit gestellt, sowohl Regelkenntnisse als auch sprachreflektorische Leistungen der Schülerinnen und Schüler überprüfen.

5 *a) Ortsnamen, die außer Substantiven auch andere Wortarten enthalten, dienen fast immer der Unterscheidung oder leichteren geografischen Zuordnung und nehmen daher vielfach Lagebestimmungen mit Hilfe von Präpositionen vor. Als Orientierungsstützen fungieren meist größere geografische Einheiten, wie Flüsse, Berge etc.*

6 *Landesfarben:*
Die baden-württembergischen Landesfarben sind Schwarz und Gelb.
Die berlinischen Landesfarben sind Weiß und Rot.
Die brandenburgischen Landesfarben sind Rot und Weiß.
Die bremischen Landesfarben sind Rot und Weiß.
Die hamburgischen Landesfarben sind Rot und Weiß.
Die hessischen Landesfarben sind Rot und Weiß.
Die mecklenburg-vorpommerischen Landesfarben sind Blau, Weiß, Gelb und Rot.
Die niedersächsischen Landesfarben sind Schwarz, Rot und Gelb.
Die nordrhein-westfälischen Landesfarben sind Grün, Weiß und Rot.
Die rheinland-pfälzischen Landesfarben sind Schwarz, Rot und Gelb.
Die saarländischen Landesfarben sind Schwarz, Rot und Gelb.
Die sächsischen Landesfarben sind Weiß und Grün.
Die sachsen-anhalt(in)ischen Landesfarben sind Schwarz und Gelb.
Die schleswig-holsteinischen Landesfarben sind Blau, Weiß und Rot.
Die thüringischen Landesfarben sind Weiß und Rot.

Wünsche und Tagträume – Getrennt- und Zusammenschreibung

S. 127

Verbindungen mit „sein“: Die Rechtschreibregelung ist eindeutig. Dennoch haben zumindest unsichere Schreiberinnen und Schreiber erfahrungsgemäß damit Probleme, da sie Überlegungen zur Zusammenschreibung von Verben leicht übergeneralisieren.

1 *Beabsichtigt ist hier, dass jeweils mehrere Attribute genannt werden. Je nach Thema werden sich beim Vorstellen der einzelnen Wunschbilder kontroverse Diskussionen ergeben, die ggf. durch Hinweis oder Rückbezug auf einschlägige Texte in anderen Kapiteln des „Deutschbuchs“ gestützt oder ausgeweitet werden können.*

2 / **3** *Die Aufgaben haben Übungscharakter, sichern die Regelkenntnis und dienen weiterer Sprachreflexion. Sie verfolgen unter dem Motto „Rechtschreiben lernt man durch Schreiben“ einen integrativen Ansatz.*

Der gesamte Bereich der Getrennt- und Zusammenschreibung wurde auf der Berliner Rechtschreibkonferenz von 1901 ausgeklammert, weil man sich damals nicht einigen konnte. Entsprechend wildwüchsig entwickelten sich über die Jahrzehnte hinweg Einzelfallregelungen. Die Rechtschreibreform von 1996 versucht hier Vereinheitlichung und Klärung zu bringen. Dennoch bleiben diese Regelungen ein – nicht nur für Schülerinnen und Schüler – relativ schwer durchschaubares Kapitel.
Die folgenden Texte und Aufgaben sprechen darum nur die Gruppe untrennbarer Zusammensetzungen mit Verben an und bieten dazu Systematisierungshilfen.

1 *„miteinander“ → Adverb.*

2 *a) Mögliches* ***Tafelbild:***

-ig:	-lich	-isch
fertig machen wichtig nehmen ruhig bleiben richtig stellen	lächerlich machen künstlich aufregen ärgerlich werden möglich scheinen	sympathisch finden

b) miteinander überlegen/sprechen, aufeinander prallen, klar werden: Adverb oder adverbial gebrauchtes Adjektiv + Verb → Getrenntschreibung.

S. 130

Sommerferien zu Hause

1 *a) langweilt – überlegt – handhaben – einsehen – brustschwimmen – umfahren – wettrennen – liebäugelt – zurückkehren – aufweckt – überreden*

c) Veränderungen (Trennung) bei: aufwecken, brustschwimmen, einsehen, wettrennen und zurückkehren.

2 *a) Betonungsgipfel auf dem verbalen Bestandteil.*

b) überreden, überlegen, umfahren

3 *b) „umfahren“: Oliver fährt die Ente um. – Oliver bemerkt gar nicht, dass er die Ente umfährt. – Die Ente, die Oliver umgefahren hat, kam mit dem Schrecken davon.*

Die Aufgabe kann evtl. spielerisch erweitert werden, indem regelwidrig verfahren wird (z. B. Ich totlache mich, er endet voll usw.) oder nach folgender ***Anregung:***
Probiert spaßeshalber die Trennung untrennbarer Zusammensetzungen auch im Präsens aus, z. B. „Ich weile mich lang“ oder die Steigerung von Adjektiven in Zusammensetzungen, z. B. „Du siehst viel fern, aber ich noch viel ferner“.

Weitere Beispiele aus dem (erweiterten) Wortschatz:
- *für Zusammensetzungen von Verb und Adjektiv: vollenden, weissagen*
- *für Zusammensetzungen von Substantiv und Verb: brandmarken, maßregeln, schlafwandeln, wehklagen.*

Auch die Verben der folgenden Gruppe zählen zu den untrennbaren Zusammensetzungen von Substantiv und Verb, doch werden sie fast nur im Infinitiv oder substantivisch, in Einzelfällen auch im Partizip I und im Partizip II gebraucht: kopfrechnen, sonnenbaden.
Das Gleiche gilt für: bauchreden, bergsteigen, bruchlanden, bruchrechnen, notlanden, sandstrahlen, schutzimpfen, segelfliegen, seiltanzen, vollbringen, weissagen.
Entgegen der Behauptung der Duden-Grammatik wird brustschwimmen als Beispielwort zunehmend problematisch, weil sich, jedenfalls in der Sprache der Sportreportage, allmählich die Formulierung durchsetzt „Er schwamm 100 Meter Brust“ analog zu „Sie hat die 400 Meter Lagen gewonnen“. Hier ergibt sich zwanglos eine Gelegenheit zur Reflexion des Sprachwandels durch Verwendung einer Fachterminologie (oder im allgemeinen Sprachgebrauch).
Die Gruppe der untrennbaren Zusammensetzungen von Verben mit Präpositionen ist vorrangig über

das Betonungssignal identifizierbar. Bewusstes lautes Sprechen ist hier also notwendiger Bestandteil des Lernprozesses. Kontrastive Übungen (úmfahren – umfáhren) ergeben sich im Unterrichtsgespräch. Wenn man sie in Beispielsätze einbindet (Wir umfahren den See. aber nicht: Wir fahren den See um), können sie helfen, die untrennbaren von den trennbaren Zusammensetzungen zu unterscheiden.

5 *miteinander – gemeinsam*

8.2 Schule war früher anders als heute – die Rechtschreibung auch

Schul-Gesetze, welche denen Kindern in den Teutschen Schulen vorzulesen

S. 132

In der Auseinandersetzung mit den Schulgesetzen dürfte sich zeigen, dass Grundstrukturen dieser Schulgesetze heute noch gelten, allerdings erheblich mehr Großzügigkeit hinsichtlich der Umgangsformen herrscht und die religiöse Grundorientierung zurückgetreten ist zugunsten eines allgemeinen Konsenses, der auf gegenseitiger Achtung und Fairness im Umgang miteinander basiert.
Die Aufforderung, in heutiger Sprache zu formulieren, entspricht nicht nur dem normalen Bedürfnis und Vermögen der Schülerinnen und Schüler, sondern soll auch Distanz zur früheren Stufe der Rechtschreibung erzeugen, damit keine unnötigen Interferenzen provoziert werden.

Möglicher **Zusatztext**:
Der Text aus Franken, 75 Jahre nach der württembergischen Schulordnung entstanden, kann als Paralleltext eingesetzt werden. Dabei reizt ein inhaltlicher Vergleich sowie ein Vergleich hinsichtlich der Rechtschreibung.

Vom guten Verhalten der Kinder in und außer der Schule.

1. Stehe gern früh auf; liebe den Schlaf nicht allzusehr, er macht dich träge und faul; er ist oft Ursache von manchen Krankheiten. Wer viele Stunden durchschläft, lebt weniger Stunden; weil Schlafende nicht wissen, daß sie leben.
2. Sobald du aus dem Bette aufgestanden bist: so reinige dein Angesicht und deine Hände, mache deinen Kopf zurechte und kleide dich auf eine anständige Weise an; dann aber sey das erste Geschäft das Gebet zu deinem Gott.
3. Nun übersiehe noch einmal, was du in der Schule aus dem Gedächtnis hersagen sollst. Denke dabey: Gütiger Gott, gib mir die Gnade, daß ich auch heute in der Schule viel Gutes lerne, daß ich immer weiser, frömmer und dir gefälliger werde.
4. Tritt nicht mit einem Getöse, sondern still und langsam, mit Ehrerbietung gegen den Lehrer in die Schulstube; setze dich dann in aller Bescheidenheit an deinen Platz, ohne andere Kinder neben dir zu stossen und zu beunruhigen.
5. Bete mit aller Andacht die Worte mit, welche vorgebetet werden; denke daran, daß

die wahren Verehrer Gottes ihn in der Seele und nicht bloß mit dem Leibe anbeten sollen.

6. Bey dem Unterricht, den der Lehrer gibt, höre mit aller Aufmerksamkeit zu; denn wer nicht Acht gibt, wird auch nichts lernen; und wer die Lehrer nicht hört, höret Gott nicht.
7. Laß dich von keinem Kinde, das neben dir sitzt, in der Aufmerksamkeit stören und störe du auch keines durch Plaudern oder durch Muthwillen. [...]
8. Antworte dem Lehrer laut, langsam und mit aller Ehrerbietung, wenn er dich fragt; antworte nicht leicht, wenn ein anderer gefragt wird, damit es nicht scheint, als wenn du dich über deines gleichen erheben wolltest.
9. Sage anderen nicht ein, wenn sie das nicht wissen, was der Lehrer sie fragt. Denn du hilfst sonst zu ihrer Unwissenheit und Faulheit, und versündigest dich also an ihnen und ihren Aeltern.
10. Wenn du aus der heiligen Schrift oder aus einem andern Buche etwas lesen darfst: so denke zugleich über den Verstand der Worte nach, damit du immer weiser und klüger werdest.
11. Siehe dich wohl vor, daß du nicht mit Dinte oder einer anderen Unreinigkeit, die Hände oder Kleider deiner Mitschüler befleckst. Dieß zeigt von einem leichtsinnigen oder auch bösen Herzen, verursacht Hader und kann dir gerechte Strafe zuziehen.
12. Begegne allen deinen Mitschülern liebreich und freundlich, nachgebend und friedsam: so werden sie dich lieb gewinnen [...].
13. Gehe nicht mit einem andern zugleich hinaus an den Ort, wo ihr etwa der Nothdurft des Leibes wegen hingehen müsset, du könntest von einem unverschämten Menschen geärgert oder zur Unverschämtheit gewöhnet werden.
14. Wenn die Schule aus ist: so lärme nicht auf der Straße, wie die ungezogenen Knaben und Mädchen zu thun pflegen, sondern gehe sittsam und stille dahin, wie es Kindern der Christen anständig ist. [...]
16. Aber, mein Kind! willst du wahrhaftig glückselig werden: so mußt du das nun auch ausüben, was du in der Schule gelernt hast.

Selig sind, die Gottes Wort hören und es behalten in einem feinen, guten Herzen, und bringen Frucht in Geduld. Luk. 8, 15.
Seyd Thäter des Worts, und nicht Hörer allein. Jac. 1

(aus: Volker Werb [Hg.]: Allgemeines Lesebuch. Schöningh, Paderborn 1980)

1 *Überlegt, ob sich das Bewusstsein und somit die Forderungen an die Lernenden im Verlauf der 75 Jahre geändert haben.*

S. 134

Ludwig Tieck

Erinnerungen

Der Abschnitt aus einer Tieck-Biografie reflektiert das Regelwerk der Schulordnungen des 19. Jahrhunderts im Rahmen einer auktorialen Erzählung, die einerseits den Bewusstseinsstand des jungen Schülers Tieck wiederzugeben versucht, andererseits, da 1855 entstanden, das Verhalten der Quintaner selbst im Geist der Zeit beurteilt.

2 *a/b) Die Quintaner verstoßen gegen alle Regelungen, die sie innerhalb und außerhalb der Schule zum Wohlverhalten und zur Friedfertigkeit anleiten, ggf. auch zum Petzen auffordern. Die württembergische Schulordnung von 1729 beschäftigt sich damit in mindestens vier Ziffern (12, 14, 21, 24).*
Für unsere heutigen Jugendlichen dürfte der Zugang zum damaligen Ordnungsdenken am ehesten im Rollenspiel zu erschließen sein.

Erhard Weigel

Die Tätigkeit des Geistes

S. 135

Das Verblüffende an Weigels Begründung besteht darin, dass er sich bei der Abwehr des Aberglaubens ebenso auf eine Glaubensposition – wenn auch von anderer Qualität – stützt. Auch die Reihung der Begriffe „Rechner – rechenschaftlich – Rechenschaft – Rechen-Schulen" erscheint uns heute nicht mehr schlüssig, da hier eine formal-rationale Operation (Rechnen) mit Begriffen aus der Ethik gleichgesetzt und damit moralisch aufgeladen wird. Daran ist etymologisch richtig, dass mhd. rech(en)en (von ahd. rebhanon, urspr. = ordnen) und spätmhd. rechinschaft = (Geld)berechnung, Rechnungsablegung nahe beieinander liegen.

Gottlieb Conrad Pfeffel

Der Papagey

S. 135

In dieser Fabel wird der Papagei zusammen mit dem „Rector", seinem Lehrer, der Lächerlichkeit preisgegeben. Indem er das, was er sagt, nicht versteht, stellt er die bloß noch rhetorische Wiedergabe auswendig gelernter lateinischer Texte bloß. So besteht die lateinische Gelehrtensprache für Pfeffel nur in der Fähigkeit, „laut" und ohne Verstand „im Cicero, Virgil und Cäsar" zu lesen. Darum fällt es dem Häher auch so leicht, den Papagei lächerlich zu machen: Der weiß nicht, was er sagt, als er dümmlich-angeberisch auf das Angebot des „brüderlichen Gruß(es)" hin die „Aeneide" zitiert.

An der Frage nach dem Sinn muss er stotternd scheitern. Der „Lehrling", den sein „Patron" schon grundlos (innerhalb von drei Zeilen) zum „Magister" promoviert, wird nach seinem misslungenen Auftritt vom Vogelchor gar als „Gelehrter" bezeichnet, doch der Ehrentitel ist in spöttischer Verkehrung zum höhnenden Spitznamen geworden.

„Der Mann in Us" (Z. 10) ist eine verballhornende Anspielung auf den Namen „Magister Psittacus", den der Papagei vom Rektor erhält.

5 *a–c) Die Formulierungen in den Teilaufgaben vermeiden absichtlich den Begriff „Fehler", denn es geht darum, ein Bewusstsein dafür zu erzeugen, dass Sprache und Rechtschreibung sich in einem Wandlungsprozess befinden, in dem die Kategorien „richtig" oder „falsch" unangemessen sind. Wertungen dieser Art, denen die Schülerinnen und Schüler ja ihrerseits unterliegen, gelten immer nur innerhalb eines zu einem bestimmten historischen Zeitpunkt gegebenen Ordnungssystems. Dieses gibt es für die Rechtschreibung im deutschen Sprachraum verbindlich erst seit der von Konrad Duden entscheidend mit vorbereiteten und beeinflussten Orthografischen Konferenz von 1901, in deren Gefolge der Duden zum Leitmedium der deutschen Rechtschreibung wurde. Die jüngste Rechtschreibreform ist, anders als die Konferenzergebnisse von 1901, ein Resultat der Absprachen aller deutschsprachigen Länder.*
Kategorien zur Ordnung der Abweichungen in der Rechtschreibung:

- *Groß- und Kleinschreibung*
- *Laut-Buchstaben-Beziehung: Konsonantenverdopplung, Vokaldehnung, s-Laut*

Darunter lassen sich auch Sonderfälle wie Schreibung von Orts- und Herkunftsbezeichnungen, Tageszeiten usw. subsumieren.
Das Kriterium Silbentrennung wird zwar auch bedient, ist aber insgesamt wenig ergiebig, das Kriterium Getrennt- und Zusammenschreibung ist unterrichtlich noch nicht gründlich genug behandelt, um es hier systematisch zu erfassen. Einzelbeobachtungen der Arbeitsgruppen können natürlich in einer weiteren Spalte aufgelistet werden.

S. 136

Deutsche Rechtschreibung im Wandel

Der kurze historische Abriss zur Entwicklung des Regelwerks für die deutsche Rechtschreibung rundet das Teilkapitel mit Textbeispielen unterschiedlicher Stadien in der (bis dahin noch ungeregelten) Rechtschreibung ab. Die Darstellung weist hin auf die Rolle von Konrad Duden. Sie verdeutlicht abschließend, dass Rechtschreibregelungen als Konventionen auf Verabredungen beruhen, daher nur relative Gültigkeit besitzen, dass es jedoch legitim ist, die Beachtung der jeweils geltenden Regelungen einzufordern.

6 *Der Auftrag, eine Wandzeitung zu fertigen, resultiert aus der Erkenntnis, dass gerade relativ abstrakter Stoff handelnd bearbeitet werden sollte, damit der Lernerfolg abgesichert werden kann.*

8.3 Rechtschreibschwächen erkennen und beheben

S. 137

Wolfgang Amadeus Mozart

Brief an seinen Vater

1 *Das laute Lesen dient dazu, die Verständnisklippen zu umschiffen, die sich beim stummen Lesen in vielen Köpfen ergeben dürften. Außerdem werden dabei die französischen Einschläge in der Sprache deutlich hervorgehoben und können für die folgende Aufgabe ausgegliedert werden.*

2 b) *Die Suche nach Fallgruppen und dazu passenden Oberbegriffen ist der erste Schritt zu einer selbstständigen Fehlerdiagnose. Ein „Fehlerschwerpunkt" ist der Bereich der Groß- und Kleinschreibung; hier kann sogar differenziert werden nach Großschreibung von Substantiven und Eigennamen, Großschreibung am Satzanfang, Großschreibung von substantivierten Verben und Adjektiven, z.T. nach Indefinitpronomen.*
Ein weiterer Schwerpunkt ist die Laut-Buchstaben-Beziehung, da im Mozart-Text Dehnung und Schärfung vielfach anders als in der heutigen Schreibung gehandhabt werden; hier könnte man den s-Laut als Sondergruppe hervorheben.

1 a) *wochentags (Z. 9), abends (Z. 21) → Zeitadverbien*
das Notwendige (Z. 10), zum Einkaufen (Z. 11), das Beste (Z. 13) → Substantivierungen
endlich (Z. 16) → Stammschreibung
muss (Z. 19) → s-Laut
ja nicht (Z. 19) → Zusammen- und Getrenntschreibung

b) *Fehlerschwerpunkte bei Substantivierungen und s-Laut.*

S. 139

Groß- und Kleinschreibung

1 *Mögliche Substantiv-Signale:*
Im Großen und Ganzen war der Lehrer mit den Leistungen der Klasse zufrieden. Er war sich allerdings darüber im Klaren, dass der Eifer nur bis zur nächsten Arbeit anhalten würde. Im Allge-

meinen fiel die Aufmerksamkeit der Klasse nach einer Arbeit für einige Stunden deutlich ab. Da half dann auch kein Reden oder lautes Zetern. Darum dachte er nicht im Entferntesten mehr daran, die Klasse jedes Mal zu ermahnen, dafür war ihm die Zeit zu schade – sollten sie doch ihre Erfahrungen selber machen. Wenn dann der nächste Test bei den meisten wenig Gelungenes aufwies, begannen sie fast von selbst wieder zu arbeiten.

Es treten noch einmal Präpositionen, z.T. mit integrierten Artikeln, Adjektivattribute und unbestimmte Zahlwörter als Substantiv-Signale in Erscheinung.

2 *b) Wenn der Lehrer/die Lehrerin und die Klasse die Nutzung dieser Fehlermarkierungen vereinbaren, sind damit nach einer gewissen Übungsphase Eigen- und Fremdkorrekturen und binnendifferenzierte Berichtigungen realisierbar. Die Überprüfung durch den Unterrichtenden leistet dabei im Sinne der Methodenübergabe Hilfe zur Selbsthilfe.*

3 *Sonntagmorgen – Weiße Sonntag – Parallelklasse – Schwäbische Alb – Rad fahren – Fahrrad – Jüngere Steinzeit (historische Epoche!) – nichts Gutes – Uracher Wasserfälle – Halt machen – Fruchtsaft-Cocktail – deutsches Bier (analog zu französicher Wein oder italienische Nudeln) – Drink – mit Ach und Krach – Tour – zu Ende bringen – Rote Kreuz*

Getrennt- und Zusammenschreibung

S. 140

1 *a/b) Bei Übungen zum Getrennt- und Zusammenschreiben anhand von Wörterlisten ist die Gefahr der Verunsicherung durch die Ähnlichkeitshemmung besonders groß. Daher bekommen die Schülerinnen und Schüler hier Wortgruppen vorgelegt, die in sich jeweils Beispiele einer Regelungsgruppe enthalten. Bei der Suche nach der richtigen Schreibung können sich Wiedererkennung einzelner Beispielwörter und Erinnerung an die Schreibregelung wechselseitig ergänzen. Von einem Wort kann dann auf die Schreibung aller Wörter einer Gruppe geschlossen werden.*

3 *Die Aufgabe verpflichtet dazu, beim Erzählen die kritischen Wörter besonders im Blick zu behalten. Auch hier kann wechselseitiges Korrekturlesen einen zusätzlichen Übungseffekt erzeugen.*

4 *a) Pleite gehen – verloren gegangen – zumute/zu Mute sein – sitzen bleiben – zusammenschreiben – getrennt schreiben – genau nehmen*

b) Besonders bei diesem Rechtschreibphänomen wird deutlich, dass die Rechtschreibprüfung in vielen Fällen falsche Schreibungen zulässt, da die Berücksichtigung des Kontextes vom Computer nicht geleistet wird.

Vorschläge für Übungen und Klassenarbeiten

Vorschlag 1

Instruction für die Lehrer der Gymnasien und Realschulen der Rheinprovinz. (1867)

§ 1. Den Direktor der Anstalt hat der Lehrer in allen sein Lehramt angehenden Verhältnissen als seinen nächsten Vorgesetzten zu betrachten, sich an denselben in allen, sein Amt betreffenden Angelegenheiten zunächst zu wenden, demselben zu jeder Zeit die gebührende Achtung zu erweisen und dessen Erinnerungen, Anordnungen und Anweisungen in jeder amtlichen Beziehung Folge zu leisten; etwaige Gegenvorstellungen aber mit bescheidener Achtung seiner Stellung zu demselben vorzutragen [...]. Eingaben an die Staats- und Localbehörden, zu denen er in seinen amtlichen Verhältnissen Anlaß findet, hat er dem Direktor zur Beförderung zu übergeben.

§ 2. Er hat die ihm nach seiner Vocation wöchentlich obliegenden Unterrichtsstunden, nach der vom Direktor beim Anfange eines jeden Cursus zu gebende Bestimmung in den ihm zugewiesenen Klassen und Fächern zu ertheilen und wenn er seine Stunden zu halten verhindert ist, den Direktor zeitig davon zu benachrichtigen; auch falls einer der übrigen Lehrer erkrankt oder anderweitig verhindert ist, nach Anordnung des Direktors über seine vocationsmäßige Stundenzahl hinaus Aushülfe zu leisten.

An den Schulandachten und Gottesdiensten seiner Confession [...] und an der Aufsicht über die Schüler bei denselben, wie auch an der Beaufsichtigung der Turn- und Schwimm-Uebungen und an der Schulaufsicht vor dem Unterricht und während der Pausen, hat er nach Anweisung des Direktors Theil zu nehmen. Ueberträgt ihm der Direktor die Aufsicht über die Bibliothek oder eine Sammlung der Anstalt, so hat er dieselben nach Anweisung und unter Oberaufsicht des Direktors zu verwalten [...]. Den Conferenzen [...] hat er pünktlich beizuwohnen, auch in denselben auf Aufforderung des Direktors ein Referat für dieselben zu übernehmen oder das Protokoll zu führen. [...] In Abwechslung mit den übrigen wissenschaftlichen Lehrern hat er nach Bestimmung des Direktors die Festrede bei Schulfeierlichkeiten zu halten. Wenn ihm der Direktor das Ordinariat einer Klasse anvertraut, so hat er dasselbe nach den dafür bestehenden Vorschriften zu führen.

§ 3. Das Wohl und den Ruf der Anstalt hat er in jeder Beziehung nach Kräften zu fördern, sich eines achtungsvollen, einträchtigen und freundschaftlichen Verhaltens gegen alle seine Mitarbeiter zu befleißigen, die individuellen Verhältnisse der Anstalt gebührend zu berücksichtigen, und jedes eigenmächtige Eingreifen in dieselbe zu meiden.

§ 4. Was die Methode und Ziele des Unterrichts und die Lehrmittel anbetrifft, so hat er die von dem Direktor ihm hierüber zu ertheilenden Weisungen genau zu befolgen und allen Fleiß anzuwenden, daß das ihm für die einzelnen Unterrichtsfächer in jedem Schuljahre gesetzte Ziel, auf dem bezeichneten Wege wirklich erreicht werde. [...]

(aus: Gymnasium Borbeck 1905–1995. Chronik einer Schule im 20. Jahrhundert. Hg. v. Verein der Freunde und Förderer des Gymnasiums Borbeck. Essen 1995, S. 8)

1 *Formuliere die im Text enthaltene Aussage mit eigenen Worten.*

2 *Markiere alle Unterschiede zur heutigen Rechtschreibung. Fasse sie in Bereiche zusammen und bilde Oberbegriffe.*

3 *Schreibe den Text von Zeile 16 bis Zeile 49 in heute gültiger Schreibung.*

Vorschlag 2

Flugblatt gegen den Geldwucher von 1622

Kom her du Verdampte Rippers Rott/
Die du achtest weder Schand noch Spott/
Du abgöttisch Gottvergeßne Burscht/
Mit dem unersettlichen Gelddurst.
Kom ich wil dir erzehlen wol/
Was endtlich dein Lohn werden soll/
Dieweil du hast dein Nächsten betrogen/
Ihm gut Gelt außm Seckl gelogen/
Dem Armen das seinig abgestohlen/
Das sag ich frey gantz unverholen/
Dadurch groß Teurung bracht ins Land/
Welche Jetzt und gar nimbt überhand/
Ja deß vil Hundert Tausende Seelen/
Sich Martern müssen ängsten und quelen.

1 *Formuliere die im Gedicht enthaltene Aussage mit eigenen Worten.*

2 *Markiere alle Unterschiede zur heutigen Rechtschreibung. Fasse sie in Bereiche zusammen und bilde Oberbegriffe.*

3 *Schreibe den Text in heute gültiger Schreibung.*

Literaturhinweise

Augst, Gerhard: Grundregeln der deutschen Rechtschreibung: Eine Orientierungshilfe für den Rechtschreibunterricht in der Sekundarstufe I. Soest 1990

Ders. / Dehn, Mechthild: Rechtschreibung und Rechtschreibunterricht. Können – Lehren – Lernen. Stuttgart [2]2002

Bünting, Karl-Dieter/Ader, Dorothee: Rechtschreibung und Zeichensetzung. Chur 1991

Eichler, Wolfgang: Schreibenlernen. Schreiben – Rechtschreiben – Texte-Verfassen. Bochum 1992

Gallmann, Peter/Sitta, Horst: Handbuch Rechtschreiben. Zürich 1996

Naumann, Carl Ludwig: Rechtschreibwörter und Rechtschreibregelungen: Hilfen für die Erarbeitung eines lerngruppenbezogenen Grundwortschatzes, mit einem Erfahrungsbericht von Ingrid Niedersteberg. Soest [3]1990

Schuster, Karl: Einführung in die Fachdidaktik Deutsch. Baltmannsweiler [8]1999

9 Väter und Mütter in Kurzgeschichten und Kurzprosa

Konzeption des Gesamtkapitels

Alle sind sich darüber einig: Geschichten, die man gern liest, sollen spannend oder lustig sein, am liebsten beides. Manchmal erzählt jemand aber auch über etwas, womit er nicht so einfach fertig wird. Damit ihm die anderen zuhören, muss er auch das, was ihm Probleme macht, spannend oder lustig vorbringen. Das ist nicht immer leicht. Deshalb wird das Problem oft so „versteckt", dass es erst beim zweiten Lesen hervorkommt.
Zwischen Eltern und Kindern gibt es häufig Probleme, über die schwer zu reden ist. Es hängt mit den Rollen und Erwartungen zusammen, die Eltern an Kinder und umgekehrt haben. Kurzgeschichten zeigen solche Probleme oft hinter einer einzelnen Begebenheit, die zunächst ganz harmlos zu sein scheint. Und auch der Erzähler tut so, als würde er das Besondere der Begebenheit gar nicht bemerken.
In diesem Kapitel sprechen und schreiben die Autorinnen und Autoren aus der Perspektive von Kindern oder Jugendlichen oder aber von Erwachsenen, die sich noch sehr genau an ihre eigenen Erfahrungen als Kinder erinnern.
Im ersten Teilkapitel **(„Väter und Söhne – Kurzgeschichten interpretieren")** geht es um Situationen, in denen Jungen ihren Vater neu und anders erfahren als bisher. Zugleich geht es darum, solche Geschichten richtig lesen, ihren Aufbau, ihre Erzählweise, die Perspektive kennen zu lernen und die Figuren zu bewerten und zu charakterisieren. Dabei kann ein und dasselbe Verhalten durchaus von unterschiedlichen Lesern verschieden bewertet werden.
Das zweite Teilkapitel **(„Werden wir es einmal anders machen? – Inhaltsangaben verfassen")** stellt die Frage, woher denn die Missverständnisse und die unterschiedlichen Einstellungen oder Bewertungen des Verhaltens kommen. Eine mögliche Antwort ist die Rollendifferenz. Eltern müssen Kinder erziehen, d. h. sie auf die Wirklichkeit außerhalb der Familie vorbereiten, wo Regeln und Normen existieren, die weder ihnen noch den Kindern immer gefallen. Kinder sehen sich oft unverstanden, machtlos, in der Rolle des Opfers, dem Unrecht geschieht. In den Geschichten gibt es dann häufig einseitige Bewertungen. Man kann, um die offenen Fragen „auf den Punkt" zu bringen, diese Geschichten zusammenfassen, die direkte Rede auf das Wesentliche gekürzt wiedergeben, um schneller und konsequenter zu einer Deutung zu kommen.
Manchmal macht es auch Spaß, maßlos zu übertreiben. Die Personen in den Geschichten des dritten Teilkapitels **(„Verrückte Familien – Erzählanfänge kreativ fortsetzen")** verhalten sich besonders „typisch" oder sie verhalten sich gänzlich anders, als es die Regeln erwarten ließen. Sie steigern sich in Verhaltensweisen hinein, die komisch wirken, weil sie „von der Rolle" abweichen und doch manchmal (eben durch die Übertreibung) die Muster hinter dem Normalen sichtbar machen. Hat man ein solches komisches Übertreibungsmuster erst einmal durchschaut, kann man selbst den Schritt vom Lesen zum Schreiben solcher Geschichten tun.

Zusätzliches Übungsmaterial

„Deutschbuch 3 Arbeitsheft":
- Indirekte Rede: S. 33–34
- Inhaltsangabe und Lesetraining: S. 87–95

	Inhalte	Kompetenzen
S. 141 S. 142 S. 144 S. 146	**9.1 Väter und Söhne – Kurzgeschichten interpretieren** Bernward Vesper **Vater spricht nicht mehr mit mir** Wolfgang Borchert **Die Kirschen** Thomas Bernhard **Der Vorzugsschüler**	Die Schülerinnen und Schüler können – (Kurz-)Geschichten untersuchen und interpretieren – die Erzählperspektive herausarbeiten – die Sympathielenkung der Leserinnen und Leser erkennen – die Bedeutung von Anfang und Ende der Geschichten bestimmen – die äußere Handlung von der inneren Handlung unterscheiden – die Sprache und Erzählweise (Alltäglichkeit, Komprimierung, Symbolhaftigkeit, Metaphorik) analysieren
S. 147 S. 147 S. 150 S. 152 S. 153 S. 156 S. 157	**9.2 Werden wir es einmal anders machen? – Inhaltsangaben verfassen** Max Bolliger **Sonntag** **Redewiedergabe** **Handlungsschritte** Gabriele Wohmann **Der Knurrhahn-Stil** **Personen charakterisieren** Simone Borowiak **Warum ich Drogen nehme**	– Inhaltsangaben verfassen – einen Einleitungssatz formulieren – in einem Hauptteil das Geschehen, die daran beteiligten Figuren, deren Charakter zusammenfassen – wörtliche Rede in indirekter Rede wiedergeben und die Formen der Redewiedergabe (insbesondere die Formen des Konjunktiv I) richtig benutzen – Ersatzformen des Konjunktiv I bilden – eine Bewertung und eine eigene Stellungnahme in einem Schlusssatz abgeben – Charakteristiken verfassen – das Verhalten der Figuren beobachten, beschreiben, bewerten – Andeutungen, Verweise und unterschiedliche Bewertungen erkennen – eine Interpretation vorbereiten – den „Sinn" einer Geschichte zusammenfassend als Hypothese formulieren und mit Textstellen belegen – aus mehreren Verstehensansätzen die plausibelste (textnächste) auswählen und die Entscheidung am Text begründen
S. 160 S. 160 S. 161	**9.3 Verrückte Familien – Erzählanfänge kreativ fortsetzen** Kurt Kusenberg **Mal was andres** Malin Schwerdtfeger **Mein erster Achttausender**	– das Glaubwürdige im Fantastischen entdecken – Geschichten nach einem erkannten Muster (z. B. Eskalationsprinzip) vervollständigen, dabei die satirische Perspektive einer Erzählung erkennen und ausarbeiten

9.1 Väter und Söhne – Kurzgeschichten interpretieren

S. 141 Das Teilkapitel konzentriert sich auf drei kurze Prosastücke, von denen das erste ein Kapitel aus einem autobiografischen Roman, das zweite eine Kurzgeschichte und das dritte ein anekdotisch knapper Kurztext aus einer Serie von „typisierenden" Erzählungen ist. Die Methode der Textinterpretation, die zum Aufbau einer ästhetischen Textsensibilität gelernt werden soll, hebt Fragen der Erzählperspektive, der versteckten Wertung, der Mehrdeutigkeit und Symbolik einzelner Erzählteile hervor.

1 / **2** *Die vier abgedruckten Bilder bieten einen historischen „Durchgang" durch die Geschichte der Kleinfamilie (Eltern, Kinder, Großeltern). Sie „interpretieren" durch ihre Darstellung das, was man sich unter „Familie" vorstellte und heute vorstellt.*
Das erste Bild zeigt die Familie Goethe (Vater, Mutter, Tochter Cornelia und Sohn Wolfgang) im Stile des Rokoko (Schäferkostüm), repräsentativ aufgebaut vor antiken Säulen. Die Szene ist durch und durch gestellt. Selbst die Tiere (Schafe) bilden Kulisse, die Kinder sind als kleine Erwachsene gekleidet. Die Haltung der Eheleute ist steif.
Das zweite Bild zeigt Großeltern und Kinder des romantischen Malers Philipp Otto Runge. Großvater und Großmutter wenden sich nicht den Kindern zu, sondern blicken streng zum Betrachter hinüber, die Kinder sind kindlich und „für sich" dargestellt. Sie sind auch in Alltagskleidern, während die Erwachsenen ihre Ausgehkleidung angelegt haben. Zwischen Kindern und Erwachsenen scheint es keinen näheren Kontakt zu geben.
Das dritte Bild ist Max Ernsts berühmtes mythologisierendes Familienbild. Die Symbolik ist ebenso konventionell wie deutlich: Der „Vater" ist als Stier, die Mutter als Nixe, Undine, Fisch-Frau dargestellt. Die Kinder, ein der Mutter ähnliches Fisch-Mädchen und ein Stier-Sohn, sind „in der Hand des Vaters". Es wird eine Spannung zwischen den Vater- und Mutter-Welten sichtbar, die mit einer kosmischen Spannung zwischen Wasser und Land (oder derjenigen zwischen Sternzeichen „Stier" und „Fische") korrespondiert.
Das vierte Bild zeigt eine heutige Alltagsszene: die Familie im Bad bei der morgendlichen Toilette. Es scheint spannungslos und harmonisch zuzugehen. Alle „vertragen sich" schon morgens im Bad. Die Schülerinnen und Schüler werden hier eigene Erfahrungen haben und einbringen.

3 *Eine Übersicht kann in Form einer Tabelle angelegt werden. Dabei verzichtet man auf eine Binnendifferenzierung (Familienverbünde, Großfamilien vs. Kleinfamilien, bürgerliche Familien vs. Adlige oder Arbeiterfamilien) und auch auf historische Unterscheidungen. Es genügt, wenn die Schülerinnen und Schüler erkennen, dass Familienbeziehungen nicht statisch, sondern dynamisch sind und dass sie den „Regeln der Zeit" unterliegen.*

Mögliches ***Tafelbild:***

Gesichtspunkte	früher	heute
Konfliktlösungen	nach der Sicht des Vaters	Aushandeln von Konflikten
Verhalten bei Wünschen von Familienmitgliedern	Elternwünsche waren für Kinder Befehl.	Kinder können Wünsche äußern wie die Erwachsenen.
Einstellung zu Freunden	Eltern bestimmten den Freundeskreis.	Kinder wünschen, dass ihre Freunde „akzeptiert" werden.
Einstellung zu Nachbarn	Die Meinung der Nachbarn über die Familie war wichtig.	Manchmal gibt es Spannungen, manchmal Freundschaften.
Beruf und Schule	galten als unbedingt wichtig	bei Eltern wichtiger als bei den Kindern
Urlaub und Freizeit	Eltern bestimmten.	Kinder haben manchmal eigene Pläne.

Bernward Vesper

Vater spricht nicht mehr mit mir

S. 142

Bernward Vesper, Sohn des bei den Nazis in hohem Ansehen stehenden Schriftstellers Will Vesper, erzählt in dem Romanessay „Die Reise" von seiner Jugend im großbürgerlichen Haushalt auf dem Lande. Er hat von Kafka den kritischen „Blick von unten" gelernt und beobachtet minutiös das Verhalten seiner Eltern. Die erzählte Episode thematisiert das Erziehungsverhalten der bürgerlichen Eltern, die auf Einsicht, Liebeszuwendung und -entzug setzen, um bei ihren Kindern ein angepasstes Verhalten zu erzielen. Gleichzeitig beobachtet Vesper an sich selbst Formen des subversiven, unangepassten, „renitenten" Verhaltens.

1 *Das Verhalten des Kindes, das die Eltern „ablehnen", kann nicht von ihnen ererbt sein. Im Text ist erwähnt:*
- *Verhalten, das den Vorstellungen der Eltern widerspricht (z. B. etwas stehlen),*
- *Formen der Provokation, durch die das Kind auf sich aufmerksam machen möchte,*
- *Formen der Erpressung (vgl. den Brief, den der Junge schreibt).*

Im Hintergrund steht die Legende von der charakterlichen Prägung durch das „Erbe", das gerade in der Zeit des Nationalsozialismus viel Zustimmung gefunden hatte. Weder Mutter noch Vater sind bereit, im Verhalten des Kindes „Kommunikationsangebote" zu sehen, auf die sie hätten eingehen sollen. Alles, was sie an ihrem Kinde ablehnen, konkretisieren sie als etwas, das er „nicht von ihnen" hat.

2 *Die „Erziehungsmaßnahmen" der Eltern sind Demütigungen, Demonstrationen der eigenen Überlegenheit und der Abhängigkeit des Kindes. Sie können allgemein als Formen der „Entwertung" gekennzeichnet werden. Im Einzelnen sind das:*
- *Verweigerung von Kommunikation (man redet nicht mit dem Delinquenten),*
- *Entwertung durch Nicht-Einbezug in gemeinsame Aktionen (der Junge darf nicht mit ausfahren),*
- *Ironisierung (der Vater spricht von einer „furchtbaren Drohung", als er den Brief des Sohnes liest, und tituliert ihn „unser Herr Sohn"),*
- *„Friedensangebote" in Form von Kritik („Lass diesen Unsinn!").*

3 *Gedankensplitter im Versteck hinter dem Schrank:*
- *Ich werde etwa Spektakuläres tun, damit sie merken, ich bin auch noch da. Vielleicht die Scheune anzünden.*
- *Ich werde weggehen. Dann werden sie fragen, wo ich wohl stecke.*
- *Ich werde zur See gehen, ein Matrose und Kapitän werden und nie mehr zurückkommen.*
- *Wenn ich im Moor versunken bin, werden sie sich Vorwürfe machen, mich aus dem Haus getrieben zu haben.*

Die Fantasien des Kindes sind Ohnmachtsfantasien, die den Schülerinnen und Schülern nicht unbekannt sein dürften. Es ist zu erwarten, dass diese weitere (über den Text hinausgehende) Fantasien aufschreiben werden.

4 *Die Aufgabenstellung fordert indirekt dazu auf, eigene Erfahrungen mit Entwertungsstrategien im bürgerlichen Erziehungsverhalten zu thematisieren.*

Ein möglicher Brief(anfang):

Liebe Eltern.
Ich weiß, dass ihr mit meinem Verhalten nicht einverstanden sein könnt, und ich betone, dass es mir sehr Leid tut, dass ich euch enttäuscht und euch gekränkt habe. Aber gibt euch das das Recht, mich so ganz aus der Familie auszuschließen, nicht mit mir zu reden, mich nicht einmal zu schimpfen? Wisst ihr, dass es schrecklich ist, wenn niemand mehr mit einem redet oder wenn er immer jemand anderen auffordert, mit einem zu reden, so als wäre man gar nicht vorhanden? (...)

5 *Das Gespräch der Eltern mit einem befreundeten Ehepaar wird nicht durch besondere Einsicht gekennzeichnet sein. Es ist eher zu erwarten, dass sie sich beklagen. Wichtig ist es daher, bei der Vorbesprechung der Aufgabe die Schülerinnen und Schüler darauf hinzuweisen, dass dieses Gespräch auch Gesichtspunkte enthalten sollte, die auf Beobachtungen aufmerksam machen, welche bei der Besprechung des Textes aufgefallen sind, z. B. auf Begriffe wie „Entwertung", „Disziplinierung", „Ironie". Das erfundene „befreundete Ehepaar" sollte also in Dingen der Erziehung etwas aufgeschlossener/verständnisbereiter sein als die Eltern des Erzählers.*

S. 144

Wolfgang Borchert
Die Kirschen

Borcherts Kurzgeschichte bietet den Blick ins Innere eines fieberkranken Jungen, der befürchtet, der Vater habe oder werde die für ihn von der Mutter bereitgestellten eingeweckten Kirschen essen. Der personale Erzählstil erlaubt es dem Autor, die Beobachtungen (Geräusche, das, was der Junge beim Blick durch die Tür sehen kann) im Sinne dieses Urteils zu modellieren. Er tut es aber so, dass der Leser von Anfang an die Vermutung haben kann, dass der Junge sich möglicherweise auch täuscht.
Der Schlusssatz, auktorial erzählt, löst die Spannung auf und zeigt indirekt, dass der Junge seinen Irrtum bemerkt hat und sich schämt, den Vater verdächtigt zu haben.

1 *Die Aufgabe dient der Inhaltssicherung, denn die Erzählweise der Kurzgeschichte (die Personen haben keine Namen; die Gedanken sind nicht von laut geäußerter Rede unterschieden) verhindert mehrfach ein „einfaches" Feststellen dessen, was Faktum ist, und dessen, was der Fakten-Deutung des Fieberkranken zugerechnet werden muss.*
Der Junge hat missverstanden, dass der Vater beim Versuch, die Tasse auszuspülen, ausgeglitten ist, die

Tasse zerbrochen und sich geschnitten hat, dass das, was er für Kirschsaft hielt, das Blut des Vaters war. Der Vater hatte dem Jungen die Kirschen ans Bett bringen wollen.

2 *Es ist nicht anzunehmen, dass der Junge die Geschichte gleich der Mutter erzählt, denn er schämt sich, den Vater falsch verdächtigt zu haben. Vielleicht wird er später, aus der Distanz und aus gegebenem Anlass von seinem Irrtum berichten. Es könnte sein, dass er die Geschichte einmal den eigenen Kindern als Beispiel für falsches Misstrauen erzählt, vielleicht auch dem Vater, wenn dieser seinerseits einen falschen Verdacht äußert.*

3 *a) Die formalen Beobachtungen am Text dienen dazu, letztlich die Wirkung der Geschichte abzuklären. Es sind typische Merkmale der Kurzgeschichte:*
- *Dominanz einfacher Aussagesätze (Hauptsätze), unvollständige Sätze (besonders in der wörtlichen und der gedachten Rede), Nähe zur Sprechsprache.*
- *Die häufigen Wiederholungen der Kernsätze simulieren die immer wiederkehrenden fixen Ideen, mit denen sich der Kranke plagt, in Sprechsprache.*
- *Die performativen Verben (flüstern, fragen, sagen, denken) sind keine „treffenden" Verben im Sinne der Aufsatzdidaktik. Sie sind scheinbar „kunstlos" und zeigen das Alltägliche der Situation.*
- *Auffällig ist die Zeichensetzung, die die wörtliche Rede nicht markiert, sodass nicht von der Schreibweise her entschieden werden kann, ob ein Satz „wörtlich gesagt", nur „gedacht", „vom Vater gesagt" oder als vom Vater Gesagtes erschlossen worden ist.*

b) Schlussfolgerungen:
- *Der Junge unterstellt dem Vater, dass er die Kirschen isst, die für ihn bestimmt waren.*
- *Der Junge beobachtet das Verhalten des Vaters und zieht Bestätigungen daraus für seinen Verdacht. Selbst die beruhigend gemeinte Rede des Vaters (Z. 37–40) „passt" in seine Interpretation: Der Vater ist verlegen. Dass er damit Unrecht hat, muss der Leser schrittweise entdecken (so wie der Junge selbst auch). Das Vertrauensverhältnis zwischen Kind und Vater ist – unberechtigterweise – gestört. Es wird am Ende der Geschichte wieder hergestellt.*

4 *a) Eine Fassung der Geschichte, „bei der es nichts zu erraten gibt", wäre ein nüchterner Bericht, der auktorial erzählt wird. Es müssten in einem solchen Bericht auch Sätze stehen, die auf die spezifische Situationsdeutung durch den Jungen hinweisen („er glaubt", „er vermutet", „er hat den Eindruck, dass"). Die Falsifizierung kann nicht „symbolisch" erfolgen: den Kopf unter die Decke stecken, um zu zeigen, dass man sich schämt, sondern müsste „direkt" zum Ausdruck gebracht werden: „Der Junge sieht ein, dass er den Vater zu Unrecht verdächtigt hatte."*

5 *Deutungsmöglichkeiten des symbolisch zu verstehenden letzten Satzes:*
- *Der Junge ist verunsichert, er hat dem Vater nicht geholfen, er hat ihn verdächtigt.*
- *Der Vater zeigt sich schwach, er hat sich verletzt und kommt nicht wieder auf die Beine, aber der Sohn denkt nur an seine Kirschen.*
- *Der Junge fürchtet sich, weil der Vater vielleicht gemerkt hat, dass er ihn für einen Kirschendieb gehalten hatte.*
- *Der Junge spürt, dass der Vater ebenso hilflos ist wie er. Er hat etwas Freundliches tun wollen und dabei Schaden angerichtet.*

S. 146

Thomas Bernhard

Der Vorzugsschüler

Der Traum des Musterschülers ist ein Versagenstraum. Wichtig ist einmal der Inhalt: Er demonstriert, was ist, nämlich die soziale Isolation des Musterschülers. Wichtig ist zweitens der Schlussabschnitt. Der Schüler flüchtet aus dem Angsttraum zu seinen Eltern, aber er wagt nicht, ihnen diesen Traum zu erzählen. Das kann als Indiz dafür gelesen werden, dass dieser Musterschüler unter großem Erfolgs- und Erwartungsdruck seiner Eltern steht und er nicht damit rechnen kann, dass diese seine Ängste (soziale Stigmatisierung) verstehen.

2 a) *Der Junge ist ein „typischer" Streber: Er hat sein Leben „geordnet" – und gerade daraus entsteht die ständige Angst zu versagen. Außerdem hat der Junge Probleme mit seinen Mitschülern. Er hat Angst, dass diese ihn „mobben".*

b) *Die Eltern müssten, wenn sie bemerken, welche Ängste den Jungen umtreiben, ihm eine „Brücke" bauen, ihm zeigen, dass er nicht nur um der schulischen Leistungen willen von ihnen geschätzt oder geliebt wird, dass sie selbst auch Situationen kennen, in denen sie versagt haben, usw.*

3 *Ist diese Geschichte eine „Kurzgeschichte"? Die Antwort ist „Nein", wenn man eine sehr enge Definition von Kurzgeschichte anlegt. Es gibt keine Handlung in der sozialen Wirklichkeit, es gibt keine Lebenssituation, aus der heraus sich ein Blick auf die Lebensbedingungen und Lebensumstände, auf die psychische Verfasstheit von Menschen ergibt. Es findet sich auch keine existenzielle Entscheidungssituation.*
Die Antwort könnte ein „Ja" sein, wenn man pointiert erzählte, anekdotenähnliche Kurzprosa aus der modernen Erzählkultur zu den „Kurzgeschichten" rechnet, wenn man formale Merkmale wie das Vermeiden von Eigennamen oder die Bevorzugung einfacher Hauptsätze zu generellen Stilmerkmalen moderner Kurzprosa erklärt, die aus der Tradition der Kurzgeschichte übernommen sind.
Diese Auffassung hätte den Vorteil, dass „Kurzgeschichte" nicht als eine vom Aussterben bedrohte Erzählgattung der Nachkriegszeit (Typ: Borchert, Böll, Schnurre, Kunert) definiert wird, von der man nur noch den offenen Anfang und den offenen Schluss erwähnenswert findet. Sie hat den Nachteil, dass die Grenze zwischen Kurzgeschichte, Kalendergeschichte und Kurzprosa fließend wird und belehrende, überraschende, verwirrende Erzähl-Ereignisse gleichermaßen als Kurzgeschichte oder Kürzestgeschichte – und das ohne nähere Gattungsbezeichnung – interpretiert werden müssten.

Ein weiterer Text zum Thema „Angst/Beziehung Vater–Sohn/Vertrauen" (geeignet auch für eine Klassenarbeit) findet sich auf S. 139 f. in diesem Handreichungen.

9.2 Werden wir es einmal anders machen? – Inhaltsangaben verfassen

S. 147

Max Bolliger

Sonntag

Auch die Erzählung Bolligers ist personal (aus der Perspektive des jungen Mädchens Daniela) geschrieben. Sie thematisiert deren seltsam distanzierte und „erwachsene" Sicht auf die Eltern und ihre Ängste, in die gleiche „Beziehungsfalle" zu tappen, in der sie ihre Eltern gefangen sieht. Der Schlusssatz „natürlich werden wir es besser machen" klingt – gerade dadurch, dass der Freund Heinz ihn so im Brustton der Überzeugung äußert – in der Wiederholung durch die Erzählerin eher skeptisch.

1 a) – *Daniela beobachet die Familie am Nebentisch (Z. 7–13), sie denkt über Geschwister nach (Z. 14 f.).*
– *Daniela weiß, dass ihre Noten fürs Gymnasium nicht reichen werden (Z. 20–24).*
– *Daniela schätzt ihren Vater älter (Z. 60–67).*

b) *Die Schülerinnen und Schüler sollen durch das Ausprobieren von Perspektivwechseln (aus der erlebten Rede in eine Ich-Erzählung) beobachten, wie dem Leser die „Innensicht" von Personen vermittelt wird. Da die Geschichte deutlich als eine „aus dem Leben gegriffene" erscheint und das Thema „Scheidungskinder" aufgreift, ist anzunehmen, dass die Schülerinnen und Schüler sehr wohl mit der gleichaltrigen Erzählerin verstehend „mitempfinden" können. Die Ich-Sätze nivellieren die Spannung, die in der Erzählung zwischen dem, was Daniela beobachtet, was sie sagt und was sie denkt, besteht. Man kann diese Nivellierung auch daran beobachten, dass Daniela, würde sie alle Gedanken explizit und in der Ich-Form mitteilen, wesentlich weniger „interessant" für den Leser würde. Die Schülerinnen und Schüler können so erkennen, wie Perspektivübernahme und Sympathielenkung zusammengehören.*

„Lernstoff" des zweiten Teilkapitels ist die **Inhaltsangabe** (mit einer eigenen Stellungnahme als Vorübung zur Textinterpretation) und die direkte oder indirekte **Redewiedergabe**. Beides wird induktiv erarbeitet. Die charakteristischen Textsortenmerkmale der Inhaltsangabe (als Aufsatzform) sollen an zwei Musterbeispielen auf S. 149 im Schülerbuch erkannt werden.

Inhaltsangabe	*Marie*	*Laura*
Der Einleitungssatz …	*erzählt vom Sonntagsbesuch Danielas bei ihrem Vater.*	*nennt Autor und Thema (Begegnung von Vater und Tochter).*
Tempus	*Präteritum*	*Präsens*
Den Text genau wiedergeben, zwar vollständig, aber knapp formuliert	*Die Inhaltsangabe stimmt nicht überall mit dem Text überein; M. „erzählt" nach, fasst nicht zusammen.*	*Die einzelnen Beobachtungen sind knapp aufgegriffen und zusammenfassend dargestellt.*
Alles Wesentliche erfassen	*Es werden wichtige Einzelheiten übergangen.*	*L. bringt auch Gedanken Danielas ins Spiel.*
Inhalt in eigenen Worten zusammenfassen	*M. bleibt in ihren Formulierungen nahe am Text.*	*L. bringt eigene Urteile in der Zusammenfassung unter.*

Das Ziel des zweiten Teilkapitels ist, die Schülerinnen und Schüler methodisch an die Abfassung einer Inhaltsangabe heranzuführen. Im Folgenden ist dies am Beispiel der Erzählung Max Bolligers demonstriert:

Schritt 1: Genaue Lektüre und erste Vermutung über den „Sinn" der Geschichte
Dabei werden alle unbekannten Wörter geklärt, oft reicht ein nochmaliges Lesen der Stelle, die Schülerinnen und Schüler erschließen den Sinn aus dem Zusammenhang; wenn das nicht reicht, hilft das Lexikon. Es muss sicher sein, dass die Schülerinnen und Schüler alle Einzelheiten des Textes (*Was* wird erzählt?) verstanden haben.

Schritt 2: Den Handlungsverlauf klären, den Text in Abschnitte gliedern, den Abschnitten Zwischenüberschriften geben, alles Auffällige am Rand notieren.

	Handlungsschritte	*Randnotizen*
Ausgangslage: *Mit dem Vater im Restaurant (Z. 1–47)*	*Daniela fühlt sich „erwachsen". Daniela beobachtet ihre Umgebung.*	*Wir erfahren alles nur aus der Sicht Danielas. Wir wissen nicht, ob sie „objektiv" urteilt.*
Störung/Problem 1: *Die Autofahrt mit dem Vater (Z. 48–90)*	*Daniela kann mit ihrem Vater nicht über ihre wirklichen Probleme sprechen (Schulangst). Sie bewundert den Vater. Sie ist enttäuscht, dass er nicht weiß, wie alt sie genau ist.*	*Das Verhältnis ist kompliziert. Es wird nur eine „innere Handlung" erzählt, äußerlich passiert fast nichts.*
Störung/Problem 2: *Wieder zu Hause bei der Mutter (Z. 91–122)*	*Die Mutter fragt Daniela aus, wie es gewesen ist, sie bewertet das Verhalten des Vaters kritisch.*	*Daniela möchte nicht, dass die Mutter schlecht über den Vater redet, aber das erfahren wir sehr „indirekt".*
Vorstellbare Lösung/ Komplikation: *Daniela und Heinz (Z. 123–148)*	*Daniela trifft ihren Freund in einem Lokal. Auch er fragt, wie sie den Sonntag überstanden hat.*	*Über Heinz erfahren wir sehr wenig.*
Lösung/Ende: *Werden wir es besser machen? (Z. 149–154)*	*Daniela stellt Heinz die Frage, ob sie beide mehr Vertrauen zueinander haben werden als ihre Eltern.*	*Das Ende der Geschichte ist offen. Es ist nicht klar, ob Heinz Wort halten wird. Vielleicht hat er Danielas Frage gar nicht richtig verstanden.*

Schritt 3: Überlegen, *warum* die Geschichte erzählt wurde, worum es dem Erzähler gegangen sein muss.
Dabei probieren die Schülerinnen und Schüler mehrere zusammenfassende Sätze aus und entscheiden sich für einen:
In der Kurzgeschichte „Sonntag" von Max Bolliger geht es um ...
... die 13-jährige Daniela, die ihren Vater bewundert, ihm aber doch nicht die Wahrheit sagt.
... einen „Besuchssonntag" eines Scheidungskindes bei seinem Vater.
... den genauen Blick, mit dem die 13-jährige Schülerin Daniela ihre Umwelt beobachtet.

... ein Mädchen, das seine Einstellung zu ihren geschiedenen Eltern überdenkt und dabei entdeckt, dass das Leben auch für sie selbst nicht einfach wird.
... eine zerrüttete Familie und eine 13-Jährige, die sich von ihren Eltern frei macht.
Der Schreiber der Inhaltsangabe muss sich entscheiden. Welche der Hypothesen haben ein solides Fundament im Text? Welche treffen den Kern der Geschichte, welche „in etwa", welche nicht?

Schritt 4: Das Geschehen rückblickend und zusammenfassend bewerten, die Verhaltensweise der Personen beurteilen, auch die Verteilung der Sympathie, die der Erzähler vorgenommen hat. Es ist gut, wenn die Schülerinnen und Schüler diese Stellungnahme pointiert formulieren, sodass der Leser merkt, dass man nicht nur wiedergegeben hat, was im Text zu lesen ist, sondern dass man zu einem „Schluss" gekommen ist.

3 *An den herausgeschriebenen Textstellen können erste Beobachtungen gemacht werden. Wichtig ist, den Schülerinnen und Schülern von Anfang an zu zeigen, dass die Redewiedergabe im Konjunktiv eine von mehreren Möglichkeiten ist, über die sie „spontan" bereits verfügen.*

Wörtliche Rede	Redewiedergabe Marie	Redewiedergabe Laura
„Was willst du essen?"	aussuchen, was sie essen wollte	
„Wie geht es in der Schule?"	wie es in der Schule gehe	fragt nach der Schule
„Wird es fürs Gymnasium reichen?"	ob die Noten für das Gymnasium reichen würden	
„Deine Mutter konnte nie richtig kochen."		sie könne nicht kochen
„Wie alt bist du eigentlich?"		Es ärgert Daniela, dass er wieder nicht weiß, wie alt sie ...

Redewiedergabe

S. 150

Das Thema ist komplex, weil einerseits die Bildung des Konjunktivs (mit den besonderen Schwierigkeiten bei den starken Verben), andererseits der Gebrauch in der indirekten Rede und schließlich auch noch die gebräuchlicheren „Ersatzformen" behandelt werden sollen.

5 *b) Der Inhalt der Rede wird in Abhängigkeit zu einem performativen Verb gebracht, aus dem man zumeist erkennen kann, wie die Rede gemeint ist. Außerdem kann der Sprecher auf diese Weise eine Bewertung darüber abgeben, für wie wahrscheinlich er selbst die referierte Rede hält, und ob er bereit ist, die Verantwortung für den Wahrheitsgehalt des Berichteten anzutreten.*

6 / **7** *Die vorgegebene Tabelle ordnet die Möglichkeiten der Redewiedergabe grammatisch. Jede der „Ersatzformen" kann in mehreren der aufgeführten Fälle verwendet werden.*

Der Vater sagt, Danielas Mutter könne nicht richtig kochen.	Daniela sagt, dass sie einen neuen Wintermantel brauche.	Nach Meinung der Mutter reicht das Geld nur für das Nötigste.	Der Vater sagt Daniela, dass er sie nach Hause bringt.	Daniela weist den Vater auf seine Vergesslichkeit hin.
Konjunktiv I (3. Person: kann – könne)	Konjunktiv I (3. Person: braucht – brauche)	Nominaler Verweis auf die Redewiedergabe	dass-Satz mit der Möglichkeit, Indikativ zu setzen	Substantivische Paraphrase
behauptet, dass ... nicht kann	äußert den Wunsch nach einem neuen Wintermantel.	sagt, dass das Geld nicht reicht.	verspricht, sie nach Hause zu bringen.	sagt ihm, wie vergesslich er ist.

Es gibt weitere Möglichkeiten der Redewiedergabe (vor allem die mit „würde" und die durch eine Infinitivkonstruktion oder einen Fragesatz), die an dieser Stelle Erwähnung finden sollten.

S. 153

Gabriele Wohmann

Der Knurrhahn-Stil

Gabriele Wohmanns Erzählung enthält das Psychogramm eines Jungen, der sich aus Angst vor dem Sportunterricht in Krankheiten flüchtet und eine ganze Reihe bemerkenswerter Techniken entwickelt, um dem auf ihn ausgeübten sozialen Druck der Eltern, Lehrer, Mitschüler zu entgehen. Das eigentliche Thema der Geschichte ist aber nicht das Problem des „Helden" und Simulanten Paul, sondern die soziale Repression, der dieser – gerade durch das gedankenlos alltäglich praktizierte Verhalten in Familie und Schule – ausgesetzt ist. Die Autorin lässt die Leser Sympathie empfinden für einen, der sich, so gut es geht, zu helfen weiß, der „cool" beobachtet und registriert, was sich ihm für Möglichkeiten bieten. Aber bei all dem wird klar, welche Stereotypen im Verhalten der Eltern und Lehrer Pauls Elend heraufbeschwören. Hier kommen im Text massive Wertungen vor („Sein Vater bohrt den ausgestreckten Zeigefinger schräg nach unten in die Luft ...", Z. 100 f.). Denn der Leser lernt, Pauls Welt mit Pauls Augen zu sehen und sportliche Aktivitäten als Zumutung und als Qual zu empfinden, deren Sinn man nicht einsieht und deren „Begründung" in der Welt der Erwachsenen („Sport tut vielleicht gut und hat seither gefehlt. Die Eltern freuen sich sehr", Z. 147 ff.) ein Beleg dafür ist, dass man sich in einer „verkehrten Welt" bewegt. Der Schlussabschnitt über den „schönen Sport des Ertrinkens" öffnet für den mitempfindenden Leser mit seiner bitteren Ironie den eigentlichen Abgrund von Verzweiflung, der Pauls Leben bestimmt. Die „Erziehungsberechtigten" wiegen sich in der falschen Sicherheit, Paul zu einem „normalen" Verhalten gebracht zu haben. In Wirklichkeit ist der Junge suizidgefährdet.

1 *Könnten die Eltern Pauls Gedanken lesen, würden sie erschrecken. Sie würden plötzlich begreifen, was der Leser auch ohne die Kunst des Gedankenlesens längst aus der Textlektüre begriffen hat: Die ständigen Einschüchterungen und Ermahnungen demonstrieren Paul, dass er in dieser Welt der Erwachsenen und Mitschüler keine Lust hat zu bleiben. Die offene Frage ist, was sie tun würden, wenn sie die Situation durchschauten. Zwei Möglichkeiten bieten sich an: Die Eltern begreifen, was Paul bedrückt, und verhalten* *sich einsichtsvoll – sie respektieren ja auch, wenn auch „verärgert", Pauls Eigenheiten (Z. 35f.); oder sie verhalten sich ihrem bisher gezeigten Muster entsprechend („vor Ratlosigkeit zornig", Z. 27f.).*

2 *Im Gespräch mit dem Arzt könnte Paul versuchen, einem vernünftigen Menschen seine Probleme zu erklären. Es kommt bei dieser Aufgabe darauf an, den Text „auszuwerten" und Beobachtungen/Gedanken Pauls, die angedeutet sind oder erschlossen werden können, in direkte Rede umzusetzen, z.B. Pauls Erfahrungen in der Sportstunde im Schwimmbad (Z. 150ff.).*
Paul: „Im Hallenbad ist es besonders schlimm. Es stinkt nach Chlor und Schweiß, die Jungen machen blöde Spiele: Sie sperren mich in die Zelle ein oder aus der Zelle aus, immer hacken sie auf mir herum! Der Lehrer ist nicht viel besser. Ich bin sein ‚prima Nichtschwimmer', sein Versager, der noch auf offener Szene ersäuft ...
Arzt: „Warum macht dir das so viel, was die anderen alles an Blödeleien veranstalten? Könntest du nicht einen anderen ‚Freischwimmer' machen – dich freischwimmen von denen? Wenn sie sehen, es macht dir nichts, lassen sie dich bestimmt in Ruhe."

Personen charakterisieren

S. 156

Aus dieser Konstellation soll eine Charakteristik entwickelt und sollen die Regeln der Textsorte „Personenbeschreibung – Charakteristik" gelernt werden. Die Lernprogression über den „Steckbrief" zu einer Person hinaus verlangt, dass neben dem Äußeren der Person nun auch aus deren Verhalten auf Charaktereigenschaften (das „Innere") geschlossen und darüber ein begründetes Urteil abgegeben werden soll. Dazu sind Abstraktionsschritte nötig, denn das „Innere" einer Person kann nur aus Indizien (Verhalten, Redeweise) erschlossen werden, und die Bewertung umfasst auch die Begründung eigner Bewertungsmaßstäbe.

3 *Das im Schülerbuch abgedruckte Schaubild dient in erster Linie dazu, die Informationen, die der Text bietet, für die Charakteristik bereitzustellen. Dabei fallen die ersten Abstraktionsschritte an. (Dass Paul kein „vertrauensvolles Verhältnis zu seinen Eltern" hat, ist daraus zu erschließen, dass er ihnen seine Krankheiten vorspielt und in Kauf nimmt, dass sie sich Sorgen machen, ihn zum Arzt bringen – alles, weil er sich nicht traut, ihnen die Wahrheit zu sagen.)*
Ergänzt werden kann der Cluster vor allem durch Pauls Träume und Fantasien: muskulöse Arme (Z. 115), Rache am Sportlehrer (Z. 121ff.), ins Meer hinausschwimmen und nicht zurückkommen (Z. 193ff.).

4 *Eine Charakteristik sagt – besonders in ihrem wertenden Teil – viel über den Verfasser aus, mehr als allgemein angenommen wird, weil man ja davon ausgeht, dass die Charakteristik den literarischen Text zur „objektiven" Grundlage hat: uns selbst.*

***A:** Eigentlich ist Paul sportlich. Er ist nicht fett, er kann auch gut laufen. Aber er fühlt sich im Sportunterricht nicht wohl. Seine Eltern rätseln, woher das kommt, aber sie kommen nicht auf die nahe liegende Erklärung: Paul hat Angst. Aus Angst, sich im Sportunterricht zu blamieren und die anderen zum Lachen zu bringen, vergisst er das Turnzeug, simuliert er Krankheiten. Immer neue muss er erfinden, denn die Ärzte beweisen, dass ihm eigentlich nichts fehlt. In seinen Fantasien ist er ein Held, er bestraft den Sportlehrer, gleichzeitig überlegt er sich, wie es wäre, wenn er ertrinken würde ...*

***B:** Paul ist ein Junge, der mit seinen sportbegeisterten Eltern nicht zurechtkommt. Er selbst ist im Sport nicht gut, was diese nicht verstehen können. Der Grund ist ihm selbst auch nicht klar. Er versteht einfach nicht, warum er ständig etwas tun soll, was er nicht möchte, warum er schwimmen, Sport treiben und* *mit den anderen Jungen, die ihn in ihrer Mannschaft nicht haben wollen, Ball spielen soll. Um den lästigen Sportunterricht zu vermeiden, lässt er sich immer neue Dinge einfallen. Das aber hat schlimme Folgen für ihn. Denn nun wird er der Außenseiter, auf dem alle herumhacken. Er gilt als Memme, die nicht schwimmen kann, die Angst hat vor dem Hallenbad und den Sportstunden ...*

S. 157

Simone Borowiak

Warum ich Drogen nehme

Auch diese Kurzgeschichte ist aus der Perspektive einer Heranwachsenden geschrieben, die die Welt der Eltern kritisch bewertet. Stereotype Verhaltensweisen der Mutter, insbesondere deren aufdringliche Jugendlichkeit („Junge Mädchen tragen das jetzt so", Z. 115 f., 123) sind der heimliche Gegenstand der Erzählung. Die Sympathielenkung des Textes bindet die Leser an die Sichtweise der Tochter, die sich durch dieses Verhalten eingeengt fühlt. Die „Spiegelszene" im Kaufhaus (Z. 50 ff.) kann symbolisch gelesen werden: „... weil ich nicht erkennen kann, wohin ich trete: auf eine Stufe oder in meine Mutter" (Z. 55 ff.).

1 *Der Titel der Geschichte verlangt eine doppelte Schlussfolgerung: Die Tochter wird von ihrer Mutter bevormundet. Sie weiß nicht, wie sie sich gegenüber dieser doch so positiv gemeinten Zuwendung wehren soll. Sie nimmt Drogen, um aus der von der Mutter beherrschten Welt des Shopping, der Jäckchen, Schals, Übergangsmäntel auszusteigen. Die Jugendlichen sollen formulieren, dass es primär nicht um einen Mantelkauf geht, sondern um das Problem der ständigen Bevormundung der Tochter durch die Mutter.*

2 *Die Mutter wird sich bei der Freundin darüber beklagen, dass ihre Tochter so wenig Interesse an sich selbst hat, wenig auf ihr Äußeres achtet, gleichgültig ist gegenüber den schönen Sachen, die sie ihr kauft. Die Tochter hingegen wird sich über die Mutter beklagen und hervorheben, dass sie selbst dann, wenn es um den Mantel der Tochter geht, mit ihrem Geschmacks-Gerede alles entscheiden will, dass sie der Tochter durch ständige Ratschläge vorschreibt, was sie gut oder schlecht zu finden hat.*

3 / **4** *Die Szene „Mantelkauf" wird eine Satire werden. Denn wenn die Erzählteile in wörtliche Reden und Regieanweisungen umgesetzt werden müssen, kommen die zusammenfassenden Hinweise („Es gibt Geschrei", Z. 13) als Übertreibungen zur Geltung.*

9.3 Verrückte Familien – Erzählanfänge kreativ fortsetzen

Ein implizites Verständnis der Erzählweise und des „Stils" einer Erzählung ist Voraussetzung dafür, dass man sie „fortsetzen" kann. Erfahrungsgemäß ist das im Unterricht einer 7. Klasse ein gewagtes Unterfangen. Märchen können relativ leicht „weitererzählt" und ausgesponnen werden, weil die Schülerinnen und Schüler durch ihre Lektüre schon früh ein implizites Verständnis des fantastischen Erzählens gewonnen haben. Bei satirischen Texten, die einfache Muster der Steigerung (Eskalation) benutzen, schießen die „Fortsetzungen" oft über das Ziel hinaus, die Texte versuchen den Erzählanfang (und die Schülerinnen und Schüler einander) zu „toppen".

Kurt Kusenberg

S. 160

Mal was andres

Die Familie dieses Textes ist als „steif", ihr Tagesablauf als „abgezirkelt" vorgestellt. Der Sohn ist der erste, der aus dieser abgezirkelten Lebensweise ausbricht. Die Schülerinnen und Schüler sind aufgefordert, nach diesem Muster den anderen Familienmitgliedern ebenfalls Ausbruchsmöglichkeiten zuzuschreiben.
Es ist im Grunde gleichgültig, welche „Verrücktheiten" die Schülerinnen und Schüler den einzelnen Familienmitgliedern zuschreiben, wichtig ist, dass sie das Prinzip der Eskalation und das befreiende des Ausbruchs aus den Konventionen als Erzählintentionen erfassen.

Fortsetzung der Geschichte im Schülerbuch:
Es waren nur drei Worte, aber sie fuhren wie ein Donnerschlag auf die übrigen nieder. Der Vater, die Mutter und die Tochter blickten ganz betäubt, und selbst wenn es erlaubt gewesen wäre, bei Tisch zu sprechen, hätte keiner ein Wort hervorgebracht.
Mal was andres! Schlimmeres konnte nicht ausgesprochen werden in einem Hause, welches so streng das Herkommen einhielt, denn es ging ja gerade darum, dass nichts sich änderte, dass alles genau so getan wurde, wie man es festgelegt hatte. Und dann die grobe, fast unflätige Ausdrucksweise! „Einmal etwas anderes", hieß das in einem Kreise, der sich einer sorgfältigen Sprache befliss.
Man aß und trank Wasser, mehr Wasser als sonst, aus verhaltener Erregung. Der Sohn tat, als merke er von alledem nichts.
Der Vater blickte auf den Tisch nieder. Wie es in ihm aussah, ließ sich denken – das heißt: genau wusste man es selbstverständlich nicht, denn das Innere eines Menschen ist sehr geheim und bisweilen überraschend. Wer zum Beispiel hätte das erwartet, was jetzt geschah? Es begann damit, dass der Vater, obwohl er mit dem Essen fertig war, die Gabel in den Mund steckte und sie mit den Zähnen festhielt. Dann nahm er eines der geschliffenen Gläser und stellte es vorsichtig auf den Gabelgriff. Die Gabel schwankte ein wenig, doch das Glas blieb stehen. Sechs starre Augen verfolgten des Vaters Treiben. Der nahm jetzt ein zweites Glas und versuchte, es auf das erste zu setzen. Fast wäre es ihm gelungen, aber eben nur fast, und so stürzten beide Gläser auf den Tisch und zersprangen.
Verlegen, aber durchaus nicht betreten, schaute der Vater in die Runde. Er hörte die Frage hinter den stummen Lippen und gab eine Erklärung ab. „Mal was andres!" sagte er. Zum ersten Mal an diesem Tisch begab es sich, dass die Mutter und die Tochter einen Blick wechselten. Was er ausdrückte, war schwer zu sagen; sicherlich ein Einverständnis – aber welcher Art? Vielleicht war es auch kein Einverständnis, denn was die Tochter nun beging, konnte unmöglich der Mutter recht sein.
Das junge Ding – mehr als fünfzehn Jahre zählte es nicht – hob plötzlich die Hände zum Kopfe und löste die aufgebundenen Haare, dass sie über die Schultern fluteten. Nicht genug damit, nahm das Mädchen ein Messer und schnitt sich vom Hals zur Brust die Bluse auf; es kam ein schöner Ausschnitt zustande – schön, weil er von den Brüsten etwas sehen ließ. „Mal was andres!", sprach die Tochter.
Jetzt blickten alle die Mutter an. Was würde sie sagen, was würde sie tun? Nichts sagte sie, doch sie tat etwas. Sie griff nach der Glasplatte, die auf dem Tisch lag, und hob sie empor. Hei, wie glitt und stürzte da alles herunter, Schüsseln, Teller und Gläser, wie zerschellten sie lustig am Boden! Die Mutter jedenfalls fand es lustig, und als sie laut lachte, lachten die drei mit. „Mal was andres!", rief die Mutter, von Heiterkeit geschüttelt, und schlug sich auf die Schenkel. „Mal was andres!", johlten die anderen.
Von nun an war kein Halten mehr. Wir können nicht aufzählen, was die Übermütigen alles anstellten; nur einiges sei berichtet. Sie sprangen über die Stühle, beschmierten die

Bilder an der Wand mit Senf und rollten sich in den Teppich ein. Sie spielten Haschen, wobei viele Gegenstände zerbrachen, tanzten wild auf dem Tisch herum, und als der Diener das Dessert brachte, rissen sie ihm das Tablett aus der Hand und warfen es durch die Fensterscheiben. Die hereinströmende Mailuft machte sie vollends toll: Sie schrien laut und schlugen Purzelbäume. Anfangs war der Diener sehr erschrocken; dann aber warf auch er sich in das närrische Treiben.

Gegen neun Uhr, als es zu dunkeln begann, erscholl draußen plötzlich Musik. Alle stürzten ans Fenster und blickten hinaus. Da stand eine kleine Gruppe von Schaustellern, die ankündigen wollten, dass am nächsten Abend eine Vorstellung stattfinde. Die Gaukler waren offensichtlich eine Familie: Vater, Mutter, Sohn und Tochter, genau wie die Familie im Fenster. Welch hübscher Zufall!

„Heda!", rief der Vater im Fenster dem Vater auf der Straße zu, als das Musikstück geendet hatte. „Wollt ihr nicht mit uns tauschen?" Und da der andere nicht sogleich begriff: „Ich meine, wollt ihr dieses Haus haben samt allem, was darin ist, und uns dafür eure Habe überlassen? Es ist mir ernst damit – uns zieht es auf die Straße, in die Ferne."

Die Schauspieler berieten sich und meinten dann, man müsse den Fall aushandeln. „Ja, kommt nur herauf!", rief der Vater im Fenster. Misstrauisch betraten die Gaukler das vornehme Haus, schüchtern schoben sie sich in den Speisesaal. Doch als man ihnen kräftig die Hand schüttelte und nachdrücklich erklärte, das Anerbieten sei wirklich ernst gemeint, fassten sie allgemach Vertrauen.

Nun wurden sie rasch einig, die beiden Familien. Im Nu wechselten sie die Kleider und das Dasein. Ein wenig drollig sahen die feinen Leute ja aus in dem verwegenen Aufputz; doch waren sie glücklich. Nur der Diener weinte, denn er wäre gerne mitgezogen, aber er musste unbedingt zurückbleiben, damit der Tausch vollkommen sei und es den Hausbesitzern nicht an Bedienung mangle.

„Mal was andres!", bettelte er und warf sich sogar auf die Knie, doch es half ihm nichts.

„Wir lassen dir vier neue Gesichter zurück", sprach der Hausherr im Fortgehen. „Das ist Abwechslung genug."

„Mal was andres!", sangen die neuen Schausteller im Chor, als sie auf der nächtlichen Straße fortzogen, und winkten denen im Fenster. Der Sohn blies die Trompete ganz leidlich, die Tochter spielte hübsch auf der Ziehharmonika, und der Vater zupfte wie besessen seine Gitarre. Nur die Mutter wusste mit der großen Trommel noch nicht so richtig umzugehen.

(aus: Kurt Kusenberg: Mal was andres. Gesammelte Erzählungen.

S. 161

Malin Schwerdtfeger

Mein erster Achttausender

Der Text übertreibt in lustvoller Weise durch eine Umkehr des Erwartbaren. Die Tochter ist die Vernünftige, die Mutter die Ausgeflippte. So wie die Bergsteigerin und Himalaja-Forscherin ihre Sachen herumliegen lässt, verhalten sich auch zahlreiche Kinder. Dadurch entsteht Komik.

Im weiteren Verlauf der Geschichte treten weitere Einzelheiten aus dem Leben der Mutter zu Tage. Sie ist Journalistin und Ethnologin zugleich, reist unter extrem ungünstigen Bedingungen in unerforschte und unzivilisierte Regionen der Erde und übernimmt Verhaltensformen der Völker, die sie erforscht. Die Tochter hält die Mutter für exzentrisch und verrückt. Aber sie bewundert sie auch.

Der Vater ist das ganze Gegenteil. Er ist schlaff, unförmig, liegt meist nörgelnd im Bett. Er lässt sich von seiner Tochter beschützen und verwöhnen. Dadurch entsteht ein interessanter Kontrast. Am Ende entscheidet sich die Tochter, eine Expedition nach dem Muster ihrer Mutter zu unternehmen. Den Vater lässt sie zurück.

Diese Entwicklung der Geschichte ist nicht unbedingt zwingend. Es sind andere Varianten denkbar. Die Tochter könnte einen Freund finden, mit dem sie ein eigenes Leben beginnt, sie könnte als Journalistin die Erfahrungen ihrer Mutter verwerten, sie könnte erfolgreich Manuskripte mit den Erzählungen ihrer Eltern füllen. Das Entscheidende ist der Bau einer „Klammer" zwischen Titel und Ende der Geschichte: Die Tochter wird als Bergsteigerin einen Achttausender bezwingen und (vielleicht) ihrer Mutter ähnlich werden, zum Zeichen, dass sie verstanden hat, was in der Lebensweise der Mutter an Faszinierendem steckt.

Vorschlag für Übungen und Klassenarbeiten

Peter Härtling

Die Sache mit der Mundharmonika

Der Schriftsteller Peter Härtling widmet seinem früh verstorbenen Vater ein Buch mit dem sprechenden Titel „Nachgetragene Liebe". Gemeint ist die Tatsache, dass er dem Vater seine Liebe zu Lebzeiten nicht hat zeigen können (vielleicht auch gar keine hat empfinden können), dass er – wie der Sohn in Borcherts Kurzgeschichte – dem aus dem Krieg heimgekehrten Vater Schwäche vorgeworfen hat, Unfähigkeit, dem Vater-Ideal zu entsprechen, das er sich als Sohn von ihm gemacht hatte.

Die Mundharmonika entdeckte ich in einem Schaufenster. Sie lag armselig zwischen Spielzeug, fiel sicher niemandem auf. Sie glich, fand ich, ganz und gar der des Clowns. Ich wünschte mir nichts anderes als sie, nur traute ich mich nicht, Mutter um das Geld zu bitten. Bei Vater hätte ich es gar nicht erst versucht. Manchmal war er freigebig, hatte, wie er von sich sagte, die Spendierhosen an, manchmal knauserte er um jeden Pfennig. Angebettelt werden wollte er auf keinen Fall. Ich sehnte mich nach der Mundharmonika, träumte von ihr. Der Wunsch, sie zu besitzen, wurde immer mächtiger. Dann stahl ich das Geld. Genau eine Mark zwanzig. Ich hoffte, Mutter würde es nicht merken. Es lag stets Geld in der Schublade im Küchentisch. Sie konnte eigentlich nicht wissen, wie viel es war. Ich kaufte die Mundharmonika. Der Kaufmann ließ sie mir um zwanzig Pfennig billiger; sie könnte, da sie lange im Schaufenster lag, ein wenig gelitten haben. Die restlichen zwanzig Pfennig legte ich zurück in die Schublade.

Als ich das Instrument, kaum war ich aus dem Laden und um die Ecke, ausprobierte, gab es nur schrille Töne von sich und es fügte sich auch nicht nach mehreren zornigen Versuchen. Wer, außer dem Clown, konnte mir das richtige Harmonikablasen beibringen? Es ärgerte mich, dass ich die Mundharmonika verstecken musste, mit ihr nicht aufschneiden, sie nicht einmal meiner Schwester zeigen konnte.

Zu allem Übel wusste Mutter durchaus über ihren Geldvorrat Bescheid. Nur meine Schwester oder ich konnten die Mark gestohlen haben. Sie nahm uns ins Gebet. Ich log, stritt ab, beteuerte, heulte. Mutter ließ nicht locker, bis ich die Schuld zugab. Ich sollte im Kinderzimmer auf Vater warten. Er werde für die gerechte Strafe sorgen.

Er straft mich; anders, als ich es erwarte. Er nimmt mich nicht zur Kenntnis, schließt mich aus seiner Gegenwart aus. Bei Tisch bin ich für ihn ebenso Luft wie am Abend im Wohnzimmer oder bei den Großeltern. Er sitzt mir gegenüber und sieht mich nicht. Er geht an mir vorbei und sieht mich nicht. Er steckt die andern, selbst die jüngere Schwester, damit an. Ich höre sie, aber wenn ich mit ihnen rede, hören sie mich nicht. Vielleicht wollen sie mich verrückt machen? Vielleicht wollen sie mich aus der Welt schweigen? Mit nichts kann ich sie rühren. Ich erfinde Worte, schneide Faxen, schlage Purzelbäume, verrenke meine Glieder, ich stelle Fragen und gebe mir selber die Antworten. Ich bin nicht mehr anwesend für sie. Nur Mutter kommt abends, wenn ich im Bett liege, streichelt mich wortlos; ihre Hände reden und sie murmelt: Warum hast du das nur getan?

Ich träume, auf die Größe einer Maus geschrumpft zu sein. Gemeinsam mit der Mundharmonika, die mir viel Platz nimmt, bewohne ich ein Loch im Parkett des Kinderzimmers. Keiner weiß, dass ich verwandelt wurde. Ich höre sie rufen. Ich bin froh, ihnen entronnen zu sein. Aber Vater hat auf unerklärliche Weise meine Tarnung durchschaut. Ich luge aus dem Loch, sehe ihn übergroß darauf zustampfen, sehe seine Sohle über mir schweben. Sie tritt das Loch zu, schließt es, nimmt mir das Licht, die Luft. Die Atemnot lässt mich schwellen, ich fülle das Loch aus und weiß, es wird gleich bersten, ich werde ohne Atem, ohne Stimme, ohne Seele unter Vaters schwarzem Lackschuh liegen.

Er hielt die Strafzeit länger als eine Woche durch. Das Schweigen wurde sichtbar. Es sank auf die Diele, auf die Möbel, auf uns. Wir bewegten uns langsamer, vorsichtiger, um die gewalttätige Stille nicht zu stören. Obwohl ich neben ihm saß, erfuhr ich es wie durch Boten, dass er am nächsten Tag mit Lore Sarrasani[1] besuchen werde. Wie versprochen; doch ohne den Jungen! Es schien, als befände sich der von ihm Abgewiesene auf der anderen Seite der Erdkugel.

Ich stand hinter den Gardinen und sah ihnen nach: Mein Vater führte meine Schwester an der Hand und unterhielt sich mit ihr, als sie durch den Vorgarten gingen.

(aus: Peter Härtling: Werke. Band 7.

1 **Sarrasani:** ein bekannter Zirkus

1 *Erzähle die Geschichte in eigenen Worten nach.*

2 *Überlege und beschreibe dann, wie die Geschichte aus dem Blickwinkel des Vaters erzählt werden würde.*

3 *Wie beurteilst du das Verhalten des Jungen und das des Vaters? Ziehe das Verhalten des Vaters in Bernward Vespers Erzählung „Vater spricht nicht mehr mit mir" zum Vergleich hinzu.*

Erwartungshorizont

Bei der Nacherzählung werden die Schülerinnen und Schüler alle wichtigen Details der Handlung in der richtigen Reihenfolge bringen. Unterschiede sind bei der Behandlung der Gedanken des Jungen zu erwarten. Das von Härtling nur kurz und in indirekter Rede („Ich solle im Kinderzimmer auf Vater warten. Er werde für die gerechte Strafe sorgen") wird möglicherweise erzählerisch ausgestaltet.

Würde der Vater oder die Mutter erzählen, fiele vor allem der Angsttraum des Jungen weg – und damit der „Kern" der Erzählung. Denn natürlich ist dieser Traum eigentlich eine indirekte Beschreibung dessen, wie das Kind sich fühlt. Es ist zu erwarten, dass die Schülerinnen und Schüler durch diese Aufgabenstellung auf die besondere Bedeutung des Traums für die Geschichte aufmerksam werden.

Das Verhalten des Vaters bei Härtling ist dem Verhalten des Vaters bei Bernward Vesper ähnlich. Er straft durch Schweigen. Dass Härtling dieses Verhalten (später) als einen Teil der Lebenserfahrung des Vaters versteht, kommt in diesem Ausschnitt nicht zum Tragen. So werden die Jugendlichen erkennen können, dass es Formen der Bestrafung gibt, die als Liebesentzug, als Ent-

wertung oder als Kommunikationsverweigerung dem Bestraften seine Abhängigkeit von den Menschen seiner Umgebung (seiner Familie) vor Augen führen.
Eine Frage nach „ähnlichen Erfahrungen" ist bewusst nicht gestellt, damit die Schülerinnen und Schüler beim Text bleiben und sich nicht „ausgefragt" fühlen.

Literaturhinweise

Doderer, Klaus: Die Kurzgeschichte in Deutschland. Ihre Form und ihre Entwicklung. Wissenschaftliche Buchgesellschaft, Darmstadt 1969

Durzak, Manfred: Die Kunst der Kurzgeschichte. Wilhelm Fink, München [2]1994

Fuchs, Herbert / Mittelberg, Ekkehart (Hg.): Klassische und moderne Kurzgeschichten. Varianten – kreativer Umgang – Interpretationsmethoden. Cornelsen, Berlin 1988

Kilchenmann, Ruth: Die Kurzgeschichte. Formen und Entwicklung. Kohlhammer, Stuttgart [5]1978

Marx, Leonie: Die deutsche Kurzgeschichte. J. B. Metzler, Stuttgart/Weimar [2]1997 (Sammlung Metzler 216)

Nayhaus, Hans-Christoph Graf von (Hg.): Theorie der Kurzgeschichte. Arbeitstexte für den Unterricht. Reclam, Stuttgart 1977 (UB 9538)

10 Erzählungen aus alter und neuer Zeit

Konzeption des Gesamtkapitels

Das Erzählen und die Beschäftigung mit Erzähltexten bleiben auch nach der Orientierungsstufe der Klassen 5 und 6 ein wichtiger Gegenstand des Deutschunterrichts. Dabei wird das Repertoire der Gattungen und Genres über die traditionell als kindgemäß angesehenen Formen von Märchen, Lügengeschichte und Fabel hinaus erweitert. In diesem Kapitel werden epische Kleinformen vorgestellt, die eine lange Tradition haben und einen festen Bestandteil der Erzählliteratur bilden: Kalendergeschichte, Anekdote und novellistische Erzählung. Im Umgang mit den Textbeispielen geht es nicht primär um die Vermittlung gattungspoetologischen Wissens, sondern darum, Einsichten in das Zusammenspiel von Erzählinhalten, Erzählstrukturen und Darbietungsformen zu ermöglichen. Das soll durch einfache textanalytische Aufgaben, vor allem aber durch Anregungen zu einem produktiven Umgang mit den Beispieltexten geschehen.

Im ersten Teilkapitel **(„Unterhaltsames Erzählen")** wird zunächst die Entstehung einer literarischen Tradition am Beispiel der Kalendergeschichte deutlich gemacht. Geschichten von Johann Peter Hebel werden ergänzt durch Texte des modernen Autors Bertolt Brecht, der einen Band „Kalendergeschichten" herausgegeben hat. Die Verbindung von Unterhaltsamkeit und Lehrhaftigkeit in der Wirkungsabsicht der Geschichten beider Autoren, die wesentlichen darstellerischen Mittel, die diese Verbindung schaffen, und die Auseinandersetzung mit den vermittelten Lehren stehen bei den Arbeitsvorschlägen im Vordergrund. – Die Einführung der Anekdote erfolgt über den Autor Brecht, den die Schülerinnen und Schüler als Kalendergeschichtenschreiber kennen gelernt haben und der jetzt als Junge Held einer Anekdote ist. – Das novellistische Erzählen schließlich wird am Beispiel von Kleists „Bettelweib von Locarno" eingeführt, in dem eine wahrhaft unerhörte Begebenheit dargestellt wird.

Das zweite Teilkapitel **(„Das Spiel mit den Zeiten: Erzähltempora")** fokussiert die Betrachtung der Erzählweise Kleists auf die Tempusgestaltung, die bei allem Erzählen von grundlegender Bedeutung ist. Damit verlagert sich der Untersuchungsschwerpunkt in den Lernbereich „Reflexion über Sprache". Es wird bei dieser Gelegenheit integrativ das Plusquamperfekt als Tempusform wiederholt sowie das System der adverbialen Bestimmungen und Adverbialsätze durch die entsprechenden Temporalformen komplettiert.

Das dritte Teilkapitel **(„Wir schreiben Kalendergeschichten")** greift vertiefend und erweiternd einen Gegenstand des ersten Teilkapitels auf, indem es anhand einer Kalendergeschichte Hebels die anschauliche Ausgestaltung dieser Textsorte noch einmal zusammenfasst. Dieses Teilkapitel ist produktionsorientiert angelegt: Die Schülerinnen und Schüler sollen selbst in die Rolle des Erzählers/der Erzählerin einer Anekdote oder einer Kalendergeschichte schlüpfen und im Rahmen eines kleinen Projekts einen Kalender selbst gestalten.

Zusätzliches Übungsmaterial

Das **„Deutschbuch Hörbuch 7/8"** enthält die in diesem Kapitel behandelten Erzählungen „Das Mittagessen im Hof" und „Das Bettelweib von Locarno".

Mögliche Verknüpfungen zwischen diesem Kapitel und Übungen in der Software **„Deutschbuch interaktiv 7"** zeigt die Übersicht auf S. 14 f. in diesen Handreichungen.

Inhalte		Kompetenzen
S. 163	**10.1 Unterhaltsames Erzählen**	Die Schülerinnen und Schüler können
S. 163	**Kalendergeschichten** Johann Peter Hebel **Das Mittagessen im Hof** **Der geheilte Patient** Bertolt Brecht **Der hilflose Knabe**	– Kalendergeschichten als unterhaltsame und lehrhafte Texte erkennen – sich mit den Lehren auseinander setzen, dabei die erzählte Geschichte aktualisieren und auf den eigenen Lebensbereich beziehen – typische Strukturmerkmale und Darstellungsmittel der Kalendergeschichten herausfinden
S. 168	**Anekdote** Herbert Ihering **Die schlechte Zensur** Heinrich von Kleist **Sonderbarer Rechtsfall in England** Hermann Fürst von Pückler-Muskau **Das britische Schnupftuch**	– Wirkungsabsicht und wesentliche Erzählmerkmale der Anekdote erkennen und anwenden – den Erzählaufbau, den Tempuswechsel und die Gestaltung der Sätze als wesentliche Mittel zur Spannungserzeugung erkennen – andere Beispiele novellistischen Erzählens von unerhörten Begebenheiten vortragen
S. 171	**Erzählung von einer unerhörten Begebenheit** Heinrich von Kleist **Das Bettelweib von Locarno**	
S. 174	**10.2 Das Spiel mit den Zeiten: Erzähltempora**	– die Funktion von Tempuswechseln und den Einsatz der verschiedenen Tempusformen beim Erzählen reflektieren
S. 174	**Tempuswechsel**	– das Plusquamperfekt in seiner Funktion und seinen Formen erklären
S. 175	**Der Tempus-Gebrauch des Erzählers**	– mit dem Tempussystem in Erzählungen sicher umgehen, dabei auch auf den unterschiedlichen Gebrauch von Präteritum und Perfekt bei schriftlichem und mündlichem Erzählen achten
S. 176	**Zeitangaben: Adverbiale Bestimmungen und Temporalsätze**	– adverbiale Bestimmungen der Zeit und Temporalsätze identifizieren, in ihrer Funktion erkennen und bewusst anwenden
S. 179	**10.3 Wir schreiben Kalendergeschichten**	– die Umsetzung eines kurzen Magazinberichts in eine Kalendergeschichte untersuchen, dabei auf den Einsatz wörtlicher Rede und genauer Beschreibung, den Wechsel von Außen- und Innensicht und auf Erzählerkommentare achten
S. 179	**Eine Vorlage ausgestalten** Johann Peter Hebel **Der Husar in Neiße**	– Kalendergeschichten nach Zeitungsmeldungen schreiben
S. 182	**Vorschläge für ein Kalenderprojekt**	– einen Kalender (fächerübergreifend mit Kunst) gestalten

10.1 Unterhaltsames Erzählen

S. 163

Kalendergeschichten

1 *a/b) Das Gespräch über die Eindrücke, die die alten Kalender vermitteln, sollte deutlich machen, dass sie sehr viel mehr enthielten als heutige Wand-, Taschen- oder Terminkalender. Sie boten praktische Lebenshilfe, geistige und ethische Orientierung, aber auch Unterhaltung. So bündelten sie in einer Zeit, da der Mediengebrauch aufgrund der technischen und finanziellen Gegebenheiten im Vergleich zu heute noch wenig entwickelt war, die Funktion mehrerer moderner Medien: Zeitungen, Fachzeitschriften, Ratgeber-Sachbücher, Bücher mit Kurzgeschichten, Magazinsendungen im Rundfunk und im Fernsehen.*

S. 164

Johann Peter Hebel

Das Mittagessen im Hof / Der geheilte Patient

Zwei in der Struktur und in der Intention typische Geschichten des Kalendermanns Johann Peter Hebel. Problematisches menschliches Verhalten wird in einer kurzen Reflexion thematisiert und in einer Beispielgeschichte, die die Problemlösung demonstriert, verarbeitet. Die historische Distanz zur Welt, in der die Geschichten spielen, sollte in der Auseinandersetzung mit ihnen ebenso deutlich werden wie die fortwährende Aktualität der hier problematisierten Verhaltensweisen. Auf beides zielen die Arbeitsvorschläge.

1 *a) Deutlich werden sollte in der Erzählung des Herrn, dass er den lebensklugen, listigen Einfall seines Dieners lobt, der ihn ohne unangemessene, das Herr-Diener-Verhältnis in Frage stellende, direkte Belehrung auf sein Fehlverhalten hingewiesen hat, und dass er in selbstironischer Distanz seine Launenhaftigkeit als unerträglich für seine Mitmenschen, aber auch als schädlich für sich selbst einsieht. Der Diener sollte in seinem Erzählen den Stolz auf seinen Einfall erkennbar werden lassen und dem übrigen Dienstpersonal vermitteln, dass weder ein zu eigensinnig ablehnendes noch ein stets nachgebendes Verhalten (s. Z. 8/9) gegenüber launenhaften Zumutungen weiterhilft.*

b) Der Diener ist in der Lage, schnell und originell zu reagieren; er ist nicht bereit, sich alles von seinem Herrn bieten zu lassen, hat aber genügend Distanz zu den Vorfällen, so dass es ihm möglich ist, souverän zu handeln.
Der Herr seinerseits hat offensichtlich ebenfalls Distanz zu sich selbst, sonst könnte er nicht sein eigenes Verhalten so schnell als Fehlverhalten erkennen und die Lehre seines Dieners so gut gelaunt annehmen.

2 *Hebel formuliert ganz am Anfang der Kalendergeschichte sehr allgemein, dass es um das richtige Umgehen mit „wunderlichen" Menschen geht. Konkreter auf die Beispielgeschichte bezogen könnte die Lehre lauten:*
Launenhaftem, cholerischem Verhalten begegnet man am besten weder mit eigenem Eigensinn noch mit Nachgiebigkeit, sondern so, dass man das launenhafte Verhalten in seiner Unsinnigkeit lächerlich macht und den Betreffenden damit zur Besinnung bringt.
Nachdem die Schülerinnen und Schüler erkannt haben, dass die Geschichte auf unterhaltsame Weise belehren will, können sie einen eigenen Lesevortrag vorbereiten. Gerade wegen ihrer Kürze eignet sich die Geschichte, die Lesekompetenz der Schülerinnen und Schüler zu verbessern. Die Schülervorträge können

anschließend mit der von Ulrike Kriener auf der CD ***„Deutschbuch Hörbuch 7/8"*** *gesprochenen Version verglichen werden, ohne jedoch eine Wertung vorzunehmen.*

S. 165

1 a) *Eine auf regelmäßige Mahlzeiten beschränkte, dem Kalorienverbrauch angemessene Ernährung; keine unnötigen Medikamente; viel Bewegung in frischer Luft.*

b) *Die Diätpläne und Fitnessprogramme, die heute allenthalben zu finden sind, verweisen deutlich auf die Aktualität der Geschichte; moderne Gesundheitsratschläge können gesammelt und mit den Lehren der Geschichte verglichen werden.*

c) *Zur Vorbereitung der Aufgabe müsste überprüft werden, welche Erfahrungen die Schülerinnen und Schüler mit solchen Magazinsendungen haben.*
Übernommen werden könnte aus der Geschichte die Ausgangssituation, wobei deutlich werden müsste, dass das Problem der zu reichhaltigen Nahrung bei geringer körperlicher Bewegung und Anstrengung heute nicht mehr nur auf die Reichen beschränkt ist. Auch der Versuch, dem Unwohlsein mit allerlei Pillen und Arzneien Abhilfe zu schaffen, kann beibehalten werden, ebenso der nächste Schritt, dass sich der Patient an einen Arzt wendet, von dessen ungewöhnlichen Heilerfolgen er gehört hat. Ab hier werden für die Umarbeitung der Geschichte Änderungen vorgenommen werden müssen: Der Patient telefoniert (statt einen Brief zu schreiben); der Arzt wird sich eine andere List als die mit dem Lindwurm einfallen lassen müssen und auch nicht dem Patienten einen mehrtägigen Fußmarsch bis zu seiner Praxis empfehlen.

2 a) ***Einleitung:*** *Ein allgemeines Problem menschlichen Verhaltens wird kurz beschrieben.*
Hauptteil: *Dazu wird eine Beispielgeschichte erzählt.*
Schluss: *Die Konsequenzen, die die Figuren in der Beispielgeschichte gezogen haben, werden kurz angeführt.*

b) *Mögliches* ***Tafelbild:***

Unterhaltung	Belehrung
- Verlebendigung durch wörtliche Rede Beispiele: S. 164, Z. 27–36; S. 165, Z. 38–41; S. 166, Z. 92–95 - Lustige Vergleiche und sprachliche Bilder Beispiele: S. 164, Z. 34 f.; S. 165, Z. 1, 25, 33 f. - Unerwartete witzige Einfälle der Personen Beispiele: S. 164, Z. 21 ff.; S. 165, Z. 52 ff.	- Betrachtungen und Kommentare des Erzählers Beispiele: S. 164, Z. 1–10, 37 ff.; S. 165, Z. 1–7

3 *Eine Definition der Textsorte findet sich im Schülerbuch bewusst erst auf S. 168, damit die Schülerinnen und Schüler zunächst einen eigenen Definitionsversuch formulieren können.*

S. 167

Bertolt Brecht

Der hilflose Knabe

Der Text ist ein Beispiel dafür, dass die Tradition der Kalendergeschichte bis in die Moderne fortbesteht. Auch hier wird kurz in der Einleitung ein Thema aus dem Bereich menschlichen Verhaltens angerissen und dann mit Hilfe einer Beispielgeschichte eine Lehre in unterhaltsamer

Form erteilt. Nur sind die Lehren, die Herr Keuner, abgekürzt Herr K., erteilt, häufig nicht im Einklang mit den gängigen bürgerlichen Moralvorstellungen und Lebensweisheiten, wie das bei Hebel in der Regel der Fall ist. Brechts Kalendergeschichten sind vom Grundkonzept her dialektisch angelegt, d.h. sie widersprechen in den angebotenen Lösungen und Lehren den Erwartungen des Lesers. Von daher bedeutet ihr Einsatz in Klasse 7 bis auf wenige Ausnahmen eine Verfrühung und Überforderung. Zu diesen Ausnahmen gehört das im Schülerbuch abgedruckte Beispiel, da es in enger Beziehung zur kindlichen Lebens- und Erfahrungswelt steht. So kann hier die dialektische Grundstruktur aufgearbeitet werden. In der Geschichte wird die völlig unerwartete, allen Verhaltensnormen widersprechende, schockierende Hartherzigkeit des Mannes beim genauen, wiederholten Lesen der Einleitung als pädagogische Maßnahme verstehbar.

1 / **2** *Erwartbar ist, dass die spontanen Entscheidungen für die Schlüsse A und C gefällt werden, da hier normgerechtes Verhalten gezeigt wird, das zu einem Happyend führt. Erst nach wiederholter, genauer Lektüre des Einleitungssatzes (Prinzip des verzögerten Lesens) gewinnt der von Brecht verfasste Schluss B seine Stringenz und setzt das Nachdenken über die unreflektiert angenommenen Verhaltensmuster aus A und C in Gang.*

3 *Der Begriff der Dialektik muss hier noch nicht fallen, aber es kann deutlich werden, inwiefern sich die Moralvorstellung bzw. die Vorstellungen über richtiges Verhalten bei Hebel und Brecht unterscheiden, auch wenn beiden die lehrhafte Absicht gemeinsam ist.*

S. 168

Anekdote

S. 168

Herbert Ihering

Die schlechte Zensur

Die Schülerinnen und Schüler lernen hier ein Beispiel der epischen Kleinform Anekdote kennen. Ausgewählt wurde dieser Text, da er einen direkten Bezug zur Lebenswirklichkeit der Schülerinnen und Schüler hat und ein Schlaglicht auf eine Persönlichkeit wirft, die ihnen schon bekannt ist.
Die Behandlung der Gattung verfolgt hier das Ziel, den Begriff Anekdote hinsichtlich der traditionellen Assoziationen – historische Größen, vorbildliches Verhalten, „Denkmalspflege" – kritisch zu überprüfen.

1 *a/b) Brechts Fähigkeit zu divergentem, dialektischem Denken, seine List und seine Vorliebe für das Unerwartete werden auch in der Kalendergeschichte sichtbar. Auf sein unangepasstes Verhalten, seine Respektlosigkeit gegenüber Institutionen und Autoritäten wird schon im Kurzporträt (S. 167) hingewiesen.*

2 *Es kann thematisiert werden, warum Anekdoten so häufig berühmte Personen zum Gegenstand haben, welche Absicht damit verfolgt werden könnte und ob sie mit der vorliegenden Anekdote erreicht wird.*

3 *Kriterien für die Auswertung der Familienanekdoten sollten sein: die auf alles epische Beiwerk verzichtende, knappe, pointierte Erzählweise und die Konzentration auf das Verhaltensbeispiel einer Person.*

Heinrich von Kleist

Sonderbarer Rechtsfall in England

S. 169

Der Text bildet zum einen unter dem Stichwort „Rechtsfälle" eine thematische Klammer mit der in Teilkapitel 10.3 abgedruckten Kalendergeschichte „Der Husar in Neiße", zum anderen wird eine Verbindung zum zweiten Text Kleists „Das Bettelweib von Locarno" hergestellt.

1 *Die Schülerinnen und Schüler sollen durch das Umschreiben in eine andere Textsorte ihr globales Textverständnis sichern.*

2 a) *Der Edelmann befindet sich in dem Konflikt, als einziger zu wissen, dass er selbst derjenige war, der einen anderen Edelmann unabsichtlich getötet hat. Er möchte weder, dass ein anderer unschuldig verurteilt wird, noch möchte er sich selbst anklagen. Er löst den Konflikt, indem er alles tut, die Verurteilung des Unschuldigen zu verhindern, ohne sich selbst anklagen zu müssen.*

b) *Dadurch, dass die Schülerinnen und Schüler Stellung beziehen und sie mit Hilfe des Textes begründen sollen, leisten sie eine Vorarbeit für die literarische Erörterung.*
Der Edelmann handelte richtig. Weil er keine Zeugen für seine Unschuld hatte, wäre er Gefahr gelaufen, im Falle einer Selbstanzeige für einen Unfall wie für einen Mord bestraft zu werden. Die Haltung zeigt allerdings, dass der Edelmann kein großes Vertrauen in die Justiz hat. Mit seinem Verhalten erreicht er, dass kein Unschuldiger bestraft wird.
Der Edelmann handelte falsch. Er hätte sich selbst anzeigen müssen, um die Anklage eines Unschuldigen zu verhindern. Selbst wenn eine Tötung unabsichtlich erfolgt ist, so bleibt sie ein Delikt und kann nicht übergangen werden, nur weil es zufällig keine Zeugen gab. Mit seinem Verhalten verhindert er zwar, dass ein Unschuldiger bestraft wird, entzieht sich aber selbst seiner Verantwortung.

Hermann Fürst von Pückler-Muskau

Das britische Schnupftuch

S. 170

1 b) *Der Erzähler ist ein Ich-Erzähler, was zur Authentizität der Geschichte beiträgt. Er ist aber kein neutraler Erzähler, sondern bewertet das Verhalten der Figuren.*

2 *Diese Anekdote wird mehr als „Fall" erzählt. Es soll keine Spannung erzeugt werden, der Leser soll nicht mitfühlen, sondern den Sachverhalt erkennen.*

3 *Im ersten Fall ist es ein Unfall, im zweiten ein wirklicher Diebstahl, deshalb ist der „Schuldige" in Kleists Anekdote nicht in gleichem Maße Schuldiger wie der Dieb im „britischen Schnupftuch". Der Täter im „Sonderbaren Rechtsfall" versucht einen Unschuldigen zu schützen, während der Dieb im „Schnupftuch" von seiner Straftat noch profitiert, indem er den von ihm Geschädigten ein zweites Mal schädigt, ihn für sein Mitleid bestraft.*
Hier könnte ein Vergleich mit Brechts „Der hilflose Knabe" erfolgen und überlegt werden, ob mit der doppelten Schädigung des Knaben in Brechts Geschichte ein ähnliches Ziel verfolgt wird.

4 *Die Kalendergeschichte „Der Husar in Neiße" verschiebt die Frage der Gerechtigkeit auf eine außerhalb des Bereichs menschlicher Rechtsprechung liegende höhere Gerechtigkeit. Der Sergeant verzichtet auf Rache und damit auf eine Verfolgung der Straftat durch die Justiz.*

S. 171

Erzählung von einer unerhörten Begebenheit

S. 171

Heinrich von Kleist

Das Bettelweib von Locarno

Kleists Text ist das vorbildhaft gelungene Beispiel novellistischen Erzählens. Er schildert eine unerhörte Begebenheit in einem streng komponierten Aufbau und einem gedrängten, gradlinigen Erzählduktus. Der Bezug zu einem historisch verbürgten Wirklichkeitsmoment wird zumindest behauptet. Die Lektüre erschöpft sich nicht in spannender Unterhaltung, sondern lenkt den Blick durch die Oberfläche der symbolträchtigen Handlung auf tiefere Bedeutungsschichten. All das unterscheidet diese Erzählform von einfachen Gespenstergeschichten, wie sie die Schülerinnen und Schüler aus verschiedenen Medien kennen.

1 *Kleists Erzählung stellt hohe Anforderungen an den Verstehensprozess, der durch den Einsatz der CD* ***„Deutschbuch Hörbuch 7/8"*** *erleichtert wird. Mehrmaliges Vorspielen mit verschiedenen Höraufträgen fördert das unmittelbare Textverständnis. Es ist Voraussetzung für einen wirkungsvollen Vortrag in der Klasse und für die nachfolgende Textanalyse.*

3 *a)* ***Einleitung*** *und* ***Schluss*** *bilden den Rahmen, der den historisch verbürgten Wirklichkeitsbezug herstellt. Die präsentischen Fügungen („... das man jetzt ... in Schutt und Trümmern liegen sieht" – „und noch jetzt liegen ... seine weißen Gebeine ...") zeigen an, dass die Auswirkungen der erzählten Geschichte, von jedem überprüfbar, in die Wirklichkeit von Erzähler und Leser hineinragen.*

b) Klimax in Umfang und Ausgestaltung der drei (magische Zahl in Märchen) ***Besuche:***

1. Besuch: der Marchese allein, kurzer Bericht
2. Besuch: Marchese, Marquise und Bedienter, kurzer Bericht
3. Besuch: Marchese bewaffnet, Marquise und Haushund, ausführliche Schilderung der Szene mit Wiedergabe der Geräusche und wörtlicher Rede.

c) Mögliches ***Tafelbild:***

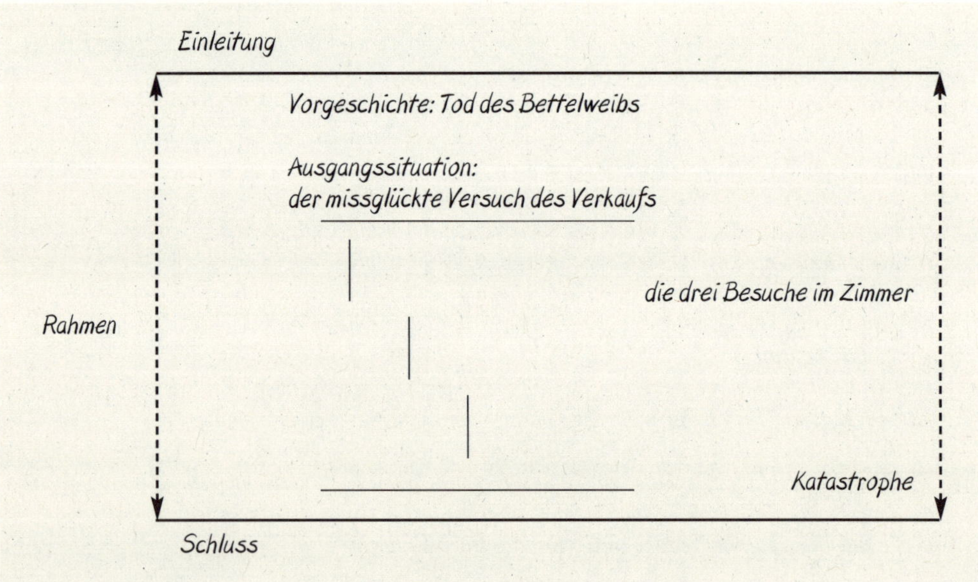

4 *Mögliches* ***Tafelbild:***

Marquise	*Marchese*
„aus Mitleid" (Z. 9 f.) auf Stroh gebettet	*befiehlt der Frau „unwillig" (Z. 13) aufzustehen*
Beide reagieren gleich, versuchen aus wirtschaftlichen Interessen den Vorfall zu leugnen (Z. 85 ff.).	
„stürzt ... mit sträubenden Haaren, aus dem Zimmer ... lässt anspannen, entschlossen, augenblicklich nach der Stadt abzufahren." (Z. 120 ff.) *→ Flucht*	*ruft „wer da?", durchhaut „nach allen Richtungen die Luft" mit seinem Degen (Z. 123 ff.)* *steckt das Zimmer „an allen vier Ecken, müde seines Lebens", an (Z. 133 ff.)* *→ Selbstzerstörung (Schuldanerkennung)*

5 *Der Erzähler ist ein allwissender Erzähler, er weiß, wie sich die Figuren fühlen, er kennt die Motive ihres Handelns bzw. stellt Vermutungen darüber an (z. B. „in der unwillkürlichen Absicht", Z. 98 f.), aber er enthält sich einer expliziten Wertung.*

6 *Erkannt werden sollte, dass der Satzbau bei Kleist nicht von einem distanziert-übersichtlichen Ordnen nach den gängigen Syntaxregeln geprägt ist, sondern von dem Versuch, den Ablauf der Geschichte so, wie er sich dem Erzähler in den Einzelmomenten aufdrängt, unmittelbar wiederzugeben, wodurch eine Sogwirkung, eine atemlose Spannung, erzeugt wird.*

7 *Bei dem Vergleich mit Kleists Geschichte könnte noch einmal vertiefend auf deren Besonderheiten im Unterschied zu einfachen Gespenstergeschichten eingegangen werden. Zum Vorlesen gut geeignet wäre Edgar Allan Poes „Die Maske des Roten Todes" u. Ä.*

10.2 Das Spiel mit den Zeiten: Erzähltempora

Tempuswechsel

S. 174

2 *a/b) Hier reicht, anknüpfend an die Vorkenntnisse der Schülerinnen und Schüler, die Erklärung, dass der Erzähler zum einen auf etwas Vergangenes zurückblickt, zum anderen auf etwas Gegenwärtiges verweist und zum dritten einen Vorgang in der Vorvergangenheit einbezieht.*

4 *a/b) Erkannt werden sollte der spannungssteigernde Charakter des Tempuswechsels vom Präteritum ins Präsens. Hier könnte festgestellt werden, dass im Deutschen der Sprecher das Tempus wechseln kann, obwohl das, was er vermitteln will, in ein und derselben Zeit spielt (hier der Vergangenheit), dass also reale Zeit und Tempusgebrauch keine festen Bezugsgrößen sind etwa nach dem Muster: Vergangenheit → Präteritum, Gegenwart → Präsens etc.*
Damit wäre der Übergang zu der folgenden ausdifferenzierten Übersicht geschaffen.

S. 175

Der Tempus-Gebrauch des Erzählers

2 a) *Ergänzungen des Tagebucheintrags:*
passierte/ist passiert – geht – war, musste, aufgestanden war. – war – war angekommen, stehen blieb – standen/stehen – schienen/scheinen – starrte an/starre an – da standen/ da stehen – ging, sah – habe erzählt/erzählte – sagte, haben erschossen – hatte gehört – muss – schaue, sehe – wird bleiben

S. 176

Zeitangaben: Adverbiale Bestimmungen und Temporalsätze

2 *Mögliches* ***Tafelbild:***

„Wann? ..."	„Seit wann? ..."	„Wie lange? ..."	Wie oft?
... bald schließlich vor etwa zwanzig Jahren tagsüber gleich während einer Geschäftsreise	seit jenem Ereignis seit jenem Tag im November 19..	den ganzen Abend über bis dahin zeitlebens	immer in jeder Nacht manchmal

5 b) *Bei den Umformungsversuchen sollte deutlich werden, dass die Entscheidung für adverbiale Bestimmung oder Nebensatz nicht beliebig ist, sondern dass in den meisten Fällen die Ökonomie der Sprache und der Erzählfluss die Entscheidung des Sprechers festlegen.*
Mögliche Umformungen:
- *adv. Bestimmung → Nebensatz:*
  Bald darauf → Als nur eine kurze Zeit verstrichen war, ...
  eine halbe Ewigkeit lang → Während eine halbe Ewigkeit verging, ...
- *Nebensatz → adv. Bestimmung:*
  ..., nachdem mir ... die Tür geöffnet worden war → nach dem ... Öffnen der Tür
  kaum dass eine halbe Stunde vergangen war → eine halbe Stunde später

6 a) *Die Adverbialia geben der Novelle Faktizität, erhöhen die Anschaulichkeit und steigern die Spannung.*

b) *Es finden sich natürlich zahlreiche andere Adverbialsätze*
- *Lokalsatz: „wo er ... pflegte" (Z. 12)*
- *Modalsätze: „dergestalt, dass" (Z. 18f., 56f., 97f.), „wie es ... war" (Z. 20), „indem etwas ..." (Z. 36f.)*
- *Komparativsätze: „als ob ..." (Z. 68, 118)*
- *Kausalsatz: „da ihm niemand antwortet" (Z. 123f.).*

10.3 Wir schreiben Kalendergeschichten

Eine Vorlage ausgestalten

S. 179

Johann Peter Hebel

S. 179

Der Husar in Neiße

2 a) *Hebel erzählt die Vorgeschichte äußerst knapp, bewertet die Charaktere kurz (ein Husar, „der ein böser Mensch war“, drang „in das Haus eines friedlichen Mannes“, Z. 11 f.) und erzeugt trotz der Schlichtheit der Erzählung durch den Tempuswechsel (Z. 18) und die knappe Reihung der Ereignisse Spannung.*

b) *Die Textstelle Z. 7 ff. spricht unmissverständlich an, dass es um das richtige Verhalten siegreicher Soldaten im Feindesland geht. „Nicht jeder führte sich auf ...“ gibt einen Hinweis auf die Hauptfigur der folgenden Geschichte, der unbestimmte Artikel verleiht der Aussage Allgemeingültigkeit, die Bewertung mit „brav“ und die Verwendung des Verbs „anstehen“ verweisen auf die zu festigende moralische Norm. Dass dieser Soldat schließlich meint, „es sei schon lange Gras darüber gewachsen“ (Z. 26 f.), führt zu einer zweiten Lehre.*

3 *Der Sergeant ist „brav“, „führt sich ordentlich auf“ und „scheint guter Dinge“ (Z. 32 f.). Er ist empfindsam (weint, als er die Bettwäsche erkennt, Z. 47 ff.).*
Die Frau ist fürsorglich (stellt ihm den Kaffee ins Ofenrohr, schaut nach dem Sergeanten, als dieser nicht zum Frühstück erscheint), mitfühlend (fragt nach, was los sei, als sie den Sergeanten weinen sieht), moralisch (erschrickt darüber, Nutznießerin einer verbrecherischen Tat geworden zu sein, und darüber, möglicherweise selbst mit der Tat in Verbindung gebracht zu werden), ehrlich (klärt den Sergeanten über die Umstände auf), stellt moralische Prinzipien über die Verpflichtung, die eigenen Leute vor dem Feind zu schützen (sie zeigt ihm, wo der Husar lebt, und nimmt damit in Kauf, dass der Sergeant sich an ihm rächen könnte).

4 *Ausführlich wird beschrieben, wie der Sergeant im Bett sitzt. Die Handlung stagniert. Der Sergeant ist so betroffen von seiner Erkenntnis und gefangen in seinen Erinnerungen, dass er nicht in der Lage ist, den üblichen Tagesablauf zu bewältigen (Aufstehen ...). Er wird ganz in seinen Schmerz versunken dargestellt, der ihn praktisch handlungsunfähig macht und ihn nicht einmal wahrnehmen lässt, dass die Frau sein Zimmer betritt. Der Schmerz ist so groß, dass der Sergeant noch keinen weiteren Gedanken gefasst zu haben scheint, z. B. fragt er nicht, woher die Frau die Bettwäsche habe, bzw. klagt er sie nicht an.*

5 *Spannung entsteht durch Abweichungen vom „Normalen“ (Sergeant kommt nicht zum Frühstück), durch Verzögerungen (das Warten der Frau, das vergleichsweise ausführliche Erwähnen, dass der Kaffee warm gestellt wird), und dadurch, dass die Gedanken des Sergeanten verzögert wiedergegeben (Situation in der Kammer des Sergeanten) oder ganz verschwiegen werden (die Gedanken, die er sich auf dem Weg zum Haus des Husaren macht).*

6 a) *Sicherung des Leseverstehens, evtl. mit kurzer Erzählung, da der christliche Hintergrund nicht bei allen Schülerinnen und Schülern vorausgesetzt werden kann.*

b) *Perspektivenübernahme. Das Verhalten des Husaren während dieser Begegnung wird ausführlich beschrieben, so dass viele Anhaltspunkte für einen inneren Monolog gegeben sind. Themen könnten die*

Rekapitulierung des Geschehens vor 18 Jahren, Äußerungen der Reue, Entschuldigungsversuche und Reflexion des Verhaltens des Sergeanten sein.

7 *Unmittelbares Einsetzen der Handlung mit direkter Rede: Auffällig ist, wie gezeigt wird, dass der Sergeant den Husaren, ohne seine persönliche Betroffenheit zum Ausdruck bringen zu wollen, zur Rede stellen will und zuerst neutrale Formulierungen wählt – „ein unschuldiger Mann", „ein achtjähriger Knabe" –, diese Haltung dann aber aufgibt, als er auf seine Schwester zu sprechen kommen muss. Die wortreichen Erwiderungen des Husaren werden gerafft in indirekter Rede wiedergegeben. Es folgen ein längerer Einschub des Erzählers und schließlich die abschließenden Worte des Sergeanten, der auf seine wie ein Urteilsspruch (vgl. „Jüngstes Gericht") formulierten Sätze keine Antwort abwartet, keine Entschuldigung mehr zulässt. Die durch die klaren, knapp formulierten Worte des Sergeanten im Gegensatz zu dem angedeuteten Redeschwall des Husaren dokumentierte Überlegenheit des Ersteren wird unterstrichen durch die Körpersprache (der Husar fällt auf seine „zitternden Knie nieder", Z. 82).*

8 *Die Geschichte steht im Präteritum, der Erzählerkommentar im Präsens.*

9 *a–c) Die unmittelbare Wirkung der direkten Rede besteht in der Vergegenwärtigung des Geschehens. Die zentralen Sätze werden in direkter Rede wiedergegeben: Vorgeschichte, Entschuldigung des Husaren als Zeichen des Umschwungs in seiner Haltung, sein Gedanke, dass er sich einer Rache des Sergeanten nicht entziehen kann, „Urteilsspruch" des Sergeanten.*

10 *a) Innensicht: Z. 80–84, 105–109 (Husar), 94, 104 f. (Sergeant)*
Erzählerkommentar: Z. 7–9, 85–94, 111–115

b) Der Verzicht auf die Innensicht, welche die Entscheidung des Sergeanten, den Husaren zu besuchen, erläutert, lässt dem Lesenden Raum für eigene Gedanken darüber, wie er sich selbst in einem solchen Fall verhalten würde. Der Gedanke an Rache liegt nahe und erhöht so den Kontrast zum tatsächlichen Verhalten des Sergeanten. Ebenso wird die Innensicht der Reaktion des Sergeanten auf die Entschuldigung des Husaren zuerst ausgespart und stattdessen die mögliche „Innensicht" des Lesers im Erzählerkommentar thematisiert.
Diese Leerstellen wollen gezielt den Leser einbeziehen, Leserreaktionen provozieren.

Vorschlag für Übungen und Klassenarbeiten

Ende vorigen Jahres ließ ein Fremder, der gerade im Wirtshaus von Segringen angekommen war, durch den Wirt einen Barbier holen. Dem erklärte der Fremde, der von der Armee kam und ein recht wildes Aussehen hatte, er wolle seinen Vollbart abgenommen haben; dafür zahle er vier Taler, sollte ihm jedoch der Barbier auch nur den kleinsten Schnitt zufügen, würde er ihn auf der Stelle erstechen. Zur Bekräftigung seiner Drohung legte er einen Dolch auf den Tisch. Der Barbier zog sich eiligst zurück und schickte seinen Gesellen. Auch dieser ließ sich nicht auf das Wagnis ein und schickte den Lehrjungen. Der kam, dachte wohl an die vier Taler, viel Geld für einen Lehrling, und begann, den seltsamen Kunden zu rasieren. Kaltblütig nahm er dem Fremden den Bart bis zum letzten Härchen sauber ab, ohne ihn auch nur einmal zu ritzen. Der Herr stand auf, gab dem Jungen das Geld und fragte ihn erstaunt, wieso er so viel mutiger gewesen sei als Meister und Geselle. Der Lehrling bedankte sich lächelnd für die vier Taler und erklärte dem Herrn, er wäre ihm, wenn er ihn verletzt hätte, zuvorgekommen, indem er ihm mit dem Rasiermesser sofort die Kehle durchgeschnitten hätte. Der fremde Herr wurde blass vor Schreck und schenkte dem Burschen noch einen Taler extra.

(aus: Johann Peter Hebel: Der Barbierjunge von Segringen. In: Johann Peter Hebel: Schatzkästlein des rheinischen Hausfreundes. Hg. v. Winfried Theiss. Reclam, Stuttgart 1981)

1 *Überarbeite den Bericht über den Barbierjungen von Segringen, um daraus eine Kalendergeschichte zu machen. Nimm dazu folgende Arbeitsschritte vor:*
- *Finde eine Überschrift.*
- *Gib der Geschichte eine Einleitung und einen Schluss, wobei die Lehre, die dem Leser gegeben werden soll, deutlich wird.*
- *Suche dir jeweils eine geeignete Textstelle heraus, an der du eine Innensicht (Wiedergabe von Gedanken und Gefühlen), eine genaue Außensicht (detaillierte Beschreibung) und szenisches Erzählen (wörtliche Rede) verwendest.*

2 *Gib zwei Textstellen an, an denen du einen Tempuswechsel vornehmen würdest, und begründe diesen Tempuswechsel.*

Literaturhinweise

Kleine literarische Formen in Einzeldarstellungen. Reclam, Stuttgart 2002

Kurze Geschichten. Praxis Deutsch, 75/1986

Rohner, Ludwig: Kalendergeschichte und Kalender. Wiesbaden 1978

11 Spannend: Balladen und Moritaten

Konzeption des Gesamtkapitels

Das Kapitel nutzt die motivierende, spannende Handlungsstruktur der Ballade, um die Auseinandersetzung der Schülerinnen und Schüler mit ästhetisch anspruchsvollen, komplexen Texten zu vertiefen. Der epische Gehalt der Ballade, ihre dramatische Zielspannung kommt dem handlungsgerichteten Leseinteresse der Schülerinnen und Schüler entgegen; die durchgehende lyrische Gestimmtheit schafft eine günstige Voraussetzung für Anteilnahme. Das Außergewöhnliche, Sensationelle, das in Balladen und Moritaten seinen Niederschlag gefunden hat, wird in den Horizont aktueller Erfahrungen der Schülerinnen und Schüler gebracht, wie sie etwa durch die Berichterstattung in den Massenmedien vermittelt werden. Die Einbeziehung zeitgenössischer Texte erlaubt nicht nur einfachere Identifikationsangebote, sondern weist auch auf mögliche gattungsspezifische Aktualisierungstendenzen hin. Der handlungs- und produktionsorientierte Zugang mit kreativen und experimentellen Aufgabenstellungen ermöglicht die Festigung bzw. Anwendung erworbener Kenntnisse der Gedichtanalyse und lenkt den Blick auf grundlegende Merkmale epischer Texte; zudem beinhaltet er – im Sinne ganzheitlichen Lernens – eine emotionale und sinnliche Dimension.

Das erste Teilkapitel **(„Balladen lesen und untersuchen“)** hat das Anliegen, mehrere Balladen vorzustellen und dabei exemplarisch zentrale inhaltliche wie formal-strukturelle Aspekte der Gattung aufzuzeigen. Die überwiegend einsträngige, zielgerichtete Handlungsstruktur der Ballade, ihre Kürze und Überschaubarkeit erscheinen als besonders günstige Voraussetzungen, um die Schülerinnen und Schüler in verschiedene Formen der Textwiedergabe einzuführen und den Eintritt in den interpretatorischen Diskurs zu ermöglichen.

Im zweiten Teilkapitel **(„Information oder Sensation? – Außergewöhnliche Ereignisse darstellen“)** wird der Lernbereich „Sprechen und Schreiben“ integriert. Die Schülerinnen und Schüler erfahren durch nachvollziehendes und analoges Schreiben, dass Balladen und Moritaten häufig auf reale Ereignisse rekurrieren, diese jedoch z.T. stark dramatisieren. Dabei werden Parallelen zu aktuellen Dramatisierungs- und Sensationsstrategien in den Massenmedien erkannt.

Das dritte Teilkapitel **(„Hört, hört! – Von der Ballade zum Rap-Song“)** dient der Anwendung und Vertiefung und spannt einen Bogen von der klassischen Ballade bis hin zu aktuellen, zeitgenössischen Formen. Akzentuiert wird dabei die akustische Dimension der Texte, ihr akustisch-motorischer Aspekt. Klänge, Rhythmen, Tonfall, Laute werden erprobt und Balladenvertonungen untersucht. Der produktive Aspekt eröffnet eine weitere Verstehensdimension und wirkt motivierend. Gleiches gilt für die abschließende Präsentationsanregung, den Balladenabend.

Zusätzliches Übungsmaterial

„Deutschbuch 3 Arbeitsheft“:
- Inhaltsangabe und Lesetraining: S. 87–95

Das **„Deutschbuch Hörbuch 7/8“** enthält vier in diesem Kapitel behandelte Balladen.

Seite	Inhalte	Kompetenzen
S. 183	**11.1 Balladen lesen und untersuchen**	Die Schülerinnen und Schüler können – den Inhalt von Balladen wiedergeben – den Spannungsverlauf einer Ballade erkennen und visualisieren – zentrale Formmerkmale von Balladen (z.B. Metrum) beschreiben – die Gestimmtheit einer Ballade in Vortrag, Mimik und Körperhaltung zum Ausdruck bringen – Gattungsmerkmale der Ballade benennen
S. 184	Heinrich Heine **Belsazar**	
S. 186	Friedrich Schiller **Die Bürgschaft**	
S. 190	Johann Wolfgang Goethe **Der Zauberlehrling**	
S. 193	**11.2 Information oder Sensation? – Außergewöhnliche Ereignisse darstellen**	– den Entstehungszusammenhang von Balladen erfassen – einen Zeitungsbericht auf der Grundlage von Informationen aus einer Ballade verfassen – die Sensation als konstituierendes Element von Moritaten erkennen – Parallelen in der Dramatisierung zwischen Balladen/Moritaten und der Darstellung in modernen Massenmedien erkennen und reflektieren
S. 194	Theodor Fontane **John Maynard**	
S. 196	**Moritaten**	
S. 197	**Sabinchen**	
S. 199	**11.3 Hört, hört! – Von der Ballade zum Rap-Song**	– moderne balladeske Formen in die Tradition der klassischen Ballade einordnen – die akustische Dimension von Balladen analysieren und durch klanglich-rhythmische Experimente sinnlich veranschaulichen – balladeske Formen eigenständig nach entsprechenden Vorgaben bzw. Mustern produzieren und präsentieren
S. 199	Johann Wolfgang Goethe **Erlkönig**	
S. 201	Johann Friedrich Reichardt **Erlkönig**	
S. 202	Wolf Biermann **Die Ballade vom Briefträger William Moore aus Baltimore**	
S. 204	Cora E. **schlüsselkind**	

11.1 Balladen lesen und untersuchen

Im ersten Teilkapitel dominiert der Arbeitsbereich „Umgang mit Texten". Es werden zentrale inhaltliche wie formal-strukturelle Aspekte der Textsorte „Ballade" aufgezeigt. Einen Schwerpunkt bildet der Spannungsverlauf als konstitutives Element der Gattung.

S. 183

Rembrandt van Rijn

Das Gastmahl des Belsazar (um 1639)

Größe des Bildes im Original: 167,6 x 209,2 cm. Das Bild ist bezeichnet: Rembrand fecit 163 (die letzte Ziffer der Jahresangabe fehlt). Dargestellt ist die biblische Szene „Belsazars Gastmahl" (5. Buch Daniel, AT). Rembrandt gibt in seinem Gemälde genau jenen Kulminationspunkt des Geschehens wieder, in dem die ausgelassene Stimmung umschlägt. Belsazar fährt erschrocken auf, wendet sich der geheimnisvollen Schrift zu und stößt dabei seinen Pokal mit Wein um. Eine ähnliche Reaktion erleben wir bei der rechten Repoussoirfigur, während die linke die geheimnisvolle Schrift offensichtlich noch nicht wahrgenommen hat und zu zwei angstvoll aufschauenden Teilnehmern der Festgesellschaft blickt. Beide Rückenfiguren ziehen den Betrachter ins Bild und lenken die Blickrichtung auf die deutlich im Zentrum stehende Figur Belsazars (der von der geheimnisvollen Schrift als Lichtquelle angestrahlte Kopf bildet die Spitze der Dreieckskomposition), der mit ausladender Gebärde der Arme (Bilddiagonale) und mit aufgerissenen Augen sich der geheimnisvollen Schrift zuwendet. Auch der Blick des Bildbetrachters wird so auf das Hauptgeschehen gelenkt.

1 *Die Beschreibung des Bildes und die Spekulationen über das Geschehen bilden eine motivierende Hinführung zum Text. Der visuelle Eindruck sensibilisiert die Schülerinnen und Schüler für das Geschehen.*

2 *a–c) Die Überlegungen der Schülerinnen und Schüler können der tatsächlichen Bibelgeschichte gegenübergestellt werden:*

Die biblische Geschichte von Belsazar

Belsazar, babylonisch Bel-schar-ußur (Bel schütze den König), führte 551 bis 543 v. Chr. für seinen Vater Nabonid zeitweise die Regierung. Dessen Vorgänger Nebukadnezar hatte 568 v. Chr. Jerusalem zerstört, die Schätze aus dem Tempel geraubt und die Juden in die Babylonische Gefangenschaft verschleppt. Nebukadnezar machte die Stadt Babylon zur schönsten und bedeutendsten Großstadt seiner Zeit.
Im 5. Kapitel des Buches Daniel im Alten Testament wird von einem Gastmahl Belsazars berichtet:

König Belsazar gab ein großes Gastmahl für seine Großen; es waren tausend Menschen, und zusammen mit den Tausend sprach er dem Wein zu. (2) In seiner Weinlaune nun ließ Belsazar die goldenen und silbernen Gefäße holen, die sein Vater Nebukadnezar aus dem Tempel in Jerusalem mitgenommen hatte. Jetzt sollten der König und seine Großen, seine Frauen und Nebenfrauen daraus trinken. (3) Man holte also die goldenen Gefäße, die man aus dem Tempel des Gotteshauses in Jerusalem mitgenommen hatte, und der König und seine Großen, seine Frauen und Nebenfrauen tranken daraus. (4) Sie tranken Wein und lobten die Götter aus Gold und Silber, aus Bronze, Eisen, Holz und Stein.
(5) In derselben Stunde erschienen die Finger einer Menschenhand und schrieben gegenüber dem Leuchter etwas auf die weiß

getünchte Wand des königlichen Palastes. Der König sah den Rücken der Hand, als sie schrieb. (6) Da erbleichte er und seine Gedanken erschreckten ihn. Seine Glieder wurden schwach und ihm schlotterten die Knie. (7) Der König schrie laut, man solle die Wahrsager und Astrologen holen. Dann sagte er zu den Weisen von Babel: Wer diese Schrift lesen und mir deuten kann – was er auch sei: er soll in Purpur gekleidet werden, eine goldene Kette um den Hals tragen und als der Dritte in meinem Reich herrschen.

(6) Da kamen alle Weisen des Königs herbei; aber sie waren nicht im Stande, die Schrift zu lesen oder dem König zu sagen, was sie bedeutete. (9) Darüber erschrak König Belsazar noch mehr und sein Gesicht wurde bleich. Auch seine Großen gerieten in Angst. [...]

Belsazar ließ daraufhin – auf Anraten seiner Gemahlin – Daniel, den Propheten der Juden, in das Königsschloss holen. Daniel löste das Geheimnis der rätselhaften Schrift:

Du hast die Götter aus Gold und Silber, aus Bronze, Eisen, Holz und Stein gepriesen, die weder sehen noch hören können und keinen Verstand haben. Aber der Gott, der deinen Lebensatem in seiner Hand hat und dem all deine Wege gehören, den hast du nicht verherrlicht. (24) Darum hat er diese Hand geschickt und diese Schrift geschrieben. (25) Das Geschriebene lautet aber: Mene mene tekel u-parsin. (26) Diese Worte bedeuten: Mene: Gezählt hat Gott die Tage deiner Herrschaft und macht ihr eine Ende. (27) tekel: Gewogen wurdest du auf der Waage und zu leicht befunden. (28) Peres: Geteilt wird dein Reich und den Medern und Persern gegeben.

(29) Da befahl Belsazar, Daniel in Purpur zu kleiden und ihm eine goldene Kette um den Hals zu legen, und er ließ verkünden, dass Daniel als der Dritte im Reich herrschen sollte. (30) Aber noch in derselben Nacht wurde Belsazar, der König der Babylonier, getötet.

Heinrich Heine

Belsazar

S. 184

Als Quellen für Heines Balladen gelten in der Literatur allgemein Lord Byrons Gedicht „Vision of Belshazzar“ (1815), Rembrandts Gemälde (Schülerbuch S. 183), vor allem aber der hier abgedruckte Auszug aus dem 5. Buch Daniel des Alten Testaments. In vielen Interpretationen wird betont, dass sich Heine in seinem historischen Exempel mit den politischen und gesellschaftlichen Zuständen seiner Zeit auseinander setzt. Inwieweit die Lehrerin/der Lehrer diese in der Fachliteratur aber nicht einhellig der Ballade zugesprochene politische Dimension des Textes in einer 7. Klasse ausleuchten möchte, muss offen bleiben.
Herauszuarbeiten sind der Schuld-Sühne-Kontrast der Ballade und ihre grundlegende antithetische Struktur: „Die Hochstimmung des Balladenanfangs steht im Kontrast zum Tod am Ende. Dem ausschweifenden Fest der Menschen folgt das unerbittliche Strafgericht Gottes“ (Woesler, in: Grimm, S. 191). Eine besondere Stellung hat die 13. Strophe als Höhe- und Wendepunkt des Geschehens (wörtliche Rede, metrische Brechung im 2. Vers durch Auflösung des Auftakts, antithetische Gegenüberstellung Jehova – ich etc.). Die antithetische Struktur lässt sich hervorragend an den Veränderungen in Mimik, Gestik, Stimmung, Geräuschkulisse festmachen.

3 *a–c) Heine verwendet in den ersten Strophen seiner Ballade die Technik des Zoomens, die den Leser langsam an Szenerie und Geschehen heranführt. Die Schülerinnen und Schüler vollziehen dies durch die Aufgabenstellung nach, indem sie Heines Verfahren durch Visualisierung sinnlich zum Ausdruck bringen. Es wird dabei rasch deutlich, dass Heines Vorgehen zugleich Spannung erzeugt. Wichtig ist bei dieser Aufgabenstellung, die Zeitvorgaben genau einzuhalten.*

4 b) *Rembrandt gibt in seinem Gemälde jenen Kulminationspunkt der biblischen Geschichte wieder, in dem die ausgelassene Stimmung umschlägt: Das Erscheinen der geheimnisvollen Schrift und die Reaktionen darauf. Im Unterschied zum Bild, wo der Einbruch des Göttlichen eher überraschend kommt, tritt bei Heine der Stimmungsumschwung unmittelbar nach der Gotteslästerung und vor dem Auftauchen der Flammenschrift ein. Es herrscht gleichsam Ruhe vor dem Sturm. Die schlotternden Knie versagen Heines Figur Belsazar den Dienst: Er kann sich nicht mehr erheben.*

5 a) *Die Teilaufgabe dient einerseits zur Sicherung des Inhalts, andererseits kann sie zugleich Vorarbeit für eine Inhaltsangabe sein.*

b) *Es ist sinnvoll, unterschiedliche Schülerlösungen zu thematisieren. Dazu können die einzelnen Spannungskurven an der Tafel festgehalten werden. Eine Alternative hierzu bietet das „Overlay-Verfahren", bei dem die Schülerinnen und Schüler ihre Kurvenverläufe z. T. auf Overheadfolie festhalten und diese dann am Projektor zeigen; das Übereinanderlegen erleichtert die Thematisierung unterschiedlicher Lösungsvarianten.*

Mögliche ***Tafel- bzw. Folienskizze:***

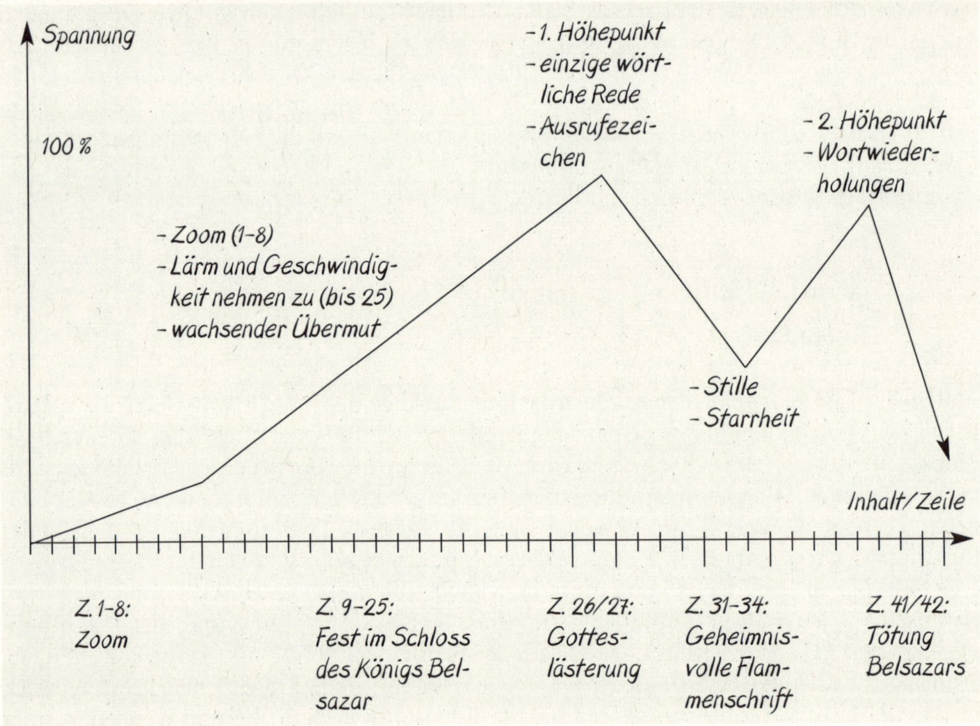

6 a)
- *Ausgelassene Festatmosphäre, z. B. klirrten (V. 9), jauchzten (9), klang (10), reißt (14), wild (16), brüllt (17), eilt (19), hastig (24)*
- *Bedrückung/Stille/Starrheit: verklang (28), bang (29), verstummte (30), leichenstill (31)*
- *Gebanntheit: Und sieh! und sieh! (32), Und schrieb, und schrieb (34)*
- *Entsetzen: stieren Blicks (37), totenblass (38), kalt durchgraut (39), still (40), keinen Laut (40).*

b) *Als Hilfestellung für den eigenen Vortrag kann die professionelle Interpretation von Udo Wachtveitl, enthalten auf der CD* ***„Deutschbuch Hörbuch 7/8"*** *herangezogen werden. Die Schülerinnen und*

Schüler machen sich während des Vortrags Notizen zur Interpretation und entscheiden, ob sie die Vortragsweise von Wachtveitl imitieren oder eine eigene Version entwickeln wollen.
Anschließend können die Schülerinnen und Schüler auf der Grundlage des Hörtextes in Gruppenarbeit entscheiden, mit welcher Musik bzw. mit welchen Geräuschen die einzelnen Strophen untermalt bzw. die „Lücken" zwischen den Strophen gefüllt werden können.

8 a) *Strophe 15 bietet sich für eine genauere Untersuchung an:*

Das gellende Lachen verstummte zumal; → Daktylus
x | x́ x x | x́ x x | x́ x x | x́
Es wurde leichenstill im Saal. → Jambus
x x́ | x x́ | x x́ | x x́

b) *Dem Wechsel im Versmaß korrespondiert die inhaltliche Aussage. Das gellende Lachen, Ausdruck von höchstem Übermut, weicht der Leichenstille, die sich in der Gleichförmigkeit des vierhebigen Versmaßes spiegelt.*

c) *Vers 27 beginnt mit einer betonten Silbe (Ích). Der Auftakt wird aufgelöst. Diese metrische Brechung unterstreicht den Höhe- und Wendepunkt und kontrastiert das „Ich" mit Jehova (Vers 26). Wörtliche Rede und Ausrufezeichen unterstreichen ebenfalls die zentrale Bedeutung dieser Verse.*

Friedrich Schiller
Die Bürgschaft

S. 186

1 / **2** *Schiller verdeutlicht in seiner Ballade, dass Freundschaftstreue und Pflichtgefühl Bosheit und Grausamkeit besiegen können. Auf die prägnante, konzise Formulierung des Kerns der Ballade sollte gerade im Hinblick auf die spätere Formulierung eines Einleitungssatzes zur Inhaltsangabe besonderes Gewicht gelegt werden.*
Um den Schülerinnen und Schülern den Zugang zum Text zu erleichtern, sind Arbeitsaufträge, welche die Innenperspektive beleuchten, hilfreich. Das Textverständnis fördert ebenfalls ein mehrmaliges Hören der von Gert Westphal vorgetragenen Interpretation, die auf der CD ***„Deutschbuch Hörbuch 7/8"*** *enthalten ist. Die Jugendlichen schulen einerseits die Fähigkeit des Zuhörens, andererseits können sie auf einen kreativen Gestaltungsprozess vorbereitet werden.*

2 a) *Dem „Tyrannen" (V. 1), der zu Beginn mit „arger List" (V. 15) gezeigt wird, wird am Ende „menschliches Rühren" (Z. 142) zugesprochen. Der Wandel kann plakativ an den Begriffen „Tyrann" und „König" festgemacht werden, ohne an dieser Stelle zu tief in eine genauere sprachliche Analyse einzusteigen.*

3 *Folgende Struktur könnte mit Hilfe der Methode herausgearbeitet werden:*
1. Strophe: *Damon wird bei einem Attentatsversuch auf den Tyrannen Dionys gefangen genommen und zum Tod am Kreuz verurteilt.*
2. Strophe: *Damon bittet um einen Aufschub von drei Tagen, um seine Schwester verheiraten zu können, und stellt seinen Freund als Bürgen.*
3. Strophe: *Dionys gewährt eine Frist unter der Bedingung, dass bei Nichteinhaltung der Frist der Freund sterben muss.*
4. Strophe: *Der Freund stellt sich als Bürge zur Verfügung.*
5. Strophe: *Damon verheiratet seine Schwester und tritt die Rückreise an.*

6.–9. Strophe: *Schwere Regenfälle lassen den Fluss über die Ufer treten, die Wassermassen zerstören die Brücke. Damon erreicht schwimmend das andere Ufer.*
10.–11. Strophe: *Eine Räuberbande überfällt Damon. Damon tötet drei Räuber und schlägt die anderen in die Flucht.*
12.–13. Strophe: *Ein Quell rettet Damon vor dem Verdursten.*
14. Strophe: *Zwei in der Abenddämmerung vorüberkommende Wanderer berichten vom Kreuzestod des Freundes.*
15. Strophe: *Damons Diener Philostratus versucht seinen Herrn zur Flucht zu überreden.*
16.–17. Strophe: *Damon will seinem Freund in den Tod folgen.*
18. Strophe: *Damon trifft doch noch rechtzeitig an der Hinrichtungsstätte ein.*
19. Strophe: *Dem Tyrannen wird Damons Rückkehr gemeldet.*
20. Strophe: *Der Tyrann begnadigt Damon und bittet um Aufnahme in den Freundschaftsbund.*

Die Anordnung der Karteikarten an der Tafel kann sich an folgendem Schema orientieren, das alternativ auch als ***Tafel- oder Folienanschrieb*** *eingesetzt werden kann:*

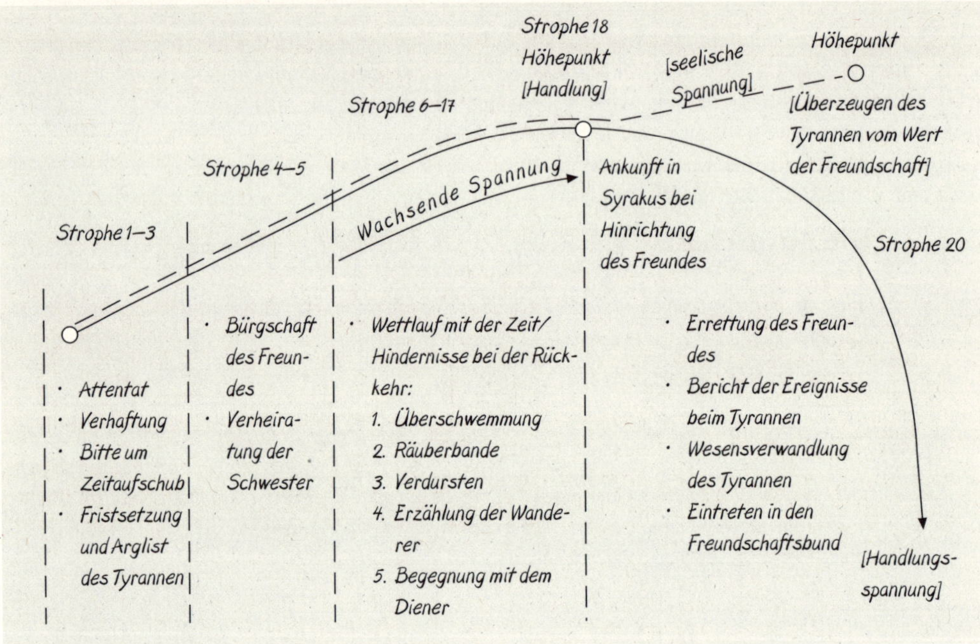

4 *b) Eine überarbeitete Fassung könnte so aussehen:*

Bei einem Mordanschlag auf Dionys, den Tyrannen von Syrakus, wird der Freiheitskämpfer Damon gefangen genommen und zum Tod am Kreuz verurteilt. Damon bittet um eine dreitägige Frist, um seine Schwester zu verheiraten. Er lässt seinen Freund als Bürgen zurück. Voll Arglist verspricht Dionys Damon bei einer verspäteten Rückkehr die Freiheit.
Auf dem Rückweg wird Damon einige Male aufgehalten, z.B. durch eine Überschwemmung oder schließlich durch die Nachricht vom Tod seines Freundes. Obwohl ihm sogar sein eigener Diener zur Flucht rät, liefert sich Damon aus. Er bewahrt doch noch seinen Freund vor dem sicheren Tod und bezwingt die Bosheit des Tyrannen, der sogar seine Freundschaft anbietet.

S. 190

Johann Wolfgang Goethe
Der Zauberlehrling

1 *Im Unterschied zu den bisher behandelten Balladen spricht im „Zauberlehrling" mit Ausnahme in der letzten Strophe nur der Zauberlehrling (Rollengedicht), dessen Selbstüberschätzung im Unheil mündet, das nur durch das Eingreifen des Meisters beseitigt werden kann.*

2 *b) Die Gefühlsstationen des Zauberlehrlings lassen sich so bestimmen:*
***Strophe 1–2:** Lehrling nutzt die Abwesenheit seines Meisters, um mit Hilfe des abgelauschten Zauberspruchs einen Besen in einen Wasserträger zu verwandeln → Selbstsicherheit, Überlegenheitsgefühl.*
***Strophe 3:** Der magische Spruch gelingt, der Besen schleppt zur Freude des Lehrlings das Wasser zum Bade herbei → Stolz, Triumphgefühl, Freude; jähes Umschlagen in Verzagtheit.*
***Strophe 4–5:** Der Lehrling hat die Zauberformel, die den Besen stoppt, vergessen → Angst, Entsetzen, Wut.*
***Strophe 6–7:** Der Lehrling spaltet den Besen und verdoppelt dadurch das Unheil → zunächst Erleichterung und Hoffnung, dann Verzweiflung, Hilflosigkeit und Kleinmut.*

c) Mimische und gestische Darstellungsmittel: aufgerissene Augen, gerunzelte Stirn, zusammengekniffene Lippen; aufrechte oder geduckte Haltung, auf die Hüften aufgestemmte Arme, ausgestreckte Arme – jubelnd oder flehend, verkrampft-gespreizte Finger u. a.

3–**5** *Nicht nur Gestik und Mimik können als Mittel der Erschließung und Interpretation des Gedichts eingesetzt werden, sondern auch monologisches, dialogisches und chorisches Sprechen. Über Sprechversuche können die Schülerinnen und Schüler tiefer in die dramatische Situation der Ballade eindringen. Am Ende steht der möglichst ausdrucksstarke Vortrag, der gleichermaßen Metrum und Rhythmus sowie die verschiedenen Gefühlsstationen hörbar macht. Die Metrik verdient dabei insofern besondere Beachtung, als der Trochäus (zwei- bzw. vierhebig) hier mit besonderer Intensität das Beschwörende der Zauberstrophen bzw. die Dynamik des unheilvollen Geschehens wiedergibt.*
*Die CD **„Deutschbuch Hörbuch 7/8"** präsentiert Goethes Ballade in zwei ganz unterschiedlichen Sprechversionen: Klaus Kinskis Vortrag empfindet der Zuhörer als beschwörend, magisch, aber auch bedrohlich. Der Zauberlehrling wirkt hinterlistig-böse. In Udo Wachtveitls Interpretation dagegen erscheint der Zauberlehrling eher übermütig, nett, naiv und sich selbst überschätzend. Der Interpret bringt die sich verändernden Gefühle des Zauberlehrlings durch unterschiedliche Sprechweisen zum Ausdruck. Die Schülerinnen und Schüler können beide Vortragsweisen miteinander vergleichen und ihren eigenen Vortrag mit der professionellen Fassung kontrastieren. Die Hörfassung kann zudem dazu genutzt werden, Standbilder zu bauen oder das Gedicht pantomimisch umzusetzen.*

6 / **7** *Die Aufgaben dienen der Systematisierung der bisherigen Arbeitsergebnisse und der nachhaltigen Ergebnissicherung.*

11.2 Information oder Sensation? – Außergewöhnliche Ereignisse darstellen

S. 193 Das zweite Teilkapitel integriert den Lernbereich „Sprechen und Schreiben". Ausgehend vom Sensationsgehalt von Moritaten und Balladen – häufig konstitutives Moment dieser Gattung – wird der Bogen gespannt zu Sensationsstrategien moderner Massenmedien.

1 / **2** *Die Beschäftigung mit sensationsträchtigen Schlagzeilen soll Schülerinnen und Schüler auf den Sensationsgehalt von Balladen und Moritaten einstimmen. Den Schülerinnen und Schülern wird bewusst, welche Faszination von einer sensationell aufgemachten Nachricht ausgeht. Vor diesem Hintergrund können später Parallelen zwischen aktuellen Formen der Nachrichtenvermittlung und Balladen bzw. Moritaten gezogen werden.*

S. 194 Theodor Fontane

John Maynard

Das **„Deutschbuch Hörbuch 7/8"** bietet die Ballade in zwei verschiedenen Aufnahmen: Während Ulrike Kriener eher die epischen Elemente der Ballade betont und sie so vorträgt, als würde sie erzählt werden, ist der Vortrag von Lutz Görner stark dramatisierend. Bevor sich die Schülerinnen und Schüler mit den beiden unterschiedlichen Interpretationen auseinander setzen, untersuchen sie anhand des Textes im Schülerbuch den Inhalt und die sprachliche Gestaltung.

3 *Auch Fontane stilisiert in seiner Ballade den Steuermann der „Erie" zu einem Märtyrer, wie es vor ihm schon der Engländer J. B. Gough in seiner Erzählung, die auf einen Zeitungsbericht in der Bostoner Tageszeitung vom 12. September 1845 zurückgeht, und Horatio Alger in seiner volkstümlichen Ballade des Maynard-Stoffs (1868) vorgegeben hatten. Dass die Schiffskatastrophe nicht wie in Wirklichkeit zum Tod der meisten Passagiere führt, unterstützt diese Absicht, ist aber auch bezeichnend für eine gewandelte Einstellung Fontanes zur beschleunigten technischen, vor allem auch verkehrstechnischen Revolution in der zweiten Hälfte des 19. Jahrhunderts. Die „skeptische Dämonisierung der Technik", wie sie noch in Fontanes Ballade „Die Brück' am Tay" begegnet, erscheint insofern gemildert, als der Mensch durch sein entschlossenes Eingreifen die schlimmsten Auswirkungen verhindert (Karl Richter, in: Grimm, S. 352). Thema der Ballade bei Fontane ist das Verhältnis des Einzelnen zur Gemeinschaft. „Die Ballade wird zur Parabel einer sozialen Verpflichtung des Einzelnen gegenüber einer Gemeinschaft, aber auch der Gemeinschaft gegenüber dem Einzelnen" (ebd., S. 357), wie er im Opfertod John Maynards und dem ehrenden Andenken der Passagiere an ihren Lebensretter sinnfällig wird.*

4 *a–c) Die Hauptschlagzeile des Zeitungsartikels, den die Schülerinnen und Schüler formulieren, müsste diesen Sinnzusammenhang in den Mittelpunkt stellen (z. B.: „Heldenhafter Opfertod des Steuermanns"). Bei der Form des Berichts sollte darauf geachtet werden, dass der Lead-Stil eingehalten wird.*

Ein sachlicher, ausführlicher ***Zeitungsbericht*** *könnte folgendermaßen aussehen:*

Auf dem Eriesee bei Buffalo hat sich ein schweres Schiffsunglück ereignet. Die Fahrt des Passagierschiffes endete in der Brandung. Dank des beherzten Einsatzes des Steuermanns konnten alle Passagiere gerettet werden. Der Steuermann John Maynard selbst kam dabei ums Leben.

Das Unglücksschiff „Schwalbe" war am Abend des 9. August 1841 von Detroit nach Buffalo unterwegs. Etwa 20 Minuten vor der planmäßigen Ankunft brach im Schiffsraum im hinteren Teil des Schiffs ein Feuer aus. Die Passagiere flüchteten sich an den Bugspriet, während sich das Feuer immer weiter ausbreitete.
Augenzeugenberichten zufolge war der Sichtkontakt zwischen Kapitän und Steuermann wegen der starken Rauchentwicklung abgebrochen. Über das Sprachrohr hielten die beiden aber noch Kontakt. Die Passagiere leisteten dem Steuermann wertvolle moralische Unterstützung. Der Steuermann John Maynard folgte den Anweisungen des Kapitäns und steuerte offenbar mit letzter Kraft das Schiff auf den sicheren Strand von Buffalo zu.
Das brennende Passagierschiff wurde völlig zerstört, als es auf den felsigen Strand auflief. Dank des beherzten Eingreifens des Steuermanns blieben alle Passagiere am Leben. John Maynard jedoch konnte nicht mehr gerettet werden. Er kam in den Flammen um. Über zehntausend Menschen nahmen – zum Teil sichtlich betroffen – an der Trauerfeier teil.

5 *In den Aussagen der überlebenden Passagiere könnte das stille Heldentum des Steuermanns deutlich werden. Im Rahmen der Aufgabe könnten kleine Szenen nachgestellt werden, die möglicherweise auch auf Video aufgenommen und in einem problematisierenden Unterrichtsgespräch ausgewertet werden.*

Moritaten

S. 196

1 / **2** *Im Vortrag von Moritaten wollen Bänkelsänger zum einen durch die sensationell aufgezogene Nachrichtenverbreitung und durch die Kombination visueller und akustischer Reize (Bild, Sprache, Musik) unterhalten, zum anderen geht es häufig auch um moralische Aufrüstung. Die Schreckens- und Schauerberichte enden immer wieder mit einem deutlichen Appell an das Publikum, die Lehre aus dem Gezeigten zu ziehen und sich vor dem Bösen in der Welt in Acht zu nehmen. Die gesellschaftlichen Ursachen der Verzweiflungstat interessieren nicht, der einfache „Schuld-Sühne-Schematismus als Demonstration der Funktionstüchtigkeit des göttlichen Ordo" (Braungart, S. 415), die holzschnittartigen, daher eingängigen Erklärungen und Deutungsmuster finden angesichts der sich rasch verändernden, komplexer werdenden gesellschaftlichen Verhältnisse vor allem in der zweiten Hälfte des 19. Jahrhunderts ein dankbares Publikum. Der Bänkelsänger zieht alle Register seiner Gebrauchskunst, um sein Publikum zu erreichen und daraus einen persönlichen wirtschaftlichen Nutzen zu ziehen (Verkauf der Bänkelsängerhefte).*

3 *Bänkelsänger entstammten den untersten sozialen Schichten, sie galten als politisch verdächtig. Braungart (s. Literaturhinweise) geht der Frage nach, warum die Bänkelsänger der behördlichen Zensur unterlagen, und kommt zu dem Ergebnis: „Die ungeheuerlichen Schilderungen könnten ja auch – ex negativo – zur Kritik an der Obrigkeit ermuntern, die nicht in der Lage sei, für Ruhe und Ordnung zu sorgen, ganz zu schweigen von den immer wieder geäußerten Bedenken, die schlechten Vorbilder würden zur moralischen Verwahrlosung des Volkes führen" (S. 418).*

Sabinchen

S. 197

1 / **2** *Die Moritat „Sabinchen war ein Frauenzimmer" kursiert in den unterschiedlichsten Textvarianten und wird zum Teil als Bänkelparodie eingeschätzt. Sicher weist der Text viele parodistische Merkmale auf, ist jedoch der Bänkelsangtradition stark verbunden. Der Text eignet sich gut, um den Schülerinnen und Schülern den Handlungsablauf einer typischen Moritat vorzustellen. Die Überzeichnungen erleichtern den Zugang zur Gattung „Bänkelsang". Gerade die publikumswirksamen Kniffe der Bänkellieder*

lassen sich am Text gut erarbeiten. Zur Sabinchen-Moritat ist ein Bänkelschild überliefert, sodass eine Verbindung zwischen Text und Bild gezogen werden kann.
Die Moritat warnt vor dem naiven Verhalten des verliebten Dienstmädchens Sabine, das für seine Fehler büßen muss. Im Gut-Böse-Schema des Bänkelsangs darf der grausame Schustergeselle allerdings nicht ungeschoren davonkommen: Die staatliche Ordnungsmacht bringt ihn an den Galgen. Die Rezipientenorientierung der Moritat wird bereits an der Wahl der Personen deutlich: Sabinchen wird sicher das Mitleid (oder die Häme) des Publikums hervorrufen. Thematische Schwerpunkte sind auf die Hörigkeit Sabines und ihre Missetat gesetzt; der Mord wird detailverliebt geschildert – „sex and crime“ versprechen interessierte Zuhörer. Auch die Schlussmoral hat den Publikumserfolg im Blick.
Parodistische Elemente lassen sich formal in der Wortwahl („jug“ statt „jagte“, „Transchiermesser“, Umschreibungen mit „thun“, ...), schiefen Reimen („Noth“ – „hat“) und Brüchen im Metrum („Löffel“) nachweisen.
Die Schautafeln der Schülerinnen und Schüler könnten untereinander und auch mit folgender „Original-Schautafel“ verglichen werden:

3 / **4** *Die Aufgabenstellungen transponieren das Sabinchen-Geschehen auf zweierlei Art und Weise in die Gegenwart. Dabei kann Bezug auf den Einstieg ins Teilkapitel genommen werden (Information oder Sensation?). Darüber hinaus wird eine Brücke zum dritten Teilkapitel geschlagen. Eine „moderne" Sabinchen-Moritat gibt es z. B. von der bayerischen Gruppe „Biermösl Blosn" auf CD (Grüß Gott, mein Bayernland. Mood Records 33 625/1982): Sabinchen gerät dabei an einen Atom-Ingenieur.*

11.3 Hört, hört! – Von der Ballade zum Rap-Song

Das dritte Teilkapitel stellt die akustische Dimension balladesker Formen in den Mittelpunkt. Deshalb bietet sich eine Zusammenarbeit mit dem Fach Musik an. Im Fächerverbund lassen sich experimentelle, handlungsorientierte, produktive Verfahren im Sinn einer ganzheitlichen Lernkonzeption besonders erfolgversprechend realisieren.
Die Bandbreite der ausgewählten Texte von der klassischen Ballade bis hin zu Rap-Texten demonstriert nicht nur eine stoffliche Varianz, sondern verdeutlicht die Rezeption von Motiven und Formen traditioneller Balladen- bzw. Bänkeldichtung durch moderne balladeske Formen, wie sie etwa durch Chanson, Folksong, Protestsong oder Rap im 20. Jahrhundert zum Ausdruck kommen.

Johann Wolfgang Goethe

Erlkönig

S. 199

1 *a–d) Der spannende, geradlinige, leicht erfassbare Handlungsablauf und die begrenzte Anzahl von Personen im „Erlkönig" machen es leicht, sich auf die akustische Dimension zu konzentrieren, wie sie sich etwa in einem Hörspiel niederschlagen kann. Es gibt einige wenige Geräusche, die das dramatische Geschehen begleiten (Wind, Pferdegetrappel). Das akustische Nachahmen allein dieser beiden Geräusche hilft den Schülerinnen und Schülern beim Erschließen des Gedichts. Das Herauskristallisieren des Charakters und der Gefühlslage einer Figur durch Nachahmen ihrer Stimme zielt in die gleiche Richtung. Diese Formen des Lesens und Verklanglichens lassen den Schülerinnen und Schülern ihre Rolle als „Mitspielende" – den Text mit Sinn füllend – hörbar bewusst werden.*

2 *a/b) Pferdegetrappel: regelmäßige Taktzahl der Verse in allen Strophen bei sehr ungleicher Silbenzahl, daktylisch und jambisch.*
Tanzrhythmus: ausschließlich Daktylen im vierten Vers der fünften Strophe.
Tragische Zuspitzung: hetzende, schnell einander folgende Takte der Schlussstrophe.
Klangraum: klangliche Unterschiede zwischen der erregten Rede des Kindes und den „ruhigen" Worten des Vaters; Lautmalerei in den Beschwörungen des Erlkönigs (Wechsel von hellen und dunklen Vokalen, weiche Alliterationen, lautliche Anspielungen an die Kindersprache, v.a. durch die Wiederholung des Diphthongs „ei".

4 *a–c) Rede- und Hörsphären im „Erlkönig":*
1. und 8. Strophe: Erzähler beschreibt die Situation.
2. Strophe: Dialog zwischen Vater und Sohn.
3.–6. Strophe: Verführungsreden des Erlkönigs und Vater-Sohn-Dialog lösen sich strophenweise ab,

bis beide Redesphären in der 7. Strophe zusammengeführt werden und dieser Zusammenstoß auch zugleich die Krise bringt. Schnittpunkt der verschiedenen Sphären ist der Sohn.
Zwischen Vater und Sohn findet ein Dialog statt, die Reden des Erlkönigs vernimmt jedoch nur der Sohn, während der Vater das Säuseln dürrer Blätter im Wind hört.
Mögliches **Tafelbild** *zu den unterschiedlichen Hörerfahrungen in der Ballade:*

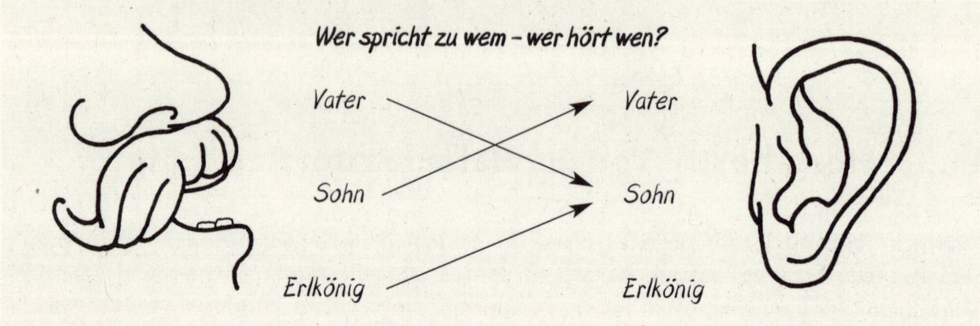

S. 201

Johann Friedrich Reichardt
Erlkönig

5 / 6 *Johann Friedrich Reichardts Vertonung des „Erlkönigs" bietet sich – besser als Schuberts Kunstlied „Erlkönig" – für eine einfache Analyse an, da sie zum einen sehr eingängig ist, zum anderen von den Schülerinnen und Schülern dieser Altersstufe gesungen werden kann. In seinen Hinweisen setzt der Komponist das um, was die Schülerinnen und Schüler zuvor erarbeitet haben: Das Lied ist „schnell und schaurig" zu singen, die unterschiedlichen Sprechweisen der Personen sollen in „verschiedener Tonstärke" angedeutet werden. Die Strophen des Erlkönigs werden von den übrigen abgesetzt; sie scheinen gleichsam aus einer anderen Sphäre zu kommen. Der Erlkönig singt über mehrere Notensysteme hinweg fast ausschließlich eine Note (d'), dadurch wird die bohrende Nachdrücklichkeit seiner Beschwörungen unterstrichen; er lässt nicht locker.*

S. 202

Wolf Biermann
Die Ballade vom Briefträger William Moore aus Baltimore

1 – 3 *Wolf Biermann greift in seiner 1963 entstandenen Ballade den historischen Fall der Ermordung des Amerikaners Bill Moore auf, der am 23. April 1963 während eines Protestmarsches gegen die Rassendiskriminierung von einem Lebensmittelhändler erschossen wurde. Auf seinem Marsch von Baltimore in den Süden der USA trug er Schilder, die für die Gleichberechtigung zwischen Schwarzen und Weißen warben. Während seines zweitägigen Marsches machte sich Moore Aufzeichnungen, die Biermann in seiner Ballade verarbeitet (z. B. Beschimpfung durch Vorübergehende, Warnung durch den Sheriff, Steinwürfe, Begegnung mit der weißen Frau, Motiv des Hundes). Der nüchtern-distanzierende Tonfall Biermanns (v. a. in dem kleinen Vortext) erinnert an eine sachliche Berichterstattung. Biermanns Notizen auf dem Liedblatt informieren den Leser über Sinn und Zweck des Marsches: „Er protestierte gegen die Verfolgung der Neger." Außerdem werden Inhalt und Ausgang der Ballade vorweggenommen: Der Protestmarsch des Briefträgers endet mit seiner Ermordung. Biermann dehnt das historische Ereignis auf die Dauer einer Woche aus; die acht Strophen, die nach Wochentagen gegliedert sind, zeichnen den Weg Moores von Baltimore nach Birmingham nach. Biermann zeigt in seiner Ballade exemplarisch das Enga-*

gement für eine Veränderung sozialer Missstände und ruft auf zur Solidarität mit den entrechteten Minderheiten. Besondere Bedeutung erhält in diesem Zusammenhang die letzte Zeile der Ballade, die im Kontrast zur vorletzten steht: „Und er starb ganz allein./Und er bleibt nicht allein" (Tempuswechsel ins futurische Präsens). Der letzte Vers deutet einerseits daraufhin, dass nach Moore andere kommen werden, die sich für Gleichberechtigung einsetzen (der Tod Moores löste Massendemonstrationen aus), andererseits schwingt hier auch die Befürchtung mit, dass noch weitere Menschen, die sich einsetzen, sterben werden. Passend zum unbequemen Inhalt der Ballade ist auch die musikalische Umsetzung Biermanns bewusst sperrig. Sein Vortrag wirkt durch die penetrante Begleitung auf der Gitarre, die fast geschrieene Betonung der Einleitung und der Wochentage höchst gewöhnungsbedürftig.
Bezüge der hier vorgestellten Ballade zu aktuellen Themen sollten hergestellt werden.

Cora E.
schlüsselkind (1996)

S. 204

1 *Der Rap-Text orientiert sich an der Lebens- und Erfahrungswelt der Schülerinnen und Schüler. Sowohl im Hinblick auf die Form als auch auf den Inhalt ist er für Schülerinnen und Schüler dieser Altersstufe vergleichsweise leicht zugänglich. Die hier angesprochenen Themenkreise (Schlüsselkinder, Streit in der Familie, Schwierigkeiten in der Schule, Clique, Mode und Aussehen, Drogen, Träume, Ich-Suche) bieten Identifikationsangebote.*

2 *Die lyrischen Elemente, eine Handlung – verstanden im weiteren Sinne – und auch die dramatische Zuspitzung deuten auf die Zugehörigkeit zu balladesken Formen hin. Die subjektive Färbung (Ich-Perspektive, persönliche Erfahrungen, Idiolekt) hingegen könnte die zweifelsfreie Gattungszuordnung indes in Frage stellen.*

3–**5** *Da Schülerinnen und Schüler dieser Altersstufe durch die Medien täglich mit Rap-Texten in Berührung kommen, dürfte ihnen die Umsetzung in einen lebendigen Vortrag grundsätzlich keine allzu großen Schwierigkeiten bereiten. Wichtig ist ein kleinschrittiges Vorgehen.*
Nicht nur die Arbeitsergebnisse, sondern auch Arbeitsprozess bzw. Vortragsversuche sollten auf Band aufgenommen werden – im Idealfall so, dass das Material geschnitten werden kann. Die Mitschnitte sind nicht nur zu Auswertungszwecken im Unterricht sinnvoll, sondern können auch zu Präsentationsanlässen außerhalb des Unterrichts verwendet werden (z. B. Balladenabend).
Für das Entwerfen eigener Rap-Produktionen können Impulse verschiedener Art (z. B. assoziatives Schreiben zu Bildern oder Fotografien) sehr hilfreich sein. Als Impuls und als Arbeitsmaterial eignen sich auch hervorragend Geräuschaufnahmen (als CD oder Audiokassette in Bibliotheken erhältlich).

Vorschläge für Übungen und Klassenarbeiten

Vorschlag 1

Heinrich Heine

Belsazar

1 *Schreibe zu der Ballade von Heinrich Heine einen Artikel für die Lokalzeitung „Babylon Observer“:*
a) Formuliere eine Hauptschlagzeile.
b) Gib zu Beginn des Artikels einen knappen Überblick über das Geschehen.
c) Schreibe dann den ausführlichen Bericht.

Vorschlag 2

Friedrich Schiller

Der Ring des Polykrates

Er stand auf seines Daches Zinnen,
Er schaute mit vergnügten Sinnen
Auf das beherrschte Samos hin.
„Dies alles ist mir untertänig,“
Begann er zu Ägyptens König,
„Gestehe, dass ich glücklich bin.“ –

„Du hast der Götter Gunst erfahren!
Die vormals deinesgleichen waren,
Sie zwingt jetzt deines Zepters Macht.
Doch einer lebt noch, sie zu rächen;
Dich kann mein Mund nicht glücklich sprechen,
So lang des Feindes Auge wacht.“ –

Und eh der König noch geendet,
Da stellt sich, von Milet gesendet,
Ein Bote dem Tyrannen dar:
„Lass, Herr! des Opfers Düfte steigen,
Und mit des Lorbeers muntren Zweigen
Bekränze dir dein festlich Haar.

Getroffen sank der Feind vom Speere,
Mich sendet mit der frohen Märe
Dein treuer Feldherr Polydor –“
Und nimmt aus einem schwarzen Becken,
Noch blutig, zu der beiden Schrecken,
Ein wohl bekanntes Haupt hervor.

Der König tritt zurück mit Grauen.
„Doch warn ich dich, dem Glück zu trauen“,
Versetzt er mit besorgtem Blick.
„Bedenk, auf ungetreuen Wellen –
Wie leicht kann sie der Sturm zerschellen –
Schwimmt deiner Flotte zweifelnd Glück.“

Und eh er noch das Wort gesprochen,
Hat ihn der Jubel unterbrochen,
Der von der Reede jauchzend schallt.
Mit fremden Schätzen reich beladen,
Kehrt zu den heimischen Gestaden
Der Schiffe mastenreicher Wald.

Der königliche Gast erstaunet:
„Dein Glück ist heute gut gelaunet,
Doch fürchte seinen Unbestand.
Der Kreter waffenkund'ge Scharen
Bedräuen dich mit Kriegsgefahren:
Schon nahe sind sie diesem Strand.“

Und eh ihm noch das Wort entfallen,
Da sieht man's von den Schiffen wallen,
Und tausend Stimmen rufen: „Sieg!
Von Feindesnot sind wir befreiet,
Die Kreter hat der Sturm zerstreuet,
Vorbei, geendet ist der Krieg!“

Das hört der Gastfreund mit Entsetzen.
„Fürwahr, ich muss dich glücklich schätzen!
Doch“, spricht er, „zittr' ich für dein Heil.
Mir grauet vor der Götter Neide;
Des Lebens ungemischte Freude
Ward keinem Irdischen zuteil.

„Auch mir ist alles wohl geraten,
Bei allen meinen Herrschertaten
Begleitet mich des Himmels Huld;
Doch hatt' ich einen teuren Erben,
Den nahm mir Gott, ich sah ihn sterben,
Dem Glück bezahlt' ich meine Schuld.

„Drum, willst du dich vor Leid bewahren,
So flehe zu den Unsichtbaren,
Dass sie zum Glück den Schmerz verleihn.
Noch keinen sah ich fröhlich enden,
Auf den mit immer vollen Händen
Die Götter ihre Gaben streun.

„Und wenn's die Götter nicht gewähren,
So acht' auf eines Freundes Lehren
Und rufe selbst das Unglück her;
Und was von allen deinen Schätzen
Dein Herz am höchsten mag ergötzen,
Das nimm und wirf's in dieses Meer!“

Und jener spricht, von Furcht beweget:
„Von allem, was die Insel heget,
Ist dieser Ring mein höchstes Gut.
Ihn will ich den Erinnen weihen,
Ob sie mein Glück mir dann verzeihen,“
Und wirft das Kleinod in die Flut.

Und bei des nächsten Morgens Lichte,
Da tritt mit fröhlichem Gesichte
Ein Fischer vor den Fürsten hin:
„Herr, diesen Fisch hab' ich gefangen,
Wie keiner noch ins Netz gegangen,
Dir zum Geschenke bring' ich ihn.“

Und als der Koch den Fisch zerteilet,
Kommt er bestürzt herbeigeeilet
Und ruft mit hoch erstauntem Blick:
„Sieh, Herr, den Ring, den du getragen,
Ihn fand ich in des Fisches Magen,
O, ohne Grenzen ist dein Glück!“

Hier wendet sich der Gast mit Grausen:
„So kann ich ferner hier nicht hausen,
Mein Freund kannst du nicht weiter sein.
Die Götter wollen dein Verderben;
Fort eil' ich, nicht mit dir zu sterben.“
Und sprach's und schiffte schnell sich ein.

(aus: Friedrich Schiller: Sämtliche Werke. Hg. v. G. Fricke und H. G. Göpfert. Carl Hanser Verlag, München 1962)

1 *Verfasse eine Inhaltsangabe zu der Ballade von Friedrich Schiller.*

2 *Weise nach, dass ähnlich wie in Schillers Ballade „Die Bürgschaft“ die Spannung bis zum Schluss ständig anwächst. Untersuche dazu genau die Glücksmomente, die Polykrates erlebt.*

Literaturhinweise

Wolfgang Braungart (Hg.): Bänkelsang. Texte – Bilder – Kommentare. Stuttgart 1985

Winfried Freund (Hg.): Deutsche Balladen. Stuttgart 1982 (=Reclam Arbeitstexte 9571)

Gunter E. Grimm (Hg.): Gedichte und Interpretationen. Deutsche Balladen. Stuttgart 1988

Franz-Josef Payrhuber: Gedichte im Unterricht – einmal anders. München 1996

Balladen in Text, Musik und szenischem Spiel. Praxis Deutsch, 169/2001

Sascha Verlan (Hg.): Rap-Texte. Arbeitstexte für den Unterricht. Stuttgart 2000

12 Reisen: Berichte und Reportagen

Konzeption des Gesamtkapitels

Das Thema „Reisen" gehört für die Mehrzahl heutiger Schülerinnen und Schüler – zumindest im Gymnasium – zum Alltagsleben. Fragt man in einer 7. Klasse nach den Reiseerfahrungen der Jugendlichen, so wird ein breites Spektrum an Reisezielen auf verschiedenen Kontinenten und von Reiseformen, vom Zeltlager der Pfadfinder bis zur Kreuzfahrt, genannt. Das Kapitel nimmt die persönlichen Reiseerfahrungen der Jugendlichen auf, betont aber besonders den Aspekt der Herausforderung des reisenden Menschen durch das Fremde und Ungewohnte anderer Länder, Sitten und Kulturen. Dabei sollen die Schülerinnen und Schüler mit wichtigen publizistischen Textsorten (Reisebericht, Reisetagebuch, Reportage, Werbeprospekt) bekannt gemacht werden.

Im ersten Teilkapitel **(„Begegnung mit dem Fremden – Reiseliteratur")** steht der Arbeitsbereich „Umgang mit Texten und Medien" im Zentrum. Die Schülerinnen und Schüler lernen Beispiele aus der Tradition der europäischen Reiseliteratur kennen. Die Kontrastierung mit modernen Texten lenkt den Blick auf die Themenbereiche „Entdeckung – Eroberung – Kolonialisierung" und schließlich „Tourismus". Durch vielfältige Gesprächs- und Schreibimpulse wird immer wieder zum Perspektivenwechsel und damit zu Empathie und Fremdverstehen aufgefordert. Der Deutschunterricht leistet hier seinen Beitrag zum interkulturellen Lernen.

Das zweite Teilkapitel **(„Aufbruch ins Ungewisse – über Expeditionen berichten")** erweitert die Textbasis um das Expeditionstagebuch und den Bestseller; dabei kommen auch Bilder zum Einsatz, die Informationen vermitteln und Spannung erzeugen. Die Texte von Scott und Messner schildern Extremsituationen und fordern die Schülerinnen und Schüler zur Stellungnahme heraus. Das Kapitel ist auf die Produktion eigener Texte ausgerichtet und integriert damit den Arbeitsbereich „Sprechen und Schreiben".

Das dritte Teilkapitel **(„Verlockende Ferne – Bildreportagen")** dient der Einübung und Erweiterung der bisher erworbenen Kompetenzen. Das Textangebot setzt bei den Interessen der Jugendlichen an und fordert dazu auf, das Thema aus verschiedenen Blickwinkeln noch einmal kritisch zu beleuchten. Vorschläge zu fächerübergreifendem, projektorientiertem Arbeiten runden das Kapitel ab.

Zusätzliches Übungsmaterial

„Deutschbuch 3 Arbeitsheft":
- Sachtexte auswerten: S. 9–11
- Berichten: S. 17–18

Mögliche Verknüpfungen zwischen diesem Kapitel und Übungen in der Software **„Deutschbuch interaktiv 7"** zeigt die Übersicht auf S. 14 f. in diesen Handreichungen.

Seite	Inhalte	Kompetenzen
S. 207	**12.1 Begegnung mit dem Fremden – Reiseliteratur**	Die Schülerinnen und Schüler können – aus Texten gezielt Informationen entnehmen – Texte gliedern und zusammenfassen – Textinhalte neu organisieren – Texte mit Hilfe inhaltlicher Leitfragen analysieren und sprachlich untersuchen – die Perspektivität von Texten erkennen und hinterfragen – Texte deuten (Aussageabsicht, Leerstellen erkennen) und bewerten – Texte (auch sprachlich) aus- und umgestalten
S. 207	Marco Polo **Bei Tataren und Mongolen**	
S. 210	Georg Forster **Begegnung mit „Wilden" – Bericht von Kapitän Cooks Reise um die Welt**	
S. 212	Egon Erwin Kisch **Kapitän Cook betritt Schwarz-Australien**	
S. 213	Flora Tristan **Ein Erdbeben in Peru**	
S. 215	Catherine Clément **Bandiagara, das Land der Masken**	
S. 218	**12.2 Aufbruch ins Ungewisse – über Expeditionen berichten**	– Textsorten erkennen (Expeditionstagebuch, Reportage bzw. Bestseller) – sprachliche und nichtsprachliche Mittel (Zeitangaben, Bilder) der Textgestaltung untersuchen und erkennen – zu Texten Stellung beziehen – das Wortfeld „Reisen" erschließen, Begriffe erläutern – selbst Berichte und Reportagen schreiben
S. 218	Robert Falcon Scott **Eingeschlossen im Eis – Aus dem Tagebuch**	
S. 220	Reinhold Messner **Sturm am Manaslu**	
S. 222	**Wir verfassen eine Bildreportage**	
S. 224	**12.3 Verlockende Ferne – Bildreportagen**	– den Fiktionscharakter und den Wirklichkeitsanspruch von werbenden Reiseberichten erkennen und kritisch reflektieren – nach Bildmaterial für fiktive Reiseberichte bzw. Werbetexte suchen und selbst einen Reisebericht bzw. einen Werbetext verfassen – authentische Reiseberichte verstehen und gliedern – in verschiedenen Informationssystemen weiterführende Recherchen durchführen – sich mit fremden Kulturen argumentativ auseinander setzen und dabei Fremdverstehen entwickeln – auf der Grundlage von Fremdverstehen fiktive Texte verfassen – ein Projekt durchführen
S. 224	**Reiseangebote**	
S. 225	**Mit Bildern berichten**	
S. 228	**„Kinder des Mondes": Bildreportage über Urwald-Indianer**	

12.1 Begegnung mit dem Fremden – Reiseliteratur

S. 207

Marco Polo

Bei Tataren und Mongolen

Im Gegensatz zur Helden- und Abenteuerliteratur, in der auch Reisen beschrieben wurden (Homer, die Fahrten des Odysseus), ist die Reiseliteratur im engeren Sinn von Anfang an Gebrauchsliteratur gewesen. Aus den Aufzeichnungen des Marco Polo entnahm man jahrhundertelang in Europa das Wissen über den Fernen Osten. Seine in der Gefangenschaft der Genueser diktierten Berichte sind leidenschaftslos und objektiv, wenngleich sie von vielen Zeitgenossen als fantastisch abgetan wurden. Damit stellt sich auch für den Unterricht über Reiseliteratur schon die zentrale Frage der Glaubwürdigkeit und der Übereinstimmung des Berichts mit der Wirklichkeit.
Der ausgewählte Abschnitt aus Marco Polos Aufzeichnungen beschäftigt sich mit dem „Fremden" der Tataren, über die in Europa nur ungenaue und mit Angst besetzte Vorstellungen (Hunnen) existierten. Es fehlt diesem Bericht ganz der „Blick von oben", der oftmals Erzählungen von Europäern über „Eingeborene" anhaftet. Die nomadische Lebensweise ist einerseits technisch gesehen, andererseits mit einem genauen Blick für die sozialen Verhältnisse betrachtet, die deutlich von dem in Europa Gewohnten abweichen.
Marco Polos Blick auf die Tataren ist nicht interesselos. Er entwirft im Fremden ein Bild mit Vorbildcharakter: Ruhe und Einigkeit herrscht in Gruppen, man beleidigt einander nicht, man kümmert sich gemeinsam um Handel, Kindererziehung und Hausarbeit. Die Männer gehen freundlich mit ihren Frauen um. Würde man eine „Gegenprobe" machen, so fände man genau die an der eigenen Gesellschaft (in Venedig, in Genua oder anderswo in Europa) zu kritisierenden Eigenschaften.
Vor diesem Hintergrund eines vorbildlich funktionierenden Sozialwesens kann Marco Polo dann auch die wichtigste Abweichung von der christlichen Lebensordnung beschreiben, die Vielehe und den Brautkauf. Dass Marco Polo hier ohne Abwertungen oder auch nur Erstaunen berichtet, weist ihn als einen vorurteilsfreien Beobachter aus.
Dieser Aspekt kann vertieft werden, wenn im Unterricht der folgende kurze Textausschnitt über Glauben und Religiosität der Tataren hinzugezogen und die Frage gestellt wird, welche Unterschiede zur bekannten eigenen Tradition bestehen.

Die Tataren sagen, es gebe einen großen und erhabenen Gott. Für ihn verbrennen sie täglich Weihrauch. Sie beten zu ihm für eine geistige und körperliche Gesundheit. Sie verehren noch einen andern Gott, der Natigay heißt. Dessen Bild, mit Filz oder Tuch bedeckt, steht in jedem Haus. Zu diesem Götzen stellen sie noch eine Frau und Kinder. Ihn betrachten sie als die Gottheit, die sich um ihre irdischen Angelegenheiten kümmert, ihre Kinder schützt und über ihr Vieh und Getreide wacht. Sie erweisen ihm große Verehrung. Bei ihren Mahlzeiten unterlassen sie es nie, ein fettes Stück Fleisch zu nehmen und damit den Mund des Götzen sowie den seiner Frau und seiner Kinder einzuschmieren. Anschließend gießen sie etwas von der Brühe, in der das Mahl bereitet wurde, zur Tür hinaus, als Opfer für die anderen Geister. Dann glauben sie, dass ihr Götze und seine Familie ihren Anteil erhalten haben, und essen und trinken ohne weitere Zeremonie.

(aus: Geert Demarest [Hg.]: Die Reisen des Marco Polo. Nach seinen Aufzeichnungen aus dem 13. Jahrhundert. Lübbe, Bergisch Gladbach 1983, S. 68f.)

1 a) *Die Schülerinnen und Schüler werden den Titel „Die Wunder der Welt" vor dem Hintergrund ihrer eigenen Erfahrungen mit fremden Welten interpretieren: Was für Marco Polo zu seiner Zeit wunderbar und unglaublich schien, ist für uns im Zeitalter moderner Transportmittel und des Massentourismus nichts Besonderes mehr.*

b) *Die Teilaufgabe verlangt eine inhaltliche Ordnung des Textes und fördert die Fähigkeit zum begrifflichen Denken.*
Mögliches ***Tafelbild:***

c/d) *Nach der Sicherung des globalen Textverständnisses sollen die Schülerinnen und Schüler den Text durch interessante Zwischenüberschriften gliedern, die dem Leser eine bessere Übersicht über Textinhalte geben und ihn gleichzeitig zum Weiterlesen motivieren.*
Die genaue Analyse des Textes mündet in eine Schreibaufgabe, die eine distanzierte Schreibhaltung und -perspektive erfordert. Der angebotene erste Satz ist als entlastende Starthilfe beim Schreiben gedacht, muss aber nicht übernommen werden.

2 a) *Die Aufgabe ist für einzelne Schülerinnen und Schüler gedacht, die gern Reisebeschreibungen lesen oder die vielleicht schon von Marco Polo gehört haben. Sie soll vor allem dazu anregen, Lesebuchstücke als Ausschnitte aus umfangreicheren Lektüreangeboten für Jugendliche zu sehen und weitere interessante Einzelaspekte in den Unterricht einzubeziehen. Gerade das genannte System der Poststationen (vgl. Hermann Schreiber: Marco Polo. Karawanen nach Peking. Ueberreuter, Wien/Heidelberg 1974, S. 150–157) zeigt einen hohen Grad an Organisiertheit, den es zur damaligen Zeit in Europa noch nicht gab und den Marco Polo daher anerkennend hervorhebt. Ein Gleiches gilt für das chinesische Papiergeld (ebd.). In Europa wird es erst in der Französischen Revolution eingeführt. Die von den Schülerinnen und Schülern selbstständig ausgewählten Stücke des Berichts zeigen das fremde dem eigenen System überlegen. Interessant ist es dabei zu beobachten, dass es immer wieder diese „fortschrittlichen" Teile sind, die das Interesse der Leser wecken.*

b) *Mit Hilfe einer Wandzeitung kann der Kontrast zwischen der damals von Europäern bewunderten, ja zum Teil als vorbildlich eingeschätzten Welt, die Marco Polo schildert, und den heute von Krisen und Kriegen, aber auch von den Auswirkungen des Tourismus bedrohten Gegenden verdeutlicht werden. Es ergeben sich Anstöße zu vielfältigem interkulturellem Lernen, auch über das Fach Deutsch hinaus (fachübergreifend mit Geschichte, Religion, Erdkunde).*

3 *Als Schreibende eine Außensicht auf Bekanntes einzunehmen, ist für Schülerinnen und Schüler dieses Alters nicht einfach. Es verleitet zu fantastischen Exkursen. Deshalb soll die Aufgabe sich auf möglichst konkrete Sachverhalte beziehen: die Situation der Kinder in Kleinfamilien, bestimmt durch sporadische Abwesenheit der Eltern, durch Auto und Medien. Der Reiz dieses Erzählens besteht darin, dass das Alltägliche (Zubereitung der Speisen mit modernen Geräten, Wohnen in geheizten Wohnungen aus Stein, Erwerben von Nahrung und Kleidung in Geschäften, Regelung des öffentlichen Lebens durch Ämter, Schulen, Zeitungen, des privaten Lebens durch Telefon und Fernsehen) auf diese Weise verfremdet und dadurch neu gesehen werden kann. Die Schreibenden müssen sich dabei stets vor Augen halten, dass ihr Publikum das alles nicht kennt. Als Kriterien für das Gelingen der Schreibaufgabe gelten Glaubwürdigkeit, Wahrscheinlichkeit und wiedererkennbare Lebenswirklichkeit. Beim Vergleich der Lösungen wird es vor allem darum gehen, die Nähe zu der objektiven und verstehenden Schreibweise des Marco Polo als Merkmal des guten Reiseberichts zu erarbeiten.*

S. 210

Georg Forster

Begegnung mit „Wilden" – Bericht von Kapitän Cooks Reise um die Welt

Der 17-jährige Georg Forster berichtet aus der Perspektive der Schiffsmannschaft. Im Unterschied zu Marco Polo fügt er seinem Bericht Vermutungen über die Absichten und Gedanken der Eingeborenen hinzu. Während Polos Bericht von großem Respekt für die fremde Kultur und Lebensweise geprägt ist, bleibt Forster seiner eurozentrischen Sicht verhaftet.

1 *a/b) Die Aufgabe zielt auf die Absicherung des globalen Textverständnisses und auf eine erste begründete Wertung von Kapitän Cooks Verhalten gegenüber den Eingeborenen. Dabei werden von den Jugendlichen sowohl entlastende als auch belastende Argumente für Cook vorgebracht werden. Unter Umständen weisen die Schülerinnen und Schüler bereits hier darauf hin, dass die Frage der Bewertung stark vom historischen Standpunkt abhängt.*
Die Aufgabe sollte als Klassengespräch organisiert werden. Dabei empfiehlt es sich, nach der Lesephase eine kurze, individuelle Schreibphase einzuplanen, in der sich alle Schülerinnen und Schüler knappe Notizen für ihre Gesprächsbeiträge machen können.

2 *a) Forster billigt das Verhalten Kapitän Cooks, ja er identifiziert sich mit ihm („Vorsichtsmaßnahme", Z. 66; „Dadurch erreichten wir unseren Zweck", Z. 116). Seine Sicht ist, wie die Cooks, die eines Europäers, der seine Kultur ohne jeden Zweifel für die überlegene hält. Nur in Ansätzen (z. B. Z. 86–91) kann er sich vorstellen, dass es für Cooks Verhalten und seine Absichten auch andere Interpretationsmuster geben könnte.*

b) Forster selbst beobachtet das Verhalten der Eingeborenen sehr genau und versucht es zu verstehen (Z. 86–91). Für die friedlichen Eingeborenen zeigt er Sympathie (Z. 37–60, 96 f.). Er ist jedoch auch misstrauisch gegenüber den „Wilden" und unterstellt ihnen aggressives Verhalten (Z. 17, 61, 74 f., 106–110).

3 *Der Alte wird in Forsters Bericht als besonders friedfertig geschildert, er lässt sich sogar widerspruchslos von Cook entwaffnen. Seine vermutlichen Beweggründe – Einschüchterung durch die technisch weit überlegenen Europäer, Einsicht in die Aussichtslosigkeit von Widerstand – spart Forster aus. Diese Einseitigkeit in der Darstellung sollen die Schülerinnen und Schüler formulieren und kritisch hinterfragen.*

4 *Diese komplexe Schreibaufgabe verlangt einen Wechsel der Perspektive und fördert Fremdverstehen. Aus der Sicht der Eingeborenen werden vor allem die Provokationen und Bedrohungen durch Kapitän Cook und seine Leute, Furcht und Schrecken, die von der europäischen Technik ausgehen, sowie die Unmöglichkeit eindeutiger Kommunikation zur Sprache kommen.*
Die Aufgabe eignet sich auch als Klassenarbeit. Bewertungskriterien wären neben der inhaltlichen Richtigkeit (Chronologie des Geschehens, Rollen der Beteiligten) die durchgehende Perspektivübernahme und die stimmige Schilderung und Erklärung des Geschehens aus der Sicht eines Eingeborenen. Sprachlich sollte sich der Bericht – im Unterschied zu Forsters argumentativ geprägtem Text – stärker an einfachen narrativen Mustern orientieren. Besonders positiv zu bewerten wäre eine der naiven Weltsicht der „Wilden" angepasste Sprache mit vielen Bildern und Vergleichen.

Egon Erwin Kisch

Kapitän Cook betritt Schwarz-Australien

S. 212

Kisch spricht den Unterschied zwischen der Fiktion der Abenteuerliteratur und der Wirklichkeit der Entdeckungsexpeditionen an. Damit thematisiert er das grundsätzliche Problem des Wahrheitswerts der „Berichterstattung aus fernen Ländern", die die Leser ja nicht vor Ort kontrollieren können. Es geht ihm dabei vor allem um das heimliche Mitspielen der Leser, die Fiktionen, in denen Helden Abenteuer bestehen, sie spannender und befriedigender finden als die Realität. Insofern enthält dieser Text nicht nur ein Angebot zur Reflexion über die Textsorte „Reisebericht", sondern auch über das Thema „Leserbedürfnis".

1 *Der „Junge", an den sich Kisch wendet, hat vielleicht viel über Indianer und andere „Wilde" gelesen. Es waren aber immer Abenteuerbücher, in denen die „Wilden" oft edel und heldenhaft sind. Von ihnen werden erstaunliche Taten vollbracht. Immer wieder wünscht sich ein junger Leser, „dabei gewesen" zu sein. Demgegenüber macht der Reporter Kisch darauf aufmerksam, dass es bei den Begegnungen der Weißen mit den „Wilden" nicht immer so abenteuerlich und heldenhaft hergegangen ist, wie es in den Büchern steht. Im Gegenteil: Die genaue Lektüre der Berichte, wie Forster sie abgefasst hat, zeigt, dass sich vieles anders abgespielt hat. Die „Wilden" wurden provoziert, damit man einen Grund hatte, auf sie zu schießen – und sich dann ihrer Habe (als Eroberung) zu bemächtigen.*

2 *Der Text wendet sich direkt an den Adressaten: den männlichen Jugendlichen, der gerne Abenteuer- und Indianerbücher liest. Kisch kontrastiert dabei mit ironischem Unterton die (stereotypen) Erwartungen des jugendlichen Lesers mit den historischen Realitäten, indem er immer wieder zur kritischen Lektüre des Logbuchs auffordert. Was für den Schreiber des Schiffstagebuchs klar und eindeutig erscheint, stellt Kisch explizit in Frage. Durch das Spiel mit den Tempora (Präsens, Futur, Präteritum in den berichtenden Passagen und den Zitaten) und Modi (Konjunktiv I bzw. Ersatzformen, Konjunktiv II) regt er zur Reflexion über den Wahrheitsanspruch der Textsorte „Reisebericht" sowie über die Rezeptionshaltung und die Lesebedürfnisse der Leser solcher Texte an.*

3 *Kischs Text kann für den kritischen Bericht der Schülerinnen und Schüler Material liefern, soll aber nicht als Muster dienen, da er sich des Mittels der Ironie bedient. Der Bericht sollte vor allem darauf abzielen, das Verhältnis von Provokation und Reaktion neu zu definieren und die (militärische) Überlegenheit der Europäer klar herauszuarbeiten.*

S. 213

Flora Tristan

Ein Erdbeben in Peru

„Ein Erdbeben in Peru“ kontrastiert die überlegene, ruhige Haltung der Erzählerin, die bereits eine monatelange anstrengende Schiffsreise auf einem kleinen Segler hinter sich hat, mit der aufgeregten und ängstlichen Reaktion der Sklaven und Sklavinnen und der Kusine. Das eigentliche Thema der Unterhaltung zwischen den beiden Frauen ist nicht das Erdbeben, sondern die Möglichkeit einer Frau, ein Land, in dem sie sich nicht wohl fühlt, aus eigenem Entschluss zu verlassen. Damit ist das Thema „Reisen“ in das Thema „Freiheit und Mut zu selbstständigen Entscheidungen“ übergeleitet. Flora Tristan ist eine Frau, die sich über die den Frauen ihrer Zeit gesetzten Grenzen hinwegsetzt. Für sie ist es vor allem Furcht vor Unannehmlichkeit und Willensschwäche, wenn man Kompromisse schließt und bleibt, wo man nicht sein möchte.

1 *a/b) Mögliches **Tafelbild:***

Reaktionen auf das Erdbeben	
Die Sklavinnen und Sklaven ... *... schreien und stürzen aus dem Haus.* *... erstarren vor Furcht.* *... liegen betend auf dem Boden.* *... akzeptieren den Tod.*	*Die Europäerinnen ...* *... reagieren mit Angst und Schrecken.* *... erklären das Erdbeben sachlich (Vulkan).* *... kehren schnell zur Tagesordnung zurück (sie gehen zu Bett, rauchen).*

Bei der Erklärung der unterschiedlichen Verhaltensweisen sind die unterschiedlichen Weltbilder und Lebensumstände der Sklaven und der gebildeten Europäerinnen der Oberschicht hervorzuheben.

c) Die Teilaufgabe regt dazu an, verschiedene Muster von Frauenleben im 19. Jahrhundert (und heute) zu reflektieren. Im weiteren Gesprächsverlauf sollte deutlich werden, dass Flora Tristan im Unterschied zu ihrer Kusine Carmen sich von der typischen Frauenrolle distanziert und emanzipiert. Dadurch gewinnt sie jedoch nicht die Solidarität der Kusine, sondern erregt bei ihr Gefühle von Neid und Eifersucht.
Das Gespräch kann auch in ein Rollenspiel umgesetzt werden.

2 *a/b) Die Teilaufgaben können an die ganze Klasse, aber auch an einzelne Interessierte vergeben werden. Ein Vergleich der Ergiebigkeit verschiedener Informationsquellen bietet sich an. Für die Präsentation der Rechercheergebnisse ist es – insbesondere wenn Material aus dem Internet verwendet worden ist – sinnvoll, genaue Vorgaben zu machen, z. B.: Wählt aus dem gefundenen Material die relevanten Informationen aus. Notiert euch die wichtigsten Stichpunkte für euren Bericht auf Karteikärtchen. Sprecht frei (Redezeit begrenzen!), verwendet Medien (Folie, Tafel, Bildmaterial) zur Visualisierung. Auch die bibliografisch korrekte Angabe von Quellen kann hier geübt werden.*

S. 215

Catherine Clément

Bandiagara, das Land der Masken

Catherine Clément schildert ihre Begegnung mit dem afrikanischen Volksstamm der Dogon, die abgeschieden von der Welt und der modernen Zivilisation immer noch nach alten Traditionen leben. Sie beobachtet und beschreibt die fremde Kultur sehr genau und voller Respekt. Über alle Unterschiede hinweg betont sie dabei auch das Gemeinsame und Verbindende der verschiedenen Kulturen: „Masken gibt es überall auf der Welt.“ Eindrucksvoll wird der Text durch den Wechsel von lebendiger, spannender Schilderung aus der Perspektive einer Augenzeugin, ja Beteiligten, und erklärenden, kommentierenden Passagen, in die das Wissen der Autorin einfließt.

1 *Zusätzliche Information:*
Die Dogon sind eine hauptsächlich in Südmali lebende Ethnie, zu denen etwa 250 000 Menschen gehören. Sie leben in zahlreichen kleinen Dörfern, die vornehmlich an den Steilhängen des Bandiagara-Hochlandes in der Nigerschleife erbaut sind. Die wirtschaftliche Grundlage bilden hauptsächlich der Bodenbau, der als Terrassenfeldbau mit intensiver Düngung ausgeführt wird, und die Kleintierhaltung. Eine wichtige Rolle spielt zudem das Handwerk, vor allem die Holzschnitzerei.
„Das traditionelle politische System der Dogon kennt keine Zentralgewalt. Die wichtigsten sozialen und politischen Organisationsformen der Dogon sind die erweiterten Familien und die Patrilineages sowie die von einem Ältestenrat geleiteten Dörfer. Eine übergeordnete Instanz ist der Hogon, ein religiöser Führer, der auch richterliche Befugnisse hat. Sowohl Männer als auch Frauen gehören den Lebensabschnitten entsprechenden Altersklassen an, zudem bestehen Geheimbünde. Die Religion kennt einen ausgefeilten Ahnenkult, in diesem Zusammenhang wird alle 60 Jahre das Maskenfest Sigi abgehalten. Die Mythologie der Dogon ist äußerst vielschichtig. Berühmt sind die komplexen variantenreichen Schöpfungs- und Urzeitmythen, in denen der Ursprung des Alls vom Schöpfergott Amma ausgeht. Eine wichtige Rolle als Kulturheros spielt der Schmied der Urzeit, der den Menschen Feuer, Kulturgüter und den Feldbau gebracht haben soll.“ (© 1993–2001 Microsoft Corporation.)

2 b) *Bei dieser Teilaufgabe sollen auch textexterne Informationen, z. B. aus dem Internet, aus Lexika bzw. digitalen Lexika, herangezogen werden.*

c) *Die Schülerinnen und Schüler sollten zum Erzählen – auch von Kindheitserlebnissen – aufgefordert werden. Es sollte deutlich werden, dass die möglichen Funktionen von Masken überall in der Welt die gleichen sind.*
*Mögliches **Tafelbild:***

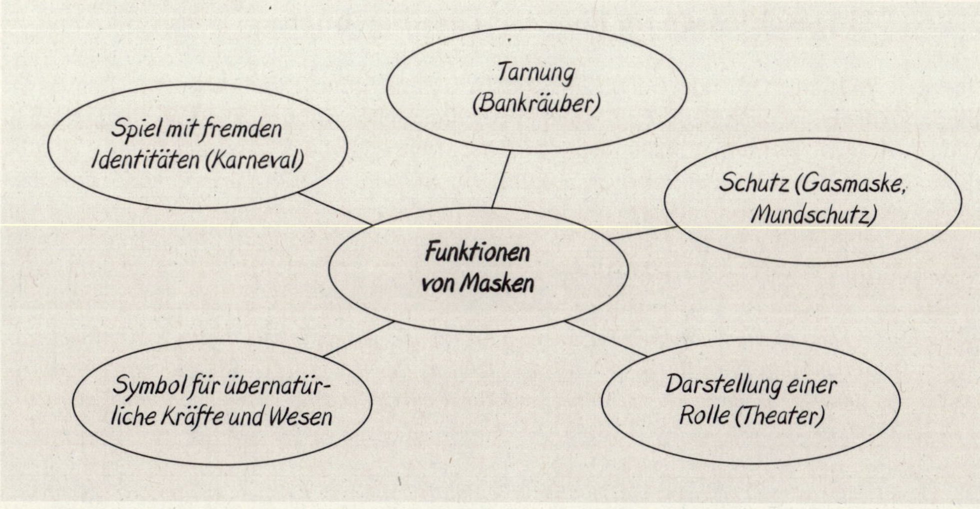

Im Klassengespräch können auch Redensarten und sprachliche Wendungen mit dem Thema „Maske“ gesucht und besprochen werden, z. B.: „Hinter die Maske sehen“ (= sein wahres Gesicht zeigen), „Das Nichts trägt keine Maske“, „Jemandem die Maske vom Gesicht reißen“ usw.

3 *a/b) Textstelle: Z. 126–161, insbesondere Z. 134–136, 146–151.*
Das Festhalten an der traditionellen, für Menschen aus der westlichen Zivilisation primitiven Lebensweise ohne Strom, fließendes Wasser und Fernsehen, aber mit Fahrrad und Radio, bewahrt die Dogon vor unerwünschten Eindringlingen. Auch an den uralten kulturellen und religiösen Riten halten sie fest. Sie verstehen es, durch den Verkauf der Masken aus dem Tourismus in begrenztem Umfang Profit zu schlagen. Zum Schutz ihrer Kultur haben sie die Masken selbst und ihre „geheime" Sprache.

4 *Durch den Einsatz von Bildern zur Unterstützung des Textvortrags werden grundlegende Präsentationskompetenzen eingeübt. Auch der Einsatz verschiedener Medien bietet sich an: Geografie-Wandkarte, Tageslichtprojektor, Zeichnungen bzw. auf Folie gebrannte Bilder, Computer bzw. Laptop und Beamer für Bildmaterial aus dem Netz. Technisch versierte und begeisterte Schülerinnen und Schüler können die Aufgabe als kleine Multimedia-Präsentation gestalten.*

5 / **6** *Die beiden Zusatzaufgaben sind projektorientiert und greifen über das Fach Deutsch bzw. über den schulischen Bereich hinaus. Ein frühzeitiger Kontakt zu Kolleginnen und Kollegen der anderen Fächer bzw. zu außerschulischen Stellen (z. B. Narrenvereinen, Maskenschnitzern, Fasnachtsmuseen usw.) ist Voraussetzung für ein gelungenes Projekt.*

12.2 Aufbruch ins Ungewisse – über Expeditionen berichten

S. 218

Robert Falcon Scott

Eingeschlossen im Eis – Aus dem Tagebuch

Über den „Wettlauf zum Südpol" ist nach Scotts Scheitern viel geschrieben worden. Es ging vor allem um die Frage nach dem „Sinn" solcher Abenteuerexpeditionen. Die Tagebuchaufzeichnungen, die Scott auf seiner letzten Reise niederschrieb, zeigen in beeindruckender Weise die Haltung eines Menschen, der sich diese Sinnfrage nicht stellt, sondern das Protokoll seines eigenen (und seiner Gefährten) erwartbaren Todes als Teil des eingegangenen Risikos anfertigt. Gerade angesichts der Faszination, die die Suche nach dem „Kick" auf Jugendliche ausübt, ist eine Diskussion dieser Art Reiseberichte nötig.

1 *a/b) Im Kontrast zum nüchternen Berichtsstil wird deutlich, wodurch Scotts Tagebuch spannend wird: Datumsangaben, subjektive Schilderung der Situation, Zuspitzung der Lage bis zum Verstummen und zum Appell an mögliche zukünftige Leser, „um Gottes Willen" für die Hinterbliebenen zu sorgen (Z. 57ff.).*

2 *Die Bilder zeigen, mit welch primitiven Mitteln (Kleidung, Transportmittel, Ausrüstung usw.) Scott die Expedition durchführt. Eine interessante Zusatzaufgabe wäre es, Fotos von heutigen Expeditionen als Kontrast heranzuziehen.*

3 *Es kommt nicht darauf an, dass die Schülerinnen und Schüler – in schneller Anpassung an erwartete Schulnormen – die Helden- und Abenteuermentalität zurückweisen, sondern dass sie möglichst zahl-*

reiche vergleichbare Beispiele anführen und daraus das allgemeine Muster der Faszination durch Grenzerfahrungen herausarbeiten. Die eigene Stellungnahme sollte also nicht auf das Schema Akzeptanz vs. Verurteilung hinauslaufen, sondern auf den Versuch einer Erklärung rational nicht hinreichend begründbarer Haltungen von Menschen.
Mögliche Gesichtspunkte der Pro-Kontra-Diskussion: Ruhm, allgemeine Anerkennung gewinnen; dem Fortschritt dienen; die eigene Nation vertreten; sportlicher Ehrgeiz; Grenzerfahrungen machen.

4 *Bild- und Textmaterial zu anderen Expeditionen finden sich bei Morris, Pleticha und Bergius (s. Literaturhinweise S. 187 in diesen Handreichungen).*

S. 220

Reinhold Messner
Sturm am Manaslu

Messners Berichte über seine Bergbesteigungen sind Erfolgsbücher. Fernsehreportagen, Interviews und Vortragsreisen des Autors machen seine Expeditionen zu Medienereignissen. Dabei versucht Messner immer, gegenüber der Guinness-Sucht nach Rekorden Abstand zu wahren. Es geht ihm um die in der Belastung mögliche Selbsterfahrung. Mit dieser Philosophie passt er gut in eine Gesellschaft, in der Belastung, Leistung und die Annahme von Herausforderungen einen sehr hohen Stellenwert haben.

1 *Die Erzählaufgabe ist nahe bei einer Fantasiegeschichte angesiedelt. Wenn auf dem Bild zu Beginn der Expedition noch zwei Mitglieder zu sehen sind, die die „Tragödie" nicht überleben, werden die Schülerinnen und Schüler sich nach der Lektüre des Berichts gut vorstellen können, wie Schneesturm, Absturz oder unerwartete Naturkatastrophen das Scheitern der Expedition bewirkt haben. Die von ihnen in der Fantasie ausgearbeiteten Geschichten sind dann gar nicht so weit entfernt von Messners eigener Erzählung, die die wirklichen Erlebnisse wiedergibt.*

2 *a) Im Unterschied zu Scotts Tagebuch, das während der Expedition täglich fortgeführt wird, richtet sich Messners Reportage an ein großes Lesepublikum.*
Die Spannung des Textes entsteht durch die geschickte Verbindung von Innen- und Außensicht, durch Vorausdeutungen, die durch die rückblickende Perspektive ermöglicht werden (z. B. „Die Lage schien hoffnungslos", Z. 12 f.; „Damals dachte ich, ich würde sterben", Z. 70), durch Zeitdehnung (z. B. Z. 49–56) und Zeitraffung (z. B. Z. 56 f.). Der Leser wird dadurch zur Identifikation und Perspektivübernahme aufgefordert.

b) Durch die Fotografien, die durch knappe Beschriftungen in das Geschehen eingeordnet werden können, wird der Eindruck, unmittelbar dabei zu sein, noch verstärkt.

c) Es ließen sich Bilder von Messner, der allein und verzweifelt im Sturm umherirrt, ebenso hinzufügen wie Bilder der Landschaft, aber auch Bilder vom Ende der Expedition, wobei die Mannschaft nicht mehr komplett ist.

3 *Die Schreibaufgabe verlangt eine Transferleistung: Der – in der Fiktion überlebende – Scott schreibt im Rückblick eine spannende Reportage über sein Erlebnis. Die Schülerinnen und Schüler müssen dabei produktiv umsetzen, was sie in der Analyse des Messner-Textes herausgefunden haben.*

S. 222

Wir verfassen eine Bildreportage

Den Abschluss des Teilkapitels bildet eine umfangreiche Schreibaufgabe, die auch als Projekt durchgeführt werden kann. Die Aufgabe orientiert sich am Konzept der Schreibprozessdidaktik, geht also davon aus, dass Schreiben schrittweise gelernt und geplant werden kann. Im Tipp-Kasten (S. 223) sowie im „Orientierungswissen" (S. 275 ff.) finden die Schülerinnen und Schüler das nötige Hintergrundwissen für diese komplexe Aufgabe.

1 *a–c) Ausgehend von den gelesenen Texten und von den Erfahrungen der Schülerinnen und Schüler stehen bei dieser Aufgabe Wortfeldarbeit, Wortschatzerweiterung und Begriffsbildung im Mittelpunkt.*

2 *Die Aufgabe bereitet in der Klassengemeinschaft den sich anschließenden individuellen Schreibprozess vor. Sie hebt ins Bewusstsein, dass Berichten immer adressatenorientiert ist.*

a) Bei der Auswertung ist es wichtig, die kleinen, aber oft besonders intensiv erlebten Aktivitäten (Radtour um den Bodensee, Pfadfinderlager, Wochenendausflug in der Region) gegenüber den Abenteuerreiesn (Kreuzfahrt, USA-Reise) nicht abzuwerten. Im Gespräch kann problematisiert werden, unter welchen Bedingungen eine Reise für den Reisenden Gewinn bringt.

b/c) Das Reiseplakat, das gemeinsam erstellt und im Klassenzimmer aufgehängt wird, schafft einen Überblick über die Reiseerfahrungen der Schülerinnen und Schüler und fordert zu Kommunikation und Diskussion in der Klasse auf. Auch zum Austausch von Reiseliteratur im weitesten Sinn kann aufgefordert werden.

3 *Die Schreibaufgabe braucht Vorbereitung und Planung. Mind-Map und Tippkasten unterstützen den Schreibprozess.*
Die Aufgabe kann auch als Projekt mit Integration der neuen Medien durchgeführt werden. Ein konkretes, in allen Schritten ausgearbeitetes Unterrichtsbeispiel findet sich im Internetportal www.lehrer-online.de (Fachportal Deutsch, „Rund um die Welt – Kinder berichten vom Reisen").

12.3 Verlockende Ferne – Bildreportagen

S. 224

Reiseangebote

Die Prospekte, die für einen Abenteuer- und Erlebnisurlaub Jugendlicher werben, gehen davon aus, dass das individuelle Erleben standardisierbar und damit pauschal „buchbar" ist. Sie versprechen – unabhängig von den Voraussetzungen der jugendlichen Touristen – Abenteuer, Expedition, Aufbruch ins Unbekannte, ursprüngliches Naturerlebnis. In den Texten vermischen sich realistische Reisebeschreibung mit fiktivem Erlebnisbericht voller Superlative.

1 *Im Klassengespräch sollte der Erlebnishorizont der Schülerinnen und Schüler Raum bekommen, indem sie z. B. von Pfadfinderlagern, Zeltlagern mit Jugendgruppen oder auch naturnahen Ferien mit der Familie erzählen. Zur Problematisierung der Versprechen in den Reiseangeboten kann die Lehrkraft, wenn nötig, auf den letzten Abschnitt des zweiten Textes verweisen.*

2 *a–c) Im Gespräch sollte zunächst der Unterschied von Werbung und Realität, Werbeprospekt und Reisebericht geklärt werden. Die Aufgabe, einen fiktiven Bericht zu schreiben, verlangt einerseits Vorstellungsvermögen, andererseits Recherche. Beim Verfassen des Berichts wird deutlich, dass Realitätsgehalt und Fiktion von Reiseberichten und Bildreportagen nicht immer klar voneinander zu trennen sind. Auch die unterschiedlichen Stillagen der Reportage – als der subjektivsten Form von Berichten – werden im eigenen Schreiben deutlich.*

3 *Die Aufgabe schult die Schreibkompetenz ebenso wie die Kritikkompetenz.*
Die Aufgaben 2 und 3 sind auch als Klassenarbeiten geeignet.

Mit Bildern berichten

S. 225

Schüleraustausch und Auslandsschuljahr sind heute nichts Außergewöhnliches mehr. Die Partner- und Zielländer gehören meist dem westlichen Kulturkreis an, seit dem Zusammenbruch des Ostblocks gibt es auch vermehrt Kontakte zu osteuropäischen Ländern. Der Auslandsaufenthalt der Schweizer Gymnasiastin Sophie in dem ehemaligen Township Soweto in Südafrika fällt in mehrerlei Hinsicht aus dem Rahmen. Der Bericht, der von einem professionellen Journalisten geschrieben wurde, gibt Einblick in eine uns fremde Welt und hilft, Vorurteile abzubauen und Verständnis zu entwickeln.

Zusatzinformation:
Soweto, Stadt im Nordosten Südafrikas, in der Provinz Pretoria Witwatersrand Vereeniging (PWV), in der Nähe von Johannesburg. Sie entstand als Wohnsiedlung für Schwarze. Der Name Soweto ist die Abkürzung für South-Western Townships. 1976 organisierten die Einwohner umfangreiche Proteste gegen den Gebrauch von Afrikaans in Sowetos Schulen und gegen die Politik der Rassentrennung (Apartheid) der südafrikanischen Regierung. Aus den Protesten in den achtziger Jahren wurden Massendemonstrationen, Streiks und Mietboykotte. Soweto ist stark überbevölkert. Die Einwohnerzahl beträgt etwa zwei Millionen. (© 1993–2001 Microsoft Corporation.)

1 *a) Die Schülerinnen und Schüler lernen das informationsentnehmende Lesen. Wenn sie eine Folie über den Text legen, können Arbeitstechniken wie Unterstreichen und Markieren, Randnotizen machen u. Ä. geübt werden.*

Mögliche Ergebnisse:
Soweto
- *großes Wohngebiet mit 2 bis 3 Millionen Einwohnern, überwiegend Schwarze*
- *in der Nähe von Johannesburg (wo Pendler arbeiten)*
- *verschiedene Bevölkerungsschichten (Arme, Mittelklasse)*
- *gilt als gefährlich: Morde, Überfälle, Vergewaltigungen (→ Man muss sich an gewisse Regeln halten.)*
- *die Menschen genießen das Leben, sind großzügig, emotional und laut*

Auch aus den Bildern sind Informationen zu entnehmen.

***Zusatzaufgabe:** Entwerft ein Programm für einen kurzen Besuch bei Sophie in Soweto.*

b) Mögliche Zwischenüberschriften:
Z. 1–12: Ankunft in Südafrika – erste Eindrücke
Z. 13–38: Naledi – mein neues Zuhause

Z. 39–66: Ein Tag in Soweto
Z. 67–83: Ich – die weiße Exotin
Z. 84–102: Nachwirkungen der Apartheid
Z. 104–113: Die Mentalität der Sowetans
Z. 114–135: Familienleben in Soweto
Z. 136–152: Soweto – Realität und Bilder im Kopf

2 *a/b) Die Teilaufgaben verlangen, sich die Situation – ein Jahr lang weg von zu Hause auf einem anderen Kontinent, in einem fremden Land mit Menschen einer anderen Rasse und Kultur zu leben – genau vorzustellen. Während Teilaufgabe a) eine argumentative Auseinandersetzung vom eigenen Standpunkt aus erfordert, müssen die Schülerinnen und Schüler bei b) einen Perspektivenwechsel vornehmen und ihre eigene Lebenswelt mit fremden Augen betrachten. Dabei wird der Blick für Diskriminierungen im Alltag geschärft. Zur Illustration des fiktiven Berichts können Bilder aus den Medien, aber auch selbst aufgenommene authentische oder gestellte Fotografien (→ Zusammenarbeit mit dem Fach Bildende Kunst oder der Foto-AG der Schule) benutzt werden.*

S. 228

„Kinder des Mondes“: Bildreportage über Urwald-Indianer

Am Beispiel dieser Reportage lässt sich das Zurücktreten der Reporterin als reisender und erlebender Person und des Textes als wichtigstem Informationsträger hinter der Serie der Bilder beobachten. Das Layout montiert die Reportage als Begleittext in die Bilder hinein. Das Motiv Expedition, Reise, Erforschung des Unbekannten sowie der dafür notwendige Handlungsträger (der oder die Reisenden) sind ausgespart. Beides sind Indizien für den Funktionswandel der Reportage im Kontext des Bilderreports.

1 *Die Schülerinnen und Schüler müssen die Begriffe „Interpretation“, „Urzelle“, „soziale Kultur“ klären, um die Aussage der Überschriften in eigenen Worten zu formulieren.*
Zuordnung zu den Textstellen:
- *Für die Interpretation der Welt haben sie nicht nur die Sprache: Z. 37–55*
- *Früh übt sich, wer ein Meister der Wildnis werden muss: Z. 56–94*
- *Die Zweisamkeit ist die Urzelle sozialer Kultur: Z. 95–132*

Im Unterrichtsgespräch wird thematisiert, dass die Zuordnung Überschrift – Text durch die Bilder erleichtert wird. Die Formulierung weiterer Zwischenüberschriften kann ebenfalls von den Bildern inspiriert werden. Dabei kann sich zeigen, dass auch andere Themen in Bildern und Texten verborgen sein können. So geht z. B. aus dem Bild, das Krieger mit Lanzen und Pfeilen zeigt, nicht hervor, ob es sich um eine kriegerische oder friedliche Demonstration der Stärke handelt. – Der Begleittext im Original bleibt in dieser Hinsicht bewusst unentschieden. Die dort vorhandene Überschrift „Der Tanz in Waffen dient dem Frieden mit dem Partner für den nächsten Krieg“ formuliert ein Paradox, das auch in der europäischen Politik eine Rolle gespielt hat (im Frieden den Krieg vorbereiten). Insofern behandelt die Aussage über die Yanomami-Indianer im venezolanischen Amazonas-Urwald implizit das Thema, dass Menschen von Natur her, d. h. wann immer, wo immer und in welcher Kultur auch immer lebend, in die eigene Gruppe hinein auf Kommunikation und Freundlichkeit, nach außen hingegen abweisend und auf Feindschaft hin angelegt sind. Ob dies die Weltanschauung der Indianer oder die der bei ihnen recherchierenden Reporterin ist, bleibt offen.

2 *Bei der Umsetzung der Bildreportage in ein Interview wird eine wesentliche Technik der Texterschließung, insbesondere bei Sachtexten, geübt, nämlich Fragen an einen Text zu stellen. Bei der Reportage bietet sich diese Umformung besonders an, da Fragen, Nachforschen, Recherchieren usw. die Grundlage jeder journalistischen Arbeit sind.*
Die Durchführung des Interviews im Rollenspiel sollte zwar schriftlich vorbereitet werden, der Spontaneität der Interviewpartner aber Raum lassen. Es empfiehlt sich, die Interviewfragen wörtlich auszuformulieren und für die Antworten einen Stichwortzettel zu schreiben. Arbeitsteiliges Vorgehen – die eine Klassenhälfte bereitet die Rolle des Interviewers, die andere die des GEO-Reporters vor – ist hier besonders ergiebig, da für beide Rollen nicht nur der Inhalt des Textes erarbeitet werden muss, sondern das Vorgehen des jeweils anderen Parts antizipiert werden muss. Die Schülerinnen und Schüler können sich beim Spiel an ihren Medienerfahrungen orientieren.

3 *a/b) Die Aufgabe ist fächerübergreifend und projektorientiert angelegt. Das Thema „Gefährdung des Regenwalds" motiviert die Schülerinnen und Schüler zu eigenständigem Arbeiten, auch außerhalb des Unterrichts. Das im Schülerbuch abgebildete Veranstaltungsplakat liefert erste Ideen für schulische Aktionen. Weitere konkrete Möglichkeiten: Verkauf von tropischen Früchten aus fairem Anbau (in Zusammenarbeit mit Dritte-Welt-Läden), Aufführung von Liedern aus dem Musical „Yanomamo", Aufführung von Filmen über die Bedrohung des Regenwalds usw.*

Vorschläge für Übungen und Klassenarbeiten

Vorschlag 1: Charakteristik und Neuerzählung

Kolumbus

Bericht über Indianer

Kolumbus führte ein Bordtagebuch, aus dem er später Berichte für seine spanischen Auftraggeber anfertigte. In ihnen schrieb er auch über seine ersten Begegnungen mit den Ureinwohnern der mittelamerikanischen Inseln, die er für Inder (Indianer) hielt.

Acht Seemeilen weiter westlich gelangte ich zu einer Landspitze, die ich Punta del Aguja nannte. Hier fand ich die schönsten Ländereien der Welt, sehr dicht bevölkert. Ich kam morgens um neun Uhr an, und um die Schönheit und den grünen Pflanzenwuchs der Gegend und die Einwohner zu beobachten, beschloss ich, vor Anker zu gehen. Alsbald kamen Eingeborene auf ihren Kanus, um mich im Namen ihres Königs zu bitten, an Land zu gehen. Aber als sie sahen, dass ich ihnen nicht Folge leistete, kamen sie mit zahllosen Kanus zum Schiff, viele trugen Goldplatten um den Hals, einzelne hatten Perlen an den Armen. Ich freute mich sehr, als ich dieses sah, und gab mir große Mühe zu erfahren, woher sie diese Gegenstände hätten. Sie sagten mir, sie fänden sie an Ort und Stelle und im nördlichen Teil des Landes.

Gern wäre ich länger geblieben, aber die Lebensmittel, die ich für die Männer auf Española an Bord hatte – Getreide, Wein und Fleisch, die ich mit so viel Mühe in Kastilien erhalten hatte –, verdarben von Tag zu Tag mehr und ich musste mich deshalb beeilen, sie in Sicherheit zu bringen, und durfte mich durch nichts mehr aufhalten lassen. Immerhin sandte ich Leute an Land, um mir jene Dinge zu verschaffen. Die Bevölkerung dieser Gegend ist sehr zahlreich, schön gewachsen und von der gleichen Farbe wie jene, die wir zuerst gesehen haben. Sie ist sehr umgänglich. Die Männer, die an Land gingen, fanden sie freundlich; sie wurden mit großen Ehrenbezeugungen empfangen. Kaum stießen die Boote an Land, kamen ihnen, wie sie erzählten, zwei Häuptlinge entgegen, die sie für Vater und Sohn hielten, gefolgt von der ganzen Bevölkerung. Sie wurden dann in ein sehr großes Haus geführt, das nicht rund war nach Art der Feldzelte, wie die sonstigen Wohnhäuser hier sind. Es gab dort viele Stühle. Sie wurden zum Sitzen eingeladen und auch die Häuptlinge setzten sich. Sie ließen dann Brot, verschiedene Früchte, roten und weißen Wein bringen – der Wein war aber nicht aus Trauben gemacht, sondern aus Früchten, der rote von einer Sorte, der weiße von einer anderen – und ebenso einen anderen Wein, der aus mahiz[1] hergestellt war; das ist ein Same, der in einer Ähre wächst, ähnlich unserem Buchweizen; ich brachte ihn auch nach Kastilien, wo schon viel davon wächst. Die beste Sorte wird sehr geschätzt und soll großen Wert haben. Die Männer waren alle im einen Teil des Raumes versammelt, die Frauen im andern. Da sie sich miteinander nicht verständigen konnten, hatten beide Teile große Mühe [...]. Nachdem die Unsrigen im Hause des Älteren mit Speise und Trank erquickt worden waren, führte sie der Jüngere in sein Haus, um sie ebenfalls zu bewirten. Nachher stiegen sie wieder in ihre Boote, kehrten zum Schiff zurück und ich ließ unverzüglich die Anker lichten, da ich Eile hatte, die Lebensmittel [...] abzuladen [...]. Auch wollte ich meine Gesundheit wiederherstellen, meine Augen waren infolge der langen Nachtwachen erkrankt und auf der Reise war ich dreißig Tage ohne Schlaf geblieben und für lange Zeit des Augenlichtes beraubt worden.

Wie ich schon sagte, sind diese Eingeborenen schön gewachsen, groß, haben anmutige Be-

wegungen, ihre Haare sind sehr lang und glatt, sie tragen schön gearbeitete Tücher auf dem Kopf, die von weitem wie Seide aussehen. Ein anderes Tuch, ein breiteres, tragen sie um die Hüften gebunden an Stelle von Hosen, und zwar die Männer ebenso wie die Frauen. Die Hautfarbe dieser Leute ist heller, als ich sie bisher in Indien gesehen hatte.
Ich nannte diesen Ort Jardines, denn es schien mir, dass dieser Name passte. Ich gab mir alle Mühe, die Stelle kennen zu lernen, wo sie ihr Gold holten, und alle bezeichneten mir ein gegenüberliegendes Land im Westen, das sehr gebirgig, aber nicht weit entfernt gelegen war. Alle aber rieten mir ab, dorthin zu gehen, weil dort Menschenfresser waren. Ich glaubte zu verstehen, dass sie mir sagten, jene seien Kannibalen ähnlich den andern, von denen ich schon gesprochen habe, aber dann dachte ich, sie wollten sagen, sie äßen Tiere, die es dort gab. Ich fragte sie auch, wo sie die Perlen holten, und sie deuteten wieder nach Westen und Norden über jene Länder hinweg, die sie bewohnten. Ich hielt mich wegen der Lebensmittel und des Zustandes meiner Augen nicht damit auf, die Richtigkeit ihrer Aussagen zu prüfen, auch ist das große Schiff, das ich führe, für eine solche Forschungsreise ungeeignet. Da die Zeit bemessen war, musste ich mich mit Fragenstellen begnügen. Meine Männer kehrten um die Vesperstunde, wie gesagt, zu den Schiffen zurück; alsbald lichtete ich die Anker und nahm Kurs nach Westen.

(aus: Heinrich Pleticha [Hg.]: Entdeckungsgeschichte aus erster Hand. Arena, Würzburg 1990, S. 309–311)

1 **chica:** schweres, weißes Getränk, das auch heute noch in Venezuela durch Vergärung des Maises hergestellt wird.

1 *Charakterisiere die Indianer anhand der Aufzeichnungen des Kolumbus.*

2 *Erzähle die erste Begegnung mit den Weißen aus der Sicht eines Indianers neu.*

Vorschlag 2: Begründete Stellungnahme

1 *„Wer nicht reist, wird nicht den Wert des Menschen schätzen lernen" (Mauretanisches Sprichwort). Erkläre, was dieses Sprichwort aussagt, und setze dich kritisch damit auseinander. Belege deine Argumente mit eigenen Erfahrungen und mit Beispielen aus dem Schülerbuch.*

Vorschlag 3: Gleichwertige Leistungsfeststellung

Zusätzlich zu den vorgeschriebenen vier Klassenarbeiten können den Schülerinnen und Schülern auch alternative Arbeitsformen angeboten werden. Ein Beispiel für ein Projekt, in dem Schülerinnen und Schüler eine eigene Homepage mit Reiseberichten und Reportagen erstellt haben, findet sich unter der Internetadresse www.lehrer-online.de, Fachportal Deutsch unter dem Titel „Rund um die Welt – Kinder berichten vom Reisen".
Auch in einer sorgfältig gestalteten Themenmappe können sich die Schülerinnen und Schüler mit einem Teilthema des Kapitels, z. B. Masken, berühmte Expeditionen, Schüleraustausch bzw. Auslandsschuljahr, intensiver auseinander setzen. Das Schülerbuch soll dabei als Arbeitsgrundlage dienen, von der aus eigenständige vertiefende Aufgaben erledigt werden.
Das Kapitel kann auf diese Weise auch im offenen Unterricht von der Klasse selbstständig und arbeitsteilig erarbeitet werden. In diesem Fall muss am Ende eine Präsentationsmöglichkeit stehen, bei der die Einzelergebnisse der ganzen Klasse zugänglich gemacht werden: Ausstellung der Mappen im Klassenraum, Vorstellung durch die Verfasserinnen und Verfasser in Kleingruppen oder im Plenum, Austausch der Mappen und „Kommentar" des Lesers dazu.

Die Themenmappe

Stelle zum Thema ______________________ eine Themenmappe zusammen. Gehe dabei so vor:

1. Materialsuche

Suche zu deinem Thema weiteres Material. Nutze dabei dein „Deutschbuch“, evtl. auch Schulbücher anderer Fächer. Gehe in Bibliotheken (Schul-, Gemeinde-, Stadtbücherei), durchforste das heimische Bücherregal, recherchiere im Internet. Fotokopiere wichtige Textstellen und Bilder bzw. drucke sie aus oder schreibe dir wichtige Informationen heraus.
Wichtig: Notiere immer sofort die Fundstellen (exakte bibliografische Angabe: Autorname, Vorname: Titel. Untertitel. Erscheinungsort, Erscheinungsjahr, S. xy. (bei Internetseiten die genaue Adresse – Google ist eine Suchmaschine, keine Quelle!)

2. Materialsichtung

Sichte und werte das gefundene Material im Hinblick auf seine Brauchbarkeit und Bedeutung für dein Thema aus. Weniger ist oft mehr! Mache dir deine eigenen Lernziele klar: Willst du eine möglichst umfangreiche Materialsammlung erstellen oder ist es dir wichtiger, deine persönliche Begegnung mit dem Thema in den Mittelpunkt zu stellen? Solche und ähnliche Fragen solltest du auch schriftlich – zunächst für dich selbst – beantworten. Aus den Antworten schreibst du später eine Einleitung für deine Mappe.

3. Schreibphase

Selbstverständlich muss deine Themenmappe auch eigenständige Beiträge enthalten. Dazu gehören Kommentare und Erklärungen des Materials, das du in die Mappe legst, vor allem aber eigene Texte, z. B. die Schreibaufgaben in deinem „Deutschbuch“.
Auch selbst gemalte oder gezeichnete Bilder können eine Bereicherung der Themenmappe sein.

4. Redaktion

Bevor du die Mappe abgeben kannst, musst du die Aufgabe eines Redakteurs übernehmen: Stelle die Texte, Bilder, Materialien zusammen und überlege, nach welchen Ordnungskriterien du vorgehen willst. Erstelle ein Inhaltsverzeichnis, schreibe ein Vorwort und/oder Nachwort, in dem du deinen Leserinnen und Lesern mitteilst, welche Ziele und Absichten du mit deiner Themenmappe verfolgst. Auch eine Beschreibung deines Arbeitswegs und deiner Arbeitsweise kann interessant sein: Was war besonders schwer/leicht, was hat dir besonders viel Spaß gemacht, was oder wer hat dir bei Schwierigkeiten geholfen?
Nicht vergessen: Überprüfe, ob alles richtig geschrieben ist! Füge im Anhang die genaue Angabe der Quellen bei sowie eine Versicherung, dass du die Mappe eigenständig erstellt hast.

5. Fertigstellung

Jetzt kannst du dein „Werk“ fertigstellen. Ob du mit dem PC arbeitest oder mit der Hand schreibst, ist eine persönliche Entscheidung. Wichtig ist, dass du deiner Mappe eine ansprechende und angemessene äußere Form gibst. Deiner Fantasie und deinem Gestaltungswillen sind hier (fast) keine Grenzen gesetzt.
Viel Spaß!

Literaturhinweise

Bergius, C. C. (Hg.): Die großen Entdecker. Präsentverlag, Gütersloh o. J.

Geschichten vom Aufbruch des Menschen. GEO 10/2001

Härtel, Susanne (Hg.): Die Reisen der Frauen. Lebensgeschichten von Frauen aus drei Jahrhunderten. Beltz und Gelberg, Weinheim und Basel 2003

Messner, Reinhold: Bis ans Ende der Welt. Alpine Herausforderungen im Himalaya und Karakorum. BLV, München/Wien/Zürich [4]1996

Morris, Edmund u. a.: Auf den Spuren der Entdecker. Abenteurer – Forscher – Pioniere. Das Beste, Stuttgart 1980

Mouchard, Christel: Es drängte sie, die Welt zu sehen. Reisende Frauen im 19. Jahrhundert. Econ Taschenbuchverlag, Düsseldorf 1995

Pleticha, Heinrich (Hg.): Entdeckungsgeschichte aus erster Hand. Arena, Würzburg 1990

Riepe, Regina/Riepe, Gerd: Afrikakultur. Zur Kunst, Architektur und Literatur eines Kontinents. Misereor Materialien für die Schule 33. Hg. v. Bischöflichen Hilfswerk Misereor e.V. Misereor Medienproduktion und Vertriebsgesellschaft mbH Aachen, 2001

Südafrika. GEO Special 6/2002

Yamashita, Michael: Marco Polo. Eine wundersame Reise. Frederking & Thaler, München 2004

13 Medien und ihre Stars

Konzeption des Gesamtkapitels

Medienkompetenz zu fördern ist ein dringendes Anliegen des modernen Deutschunterrichts. In der heutigen Erlebnisgesellschaft bedienen sich besonders Jugendliche im Pubertätsalter der zahlreichen und sehr unterschiedlichen Identifikationsangebote, die ihnen über die Medien gemacht werden. Eine Orientierung über das breite Spektrum der Angebote und eine Hilfestellung bei der Entwicklung eines eigenen Standpunkts soll im Deutschunterricht geleistet werden.

Dabei ist zu beachten, dass die Fähigkeit, auszuwählen, zu bewerten und in Anschlusskommunikationen gegenüber Freunden überzeugende Urteile zu fällen – also „Urteilskraft" und „Geschmack" zu entwickeln – die gesamte Persönlichkeit der Schülerinnen und Schüler betrifft und nicht nur die Fähigkeit, Texte und Bilder zu analysieren. Dennoch „setzt" der Deutschunterricht als Medienunterricht auf die intellektuelle Verarbeitung von Medienerfahrungen. Das heißt: Die Schülerinnen und Schüler sollen lernen, die Angebote nicht bedenkenlos hinzunehmen, sie sollen einen Einblick in die Machart von Sendeformaten gewinnen, sollen über ihre Eindrücke und Vorlieben sprechen lernen.

Die Unterhaltungsindustrie zielt darauf, Jugendliche als eigene „Zielgruppe" zu gewinnen. Eine der wichtigsten Strategien ist die der Personalisierung von Trends. Stars und Sternchen repräsentieren einerseits Haltungen und Handlungsmuster des „Trends", sie werden gleichzeitig als Identifikationsangebote vorgestellt. Die Inszenierung von Menschen wie „du und ich" zu Popstars vor den Augen eines Millionenpublikums ist ein besonders faszinierendes Geschehen, das die Distanz zwischen Star und Konsument gering erscheinen lässt (auch du kannst morgen ein Star sein!). Das Kapitel ist so aufgebaut, dass es den Schülerinnen und Schülern auf dem Weg zu einem selbstständigen, selbstreflektierenden und kritischen Medienverhalten eine Stütze sein kann.

Durch die Abgrenzung zu anderen Generationen regt das erste Teilkapitel **(„Mediennutzung früher und heute – Erinnerungen und Statistiken")** zum Nachdenken über die eigenen Mediengewohnheiten an. Die „historische" Distanznahme ist durch die Gegenüberstellung „Was tut die Mehrheit – was tue ich", welche über diskontinuierliche Texte (Statistiken) ins Spiel gebracht wird, ergänzt. Die Analyse der diskontinuierlichen Texte dient also einerseits der Informationsgewinnung, andererseits der Verortung des eigenen Verhaltens im Spektrum des allgemein Üblichen/des mehrheitlich Geläufigen.

Das zweite Teilkapitel **(„Die Welt der Stars – Traum oder Albtraum?")** soll die Schülerinnen und Schüler dabei unterstützen, das Konstrukt „Star" sowie die medienspezifische „Maschinerie dahinter" etwas genauer unter die Lupe zu nehmen. Die Bedeutung eines Stars für die „Serie" und deren kommerzieller Erfolg und die Bedeutung eines Stars für die Jugendlichen in ihrer Rolle als Fans wird thematisiert. Die Schülerinnen und Schüler sollen dadurch die Möglichkeit erhalten, ihre eigene Haltung zu überdenken und neu auszurichten.

Jugendzeitschriften sind das Medium, das die Verbindung zwischen Medienstar und Fan stützt und untermauert. Sie werden im dritten Teilkapitel **(„Projekt Jugendzeitschriften")** kritisch untersucht. Dabei soll die Analyse auch durch produktive Aufgabenstellungen unterstützt werden.

	Inhalte	Kompetenzen
S. 231	**13.1 Mediennutzung früher und heute – Erinnerungen und Statistiken**	Die Schülerinnen und Schüler können – mit dem eigenen Medienverhalten reflektiert umgehen und es mit dem Medienverhalten früherer Generationen vergleichen
S. 231	**Medienwelten im Wandel**	– Inhalt und Aussage eines Textes erfassen und sich mit den darin aufgeworfenen Problemen und Wertvorstellungen auseinander setzen
S. 232	Kurt Oesterle **Der Fernsehgast**	– Statistiken und Diagramme „lesen“ – den Umgang mit Medien in eine statistische Form
S. 235	**Mediennutzung heute**	„übersetzen“
S. 238	**13.2 Die Welt der Stars – Traum oder Albtraum?**	– sich kritisch mit der Darstellung von Personen und Sachverhalten in den Medien auseinander setzen – aus einem Text Jugendsprache isolieren
S. 238	**Deutschland sucht den Superstar!**	– jugendsprachliche Ausdrücke etymologisch untersuchen – kreativ schreiben
S. 240	**Popstars**	– konstruktiv Kritik üben – sich mit einem Sachverhalt argumentativ auseinander setzen (z. B. Bedeutung der Medien,
S. 242	**„Ich war noch nie verliebt“**	Einfluss der Medien auf gesellschaftliche Phänomene)
S. 243	Susanne Fülscher **Stars und ihre Fans**	
S. 245	**13.3 Projekt Jugendzeitschriften**	– Jugendzeitschriften analysieren und sie kritisch bewerten – produktiv und kreativ mit dem Computer umgehen – Infos zusammenstellen und präsentieren

13.1 Mediennutzung früher und heute – Erinnerungen und Statistiken

S. 231

Medienwelt im Wandel

1 *a/b) Die Aufgabe ermöglicht eine erste Positionsbestimmung über die Ansichten, die in der Klasse zum Thema „Medien" vorherrschen: In einem zweiten Schritt können die häufig unterschiedlichen Einstellungen zu einigen Medien der verschiedenen Generationen artikuliert werden, die wiederum als Ausgangspunkt für eine Diskussion über technikfreundliche bzw. technikfeindliche Haltungen dienen.*

2 *a) Zur Bearbeitung der Teilaufgabe kann die Übersicht unter der Internetadresse http://de.wikipedia.org/wiki/Computer herangezogen werden.*
Die Recherche lässt sich auf nicht abgebildete Medien ausdehnen. Dies wäre im Hinblick auf die später folgenden generationenübergreifenden Texte und Aufgaben hilfreich.

S. 232

Kurt Oesterle

Der Fernsehgast

1 *a) Die Gemeinde des Ortes spaltet sich für den Erzähler auf in die Kategorien der Fernsehbesitzer und der Nichtfernsehbesitzer, zu denen auch die Familie des Erzählers gehört. Er leidet darunter, dass der Fortschritt – in anderen Häusern auch am elektrischen Bügeleisen oder der Trockenhaube abzulesen – in seine Familie noch nicht Einzug gehalten hat. So ist ein Transistorradio einziges Medium im Haushalt. Die Eltern, für die es die Unterscheidung Fernsehbesitzer und Nichtfernsehbesitzer nicht gibt, belegen das Fernsehen mit einem Verbot und schämen sich für ihren Sohn, der vor den Fernsehern des Ortes der Faszination dieses neuen Mediums erliegt. Dass ihr Verbot ohne Strafandrohung ausgesprochen wurde, mag als Zeichen dafür gelten, dass sie insgeheim wissen, wie machtlos sie doch dem neuen Medium gegenüber sind. Die ablehnende Haltung der Eltern kann unter anderen damit erklärt werden, dass sie der Auffassung sind, das neue Medium übe einen schlechten Einfluss auf die Seele des Menschen aus. Tatsächlich erschrickt auch der Erzähler vor seiner Wandlung, die die Hülle des Sonntagskindes von ihm abfallen lässt.*

b) Für Schülerinnen und Schüler, die mehrheitlich mit eigenen Fernsehgeräten aufwachsen, muss es befremdlich erscheinen, wie der Erzähler sich heimlich und unter Strafandrohung Zugang zu diesem Medium verschaffen muss und mit welcher Abneigung die Eltern reagieren.
Ebenso könnte die Veränderung des Erzählers, die er an sich durch den Drang zum Fernsehen bemerkt, Anlass zur Diskussion sein. Der Aspekt der Entfremdung durch Medien kann anhand der seit neuestem feststellbaren sozialen Isolierung Jugendlicher, die zur Kommunikation fast ausschließlich das Handy benutzen, thematisiert werden.

2 *a) Mehrmals wird im Text auf die Haltung der Eltern Bezug genommen:*
- *Z. 21: „Plag doch die Leute nicht so" ...*
- *Z. 22: „Hausierer" ...*
- *Z. 50: Sie schämten sich ...*
- *Z. 72 f.: „Hat der Bub denn keinen Stolz?" ...*
- *Z. 75 f.: Sie entschuldigten sich ringsumher bei den Leuten für ihren Sohn ...*
- *Z. 84: Beinahe überall baten sie um Verzeihung ...*

b) – *Z. 1: Meine Eltern glaubten, ich ginge zum Sportplatz.*
– *Z. 64–72: Worte und Aberworte waren nötig (...) ein kleines schrumpeliges Kind hüten.*

3 *a) Es bietet sich an, den Schülerinnen und Schülern zunächst unterschiedliche Medien (Buch, Zeitung, CD, Notebook usw.) zu präsentieren und nach deren Gemeinsamkeiten zu fragen. Abhängig vom Stundenziel können die Schülerinnen und Schüler dann aufgefordert werden, eine Definition des Begriffs „Medium/Medien" zu versuchen. Im Anschluss daran können diese Versuche mit der Definition in einem Lexikon verglichen werden.*

Definition:
Medium [lat. „das in der Mitte Befindliche"] (Mrz. Medien, Media), allg. Mittel, vermittelndes Element, insbes. (in der Mrz.) Mittel zur Weitergabe oder Verbreitung von Information durch Sprache, Gestik, Mimik, Schrift, Bild, Musik. (Meyers Großes Standardlexikon in 3 Bänden. Mannheim u.a., S. 500)

Über diese Kurzdefinition hinaus können sich die Schülerinnen und Schüler vertiefend mit dem Begriff des Mediums auseinander setzen. Hier bietet sich eine Internetrecherche zum Thema an, u. a. bei Wikipedia, einem frei zugänglichen Internetlexikon (www.wikipedia.de) oder dort direkt zum Thema „Medien".
Die verschiedenen Aspekte des Begriffs lassen sich zusammenfassend in einer ***Mind-Map*** *darstellen:*

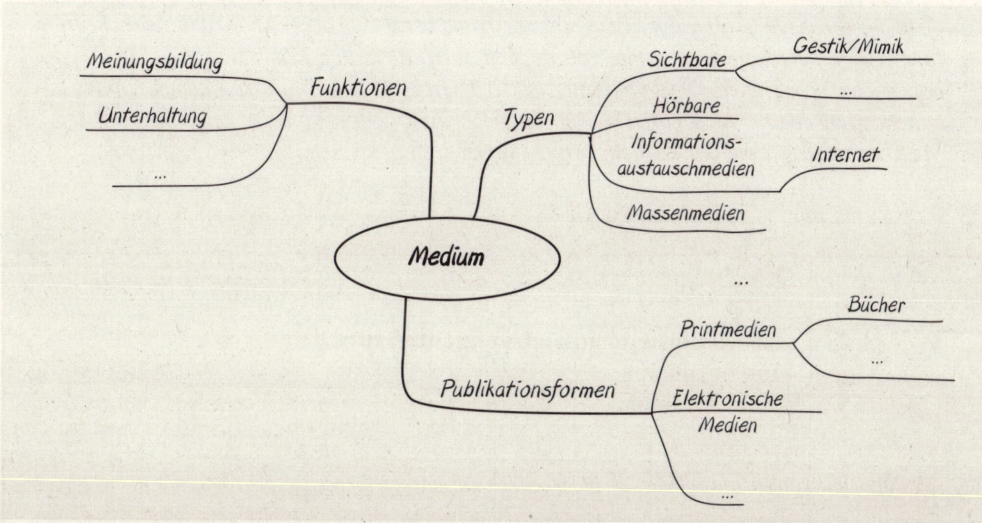

b) Am Beispiel des Handys, das allen Schülerinnen und Schülern vertraut ist, lassen sich die Schwierigkeiten beim Versuch einer eindeutigen Beantwortung der Frage, ob das Handy als eigenständiges Medium zu betrachten ist, darstellen. Die Beantwortung der Frage hängt dabei von der ***Definition des Begriffs*** *„Medium" bzw. vom* ***Funktionswandel*** *des Handys ab. Je nachdem, welche Definition gewählt wurde, werden die Antworten unterschiedlich ausfallen. Eine weiter gefasste Definition, die sich auf den Aspekt der Kommunikation konzentriert, wird das Handy als Medium sicherlich einschließen, eine engere Definition hingegen, die den Aspekt der Publikation betont, eher nicht.*
Die Fragestellung impliziert auch, das Handy in seinen verschiedenen Funktionen zu analysieren. Die ursprüngliche Funktion des Handys als Medium der Kommunikation (Telefon, SMS) wird zunehmend ergänzt durch Aspekte der Publikation (Internet, MMS usw.). Insofern wird auch hier eine exakte Kategorisierung schwer fallen.

4 *a) Es kann auf **verschiedene Aspekte** eingegangen werden:*
- *Kommunikationsmedien (Erzählungen) gehören schon immer zum Miteinander der Menschen.*
- *Neue Medien ergänzen im Regelfall bereits bestehende Medien (Medienpluralität).*
- *Manche Medien verlieren zunehmend an Bedeutung (z. B. Buch), teilweise werden sie ersetzt (Kassette durch CD).*
- *Orale Medien, Printmedien und elektronische Medien unterscheiden sich voneinander.*

b) Ergänzend können sich die Schülerinnen und Schüler in einem weiteren Rechercheauftag darüber informieren, wann die Entstehungszeiten der unterschiedlichen Medien in etwa anzusiedeln sind. Hier bietet sich eine arbeitsteilige Vorgehensweise an.
Zeitung (1609), Telefon (1861), Phonografie (1877), Schallplatte (1887), öffentliches Telefonnetz in Deutschland (1889), erste Schallplatte im Handel (1895), Film (1895), erste Radio-Musiksendung (1913), regelmäßiger Fernsehprogrammdienst in Deutschland (1934), ARD (1954), erstes Mobiltelefonnetz (A-Netz, 1958), PC (1977), Video (1978), CD (1983), Kabelfernsehen (1984), erste Handys (D-Netz, 1991), Internet und DVD (1995).

S. 235

Mediennutzung heute

1 ... rangiert auf Platz drei der Beliebtheitsskala. Auffällig ist dabei, dass weit mehr Mädchen gerne Radio hören (24 %) als Jungen (15 %). Dieser Trend setzt sich bei Büchern und Zeitschriften fort. So greifen Mädchen etwa mehr als doppelt so oft (17 %) zu Büchern wie Jungen (7 %) und auch bei den Zeitschriften liegen die Mädchen mit 10 % vorne (Jungen: 5 %). Das Medium, auf das Jugendliche am ehesten verzichten können, ist die Zeitung. Gerade 5 % der Jungen und 3 % der Mädchen geben an, auf dieses Medium nicht verzichten zu können.

2 *a) Vorschlag für einen **Erhebungsbogen**:*

	❐ Mädchen				❐ Junge
	„Am wenigsten kann ich verzichten auf ...“ kann überhaupt nicht verzichten → kann völlig verzichten				
	5	4	3	2	1
Fernsehen					
Computer/PC					
Radio					
Bücher					
Zeitschriften					
Zeitungen					
nichts davon					

Auswertung: Arbeitsteilig können die Schülerinnen und Schüler die Punkte addieren, die bei den einzelnen Medien vergeben wurden. Je höher die Gesamtpunktzahl, desto weniger wollen die Jugendlichen auf das Medium verzichten. Zur Visualisierung empfiehlt sich ein Tabellenkalkulationsprogramm.

3 *a) Die Auswertung der Kreisdiagramme kann u.a. zu folgenden Ergebnissen führen:*

- *Das Fernsehen ist bei beiden Geschlechtern in etwa gleich beliebt.*
- *Der Computer rangiert bei Jungen an erster Stelle, bei den Mädchen erst an dritter.*
- *Der Computer ist bei Jungen beinahe dreimal so beliebt wie bei Mädchen.*
- *Bei den Mädchen haben Bücher sogar noch einen leicht höheren Stellenwert als Computer/PC.*
- *Die elektronischen Medien liegen in ihrer Beliebtheit bei Jugendlichen weit vor den Printmedien.*
- *Zeitungen sind bei beiden Geschlechtern nur wenig beliebt.*
- *Das Radio ist bei den Mädchen das zweitbeliebteste Medium.*
- *...*

Auf die Ursachen der geschlechterspezifischen Unterschiede in der Erhebung und die Gründe der geringen Beliebtheit von Zeitungen, Zeitschriften und Büchern kann im Unterrichtsgespräch eingegangen werden.

b) Im ***Balkendiagramm*** *lässt sich gut ablesen, wie unterschiedlich beliebt einzelne Medien bei den Personengruppen sind.*
Das ***Kreisdiagramm*** *verdeutlicht, wie sich innerhalb einer Personengruppe die Beliebtheit verschiedener Medien verteilt.*

4 *a)*
- ☐ *Wie lange schauten Jugendliche in eurem Alter im Jahr 2000 durchschnittlich fern?*
  129,5 Minuten (Ost: 143, West: 116)
- ☐ *Wie unterscheidet sich die Sehdauer in den verschiedenen Altersklassen?*
  Der Fernsehkonsum in der Altersgruppe der 12- bis 15-Jährigen ist höher als in der Altersklasse von 16 bis 19 Jahren.
- ☐ *Sehen Erwachsene mehr fern als Jugendliche?*
  Eindeutig ja. Der Fernsehkonsum der Befragten ab 14 Jahren liegt über dem der Jugendlichen. Ein Vergleich mit den Werten der 16- bis 19-Jährigen zeigt deutlich, dass die Fernsehdauer der über 19-Jährigen weit über dem der unter 19-Jährigen liegen muss.
- ☐ *Welche Unterschiede lassen sich zwischen dem Westen und dem Osten Deutschlands feststellen?*
  In allen Altersgruppen liegt der Fernsehkonsum im Osten Deutschlands über dem im Westen.

Über die Gründe der altersspezifischen und regionalen Unterschiede bei der Fernsehnutzung können im Unterrichtsgespräch Überlegungen angestrengt werden. Hier kann auf die Bedeutung alternativer Freizeitangebote für Jugendliche und Erwachsene ebenso eingegangen werden wie auf die sozialen Unterschiede zwischen Ost- und Westdeutschland (hohe Arbeitslosigkeit, unterschiedliche Jugendkulturen o. Ä.).

c) Die Bewertung der Ergebnisse aus der Studie wird von den individuellen Fernsehgewohnheiten der Schülerinnen und Schüler abhängen. So dürfte die Einschätzung, ob 116 Minuten Fernsehkonsum pro Tag (bzw. 143 Minuten) als „hoch" oder „niedrig" einzuschätzen sind, sehr unterschiedlich ausfallen. Hinzuweisen ist an dieser Stelle sicherlich darauf, dass in diesen Durchschnittswerten Jugendliche erfasst sind, die überhaupt nicht oder nur sehr wenig fernsehen.
Die Interpretation der Werte kann zu folgenden Ergebnissen führen:

- *Die Sehdauer der 12- bis 15-Jährigen bleibt über die Jahre hinweg relativ konstant. Geht man von einer wachsenden Bedeutung des PC in der Mediennutzung der Jugendlichen, hier vor allem der Jungen, aus, wird deutlich, wie viel Zeit Jugendliche für den Umgang mit elektronischen Medien insgesamt investieren. Interessant wird sein, inwieweit diese These durch die Klassenumfrage bestätigt wird (siehe Aufgabe 5).*
- *Die Sehdauer im Osten Deutschlands liegt deutlich über den Werten, die in Westdeutschland gemessen wurden.*
- *Der Fernsehkonsum der Zuschauer ab 14 Jahren liegt deutlich über dem der Altersgruppe von*

16 bis 19 Jahren. Dieser Befund lässt den Schluss zu, dass Erwachsene über 19 Jahre einen vielfach (!) höheren Fernsehkonsum aufweisen müssen als Jugendliche. Auch hier sind sicherlich die Ursachen im unterschiedlichen Freizeitverhalten und in der Bedeutung des Computers für die Jugendlichen zu suchen.

Ausgehend von den unterschiedlichen Bewertungen des Datenmaterials bietet sich die Überleitung zur Erstellung klassenspezifischer Mediengewohnheiten an.

5 *b) Der Erhebungsbogen über die Mediengewohnheiten sollte möglichst bereits eine Woche vorher ausgeteilt werden, so dass jetzt eine Auswertung der Statistik und ein Vergleich mit den bundesweit repräsentativen Werten möglich ist.*

Falls der Erhebungsbogen nicht von der Klasse erarbeitet werden soll, hier ein Vorschlag:

	❐ Mädchen			❐ Junge				
Trage hier ein, wie lange du welches Medium pro Tag nutzt (in Minuten). Falls du Medien gleichzeitig nutzt, notiere diese Zeitdauer in der vorletzten Zeile (in Minuten).								
Medium	1. Tag	2. Tag	3. Tag	4. Tag	5. Tag	6. Tag	7. Tag	Gesamt pro Medium
Fernsehen								
Computer/PC								
Radio								
Bücher								
Zeitschriften								
Zeitungen								
nichts davon								
Mediennutzung insgesamt (in Minuten):								
gleichzeitig genutzt (in Minuten):								
reale Mediennutzung pro Tag (in Minuten):								

Der vorgeschlagene Erhebungsbogen bietet die Möglichkeit, sowohl die durchschnittliche Nutzung eines Mediums pro Tag als auch die durchschnittliche reale Mediennutzung pro Tag zu ermitteln. Diesen Wert erhält man, wenn man vom Wert der „Mediennutzung insgesamt" den Wert der „gleichzeitig genutzten Medien" abzieht.

Die Schülerinnen und Schüler sind im Regelfall sehr stark daran interessiert, wie die Ergebnisse der übrigen Schülerinnen und Schüler in der Klasse aussehen. Bevor die Auswertung der Erhebung in einer Klassenstatistik erfolgt, können deshalb auch die individuellen Werte durch die Schülerinnen und Schüler selbst auf einer Wandzeitung zusammengetragen werden (anonym oder mit Namen).

Wandzeitung Mediennutzung										
Minuten	20	40	60	80	100	120	140	160	180	200
Fernsehen										
Computer/PC										
Radio										
Bücher										
Zeitschriften										
Zeitungen										
nichts davon										
reale Nutzung pro Tag										
X = Mädchen										Y = Junge

c) *Es bietet sich an, die Auswertung der Daten arbeitsteilig vorzunehmen zu lassen. Eine Möglichkeit besteht darin, acht Arbeitsgruppen zu bilden, die jeweils nur ein Medium bzw. die Mediennutzung pro Tag erfassen. Alle Erhebungsbögen der Klasse werden dazu auf die verschiedenen Arbeitsgruppen verteilt. Die Daten sollten hier zunächst nach Geschlechtern getrennt ausgewertet werden. Die Werte zur Klassenstatistik lassen sich im Anschluss leicht ausrechnen. Um Mehrfachauswertungen zu vermeiden, empfiehlt es sich, dass die Arbeitsgruppen ihre ausgewerteten Bögen markieren, bevor sie an die nächste Arbeitsgruppe weitergereicht werden.*
Ob die Auswertung in einem Balken- oder Kreisdiagramm erfolgt, hängt eng davon ab, ob geschlechtsspezifisch oder klassenspezifisch ausgewertet werden soll.

13.2 Die Welt der Stars – Traum oder Albtraum?

S. 238

1 a/b) *Über die persönliche Annäherung an das Thema „Star" hinaus zeigen die Bilder, dass Stars aus ganz unterschiedlichen Sparten der Unterhaltungs- und Sportindustrie rekrutiert werden.*

c) *Beispiele für lexikalische Erklärungen:*
Star [engl. „Stern"] der, allg.: gefeierte Persönlichkeit, Theater-, Film-, Sportgröße (Bibliographisches Institut & F.A. Brockhaus AG)
Star [engl.: „Stern"] der; -s, -s: gefeierte Bühnen-, Filmgröße (Duden – Das Fremdwörterbuch).

S. 238

Deutschland sucht den Superstar!

1 a) *to cast: u.a. (Schauspieler) einteilen, (Rolle) besetzen.*
Castings im Allgemeinen dienen der Ermittlung geeigneter Kandidaten vor allem für TV- und Kinoproduktionen. Eine besondere Form sind seit einigen Jahren die öffentlichen Castings, die als eigenes TV-Format angeboten werden und in einer abschließenden Show zur Ermittlung des „Superstars" münden. Üblicherweise werden Kandidaten gesucht, die zum Popstar aufgebaut werden sollen (als Einzelperson oder als Band), aber auch Kategorien wie Model oder Komik (Comedian) werden präsentiert, z. B. in „Star Search". Hier werden zusätzlich Kinder/Jugendliche zwischen 10 und 15 Jahren zu „Stars" gemacht.
Diese Formate haben ihren Ursprung im US-amerikanischen Fernsehen. Christina Aguilera und Justin Timberlake sind aktuelle Popstars, die in den USA als Kinder an „Star Search" teilnahmen.

b) ***Performance*** *(Z. 16): Begriff aus der Kunst (eine aus den USA stammende Form der Aktionskunst, die in den 1970er Jahren weitgehend an die Stelle von Luxusveranstaltungen und Happenings trat. Im Gegensatz zu diesen bleiben Künstler und Publikum getrennt. Die Performance wird meist von einem einzelnen Künstler, aber auch von Gruppen vorgeführt. Häufig wird mit Mitteln des experimentellen Theaters und des modernen Balletts gearbeitet oder die Performance in Theater- und auch in Konzertaufführungen integriert. Überschneidungen ergeben sich auch mit der Body-Art und der Prozesskunst. Bedeutsam ist die Verwendung reproduktiver Medien, u. a. Film und Video, die mitunter die Originalperformance völlig ersetzen. [Bibliographisches Institut & F.A. Brockhaus AG]).*
Im Showgeschäft wird der Begriff für die künstlerische Darbietung eines Songs verwendet, wobei meist der zum Gesang einstudierte Tanz gemeint ist.
Weitere Ausdrücke, *die u. a. im TV-/Showbereich verwendet werden: Kamerateam (Z. 21), gestylt (Z. 32), Contest (Z. 43 [= Wettbewerb]), Crew (Z. 62 [= Besatzung, Mannschaft]); auch die Anglizismen der Jugendsprache können aufgegriffen werden: cool (Z. 15), YES (Z. 57).*

2 a) *Die Stimmung wird durchweg als positiv geschildert („in ruhiger, fairer und gelassener Atmosphäre", Z. 40; „Eine tolle Erfahrung", Z. 55 f.). Da der Text von der Homepage der „Deutschland sucht den Superstar"-Show kommt, ist dies auch zu erwarten. Die Teilaufgabe c) könnte hieran anschließen und der Text an der TV-Realität gemessen werden. Wie würden die Jugendlichen die Atmosphäre beschreiben? Ist die Jury (z. B. mit Dieter Bohlen) kompetent und fair? Wie reagieren die Ausgeschiedenen?*

b) *Bei Castings finden sich oft ähnliche Typen:*
- *der freundliche Junge/das freundliche Mädchen von nebenan*
- *der/die Ausgeflippte*
- *der/die Coole*
- *der/die Nervöse*

Die verschiedenen Typen regen dazu an, über die Motivation einer Castingteilnahme nachzudenken.

3 *a/b) Das Rollenspiel dient als Vorarbeit für den zweiten Teil der Aufgabe.*

Argumente

pro Casting

Castings sind eine Chance für jede/n, auch ohne Geld Gesangsunterricht zu bekommen oder Beziehungen zu knüpfen.
Selbst bei einem Ausscheiden hatte man so viel Öffentlichkeit, dass es möglich ist, entdeckt zu werden.
Man war auch mal im Fernsehen.
Wer diese „harte Schule" überlebt, weiß, was ein Leben als Prominenter bedeutet. Es bestand die Chance auszutesten, ob der Einzelne dieses Leben für sich als erstrebenswert ansieht.

kontra Casting

Bei der großen Anzahl an Bewerber/innen spielt, wie bei jeder „Entdeckung", der Zufall eine große Rolle.
Es geht nicht mehr um Begabungen, sondern nur noch um die Entdeckung.
Man läuft Gefahr, sich zu blamieren.
Jugendliche werden rücksichtslos für eine modische Zeiterscheinung und einen kurzlebigen Markt ausgebeutet.

Popstars

S. 240

1 *a) Gemeinsamkeiten von Kylie Minogue und Robbie Williams:*
- *Beide wurden streng gemanagt, ohne ihre eigenen Vorstellungen verwirklichen zu können.*
- *Beide emanzipierten sich.*
- *Beide waren weiterhin erfolgreich.*

Unterschiede:
- *Minogue: Sie startete als Seriendarstellerin und Kinderschauspielerin. Sie ist bereits seit den 80ern im Showgeschäft tätig und immer als Solokünstlerin.*
- *Williams: Er begann als Mitglied einer sog. Boygroup. Der permanente Druck führte bei ihm zu Drogenproblemen.*

b) Kurzfassung der Argumente aus dem Text:
Minogue: Reality-Shows würden für eine beängstigende Obsession der Jugendlichen mit Starruhm und Erfolg sorgen, Begabung und künstlerische Ziele träten in den Hintergrund (Z. 9ff.).
Williams: Die Sendungen seien grausam und würden mit dem Leben anderer Leute spielen (Z. 37ff.).

„Ich war noch nie verliebt"

S. 242

1 *a/b) Änderungen in Marlons Leben:*
- *... an den Wochenenden ziemlich viel unterwegs ... (Z. 8f.)*
- *... im letzten Schuljahr ... viel verpasst – deshalb bin ich durchgerasselt (Z. 11ff.)*
- *... mittlerweile hasse ich [Mathe] ... (Z. 17f.)*
- *kommen ... 'ne Menge Leute an, die vorher nichts von mir wissen wollten (Z. 21ff.)*
- *... früher haben mich vor allem Jungs übel gedisst – wegen meiner langen Haare und meiner Musik ... Jetzt behandeln sie mich mit Respekt (Z. 27ff.).*

Die Textstellen können mit der Behauptung Marlons konstrastiert werden, in seinem Leben habe sich „eigentlich nicht so viel" verändert (Z. 3).

2 *a–e) Ziel der Aufgabe ist es, zu diskutieren, inwiefern das Privatleben von Stars öffentlich gemacht werden darf und wo Grenzen zu ziehen sind. Es können sowohl die Aufdringlichkeit von Paparazzis, die Hemmungslosigkeit etlicher Medien, die Sensationsgier des Publikums wie auch die exhibitionistische Haltung einiger Stars problematisiert werden.*

3 *a/b) Mögliches* ***Tafelbild:***

	Jugendsprache	Übersetzung aus dem Englischen
cool (Z. 9)	angesagt, super	kalt
easy (Z. 15)	einfach, leicht	einfach, leicht
relaxed (Z. 20)	locker im Umgang miteinander, entspannt	entspannt
gedisst (Z. 27)	geärgert, beleidigt (ursprünglich aus der Hip-Hop-Szene übernommen: Texte, in denen andere Rapper verspottet werden)	(besonders amerikan. Engl.): beleidigen
gecastet (Z. 32)	in einer Castingshow entdeckt	(Schauspieler) einteilen; (Rolle) besetzen
girls (Z. 36)	Mädchen	Mädchen
Charity-Gala (Z. 37)	Wohltätigkeits-Gala	Wohltätigkeits-Gala
Daddy (Z. 71)	Papa	Papa

S. 243

Susanne Fülscher

Stars und ihre Fans

1 *a/b) Die Subjektivität und starke Emotionalität der Darstellung fordern eine Relativierung durch die Schülerinnen und Schüler. Falls ein Gespräch über Theresas Gefühle (und damit ja auch über die eigenen) nur schwer in Gang kommt, bietet sich eine Analyse der sprachlichen Gestaltung ihrer Gefühlswelt an (Beispiel: „... sofort hüpft mein Herz höher“, Z. 11; „... sackt es wieder in den Keller“, Z. 13f.).*

13.3 Projekt Jugendzeitschriften

S. 245

Da Zeitschriften bei den Schülerinnen und Schülern eine immer bedeutendere Rolle spielen, sollten sie von der Schule nicht mehr nur als Privatlektüre abgetan werden. Ihnen steht neben den klassischen Unterrichtsmedien ein fester Platz zu. Vor allem sollten sie besonders in den Klassenstufen berücksichtigt werden, in denen die Schülerinnen und Schüler auf der Suche nach Identitätsangeboten verstärkt auf diejenigen der Zeitschriften zurückgreifen. Seit langem gehören Jugendzeitschriften zum Bestandteil der Jugendkultur.
Verwiesen sei in diesem Zusammenhang auf das Projekt „Zeitschriften in der Schule“ der Stiftung „Lesen“ und der Stiftung „Presse-Grosso“, das der Klasse die Möglichkeit bietet, über mehrere Wochen Zeitschriften geliefert zu bekommen. Zudem bietet es hilfreiches Material für die Lehrkraft, das als pdf-Datei erhältlich ist (http://www.stiftunglesen.de).

Vorschlag für Übungen und Klassenarbeiten

1 *Stelle dir vor, du bist ein Star. Erzähle einen Tag aus deinem Leben.*

2 *Fasse nach der Analyse einer Jugendzeitschrift zusammen, was dir an der Zeitschrift gefallen hat und was du für verbesserungswürdig hältst. Begründe deine Ansicht und nenne Beispiele.*

Zusatzmaterial

Ich persönlich halte sehr wenig von Casting-Shows. In meinen Augen ist Musik Kunst. Bei all diesen Stars aus der Casting-Fabrik tritt das allerdings in den Hintergrund. Man sollte die Musik schätzen, die etwas aussagt und in einem irgendetwas bewegt, weil der Künstler so viel von sich selbst eingebracht hat, dass man es als „seinen Song" bezeichnen kann. Bei all diesen gecasteten Musikern ist einfach Null an Eigenarbeit enthalten. Sie kriegen ihren Song vorgesetzt, üben diesen ein bis zwei Stunden und nehmen eine neue Platte auf. Die Titel heißen dann meistens „Take me tonight" oder besonders kreativ „You drive me crazy"... Aber warum beschwer ich mich überhaupt? Es geht ja nicht darum, dass Bohlen und Co. nicht produzieren können, sondern darum, was sie produzieren. Denn Fakt ist, dass alles, was bisher aus „Deutschlands Castingschulen" kam, sich auf die Zielgruppe kleine pubertierende Mädchen zwischen 10 und 15 Jahren bezieht. Und Fakt ist ebenso, dass es in der Casting-Welt vorrangig um Geld und nicht um Musik geht. Bohlen will Geld, Daniel Küblböck will Geld, Alexander „Superstar" will Geld, nur eigene Songtexte schreiben will er nicht. Es gibt in unserer Gesellschaft momentan kaum etwas Kommerzielleres als Castings. Ich gebe nicht unbedingt den „Sängern", oder sagen wir lieber „Interpreten", die Schuld, sondern beschwere mich über die Produzenten, die Menschen (Ja genau – Menschen!) wie Daniel Kübelböck benutzen, um kleinen Mädchen das Geld aus der Tasche zu ziehen. Und dann möchte ich noch eben kurz meine Meinung über einen wichtigen Komplizen dieser schrecklichen Verschwörung äußern: Die „Bravo"! Diese verhilft den bösen Tyrannen, ihre Botschaft an die kleinen Opfer weiterzugeben. Damit auch alle Groupies informiert sind, kaufen sie sich zur neuen Daniel Kübelböck-CD auch gleich noch die neue „Bravo". Wenn ich neben einem kleinen Mädchen stehe, das gerade die „Bravo" und gründlich abgezählt 1,30 Euro aufs Fließband legt, würde ich am liebsten die „Bravo" zerreißen und dem Mädchen eine Moralpredigt halten. Aber da ich keine Probleme haben möchte, appelliere ich an die Eltern: Retten Sie Ihr Kind vor der blutrünstigen Castinggesellschaft! Bitte!

(Schüleraufsatz)

Literaturhinweise

JIM 2002: Jugend, Information, (Multi-)Media. Basisstudie zum Medienumgang 12- bis 19-Jähriger in Deutschland. Hg. v. Medienpädagogischen Forschungsverbund. Baden-Baden 2003

Stars – Idole – Medienwelten. Praxis Deutsch, 171/2002 (Literaturhinweise im Basisartikel)

Zeitschriften in der Schule. Arbeitshilfen für Schule und Jugendbildung. Hg. v. der Stiftung Lesen. Mainz 2002

14 Ad de Bont/Allan Zipson: „Das besondere Leben der Hilletje Jans"

Konzeption des Gesamtkapitels

Die Schülerinnen und Schüler lernen ein Theaterstück als ein Stück Theater kennen und erhalten Anregungen zur Aufführung des Stückes. Arbeitsgrundlage sind Auszüge aus dem Theaterstück „Das besondere Leben der Hilletje Jans" von Ad de Bont und Allan Zipson.
Das erste Teilkapitel **(„Ein Theaterstück ist ein Stück Theater – Figuren und Spielhandlung")** setzt den Schwerpunkt auf den Arbeitsbereich „Umgang mit Texten und Medien". Die Schülerinnen und Schüler lesen die ersten Szenen des Stückes und entwickeln eine Vorstellung vom Bühnengeschehen. Im Unterschied zu den spielerischen Annäherungen an das Theater in den Jahrgangsstufen 5 und 6 soll hier vom Text ausgegangen werden. Allerdings liegt der Erkenntnisschwerpunkt auf der Entsprechung von innerer und äußerer Spielhandlung und damit auf der theatralen Realisierung des Textes. Die spielerischen Anregungen verweisen die Jugendlichen auf die Möglichkeiten der sprachlichen Gestaltung, des gestischen Ausdrucks, des Spiels mit Requisiten, der räumlichen Anordnung der Figuren und von verfremdenden Darstellungsformen, wie dem Schattenspiel. Die Exposition in den ersten Szenen führt in die Krisensituation der Protagonistin Hilletje Jans ein und bietet die Möglichkeit sowohl der Identifikation als auch der distanzierten Figurenanalyse. Schließlich werden die inhaltlichen und formalen Erkenntnisse über die Szenen schriftlich summiert. Damit wechselt gleichzeitig der Schwerpunkt vom lesenden und spielenden Umgang mit dem Text zum Sprechen und Schreiben.
Im zweiten Teilkapitel **(„Theaterspielen heißt, sich selbst ins Spiel zu bringen")** lernen die Schülerinnen und Schüler eine Bühnenfigur zu erschließen, indem sie sich in die Person hineinversetzen und eine Rollenbiografie erarbeiten. Sie werden aufgefordert, selbst eine Szene zu erfinden, und erhalten Anregungen, dabei verschiedene dramatische Mittel einzusetzen. Als Arbeitstechnik wird die Entwicklung und schriftliche Fixierung von Szenenskizzen vorgestellt.
Das dritte Teilkapitel **(„Ausprobieren – Proben – Aufführen")** legt den Schwerpunkt wieder auf den Umgang mit dem Text und die Gestaltungsmöglichkeiten des Mediums Theater. Es führt die Schülerinnen und Schüler zu der Problematik der Geschlechterrollen im historischen und im heutigen Kontext und den Formen und Möglichkeiten ihrer alltäglichen und theatralen Realisierung. Die Schülerinnen und Schüler werden aufgefordert, ihre erarbeiteten Fähigkeiten und Kenntnisse der szenischen Inszenierung auf eine komplexe Szene anzuwenden und einen möglichen Schluss für das Stück zu entwickeln. Bei der Präsentation ihrer Arbeitsergebnisse müssen sie entscheiden, ob sie eine Gesamtaufführung des Stückes produzieren oder eine Form wählen wollen, die Ausschnitte ermöglicht. Für eine Aufführung erhalten sie konkrete Tipps.
Das Stück bietet unterschiedliche Möglichkeiten für historische und geografische Erkundungen, kulturgeschichtliche Recherchen, Kooperationen mit den entsprechenden Fächern oder fächerverbindenden Unterricht. Es bietet Rollen für Jungen und Mädchen und große Klassen, aber auch Nischen für das Zuarbeiten aus dem schützenden Hintergrund und sehr viel Freiraum für eigene Akzentsetzungen.
Wenn allerdings weitere Textstellen aus dem Stück herangezogen, das ganze Stück oder größere Teile daraus vor Publikum aufgeführt werden sollen, müssen die Schülerinnen und Schüler vorher auf die recht derbe, aber zu der historischen Zeit passende Sprache vorbereitet werden. Gegenbenenfalls sollten auch die Eltern und das Kollegium darüber informiert werden.

Seite	Inhalte	Kompetenzen
S. 247	**14.1 Ein Theaterstück ist ein Stück Theater – Figuren und Spielhandlung**	Die Schülerinnen und Schüler können – Bühnengeschehnisse wiedergeben und dabei den geschriebenen Dialog von der eigentlichen Szene unterscheiden
S. 247	**Wie (man) es anfängt**	– äußere und innere Spielhandlung einer Theaterszene unterscheiden und beschreiben
S. 250	**Szenen verstehen**	– Inszenierungsideen aus dem Text entwickeln – eine Szene wirkungsvoll spielen
S. 253	**Ein Programmheft schreiben**	– die inneren Vorgänge in den Personen durch Sprache, Gestik, Mimik, Requisiten und Choreografie sichtbar machen – ein Schattenspiel entwickeln und seine Darstellungsmöglichkeiten wirkungsvoll einsetzen – die Exposition des Stückes wiedergeben – Texte für ein Programmheft entwerfen
S. 254	**14.2 Theaterspielen heißt, sich selbst ins Spiel zu bringen**	– sich in eine Figur hineinversetzen – den Charakter einer Figur erschließen – eine Rollenbiografie schreiben
S. 254	**Mitreden und mitschreiben**	– eine Szene nach Vorgaben selbst entwickeln – in Szenenskizzen die wesentlichen theatralen Ebenen festhalten
S. 255	**Eine Szene erfinden und ausgestalten**	
S. 256	**14.3 Ausprobieren – Proben – Aufführen**	– die Bedeutung der Geschlechterrollen im Stück und in der heutigen Gesellschaft herausarbeiten
S. 256	**Geschlechterrollen – Rollentausch**	– durch Kleider- und Rollentausch typische Elemente von Geschlechterrollen erfahren und reflektieren – Elemente für das Bühnenbild und für die Choreografie eines Kampfes entwickeln und ausprobieren
S. 260	**Ein Stück zu Ende bringen**	
S. 262	**Das Ziel: das Stück vor Publikum aufführen**	– für die komplexe Szene eine Inszenierung entwickeln und dafür wirkungsvoll Choreografie und Bühnenbild einsetzen – eine Schlussszene konzipieren und ausgestalten – für wichtige theatrale Dimensionen Ideen und Vorschläge entwickeln, ausprobieren und einstudieren – ein Projekt planen und planvoll bearbeiten – das Stück oder Teile daraus präsentieren und dabei eine verantwortliche Aufgabe übernehmen

14.1 Ein Theaterstück ist ein Stück Theater – Figuren und Spielhandlung

Die ersten beiden Szenen des Stückes sprechen die Altersstufe unmittelbar an. Die Schülerinnen und Schüler lassen sich in der Regel gern auf die zentrale Figur der Hilletje Jans, auf ihre persönlichen Lebensumstände sowie auf die Zustände in den Niederlanden vor 250 Jahren ein. Meist gelingt es schnell, das inhaltliche mit dem formalen Interesse am Medium Theater zu verbinden. Davon abhängig wird man ggf. die Reihenfolge der Aufgabenstellungen ändern.
In diesem Teilkapitel lernen die Schülerinnen und Schüler das Stück über seine Exposition kennen und erwerben durch eigenes Spiel ein grundlegendes Verständnis für die Beziehungen zwischen dem Text und der Spielhandlung.

S. 247

Wie (man) es anfängt

1 *Die Aufgabe soll den Schülerinnen und Schülern die Bedeutung des Bühnengeschehens plastisch vor Augen bzw. Ohren führen und sie von vornherein dazu motivieren, szenische Vorstellungen zu dem Text zu entwickeln. Dafür werden die Begriffe Bühnengeschehen und äußere Spielhandlung eingeführt.*
Die Aufgabe sichert wesentliche Aspekte des inhaltlichen Verständnisses des Stückes. Es lohnt sich, die Informationen aus dem Text systematisch aufzuarbeiten und zu sichern. Dafür bietet es sich an, an der Klassenwand eine Rubrik zu eröffnen: ***„Sich mit fremden Wörtern, Sätzen und Sachverhalten vertraut machen“.*** *Jede(r), der/die bei der weiteren Lektüre auf unbekannte Wörter, Sachverhalte usw. stößt, notiert diese auf eine Karteikarte, die ausgehängt wird. Jede Schülerin/jeder Schüler ist aufgefordert, mit Hilfe von Lexika usw. die Begriffe zu klären, mit Quellenangabe und Finder(innen)name versehen auf eine weitere Karteikarte zu schreiben und sie unter die erste zu hängen.*
Welche Möglichkeiten das Stück für den fächerübergreifenden Unterricht, insbesondere für eine Zusammenarbeit mit dem Erdkundeunterricht bietet, stellt Annette Coen dar (s. Literaturhinweise).

2 *a/b) Die Aufgabe macht die Schülerinnen und Schüler aufmerksam auf die episodische Struktur der Szene und lässt einzelne Episoden als motivierende kleine Spielanlässe hervortreten.*
Folgende Episoden lassen sich unterscheiden:

Z. 1–12	*Begrüßung der Zuschauer*
Z. 13–45	*Schilderung der Lebensumstände*
Z. 45–66	*Räuberepisode*
Z. 67–81	*Holland im 18. Jahrhundert*
Z. 82/83	*Kampf der Erzähler*
Z. 84–92	*Tod des Pockenkranken*
Z. 93–102	*Überleitung zu Hilletje*
Z. 103–118	*Vorstellung von Hilletje*

3 *a/b) Für die Umsetzung der Aufgabe ist es unabdingbar, dass Bewegung im Raum, Einsatz von Geräuschen und kreativer Umgang mit angedeuteten Requisiten ermöglicht werden. Dazu muss – auch im Klassenraum – Spielraum geschaffen werden. Es ist sinnvoll, die Phase des Erspielens von Szenen einzuleiten mit sog. Aufwärmübungen, wie sie im Band 5 und 6 des Lehrwerks entwickelt und angeboten werden. Weitere Anleitungen finden sich z. B. in: Ausprobieren – Proben – Spielen. Szenisches Spielen und Schülertheater in der Sekundarstufe I, S. 24 und 40 ff.*
Die Entwicklung von Inszenierungsvorschlägen sollte in Gruppenarbeit vorgenommen werden.

Als Vorübung für die Entwicklung von Szenenskizzen (vgl. Teilkapitel 14.2) ist es sinnvoll, die vorgespielten Szenen und ihre Beurteilung durch die Zuschauenden an der Tafel festhalten zu lassen. Dabei sollte zwischen äußerer Spielhandlung und den Merkmalen der inneren Spielhandlung unterschieden werden. Dafür sind Fragen hilfreich wie: Wie kann man Traurigkeit, Mitgefühl, Desinteresse, Schadenfreude am Gang, an der Haltung, an der Stimmgebung erkennen?

4 *Die Aufgabe fordert zur Gestaltung der 2. Szene auf; dabei kann die Szene auch in Episoden zerlegt werden. Die Zuordnung der Episoden zu den genannten drei dramatischen Ausdrucksformen bereitet kaum Schwierigkeiten.*
Vorsicht ist bei den beiden Kampfszenen geboten. Bereits hier sollte man darauf achten, dass Gestaltungsmöglichkeiten genutzt werden, die unten (Schülerbuch, S. 260) weiter ausgebaut werden, damit die Kämpfe nicht in Geraufe ausarten, das keine theatrale Wirkung hat.
Die Form der Publikumsansprache kann unterschiedlich intensiv sein bis hin zur Einbeziehung in das Spiel: Erzähler und Erzählerin können um die Gunst des Publikums buhlen, der Kaufmann kann Schutz beim Publikum suchen, der Räuber kann das Publikum bedrohen usw.

5 *Diese Aufgabe fordert zu einer stark expressiven Gestaltung unter Verwendung von Mimik, Gestik und Stimmgeräuschen heraus. Wichtig ist auch hier, die gewählten Mittel und ihren Einsatz zu reflektieren. Erkenntnisse sollten festgehalten und ggf. auf einem Poster aufgeschrieben werden, das für die zukünftige Arbeit ausgehängt wird:* ***„Theatermittel und ihre Wirkungen“****.*
Wenn es einzelnen Schülerinnen und Schülern gelingt, mit eher sparsamer Verwendung der Mittel eindrucksvolle Wirkungen zu erzielen, sollte dies besonders hervorgehoben werden. Dahinter steckt das Prinzip der Wirkungssteigerung durch ökonomischen Einsatz der Mittel. Das sparsame Spiel verlagert das innere Geschehen stärker „in den Kopf der Zuschauer“ und ist deshalb wirkungsvoller als übermäßiger Mitteleinsatz, der eher abstumpft.

Szenen verstehen

S. 250

3. Szene: Hilletje – Onkel

S. 250

In diesem Abschnitt lernen die Schülerinnen und Schüler anhand einer kleinen Szene die Figuren und ihre Beziehungen zueinander detailliert zu analysieren und für die szenische Realisierung genau durch- und auszuarbeiten.

1 *Die Aufgabe erfordert zunächst, genau herauszuarbeiten, in welcher Lage sich Hilletje befindet, und ihre Gefühle zu bestimmen; sie verlangt eine sehr detaillierte Entwicklung der Miniszene.*
Die Schülerinnen und Schüler werden zunächst auf die Gestaltung der äußeren Spielhandlungsebene geführt. Man kann bereits hier mit einem Standbild beginnen, bevor Bewegungsabläufe entwickelt werden (vgl. Band 5, S. 259). Dann treten die Gedankentexte hinzu. Hier können die Schülerinnen und Schüler den Auftrag bekommen, aus dem Off den inneren Monolog von Hilletje zu sprechen. Dies zusammen ermöglicht eine angemessene sprachliche und szenische Interpretation des Textes von Zeile 1 bis 5.

2 / **3** *Diese beiden Aufgaben dienen der funktionalen Herausarbeitung der Arbeitstechnik des „Standbildbauens“. Dies wird hier hergeleitet aus dem Bühnenfoto, ein für jüngere Schülerinnen und Schüler plausibler Weg hin zur bewussten Konstruktion eines Standbildes zum Zweck der szenischen Interpretation (Ingo Scheller). Es lohnt sich, hier mit der Digitalkamera zu arbeiten, um genaue Vergleiche zu ermöglichen.*

In den Gedankentexten des Onkels können die Schülerinnen und Schüler zeigen, wie der Onkel zu Hilletje steht, ob er sie schweren Herzens aus seiner Verantwortung entlässt oder einfach sachlich das Problem zu lösen versucht, Hilletje auf den Weg nach Amsterdam zu bringen:
- *„Schrecklich, jetzt spielt das Kind nur noch Beerdigung.“*
- *„Beide Eltern tot, das hält kein Mensch aus.“*
- *„Ach, wie kindlich die Kleine noch mit Puppen spielt. Dann bekommt sie noch gar nicht mit, in welch schlimmer Lage sie ist.“*
- *„Wie mach' ich ihr nur klar, dass ich ihr nicht helfen kann?“*
- *„So war mein Bruder immer schon, jetzt hab ich auch noch seine Tochter am Hals. Dabei weiß ich selbst nicht weiter.“*
- *„Waisenkinder haben eigentlich keine Chance. Ich will aber nicht mit ansehen, wie Hilletje zu Grunde geht.“*

Die sprachlichen Wendungen „wie er zu ihr steht“ oder „welche Haltung er zu ihr einnimmt“ werden hier wörtlich genommen. Dadurch wird gleichzeitig ihre metaphorische Dimension deutlich.

4 *a) Der überlegte Umgang mit Requisiten und die Anbahnung der Erkenntnis ihrer potenziell symbolischen Funktion stehen hier im Mittelpunkt.*
Requisiten „sprechen“. So dient der Brief dem Onkel je nach Interpretation seiner Absichten und Gefühle für Hilletje z. B. als Trennschere, Tröstung, Lockmittel, Mutmacher, Wegweiser, Ausrede. Wie geht im Kontrast dazu später die Tante mit dem Brief um?

b) Die Puppen haben eine große Bedeutung für Hilletje.
Mögliches ***Tafelbild:***

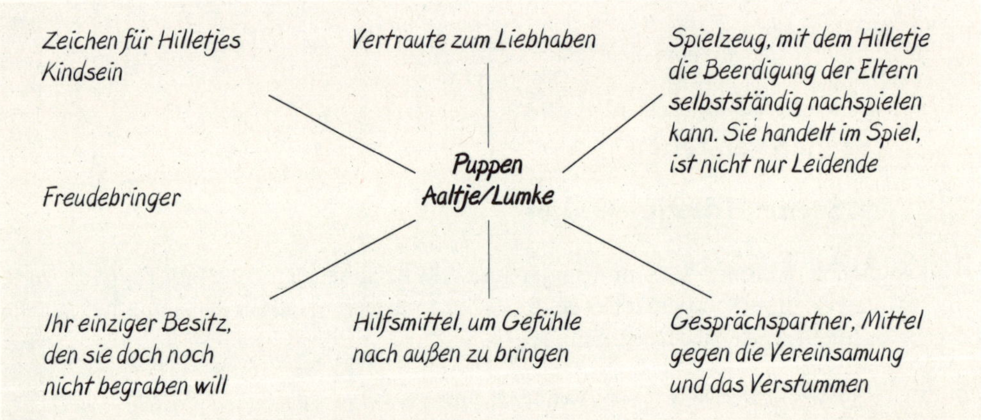

5 *a–c) In dieser Aufgabe sollen die erarbeiteten Erkenntnisse spielerisch umgesetzt werden. Hier kommt es darauf an, möglichst genau zuzusehen und präzise zurückzumelden, was gesehen wurde, um das Spiel zu vertiefen.*

d) An mehreren Stellen in der Szene entstehen natürliche Brüche im Dialog. Hier sind die Orte für Sprechpausen und stummes Spiel mit den Requisiten oder für „Gänge“.

4. Szene: Die Reise von Utrecht nach Amsterdam

S. 252

1 *Diese Aufgabe stellt den Schülerinnen und Schüler das Schattentheater als Darstellungsmittel vor, dessen Möglichkeiten sie selbstständig erproben können. Im Schattenspiel lassen sich – wie hier – Text und Spiel trennen und es werden einige theatrale Dimensionen „auf Null" gestellt, z. B. die Mimik. Deshalb können auch die Schülerinnen und Schüler, die eher Scheu vor der Selbstdarstellung auf der Bühne haben oder die spielerisch weniger begabt sind, in dem geschützten Raum des Schattenspiels erfolgreich agieren (vgl. R. Morawietz: Schattentheater. In: Ausprobieren – Proben – Spielen; Wilfried Nold: Das Spiel der Schatten. Moers 1999).*
Die Erzählerfiguren schildern die Ereignisse während Hilletjes Reise in einer Art Bänkellied und die Schülerinnen und Schüler können die Schilderung durch Schattenspiel illustrieren oder symbolisierend kommentieren. Die Aufgabenstellungen führen sie zu verschiedenen Spezifika und Wirkungsmöglichkeiten des Schattenspiels, die sie sich selbst durch handelndes Ausprobieren erarbeiten.

Ein Programmheft schreiben

S. 253

1 / 2 *In diesem Abschnitt sollen die Schülerinnen und Schüler die Informationen und Geschehnisse der ersten Szenen zusammenfassen, zunächst im Sinne einer strukturierten Inhaltsangabe. Ihre Aufmerksamkeit wird auf die Aspekte Bühnengeschehen, Schilderung der Hauptperson, Lebensumstände der Menschen im 18. Jahrhundert, dramaturgische Funktion der Erzählpersonen gelenkt.*
In Partnerarbeit sollen sie anschließend auf der Basis ihres Materials den Text für ein Programmheft entwerfen. Dies fordert von ihnen – mehr als in einer Inhaltsangabe – eine adressatenbezogene Darstellungsweise. Deshalb wird eine Checkliste vorgegeben, die zu spezifizieren ist. Hier sollen z. B. die bisher erworbenen Fachbegriffe zur Beschreibung des Theaterstückes benutzt und eine passende Textgliederung entwickelt werden. Die Überprüfung der Texte und die abschließende Überarbeitung nehmen Elemente einer Schreibkonferenz auf.
Auf die Aufgabe, ein gesamtes Programmheft zu gestalten, wird man zurückgreifen, wenn eine Inszenierung des Stückes unternommen wird. Dann sollte sie eigens einer Arbeitsgruppe übertragen werden.
Elemente eines Programmheftes können sein:
- *Inhaltsangabe (wie erarbeitet)*
- *Rollen- und Personenverzeichnis*
- *Szenenfotos mit Kommentaren*
- *Materialien und Dokumente aus der Zeit, zum Thema des Stückes usw.*

14.2 Theaterspielen heißt, sich selbst ins Spiel zu bringen

Mitreden und mitschreiben

S. 254

Vor der Erarbeitung der Rollenbiografie der Tante Thérèse sollte das inhaltliche Verständnis der Szene gesichert werden.
Die 5. Szene beginnt am frühen Morgen damit, dass Thérèse den Dreck der lustig-lauten Nacht

aus ihrem Herbergslokal putzt. Ein Gast bezichtigt einen zweiten, ihn in der Nacht bestohlen zu haben. Roosje, die Tochter von Tante Thérèse, tritt mit einem Messer dem fliehenden zweiten Gast in den Weg. Er läuft ins Messer und fällt tot um. Wie Hilletje in diese heikle Situation tritt, ist im Schülerbuch abgedruckt, auch der Plan von Thérèse und Roosje, Hilletje als Täterin erscheinen zu lassen.
Die 5. Szene endet damit, dass sich Hilletje nicht an die Verabredung hält und wahrheitsgemäß aussagt, dass sie die Tat nicht begangen habe. Da sie aber das Messer in der Hand hält und Gerbrand, ein enger Vertrauter der Wirtin, bezeugt, dass Hilletje die Tat begangen habe, führt der Schultheiß Hilletje als Täterin ab.
Ggf. sollte eine Arbeitsgruppe den Originaltext der Szene lesen und die Ereignisse genau referieren.

1 *Die Szene sollte zunächst gelesen und gespielt werden. Dabei können die bei der Ausgestaltung der 3. Szene gemachten Erfahrungen genutzt und die entsprechenden Lernprozesse gefestigt werden.*
Wenn die Rolle der Tante Thérèse von verschiedenen Schülerinnen ausprobiert wird, kann die Klasse darüber beraten, welche „Anlage“ der Rolle ihr aus welchen Gründen am besten gefällt. Diese Diskussion führt zu dem nächsten Schritt, in dem festgehalten wird, wie man sich die Figur vorstellt und welche Charaktereigenschaften sie zeigt. Dabei kann folgendes ***Tafelbild*** *entstehen und ausgefüllt werden:*

Äußeres Erscheinungsbild	Verhaltensweisen	Charaktereigenschaften
Alter Größe Gewicht Kleidung Haartracht Sauberkeit Gesichtszüge Gesundheit	Bewegungen Sprache und Sprechweise Gestik Mimik ...	im Umgang mit Nahestehenden im Umgang mit Fremden bei der Arbeit in gefährlichen Situationen ...

Die Entwicklung einer Rollenbiografie beginnt mit der Charakterisierung der Person aufgrund ihres Verhaltens in den Szenen des Stückes.
Diese Charakterisierung lässt sich ausbauen und spielerisch umsetzen, indem die Figur in verschiedene Mini-Situationen des (damaligen) Alltags gestellt und ihr mögliches Verhalten in diesen Situationen erspielt wird, z. B. beim Einkaufen auf dem Markt, im Umgang mit einem betrunkenen oder einem besonders reichen Gast, im Gespräch mit einer Nachbarin usw. Dadurch gewinnt die Figur Profil und die Spielerin Halt in ihrer Rolle. Diese kleinen Szenen sollten zunächst improvisiert, dann aber auch schriftlich festgehalten und besprochen werden.
Im nächsten Schritt wird nach den möglichen Entstehungsbedingungen für die verschiedenen Charakterzüge und nach den biografischen Gründen für die Verhaltensweisen der Figur gefragt. Die Aufgabenstellung gibt dafür drei ergiebige Fragestellungen vor, die beliebig ergänzt werden können.
Auch für den Onkel in der 3. Szene lässt sich eine Rollenbiografie entwickeln. Es ist auch eine Verzahnung mit der Biografie von Tante Thérèse möglich, da sie miteinander verwandt sind. Diese Aufgabe lässt sich ggf. als Lernerfolgskontrolle verwenden.

Eine Szene erfinden und ausgestalten

S. 255

1 *Die Aufgabe sollte zunächst gemeinsam in der Klasse strukturiert und dann arbeitsteilig in projektorientierter Gruppenarbeit gelöst werden:*

- *In einem Brainstorming werden zunächst Ideen für mögliche Szenen entwickelt und die Ideen als Szenenkerne festgehalten. Dabei sollte bereits auf Bedingungen der Realisierbarkeit geachtet werden: kurze Szenen, wenige Personen, lebendiges Bühnengeschehen, sparsame Mittel. Das Foto auf Seite 255 im Schülerbuch kann diese Kriterien illustrieren. Anregungen für die inhaltliche und unterschiedliche formale Ausgestaltung geben die Aufgabenstellungen.*
- *Die Arbeitsgruppen entscheiden sich für einen Szenenkern, den sie ausarbeiten wollen.*
- *Im nächsten Schritt sollten die Arbeitsgruppen im improvisierenden Spiel die Szenenkerne entfalten. Bereits dabei sollten konkrete Spiel- und Textelemente aufgeschrieben werden.*
- *Die entwickelte Szene wird in Form der Szenenskizze festgehalten, die gleichzeitig Checkliste und dokumentierende Darstellungsform ist.*
- *Abschließend werden die szenischen Elemente geordnet, ggf. entfaltet und schriftlich festgehalten.*
- *Im folgenden, gegenseitigen Vorspielen erweist sich die Qualität der Szenen. Bei ihrer Besprechung sollen die Schülerinnen und Schüler in der Regel behutsam mit Wertungen umgehen, was sie erfahrungsgemäß von sich aus auch tun. Hilfreich und als Kritik akzeptierbar sind Rückmeldungen, die nur das Gesehene und Verstandene wiedergeben: „Ich habe zwei Personen gesehen, die …“ – „Ich habe eine Szene gesehen, in der …“. Dabei erweist sich für die Spielenden, ob die Szene inhaltlich klar war, ob die Figuren überzeugend dargestellt wurden und ob die Dialogführung gelang. Abschließend wird die korrigierte Szenenfassung in Dialog und Bühnenanweisungen explizit festgehalten und kann in ein Szenenheft eingetragen werden. Hier finden auch Szenenfotos und Bühnenskizzen ihren Platz.*

14.3 Ausprobieren – Proben – Aufführen

Der Schwerpunkt des Teilkapitels liegt zunächst auf dem Umgang mit dem Dramentext und erläuternden Texten zur Rolle der Frau in der Geschichte und auf der Bühne. Die Schülerinnen und Schüler setzen sich dabei auch spielerisch mit ihren geschlechterspezifischen Verhaltens- und Erwartungsstereotypen auseinander. Im weiteren Verlauf lernen sie einfache und wirkungsvolle Lösungen für größere Inszenierungsaufgaben zu entwickeln. Am Ende steht die Einübung einer szenischen Präsentation von Teilen oder des ganzen Stückes vor Publikum.

Geschlechterrollen – Rollentausch

S. 256

1 *Die Aufgabe lenkt die Aufmerksamkeit der Schülerinnen und Schüler auf die unterschiedliche Tragweite, die der Rollen- und Kleidertausch für Hilletje und ihre Zeitgenossinnen sowie für sie selbst heute hat. Bei der Analyse ihrer eigenen Situation sollte den Schülerinnen und Schülern deutlich werden, in welchem Umfang die heutige Alltagsmode zum Unisex-Look tendiert. Eigentlich erzeugt nur noch der Anblick von Männern in typischen Frauenkleidern Komik, u. U. auch Amüsement über „Tuntiges“.*

2 *Die Schülerinnen und Schüler werden in aller Regel eine altersentsprechende Albernheit bei dieser Thematik nicht unterdrücken. Deshalb ist es sinnvoll, die komische Wirkung des Rollen- und Kleidertauschs* *ausdrücklich zu thematisieren und untersuchen zu lassen. Auch sollen einige Gattungsbegriffe komischer dramatischer Texte gesucht und beschrieben werden. Dabei kommt es nicht auf exakte Abgrenzung an, vielmehr auf die Erkenntnis, in welchem Maße auch die heutige Unterhaltungsindustrie einfache dramatische Formen nutzt.*

3 *Es sollte den Schülerinnen und Schüler u. a. deutlich werden, in welchem Umfang geschlechterspezifische Stereotypen trotz der heutigen Unisex-Tendenz ihr Verhalten und ihre Erwartungen bestimmen. Gleichzeitig entwickeln sie ihr Körperbewusstsein und ihre Fähigkeiten der genauen Beobachtung, die beide ihre Spielfähigkeit wirkungsvoll erweitern helfen. Insbesondere die Situation der wechselseitigen „Anmache" und die karikierende Übernahme der Verhaltensmuster des jeweils anderen Geschlechts kann nicht nur zu sehr wirkungsvollen und lustigen Spielergebnissen führen, sondern auch zu wichtigen Selbst-Erkenntnissen. Der Kleidertausch dürfte vor allem für Jungen erkenntnisreich sein.*

4 / **5** *Die Gruppenarbeit soll zu flüssigem Ablauf und zu wirkungsvoller Darstellung der vier Szenen führen. Dies erfordert von den Jungen und Mädchen gründliches Auswendiglernen und ein enges Zusammenspiel.*
Die musikalische Ausgestaltung des Liedes kann interessierten Schülerinnen und Schülern überlassen werden. Hilfen dafür bietet z. B. M. von Schoenebeck: Lied und Szene. In: Ausprobieren – Proben – Spielen (siehe Literaturhinweise).
Der erforderliche Körperkontakt bei der Balgerei gelingt eher, wenn in den vorausgegangenen Lernprozessen die entsprechenden Reflexionsfähigkeiten und Spielmöglichkeiten erworben wurden. Die mitgegebenen Tipps verhindern schmerzhaften und schamverletzenden Körperkontakt und lenken die Aufmerksamkeit auf die „künstliche Deutlichkeit" der theatralen Wirkung, die sich von der Realität unterscheidet. Damit ist bereits das Prinzip der Stilisierung und Abstraktion angesprochen, das in der nächsten Aufgabe im Vordergrund steht.

6 *Diese Aufgabe versucht das Improvisationstalent der Schülerinnen und Schüler mit der Erkenntnis zu verbinden, dass die „Realität" auf der Bühne eine andere ist als in der Wirklichkeit. Gerade einfache Lösungen sind geeignet, das hervorzuheben, was die Szene, das Stück zeigen will. Was es heißt, auf einem Schiff zu sein, kann man durch Bewegungen viel besser zeigen als durch große Bühnenprospekte und aufwändige Kulissen.*

S. 260

Ein Stück zu Ende bringen

1 *In dieser Szene werden die erarbeiteten Ideen zur Darstellung des Schiffs und der Bewegungen darauf aufgenommen. Sie erfordert eine präzise Choreografie, die intensiv eingeübt werden muss. Die Geräusche für die Tonaufnahme lassen sich im Original erzeugen, es gibt aber auch Sammlungen von Geräuschen auf CD.*
Für den Kampf auf dem Meer kann die Tonaufnahme der Piratenstimmen mit Wasser-, Wind- und Kampfgeräuschen ebenfalls verwendet werden. Er lässt sich auch pantomimisch spielen und mit einer Reportage als Teichoskopie verbinden. Oder die Seeräuber nähern sich Jan Hilles Schiff in einer Massenchoreografie, bei der Stühle als „Transportmittel" genutzt werden: Jeder Seeräuber hat einen Stuhl, mit dem er mal in breiter Front mit den anderen auf das Schiff zukriecht, dann mal auf den Stuhl steigt und mit geräuscherzeugender Folie weht, dann darauf stehend das Schiff zu entern droht.

2 *Im Schluss sollte in jedem Fall versucht werden, das Motiv des Geschlechtertauschs wieder aufzunehmen und Jan Hille die Chance zu geben, sich zu Hilletje zurückzuverwandeln.*

Das Ziel: Das Stück vor Publikum aufführen

S. 262

Grundsätzlich ist eine Aufführung vor Publikum die angemessene Lernerfolgskontrolle für eine Arbeit an einem Theaterstück. Deshalb sollte in jedem Fall versucht werden, einen Teil des Stückes oder einzelne Szenen vor Publikum zu spielen und diese Situation als „Ernstfall" zu begreifen, d. h. mit dem vollen Anspruch an szenische und sprachliche Durcharbeitung, an Präzision und Disziplin. Die Aufgabenstellungen geben hierfür genügend Anregungen und heben noch einmal hervor, worauf geachtet werden muss und welche Aspekte besonders bedeutsam sind.
Die Entscheidung, das gesamte Stück bzw. die wesentlichen Teile daraus mit der Klasse aufzuführen, steht wahrscheinlich nicht erst am Ende der Unterrichtsreihe, sondern ziemlich am Anfang. Die Tipps stellen heraus, auf welch komplexes Unternehmen sich eine Lerngruppe – und die Lehrkraft – mit einer Aufführung einlässt, und geben Hilfen, um die Arbeit zu strukturieren.

Literaturhinweise

Ausprobieren – Proben – Spielen. Szenisches Spielen und Schülertheater in der Sekundarstufe I. Materialien. Hg. v. Kultusministerium Nordrhein-Westfalen. Düsseldorf 1992

Coen, Annette: In alte Zeiten segeln ...: Fächerübergreifende Aspekte bei der Behandlung eines Jugendtheaterstücks. In: Praxis Geographie, 7–8/2004, S. 40–43

Kulturelle Praxis. Handreichungen zum darstellenden Spiel, Bd. 1. Hg. v. Hessischen Institut für Bildungsplanung und Schulentwicklung. Wiesbaden 1994

Literaturkurse in der gymnasialen Oberstufe. Arbeitsbereich „Theater". Hg. v. Landesinstitut für Schule und Weiterbildung. Soest 1994

Scheller, Ingo: Szenische Interpretation. Praxis Deutsch, 136/1996

Ders.: Szenisches Spiel. Handbuch für die pädagogische Praxis. Berlin 1998

Szenisch spielen und lernen: Stücke des Kinder- und Jugendtheaters im Deutschunterricht. Hg. v. Ministerium für Schule, Weiterbildung, Wissenschaft und Forschung des Landes NRW. Frechen 1998 (insbesondere S. 69–73)

Weiland, Stephan: Das inszenierte Kind. Darstellung der Kindheit auf dem Theater am Beispiel der Inszenierung „Das besondere Leben der Hilletje Jans". In: Jörg Richard (Hg.): Kindheitsbilder im Theater. Haag + Herchen, Frankfurt/M. 1994, S. 113–129

Lohnend ist ein Blick ins Internet, das Auskunft gibt, ob und wo das Stück aufgeführt wird bzw. wurde. Oft finden sich auch gut verwendbare Szenenfotos oder andere Begleitmaterialien.

15 Ein starkes Team? Auf dich kommt es an!

Konzeption des Gesamtkapitels

Das Methodenkapitel schließt den Band 3 des „Deutschbuchs" ab. Die Übungen des Kapitels können entweder in den Deutschunterricht integriert oder aber im Rahmen kleinerer Unterrichtssequenzen gezielt zum Methoden- bzw. Kommunikationstraining eingesetzt werden. In Band 3 und 4 liegt die Schwerpunktsetzung auf dem Einüben von Gruppenarbeit und der Förderung kommunikativer Kompetenzen – hier zunächst in einfacher arbeitsgleicher Form.
Gruppenarbeit erfordert in einem hohen Maße Selbstständigkeit und Eigenverantwortlichkeit des einzelnen Gruppenmitglieds als Voraussetzung für Teamfähigkeit. Neben der Sachebene spielt die psychosoziale Ebene eine erhebliche Rolle. Daher ist es wichtig, Gruppenarbeit sorgfältig und stringent zu organisieren und die Schülerinnen und Schüler dazu anzuleiten, Regeln einzuhalten.
Gemäß der Dreigliederung des Methodenkapitels werden in Band 3 folgende Schwerpunkte gesetzt:

Lern- und Arbeitstechniken	**Strategien für Textproduktionen**	**Kommunikative Kompetenzen**
15.1 Gemeinsam lernen und arbeiten	15.2 Gemeinsam am Text feilen – Schreibkonferenz	15.3 „Jetzt rede ich!" – vor der Klasse sprechen
Die Schülerinnen und Schüler setzen sich in der Gruppe mit Regeln für Gruppenarbeit auseinander und werden sich ihrer eigenen Stärken und Schwächen in diesem Zusammenhang bewusst.	Die Schülerinnen und Schüler werden angeleitet, eigene und fremde Textproduktionen in Schreibkonferenzen zu überarbeiten.	Durch einfache Kommunikationsübungen bauen die Schülerinnen und Schüler Spannungen ab und üben sich in freier Rede.

Zusätzliches Übungsmaterial

„Deutschbuch 3 Arbeitsheft":
– Texte überarbeiten: S. 3–6

	Inhalte	Kompetenzen
S. 263	**15.1 Gemeinsam lernen und arbeiten**	Die Schülerinnen und Schüler können – eigene Erfahrungen mit Gruppenarbeit kritisch reflektieren
S. 264	**Gute Gruppenarbeit ist ...**	– Vorzüge und Probleme von Gruppenarbeit benennen
S. 265	**... wenn jeder sich mit seinen Stärken einbringt!**	– einen Regelkatalog für effektive Gruppenarbeit aufstellen und die eigene Gruppenarbeit an diesem Katalog messen – sich eigene Stärken und Schwächen im Hinblick auf Arbeiten in der Gruppe vergegenwärtigen und dies für die Gruppenarbeit fruchtbar machen
S. 266	**15.2 Gemeinsam am Text feilen – Schreibkonferenz**	– in Kleingruppen (ggf. am Computer) anhand bestimmter Kriterien Texte untersuchen und überarbeiten – die Überarbeitung eines Textes als offenen Prozesscharakter erkennen – auf unterschiedliche Art und Weise die Ergebnisse einer Schreibkonferenz der Klasse präsentieren
S. 271	**15.3 „Jetzt rede ich!" – vor der Klasse sprechen**	– sich eigener Stärken und Schwächen im Gesprächsverhalten bewusst werden
S. 272	**Lampenfieber gehört dazu**	– mögliche Ursachen von Redeangst und Lampenfieber erkennen und entsprechende Gegenstrategien entwickeln
S. 273	**Sich warmreden – Spiele und Übungen**	– erkennen, dass Kommunikationstraining Redeangst sukzessive abbauen kann – anhand kleinerer Beiträge in freier Rede an Redesicherheit gewinnen
S. 274	**Frei sprechen – Stellung nehmen**	– sich Zweckmäßigkeit und Selbstverständlichkeit von Feedback vergegenwärtigen – konstruktive Rückmeldungen bzw. Ratschläge geben und selbst annehmen

15.1 Gemeinsam lernen und arbeiten

S. 263

Das erste Teilkapitel legt den Schwerpunkt auf die Analyse der Voraussetzungen für erfolgreiche Gruppenarbeit. Dabei gehen die Schülerinnen und Schüler von eigenen Erfahrungen aus, die sie bisher mit dem Arbeiten in der Gruppe gemacht haben. Vor diesem Hintergrund beschäftigen sie sich mit Regeln für den optimalen Ablauf einer Gruppenarbeit und erstellen selbst einen Regelkatalog. Schließlich werden sie sich eigener Stärken und Schwächen bewusst und können sich so konstruktiv in den Prozess der Gruppenarbeit einbringen.

1 / **2** *Die Schülerinnen und Schüler tauschen sich über den Inhalt der Zeichnungen aus und reflektieren dabei eigene Erfahrungen. Sie erkennen, dass sich die Arbeits- bzw. Gruppenorganisation nachhaltig auf den Arbeitsprozess auswirkt. So spielt es z. B. eine Rolle, wie die Lehrkraft ihre eigene Rolle definiert und ob bzw. inwieweit sie in das Arbeitsgeschehen eingreift. Vor- und Nachteile unterschiedlichen Lehrerverhaltens könnten diskutiert werden.*
Nicht zu unterschätzen ist die Anfälligkeit von Gruppenarbeit für Störungen. Ursachen dafür könnten sein: zu große oder zu kleine Gruppen; unklare Rahmenbedingungen (zu häufig wechselnde Räume und Gruppenzusammensetzungen); nicht eindeutige Aufgabenstellungen und Ziele; persönliche Dispositionen der Gruppenmitglieder etc.
Es sollte nicht der Eindruck entstehen, dass Gruppenarbeit immer und automatisch die geeignetste Arbeits- und Sozialform ist. Eine besondere Bedeutung kommt ihr jedoch etwa beim entdeckenden Lernen oder bei der Suche nach Problemlösungen zu.
Die Vor- und Nachteile von Gruppenarbeit könnten sich – zusammengefasst – im Gespräch wie folgt herauskristallisieren:

Vorteile	Nachteile
- Teamfähigkeit wird geschult. - Selbstständigkeit wird gefördert. - Kreativität wird angeregt. - Verantwortungsbewusstsein des Einzelnen wächst. - Selbstvertrauen entwickelt sich oft besser in Kleingruppen. - Gruppenlösungen sind facettenreicher.	- Störungsanfälligkeit (Clownerie, aggressives Verhalten, Rivalisieren in der Gruppe) - Möglichkeit des „Sich-Entziehens" (Tagträumen, passives Verhalten, Trittbrettfahren) - Ungenaue Planbarkeit/Unvorhersehbarkeit der Arbeitsergebnisse

S. 264

Gute Gruppenarbeit ist ...

1 *Je nach Lerngruppe sind unterschiedliche Verfahren zweckmäßig. Zur Schaffung von Kontinuität oder Vertrautheit kann eine feste Gruppenzusammensetzung über einen längeren Zeitraum sinnvoll sein. Bei klar verteilter Interessenlage bietet sich eine thematisch orientierte Gruppeneinteilung an. Durch Zufall bestimmte Gruppeneinteilung kann hilfreich sein, um starre Gefüge innerhalb der Klasse aufzubrechen. Es kann für Schülerinnen und Schüler ein wichtiger Lernprozess sein, für einen überschaubaren Zeitraum mit Personen zusammenzuarbeiten, mit denen sie nicht befreundet sind oder die sie wenig kennen.*

Folgende Verfahren für zufallsbestimmte Gruppeneinteilung haben sich in der Praxis bewährt (nach: Thal/Ebert, S. 61 ff.):

- ***Ziehen von Namenskärtchen:*** *Die Namen der Schülerinnen und Schüler einer Klasse sind jeweils auf einem Kärtchen notiert. Je nach Anzahl der Gruppen zieht jeweils eine beliebige Person eine entsprechende Anzahl von Namenskärtchen.*
- ***„Wer zieht gleich?":*** *In einem Beutel befinden sich Nähgarnstücke in bestimmten unterschiedlichen Farben und Längen (je nach Anzahl der zu bildenden Gruppen). Nachdem jede Schülerin/jeder Schüler sich ein Stück genommen hat, wird so lange verglichen, bis alle ihre Gruppenpartner gefunden haben.*
  Selbstverständlich können sich in dem Beutel auch andere Gegenstände (Bälle unterschiedlicher Farben, Tücher, Spielkarten etc.) befinden.
- ***„Horch mal":*** *Undurchsichtige Filmdosen werden mit verschiedenen Gegenständen gefüllt (je nach Anzahl der zu bildenden Gruppen), z. B. Wasser, Reis, Sand, Zucker, Reißnägel etc. Jede Schülerin/jeder Schüler nimmt sich vorsichtig eine Dose und beginnt erst dann zu schütteln, wenn alle eine Dose haben. Im Raum umhergehend vergleichen die Schülerinnen und Schüler ihre Geräusche und finden so ihre Gruppenpartner.*

2–**4** *Im Rahmen einer Gruppenarbeit machen sich die Schülerinnen und Schüler Gedanken über diese Arbeitsorganisation. Die dabei gewählte Methode (Begründung und sukzessive Reduktion) zwingt die Schülerinnen und Schüler zu einer intensiven Auseinandersetzung mit den notwendigen Regeln für die Gruppenarbeit. Die unterschiedlichen Ergebnisse der einzelnen Arbeitsgruppen sollten verglichen und diskutiert werden. Der Auswertung und Selbstreflexion des vorangegangenen Arbeitsprozesses kommt hier eine zentrale Bedeutung zu. Gerade im Hinblick auf zukünftige Gruppenarbeit ist diese Metakommunikation konstitutiv.*
Als Ergänzung bzw. Alternative kann der Evaluationsbogen (Kopiervorlage) für den Prozess der Gruppenarbeit auf S. 214 in diesen Handreichungen eingesetzt werden.

... wenn jeder sich mit seinen Stärken einbringt!

S. 265

1 / **2** *Die Aufgaben sollen den Schülerinnen und Schülern bewusst machen, dass jede(r) mit unterschiedlichen Fähigkeiten ausgestattet ist, die gewinnbringend in jede Gruppenarbeit eingebracht werden können. Daraus ergibt sich, dass jede(r) seinen Fähigkeiten entsprechend eine Rolle ausfüllt, z. B.:*

- *Wer spricht als Erste bzw. Erster in einer Gruppe?*
- *Wer bringt neue Ideen vor?*
- *Wer fasst Ergebnisse zusammen?*
- *Wer versucht zu schlichten?*

Jeder Einzelne kann daran arbeiten (Stärken ausbauen, sich Schwächen bewusst machen), in unterschiedlichen Gruppen unterschiedliche Rollen einzunehmen. Diese Positionsflexibilität sollte von der Lehrkraft unbedingt gefordert und gefördert werden.

Auswertungskriterien für den Verlauf der Gruppenarbeit

Gruppenmitglieder: ______________________

____

____

____

	hervorragend → sehr schlecht erfüllt 1	2	3	4	5	6
Organisation: *Hat die Gruppe alle nötigen (aber keine unnötigen, ablenkenden) Unterlagen bzw. Utensilien griffbereit?*						
Zeitmanagement: *Hat die Gruppe die Zeit im Griff, d.h. wird sofort begonnen und zügig gearbeitet?*						
Konzentration und Zielorientierung: *Wird das Thema erfasst und werden die Arbeitsaufträge konsequent befolgt?*						
Ergebnissicherung: *Werden wesentliche Ergebnisse der Gruppenarbeit schriftlich festgehalten (alle Gruppenmitglieder bzw. Protokollant)?*						
Chancengleichheit: *Werden alle Teilnehmer gleichberechtigt und gleichgewichtig in die Gruppenarbeit einbezogen?*						
Teamorientierung: *Werden auftretende Probleme (inhaltlich oder die Zusammenarbeit betreffend) gemeinsam zu lösen versucht?*						
Identifikation: *Kommt die Gruppe zu einem Ergebnis, hinter dem alle stehen?*						
Faire Präsentation: *Wird bei der Vorstellung der Ergebnisse deutlich, dass es sich um eine gemeinsame Arbeitsleistung handelt?*						

Gesamtergebnis/Kommentar:

____

15.2 Gemeinsam am Text feilen – Schreibkonferenz

Der Zweck einer Schreibkonferenz und die Vorgehensweise sind auf den Seiten 266 und 270 im Schülerbuch festgehalten. Eine Schreibkonferenz eignet sich besonders gut dazu, Schülertexte schülerorientiert auszuwerten und durch Überarbeitung zu verbessern. Bewusst wird im Schülerbuch die Vorgehensweise anhand einer Inhaltsangabe aufgezeigt. Grundsätzlich eignet sich eine Schreibkonferenz aber für alle Textsorten. Für folgende Aufgaben beispielsweise bietet sich die Durchführung einer Schreibkonferenz an: S. 266

- S. 152, Aufgabe 9 – Inhaltsangabe zu Max Bolligers Geschichte „Sonntag“;
- S. 157, Aufgabe 4 – Charakteristik Pauls aus Gabriele Wohmanns „Der Knurrhahn-Stil;
- S. 189, Aufgabe 4b – Überarbeitung einer Inhaltsangabe zu Friedrich Schillers „Die Bürgschaft“;
- S. 195, Aufgabe 4 – Zeitungsbericht für eine Lokalzeitung über das Umglück in Theodor Fontanes Ballade „John Maynard“.

Der folgende Schülertext (Kopiervorlage) kann als Grundlage einer weiteren Schreibkonferenz-Übung verwendet werden:

Giovanni Boccaccio

Die Kraniche (Inhaltsangabe)

Korrekturzeichen | *Überarbeitungsvorschläge*

Hauptfigur ist ein Koch namens Chichibio, der im Dienst eines reichen italienischen Herren, Konrad Gianfiliazzo, steht. Eines Tages fing Konrad Gianfiliazzo einen Kranich, den er von Chichibio zubereiten ließ. Vom Duft angezogen kommt die Geliebte des Kochs, Brunetta, in die Küche und verlangt eine Keule. Aber Chichibio ist standfest geblieben und verweigerte ihr diese.

Erst nach einer heftigen Auseinandersetzung zeigt er sich bereitwillig, um seine Geliebte nicht weiter zu entzürnen.

Nach diesem Zwischenfall setzt der Koch seinem Herrn, im Beisein eines Gasts, den Kranich vor. Sogleich lässt Konrad Gianfiliazzo den Koch rufen und fragt diesen, wo die andere Keule des Kranichs geblieben sei. Die prompte Antwort, der Kranich hätte nur ein Bein gehabt, entgegnet Konrad Gianfiliazzo zornig: „Der Henker auch, hat er nur eine Keule und ein Bein; ich müsste in meinem Leben sonst keinen weiteren gesehen haben!“ „Wahrhaftig“, fährt Chichibio fort, „ich will es euch, wenn Ihr's verlangt, an einem Lebendigen zeigen.“ Der Herr droht Chichibio, dass er ihn so übel zurichten will, dass immer an ihn denken wird.

Am nächsten Tag reitet Konrad Gianfiliazzo an einen Fluss, an dem man immer Kraniche antrifft und verlangt von seinem Koch nun den Beweis dafür, dass Kraniche nur ein Bein haben. Chichibio, der in Verlegenheit wegen seiner Beweißführung war, folgte seinem Herrn mit Furcht. In der Nähe

des Flusses sahen sie schlafende Kraniche, wie üblich auf einem Bein stehend: „Nun da könnt ihr deutlich sehen, dass ich gestern Abend mit Recht behauptete, die Kraniche hätten nur einen Schenkel und ein Bein", sagte Chichibio. Konrad aber erschreckte die Kraniche, indem er „Ho, ho" rief, worauf die Kraniche ihr zweites Bein hervorstreckten, davonliefen und wegflogen.
Nun ist sich Konrad Gianfiliazzo sicher, dass er mit diesem Beweiß dem Koch eine Lektion erteilt hat. Doch dieser antwortet ihm, dass wenn er den Kranich, den er gestern zubereitet hätte, auch so erschreckt hätte, dieser gewiss sein zweites Bein hervorgestreckt hätte. Diese Antwort gefällt Konrad Gianfiliazzo so sehr, dass er seinen Zorn in Lachen umwandelt und Chichibio seiner gedrohten Strafe entgehen kann.

15.3 „Jetzt rede ich!" – vor der Klasse sprechen

S. 271 Dem konzeptionellen Dreischritt des Methodenkapitels entsprechend wird im dritten Teilkapitel der kommunikative Aspekt in den Vordergrund gerückt. Der mündlichen Präsentation kommt vor dem Hintergrund der neuen Entwicklung im Bereich der Curricula (Bildungsstandards, Methoden- und Schulcurriculum) ein zentraler Stellenwert zu. Den Schülerinnen und Schülern wird die Möglichkeit geboten, sich im freien Reden, im Diskutieren, im Vortragen und im Argumentieren zu üben. Um kommunikative Kompetenzen aufzubauen, werden die Schülerinnen und Schüler im Methodenkapitel des „Deutschbuchs" Schritt für Schritt – von einfachen bis zu komplexeren Übungen – zum freien Sprechen vor der Gruppe geführt. Es werden vielfältige Anlässe zum Sprechen und Kommunizieren geboten. Die jeweiligen Übungen können sowohl im Rahmen einer Sequenz als auch als Einzelbausteine zur Anwendung kommen.

1 *a/b) Der Einstieg in das dritte Teilkapitel dient der Selbsteinschätzung im Hinblick auf grundlegende kommunikative Fähigkeiten und Fertigkeiten. Die Schülerinnen und Schüler machen sich individuelle Stärken und Schwächen bewusst. Davon ausgehend können sie gezielt ihre kommunikativen Kompetenzen ausbauen. Wichtig hierbei ist, dass immer ein einzelner Aspekt im Fokus steht und diesbezüglich konkrete (Teil-) Ziele formuliert werden.*

Beispiele:
- *Ich achte künftig darauf, Blickkontakt zu meinem Publikum aufzunehmen und den fremden Blicken standzuhalten.*
- *Ich achte in Zukunft darauf, langsam, artikuliert und in angemessener Lautstärke zu sprechen.*
- *Wenn ich künftig an der Tafel etwas erkläre, zeige ich den Zuhörerinnen und Zuhörern nicht nur meinen Rücken, sondern wende mich ihnen zu.*
- *Wenn ich einen Vortrag vor der Klasse halte, versuche ich, nicht starr dazustehen, sondern mich auch einmal von der Stelle zu bewegen.*

- *Um meinem Sprechen Ausdruck zu verleihen, versuche ich in Zukunft, Mimik und Gestik lebendig, aber nicht übertrieben einzusetzen.*
- *Ich versuche zukünftig monotones, leierndes Sprechen zu vermeiden: Ich sorge für Abwechslung durch variierendes Sprechtempo sowie unterschiedliche Lautstärken und Tonlagen.*

Lampenfieber gehört dazu

S. 272

1 / **2** *Den Schülerinnen und Schülern sollte deutlich werden, dass Lampenfieber etwas Selbstverständliches ist. Es kann und sollte beim Sprechen positiv genutzt werden und nicht in Redeangst oder gar Blockade münden.*

Als Ursachen für Redeangst und Lampenfieber könnten z. B. genannt werden:
- *Furcht vor Bloßstellung (z. B. durch Mitschülerinnen und Mitschüler);*
- *Mangel an Selbstvertrauen;*
- *Schwierigkeiten im Selbstausdruck;*
- *Versagensangst;*
- *Mangel an inhaltlich-fachlicher Vorbereitung bzw. Kompetenz etc.*

Als Ratschläge zur Verhinderung bzw. Überwindung von Lampenfieber oder Redeangst könnten u. a. angeführt werden:
- *sich gründlich vorbereiten und bewusst machen, dass man der Zuhörerschaft etwas zu bieten hat;*
- *tief ein- und ausatmen;*
- *auf bewusste Körperhaltung achten: aufrecht stehen, stabil auf beiden Füßen stehen;*
- *das Publikum bewusst anblicken und nicht sofort mit dem Sprechen anfangen;*
- *beim Sprechen bewusst Pausen machen;*
- *keine zu hohen bzw. übertriebenen Erwartungen an sich selbst haben: Niemand muss perfekt sein!*

Zusatzmaterial:

Sprechhemmungen und Redeängste

Die Redeangst ist eine heimliche Seuche. Jeder hat sie und jeder glaubt, dass er der Einzige wäre, der sie hat. Deshalb versucht sie jeder zu verbergen und zu unterdrücken, um sich nicht vor anderen mit dieser „Krankheit“ lächerlich zu machen.

Bei einer groß angelegten Untersuchung aller repräsentativen Berufsschichten kam heraus, dass 90 Prozent aller Befragten mit Redeangst zu kämpfen haben. Auch die, die täglich im Beruf reden und überzeugen müssen.

Woher kommt das, was kann man dagegen tun? Wir haben die Angst als Gefühlsreaktion, um anders zu reagieren als bisher. Angst soll entweder zur Flucht oder zum Angriff führen, um es von unseren Urahnen einmal so abzuleiten. Stand unser Ur-Vorfahr plötzlich vor einem Hasen, sollte er schnell zum Angriff übergehen, um die Existenz seiner Familie zu sichern. Bei einem großen Bär dagegen sollte ihm die Angst die schnelle Flucht ermöglichen. Genauso ist es mit Reden:

Entweder Sie drücken sich wirkungsvoll vor jeder Rede – und werden dadurch nie zu einem Redner und Überzeuger – oder Sie gehen in den Angriff über und bekämpfen diese Angst wirkungsvoll. Attacke ist noch immer das beste Gegenmittel zur Angst.

Als Sie das erste Mal hinter einem Steuerrad saßen und den Verkehr durch die Windschutzscheibe sahen, hatten Sie unsägliche Angst. Das Gleiche passierte, als Sie als Kind auf das Fahrrad – oder auf ein Pferd gesetzt wurden. Auch wenn Sie mit Skiern oben auf einem Berg stehen und herunterschauen, haben Sie erst einmal Angst. Die Angst bezieht sich darauf, dass Sie Neuland betreten sollen und nicht wissen, wie es ausgeht. Sie haben

Angst vor dem Versagen, dass etwas passieren könnte, was Sie nicht kalkulieren können, und das spüren Sie an folgenden Reaktionen. Die gleichen Reaktionen haben Sie übrigens auch, wenn Sie eine Rede halten sollen:

- Das Herz schlägt höher, dadurch wird der Atem kürzer und das Gehirn scheint wie blockiert.
- Die Blutgefäße in der Haut verengen sich, wodurch der Blutdruck steigt und man im Gesicht bleich wird.
- Da auch die Blutgefäße im Bauch sich verengen, bekommt man das übliche flaue Gefühl in der Magengegend.
- Die Schweißdrüsen werden zu höchster Aktivität angeregt – der „kalte Schweiß" bricht aus.
- Die Atemwege trocknen aus, man muss sich räuspern und man hat einen Kloß im Hals.
- Die Fingerspitzen zittern.

Wer diese Reaktionen kennt, **braucht keine Angst mehr vor ihnen zu haben**. Vielmehr kann er sich auf diese Reaktionen verlassen, da er ja weiß, dass sie in bestimmten Situationen auftreten. Das gibt ihm Sicherheit, denn er weiß, nach einer kurzen Anfangsphase sind diese Symptome verschwunden.

Man bezeichnet diese Reaktionen auch als Lampenfieber – jeder Schauspieler, obwohl er seit vierzig Jahren auf der Bühne steht, wird Ihnen bestätigen, dass er vor jedem neuen Auftritt Lampenfieber hat.

(aus: Nikolaus B. Enkelmann [Hg.]: Überzeugen – aber wie? Wiesbaden o. J., S. 28)

S. 273

Sich warmreden – Spiele und Übungen

1 / **2** *Die vorgestellten Spiele und Übungen dienen dazu, innere Spannungen abzubauen und durch oftmaliges Üben eine gewisse Sprech-Routine zu erlangen. Dabei ist eine lockere und entspannte Unterrichtsatmosphäre wichtig. Gegebenenfalls könnten dem Kommunikationstraining „Warm-up"-Übungen vorangestellt werden, wie sie auch in der Theaterpädagogik eingesetzt werden. Freilich lässt sich das Repertoire der Übungen nach Belieben erweitern. In der Praxis hat sich auch der folgende Trainingsbaustein bewährt:*

***Redekarussell** (nach Klippert, Kommunikationstraining, S. 168):*
Ziel dieser Übung ist, dass die Schülerinnen und Schüler sich in Rhetorik üben und kleinere Texte (Witze, Fabeln, Gedichte, kurze Erzählungen, ...) frei und ausdrucksstark vortragen. Dies soll zunächst innerhalb von Kleingruppen geschehen, dann im Plenum.
Die Schülerinnen und Schüler bereiten in häuslicher Arbeit die Präsentation des kurzen Vortragstextes vor (die Auswahl kann durch die Lehrkraft oder den Schüler/die Schülerin erfolgen). Dabei berücksichtigen sie die Grundregeln für einen gelungenen Redebeitrag (siehe auch Tippkasten, Schülerbuch S. 274). Das Einüben kann zu Hause auch vor einem Spiegel oder mit Hilfe eines Kassettenrekorders geschehen.
Die konkrete Durchführung des Redekarussells erfolgt folgendermaßen: Gruppen mit jeweils fünf bis sechs Schülerinnen und Schülern werden gebildet, von denen jede(r) nach Möglichkeit einen anderen Kurzvortrag vorbereitet hat. Innerhalb der Kleingruppen wird nun der Kurzvortrag in freier Rede gehalten. Jeder Redebeitrag wird innerhalb der Gruppe positiv gewürdigt (Beifall). Nach Beendigung dieser ersten Vortragsrunde folgt nun die Darbietung der Kurzvorträge im Plenum. Der Vortrag erfolgt an einem Rednerpult, die bereits erwähnten rhetorischen Spielregeln werden beachtet. Wichtig ist auch hier eine positive Würdigung jedes einzelnen Redebeitrags.

Frei sprechen – Stellung nehmen

S. 274

1 *Ziel dieser letzten Aufgabe ist es, eine Argumentation überzeugend und publikumswirksam vorzutragen. Dazu erhalten die Schülerinnen und Schüler Argumentationsimpulse. Weitere Impulse können von der Lehrkraft bzw. von den Schülerinnen und Schülern selbst eingebracht werden. Bei der Vortragsübung sollte darauf geachtet werden, dass alle zuvor erarbeiteten Kommunikationskompetenzen voll zur Geltung kommen (siehe auch den Tippkasten im Schülerbuch S. 274).*

Literaturhinweise

Gugel, Günther: Methoden-Manual I: „Neues Lernen". Weinheim/Basel ³2000

Klippert, Heinz: Kommunikationstraining. Übungsbausteine für den Unterricht. Weinheim/Basel ⁸2001

Ders.: Methodentraining. Übungsbausteine für den Unterricht. Weinheim/Basel ¹²2002

Ders.: Teamentwicklung im Klassenraum. Übungsbausteine für den Unterricht. Weinheim/Basel ⁵2001

Peterßen, Wilhelm H.: Kleines Methoden-Lexikon. München ²2001

Thal, Jürgen/Ebert, Uwe: Methodenvielfalt im Unterricht – mit Lust stressarm und effektiv lernen. Neuwied/Kriftel ²2001

Die Bildungsstandards für Baden-Württemberg und ihre Umsetzung im „Deutschbuch 3"

Wie Sie mit dem „Deutschbuch" arbeiten können

Das „Deutschbuch" überlässt die Entscheidung über den Jahresplan für eine Klasse weitgehend der unterrichtenden Lehrkraft bzw. der Fachschaft, die das Schulcurriculum Deutsch in Abstimmung mit den anderen Fächern entwirft.
Vorentscheidungen trifft das „Deutschbuch" nur insofern, als Herausgeber und Autor(inn)en bestimmte Inhalte und Kompetenzen auf die Bände 3 und 4 verteilt haben bzw. schwerpunktmäßig in einem der beiden Bände behandeln.
Die Arbeit mit dem „Deutschbuch" lässt sich sehr vielfältig gestalten und organisieren. Dies entspricht dem zugrunde gelegten Prinzip der Orientierung an den Schülerinnen und Schülern, zu dem auch die Berücksichtigung der schulischen Situation vor Ort gehört. In allen Kapiteln des „Deutschbuchs" werden analytische und handlungsorientierte Aufgabenstellungen verbunden. Die Schülerinnen und Schüler bekommen so vielfältige Lernmöglichkeiten, die geforderten Kompetenzen zu erwerben.

Die nachfolgende Übersicht versteht sich als **Anregung**, wie Sie mit dem „Deutschbuch" im Laufe eines Schuljahres arbeiten können.

Inhalte/Themen aus dem „Deutschbuch 3"	Curriculum (Bildungsstandards + schulspezifisches Profil)	Hinweise
1 Wer bin ich?		
1.1 Mein Alltags-Ich	**Sprechen und Schreiben:** • Gedichte zum Thema vortragen • Gedichte abschreiben und mit verschiedenen Layoutmöglichkeiten experimentieren • Texte nach Schreibimpulsen oder nach einem vorgegebenen Muster gestalten	**Als Einstiegskapitel gut geeignet (Thema), aber auch variabel im Laufe des Schuljahres einsetzbar**
1.2 Ein Romanheld auf dem Weg zu sich selbst	**Lesen/Umgang mit Texten und Medien:** • sich am Beispiel einer fiktiven Figur (Jugendbuch) mit der Entwicklung eines Jugendlichen auseinander setzen • die innere Verfassung eines Romanhelden an Textstellen nachweisen • Gefühle und Gedanken des Helden als Selbstgespräch, als inneren Monolog gestalten • produktive Möglichkeiten der Auseinandersetzung mit den Figuren eines Jugendromans nutzen, z. B.: – eine Textstelle ausgestalten – einen Paralleltext schreiben – ein Fortsetzungskapitel erfinden – eine andere Erzählperspektive wählen – einen Zeitungsbericht zum Fall verfassen • ein Lesetagebuch schreiben	Die produktiven Aufgabenstellungen sind als Aufgaben für **Klassenarbeiten** geeignet. Weitere Vorschläge in den Handreichungen für den Unterricht. Bei der Lektüre von Jugendbüchern im Unterricht kann das **Lesetagebuch** – nach Festsetzung

Inhalte/Themen aus dem „Deutschbuch 3“	Curriculum (Bildungsstandards + schulspezifisches Profil)	Hinweise
1.3 Selbstbeschreibungen: sich in Texten spiegeln	**Alle Arbeitsbereiche:** • unterschiedliche Formen der Selbstbeschreibung erkennen • sich selbst beschreiben/ein Selbstporträt verfassen und überarbeiten (Schreibkonferenz) • Informationen über einen Autor oder eine Autorin einholen und mit Hilfe dieser Informationen – einen Steckbrief schreiben – einen Brief oder E-Mails an den Autor/ die Autorin schreiben – einen Paralleltext verfassen	eines verbindlichen Rahmens für die einzelnen Aufgaben – auch eine Klassenarbeit ersetzen. Bei der Überarbeitung von Selbstporträts in Schreibkonferenzen sollten zuvor genaue Kriterien (Checkliste) erarbeitet werden, nach denen die Konferenzteilnehmer werten und Verbesserungsvorschläge machen.
2 Freizeit – Berichte und Reportagen schreiben		
2.1 Von der Freizeit berichten	**Sprechen und Schreiben:** • über Freizeitaktivitäten berichten • zwischen verschiedenen Funktionen des (berichtenden) Schreibens unterscheiden und sie beim Schreiben berücksichtigen • über Sachverhalte und Ereignisse zweck- und adressatenbezogen berichten (persönlicher Bericht, Zeitungsbericht) • Zeitungsberichte untersuchen und Zeitungsberichte schreiben	**Klassenarbeitskapitel: Berichten** (über Freizeitaktivitäten berichten, Zeitungsberichte oder Reportagen über besondere Ereignisse schreiben) zusätzliches Übungsmaterial im Arbeitsheft, S. 17 f.
2.2 Freizeitreportagen untersuchen	**Lesen/Umgang mit Texten und Medien:** • Merkmale einer Reportage erkennen • zwischen zweckgebundenen, sachlichen Darstellungsweisen, die der Information dienen, und der Wiedergabe subjektiver Eindrücke unterscheiden • Reportagen über eigene Freizeitaktivitäten planen, verfassen und überarbeiten	Die Textsorte der Reportage kennt vor allem zwei Wege, die (objektiven) Sachverhalte betreffenden Informationen interessant zu machen: die human-interest-story (das sprechende Beispiel) und die „Betroffenheit“ des Reporters. Besonders für die Überarbeitung und die Aufgabenstellung bei Klassenarbeiten sind diese beiden Textsortenmerkmale wichtig. Sie unterscheiden die Reportage (auch) vom Zeitungsbericht.
2.3 Freizeitempfehlungen entwerfen	**Alle Arbeitsbereiche/Üben:** • Ergebnisse einer Umfrage in einem Diagramm darstellen • eine Freizeitbroschüre erstellen (vom Sammeln und Sichten über Auswählen der Themen, Schreiben, Gestalten und Drucken bis hin zum Veröffentlichen); dabei • die spezifischen Möglichkeiten des PCs nutzen (Textgestaltung, grafische Gestaltung)	

Inhalte/Themen aus dem „Deutschbuch 3"	Curriculum (Bildungsstandards + schulspezifisches Profil)	Hinweise
3 Japan – beschreiben und erklären		
3.1 Konnichi wa – Japanisches aus der Nähe betrachtet	**Sprechen und Schreiben:** • Personen beschreiben • Bilder beschreiben • Vorgänge beschreiben	Auch Kap. 3 ist ein **Klassenarbeitskapitel (Beschreiben:** Personen, Bilder, Vorgänge, Wege). Die Kapitel 2 und 3 sollten deshalb nicht unmittelbar hintereinander erarbeitet werden.
3.2 Erzählungen und Gedichte aus Japan	**Lesen/Umgang mit Texten und Medien:** • Erzählungen und Gedichte aus Japan verstehen • die formale und inhaltliche Besonderheiten von Haikus erkennen • Haikus selbst schreiben und bearbeiten	zusätzliches Übungsmaterial im Arbeitsheft, S. 12–16 Hörbuch
3.3 Ein Besuch im Museum	**Alle Arbeitsbereiche/Üben:** • Wege beschreiben • Masken beschreiben • Manga-Helden beschreiben und zeichnen	Die Reihenfolge (Wege, Masken, Manga-Helden) garantiert die Progression von einfachen zu komplexen Beschreibungen. Bei Wegen ist die Abfolge vorgegeben, bei Masken nicht, bei Manga-Helden treten erfahrungsgemäß (implizite) Bewertungen zur Beschreibung hinzu.
4 In Diskussionen bestehen		
4.1 Einen Standpunkt vertreten	**Sprechen und Schreiben:** • verschiedene Verfahren sprachlicher Beeinflussung erkennen und bewerten • eigene Argumente finden, sinnvoll strukturieren und präzise darstellen • sachlich und fair mit den Argumenten anderer umgehen • begründet Stellung nehmen (zweck- und adressatengebunden, z. B. als persönlicher Brief oder als Leserbrief)	**Klassenarbeit:** begründet Stellung nehmen (z. B. zu einem Sachverhalt aus Schule oder Freizeit) Themenvorschläge in den Handreichungen
4.2 Zoos: Beitrag zum Naturschutz oder Tierquälerei? – Strittige Themen erschließen und diskutieren	**Lesen/Umgang mit Texten und Medien:** • Informationen aus Texten gewinnen, sie ordnen (z. B. in einer Mind-Map) und für eine Diskussion aufbereiten • eine Diskussion inhaltlich und organisatorisch vorbereiten • verschiedene Formen der Diskussion (wie Debatte, Fishbowl) unterscheiden und ihre Regeln anwenden	Zusammenarbeit mit dem Fach Biologie s. auch im Arbeitsheft Kap. Sachtexte auswerten, S. 9–11

Inhalte/Themen aus dem „Deutschbuch 3“	**Curriculum (Bildungsstandards + schulspezifisches Profil)**	**Hinweise**
4.3 Besondere Diskussionsformen einüben	**Alle Arbeitsbereiche/Vertiefen:** • eine Statistik in einen zusammenhängenden Text umformulieren • weitere Gesprächs- und Diskussionsformen (Talkshow, Expertenpodium, Kreuzverhör) vorbereiten und durchführen	
5 Sprachspiele 5.1 Kennt ihr *den*? – Sprachwitze	**Nachdenken über Sprache/Sprachbewusstsein entwickeln:** • im Rahmen eines Erzählwettbewerbs wirkungsvoll Witze erzählen • die Wortfamilie „Witz“ erarbeiten (Lexikon) • Witze als kleine Sprachkunstwerke erkennen • das Spiel mit Wortarten und Bedeutungen erkennen (Homonyme – Synonyme – Antonyme; Denotation und Konnotation; Metaphern)	**Variabel einsetzbar**
5.2 Mit Sprache experimentieren – mehr als Wortspiele	**Lesen/Umgang mit Texten und Medien:** • vergleichend wesentliche Gestaltungsprinzipien von Konkreter Poesie erkennen • Zusammenhänge zwischen Inhalt, Sprache und Form eines Textes herstellen • Konkrete Gedichte schreiben • Dinggedichte verstehen, vergleichen und selbst schreiben • die Gestaltungsmöglichkeiten des Computers nutzen	**Das zweite Teilkapitel ist relativ selbstständig und kann zu einem späteren Zeitpunkt erarbeitet werden.** Witze „funktionieren“ nach unterschiedlichen Mechanismen: – Missverständnisse – Doppeldeutigkeiten – Situationskomik – stereotype Urteile etc.
5.3 Szenen mit Witz	**Alle Arbeitsbereiche/Üben:** • Witze in szenischen Texten erkennen, einen Witz rekonstruieren • einen Text mit verteilten Rollen darstellend lesen • eine Szene fortführen • aus mehreren Sprachwitzen eine komische Szene gestalten und spielen	In diesem Kapitel geht es nicht um Witze generell, sondern nur um solche, die im Sprachgebrauch begründet sind. Hörbuch

Inhalte/Themen aus dem „Deutschbuch 3"	**Curriculum (Bildungsstandards + schulspezifisches Profil)**	**Hinweise**
6 Sprach- und Kulturgeschichte – Lehnwort, Erbwort, Fremdwort		
6.1 Zucker und Honig – die Geschichte der Wörter und der Nahrungsmittel	**Nachdenken über Sprache/Sprachbewusstsein entwickeln:** • ein etymologisches Wörterbuch/ Herkunftswörterbuch zur Bestimmung der Herkunft(ssprachen) und Geschichte eines Wortes gebrauchen • Erbwörter – Lehnwörter – Fremdwörter unterscheiden • Bedeutungsverengung und Bedeutungserweiterung einzelner Wörter erkennen	**Variabel im Laufe des Schuljahres einsetzbar, aber möglichst nicht zu früh** Das Nachschlagen in Wörterbüchern muss erfahrungsgemäß auch in Klasse 7 noch einmal explizit geübt werden. vgl. auch im Arbeitsheft Kap. Richtig nachschlagen, S. 7 f.
6.2 Unser täglicher Zucker – wie aus einem Genussmittel ein Nahrungsmittel wurde	**Lesen/Umgang mit Texten und Medien:** • aus Sachtexten gezielt Informationen entnehmen • unbekannte Wörter aus dem Kontext erschließen oder mit Hilfe eines Wörterbuchs klären • weitere Informationen zum Thema recherchieren • den Gebrauch von Fremdwörtern im Alltag untersuchen	vgl. auch im Arbeitsheft Kap. Fremdwörter, S. 65–68
6.3 „Sugarbaby" oder „Süße"? – Anglizismen	**Alle Arbeitsbereiche/Festigen des Gelernten:** • die Bedeutung und die Bildung von Anglizismen erkennen • über das Pro und Kontra von Anglizismen diskutieren • begründet Stellung nehmen	
7 Rund ums Wasser – Gliedsätze verwenden		
7.1 Erklären – Adverbialsätze gebrauchen	**Nachdenken über Sprache/Sprachbewusstsein entwickeln:** • Adverbialsätze nach ihrer inhaltlichen Bedeutung unterscheiden • Adverbialsätze und adverbiale Bestimmungen verwenden, um Zusammenhänge zu verdeutlichen • verschiedene Gliedsatztypen zum Erklären nutzen	**Variabel einsetzbar. Eine Aufteilung in kleinere Einheiten ist zu empfehlen (Teilkapitel 1, später 2 und 3).** das Grammatikheft aus Klasse 5 und 6 sollte weitergeführt werden

Inhalte/Themen aus dem „Deutschbuch 3"	Curriculum (Bildungsstandards + schulspezifisches Profil)	Hinweise
7.2 Sachbuchempfehlungen – Inhaltssätze verwenden	**Sprechen und Schreiben:** • Inhaltssätze und deren Funktion in Sachbuchempfehlungen erkennen • Subjekt- und Objektsätze bestimmen • satzwertige Infinitive und satzwertige Partizipien erkennen und gebrauchen • Leseempfehlungen schreiben und dabei Inhaltssätze verwenden	
7.3 Übungen zu Gliedsätzen – Zeichensetzung	**Alle Arbeitsbereiche/Üben:** • Adverbialsätze und Inhaltssätze identifizieren • Stufenmodelle für Satzgefüge erproben • Kommas in Satzgefügen richtig setzen • Regeln zur Kommasetzung bei satzwertigen Infinitiven begründen • „das" – „dass" unterscheiden • eigene Texte unter Verwendung von Gliedsätzen schreiben u. die Kommaregeln anwenden	zusätzliches Übungsmaterial im Arbeitsheft, S. 40–50 sowie S. 83
8 Schule einst und jetzt – mit Rechtschreibschwierigkeiten umgehen		
8.1 Schulalltag und Schülerträume – richtig schreiben	**Nachdenken über Sprache/Sprachbewusstsein entwickeln:** • Groß- und Kleinschreibung in festen Fügungen erarbeiten und üben • Schreibung von Zeitangaben (Zeitadverbien, Bezeichnungen für Tageszeiten und Wochentage) und • von geografischen Namen und Herkunftsbezeichnungen erarbeiten und festigen • Getrennt- und Zusammenschreibung erarbeiten, anwenden und festigen • die Rechtschreibung mit Hilfe eines Wörterbuchs überprüfen • bewusst und kritisch mit einem Rechtschreibprogramm arbeiten	**Auch dieses Kapitel sollte in mehrere Teileinheiten aufgeteilt werden.** zusätzliches Übungsmaterial im Arbeitsheft: Groß- und Kleinschreibung, S. 53–61; Getrennt- und Zusammenschreibung, S. 62–64; Fremdwörter, S. 65–68. Möglichkeiten der **Selbstkontrolle** mit Hilfe des Lösungsheftes.
8.2 Schule war früher anders als heute – die Rechtschreibung auch	**Lesen/Umgang mit Texten und Medien:** • in literarischen und Sachtexten historische Veränderungen in der Rechtschreibung erkennen, die Abweichungen auflisten und die heutigen Regeln erklären	

Inhalte/Themen aus dem „Deutschbuch 3“	Curriculum (Bildungsstandards + schulspezifisches Profil)	Hinweise
	• einem Sachtext Informationen über die Entwicklung der deutschen Rechtschreibung entnehmen und für eine Wandzeitung zusammenstellen	
8.3 Rechtschreibschwächen erkennen und beheben	**Alle Arbeitsbereiche/Üben:** • in Texten Rechtschreibfehler erkennen und korrigieren • mit Hilfe einer Checkliste Fehlerschwerpunkte feststellen • Groß- und Kleinschreibung, Getrennt- und Zusammenschreibung an (Text)Beispielen gezielt üben	Übung zum Erkennen von Fehlerschwerpunkten im Arbeitsheft, S. 5 f.
9 Väter und Mütter in Kurzgeschichten und Kurzprosa		
9.1 Väter und Söhne – Kurzgeschichten interpretieren	**Lesen/Umgang mit Texten und Medien:** • Merkmale der Kurzgeschichte erarbeiten • Grundbegriffe der Textbeschreibung (z. B. offener Anfang – offener Schluss; äußere Handlung – innere Handlung; Mehrdeutigkeit) gebrauchen • Kurzgeschichten gegen andere Kurzprosatexte abgrenzen	**Klassenarbeitskapitel:** – **Inhaltsangabe (vgl. auch Kapitel 10.1 und 11.1),** – **einen Erzählanfang kreativ fortsetzen**
9.2 Werden wir es einmal anders machen? – Inhaltsangaben verfassen	**Sprechen und Schreiben:** • Inhaltsangaben verfassen • indirekte Rede verwenden (Konjunktiv I und Ersatzformen) • von weiteren Möglichkeiten der Redewiedergabe Gebrauch machen • (literarische) Personen charakterisieren • einen Erzähltext in einen Sketch umschreiben	weiteres Übungsmaterial im Arbeitsheft: zur Inhaltsangabe S. 87–95, zur indirekten Rede S. 33 f., zum Gebrauch des Konjunktiv I und Ersatzformen S. 31 f.
9.3 Verrückte Familien – Erzählanfänge kreativ fortsetzen	**Alle Arbeitsbereiche/Üben:** • Hinweise im Text auf einen möglichen Handlungsverlauf erkennen und dementsprechend • eine Geschichte weiterschreiben	

Inhalte/Themen aus dem „Deutschbuch 3“	**Curriculum (Bildungsstandards + schulspezifisches Profil)**	**Hinweise**
10 Erzählungen aus alter und neuer Zeit		
10.1 Unterhaltsames Erzählen	**Lesen/Umgang mit Texten und Medien:** • Kalendergeschichten als unterhaltsame und lehrhafte Texte erkennen • typische Strukturmerkmale und Darstellungsmittel der Kalendergeschichten herausfinden • wesentliche Erzählmerkmale der Anekdote erkennen • eine Kalendergeschichte/Anekdote in eine kurze Zeitungsmeldung zusammenfassen • Erzählaufbau, Tempuswechsel und Gestaltung der Sätze als wesentliches Mittel zur Spannungserzeugung in Kleists Novelle erkennen	Die Übergänge zwischen den genannten Typen von (Kurz)Prosa sind fließend. Sie haben zudem gleiche oder ähnliche Merkmale bezüglich des Aufbaus, der Erzählperspektive und des überraschenden oder belehrenden Schlusses. Daher sollten nicht so sehr die literarischen Spezifizierungen, sondern das Gemeinsame des „Geschichtenerzählens“ im Zentrum des Unterrichts stehen: Was macht eine so kurze Geschichte spannend, erzählens- und nachdenkenswert?
10.2 Das Spiel mit den Zeiten: Erzähltempora	**Reflexion über Sprache/Sprachbewusstsein entwickeln:** • die Funktion von Tempuswechseln und den Einsatz der verschiedenen Tempusformen reflektieren • adverbiale Bestimmungen der Zeit und Temporalsätze identifizieren, in ihrer Funktion erkennen und bewusst anwenden	Hörbuch mögliche **Klassenarbeiten:** den Inhalt einer Kalendergeschichte zusammenfassen
10.3 Wir schreiben Kalendergeschichten	**Alle Arbeitsbereiche/Vertiefen:** • handlungs- und produktionsorientiert mit Texten umgehen, z. B.: – eine Vorlage ausgestalten – Kalendergeschichten nach Zeitungsmeldungen schreiben • einen Kalender (fächerübergreifend mit Kunst) gestalten	eine kurze Zeitungsmeldung zu einer Kalendergeschichte ausgestalten Vorschläge für ein **Kalenderprojekt** Zusammenarbeit mit dem Fach Kunst
11 Spannend: Balladen und Moritaten		
11.1 Balladen lesen und untersuchen	**Lesen / Umgang mit Texten und Medien:** • den Inhalt einer Ballade wiedergeben • grundlegende Gattungsmerkmale der Ballade erkennen • eine Ballade auswendig vortragen	Bei der Inhaltsangabe von Balladen ist es besonders schwer, den Schritt von der Nacherzählung zur sachlichen Zusammenfassung zu tun. Er wird erleichtert, wenn genaue Textsortenvorgaben (z. B. Zei-

Inhalte/Themen aus dem „Deutschbuch 3“	Curriculum (Bildungsstandards + schulspezifisches Profil)	Hinweise
11.2 Information oder Sensation? Außergewöhnliche Ereignisse darstellen	**Sprechen und Schreiben:** • einen Zeitungsbericht auf Grundlage von Informationen aus einer Ballade verfassen • Parallelen in der Dramatisierung zwischen Balladen/Moritaten und der Darstellung in modernen Massenmedien erkennen und reflektieren	tungsbericht – vgl. Kap. 10.3) zeigen, wozu die „Inhaltsangabe“ dienen soll; dann auch als Aufgabe für eine **Klassenarbeit** geeignet. Hörbuch
11.3 Hört, hört! – Von der Ballade zum Rap-Song	**Alle Arbeitsbereiche/Vertiefen:** • moderne balladeske Formen in die Tradition der klassischen Ballade einordnen • die akustische Dimension von Balladen analysieren und durch klanglich-rhythmische Experimente sinnlich veranschaulichen • balladeske Formen eigenständig nach entsprechenden Vorgaben und Mustern produzieren und präsentieren	**Projektvorschlag:** Balladenabend Die durch Musikuntermalung lebendig inszenierte Ballade kann der Höhepunkt der Präsentation sein.
12 Reisen: Berichte und Reportagen		
12.1 Begegnung mit dem Fremden – Reiseliteratur	**Umgang mit Texten und Medien:** • historische und moderne Reiseberichte (lesen, verstehen, präsentieren) • aus Texten gezielt Informationen entnehmen • unterschiedliche Lesestrategien anwenden • Texte gliedern, zusammenfassen, analysieren • Texte ausgestalten und umgestalten	Anregung zum Lesen weiterer Texte: **Leseförderung**
12.2 Aufbruch ins Ungewisse – über Expeditionen berichten	**Sprechen und Schreiben:** • Textsorten erkennen (Expeditionstagebuch, Reportage) • zu Texten Stellung beziehen • das Wortfeld „Reisen“ erschließen, Begriffe erläutern • selbst Berichte und Reportagen schreiben • eine Bildreportage verfassen • gemeinsam ein „Reiseplakat“ erstellen	
12.3 Verlockende Ferne – Bildreportagen	**Alle Arbeitsbereiche:** • den Fiktionscharakter und den Wirklichkeitsanspruch von werbenden Reiseberichten erkennen und kritisch reflektieren • nach Bildmaterial für fiktive Reiseberichte oder Werbetexte suchen und selbst einen Reisebericht oder Werbetext verfassen	An die Stelle einer **Klassenarbeit** kann auch ein Portfolio oder eine **Themenmappe** zu einem Teilthema des Kapitels treten (Gleichwertige Leistungsfeststellung). Anleitungen dazu in den Handreichungen. Dort auch weitere Vor-

Inhalte/Themen aus dem „Deutschbuch 3“	Curriculum (Bildungsstandards + schulspezifisches Profil)	Hinweise
	• sich mit fremden Kulturen argumentativ auseinander setzen und dabei Fremdverstehen entwickeln • auf der Grundlage von Fremdverstehen fiktive Texte verfassen • ein fächerverbindendes Projekt durchführen: eine Ausstellung gestalten	schläge für Klassenarbeiten und alternative Arbeitsformen.
13 Medien und ihre Stars		
13.1 Mediennutzung früher und heute – Erinnerungen und Statistiken	**Lesen/Umgang mit Texten und Medien:** • mit dem eigenen Medienverhalten reflektiert umgehen und es mit dem Medienverhalten früherer Generationen vergleichen • Statistiken und Diagramme lesen und auswerten • selbst eine Statistik erstellen und als Grundlage für einen sachlichen Bericht benutzen	
13.2 Die Welt der Stars – Traum oder Albtraum?	**Sprechen und Schreiben:** • sich kritisch mit der Darstellung von Personen und Sachverhalten in den Medien auseinander setzen • aus einem Text Jugendsprache isolieren • jugendsprachliche Ausdrücke etymologisch untersuchen • Bedeutung und Funktion von Anglizismen in der Mediensprache klären • sich mit einem Sachverhalt argumentativ auseinander setzen	
13.3 Projekt Jugendzeitschriften	**Alle Arbeitsbereiche:** • Jugendzeitschriften analysieren und kritisch bewerten • Teile einer eigenen Jugendzeitschrift entwerfen • produktiv und kreativ mit dem Computer umgehen • Infos zusammenstellen und präsentieren	Vorschläge für Übungen und Klassenarbeiten in den Handreichungen

Inhalte/Themen aus dem „Deutschbuch 3"	Curriculum (Bildungsstandards + schulspezifisches Profil)	Hinweise
14 Ad de Bont/Allan Zipson: „Das besondere Leben der Hilletje Jans"		
14.1 Ein Theaterstück ist ein Stück Theater – Figuren und Spielhandlung	**Lesen/Umgang mit Texten und Medien:** • äußere und innere Spielhandlung einer Theaterszene unterscheiden • Texte mit verteilten Rollen lesen • einzelne Szenen wirkungsvoll spielen • einen Text szenisch erarbeiten • verschiedene Ausdrucksformen der Körpersprache (Gestik, Mimik, Haltung, Gang) situationsbezogen einsetzen • für ein Programmheft eine Inhaltsangabe schreiben	**Variabel einsetzbar, sehr gut am Ende des ersten Halbjahres oder des Schuljahres**
14.2 Theaterspielen heißt, sich selbst ins Spiel zu bringen	**Sprechen und Schreiben:** • sich in eine Figur hineinversetzen, den Charakter einer Figur erschließen • eine Rollenbiografie erarbeiten • Szenenskizzen entwickeln • Szenen erfinden und ausgestalten	
14.3 Ausprobieren – Proben - Aufführen	**Alle Arbeitsbereiche/Klassenprojekt:** • eine Aufführung planen • das Stück (oder Teile davon) vor Publikum aufführen	 z.T. außerhalb der Schulzeit
15 Ein starkes Team? Auf dich kommt es an!		
15.1 Gemeinsam lernen und arbeiten	**Arbeitstechniken und Methoden:** • Vorzüge und Probleme von Gruppenarbeit benennen • einen Regelkatalog für effektive Gruppenarbeit aufstellen und die eigene Gruppenarbeit an diesem Katalog messen	Methodenkapitel, auf das immer wieder zurückgegriffen oder verwiesen werden sollte, da Gruppenarbeit, Schreibkonferenzen und Vor-der-Klasse-Sprechen in vielen Kapiteln eine wichtige Rolle spielen.
15.2 Gemeinsam am Text feilen – Schreibkonferenz	• in Kleingruppen (auch am Computer) anhand bestimmter Kriterien Texte untersuchen und überarbeiten • auf unterschiedliche Weise die Ergebnisse einer Schreibkonferenz der Klasse präsentieren	

Inhalte/Themen aus dem „Deutschbuch 3“	**Curriculum (Bildungsstandards + schulspezifisches Profil)**	**Hinweise**
15.3 „Jetzt rede ich!“ – vor der Klasse sprechen	• mögliche Ursachen von Redeangst und Lampenfieber erkennen und entsprechende Gegenstrategien entwickeln • sich anhand kleinerer Redebeiträge in freier Rede üben • konstruktive Rückmeldungen bzw. Ratschläge geben und selbst annehmen	
Orientierungswissen	**Das im Laufe der Kapitel erworbene Orientierungswissen (gelbe Merkkästen) wird hier, nach Arbeitsbereichen geordnet, noch einmal dargeboten und bietet Übersicht als Nachschlagewerk.**	**Auf dieses Kapitel sollte im Laufe des Schuljahres immer wieder explizit verwiesen werden.** In Band 3 sind die wichtigsten Inhalte des Orientierungswissens aus Band 1 und 2, um die neuen Inhalte ergänzt, noch einmal abgedruckt.

Die Grundlage für dieses Werk wurde erarbeitet von Heinrich Biermann, Gerd Brenner, Ulrich Campe, Günther Einecke, Dietrich Erlach, Karlheinz Fingerhut, Margret Fingerhut, Cordula Grunow, Rolf Kauffeldt, Hans-Jürgen Kolvenbach, Markus Langner, Monika Lenkaitis, Norbert Pabelick, Bernd Schurf und Andrea Wagener.

Bildquellen:
S. 54: aus: Heinz Lucas: Japanische Kultmasken. Der Tanz der Kraniche. Erich Röth Verlag, Kassel 1965, S. 142; **S. 56:** aus: Geschichte lernen, 38/1994; **S. 57:** picture-alliance/dpa; **S. 83:** aus: Garry Larson: Ruf des Urwalds. Wilhelm Goldmann Verlag, München 1989; ders.: Höllenhunde in der Hundehölle. Wilhelm Goldmann Verlag, München 1990; **S. 164:** aus: Leander Petzold (Hg.): Die freudlose Muse. Texte, Lieder, Bilder zum historischen Bänkelsang. J. B. Metzler Verlag, Stuttgart 1978

Weitere Bestandteile des Lehrwerks neben diesen Handreichungen für den Unterricht sind:
- der Schülerband (BN 680142)
- das Arbeitsheft (BN 680207)
- die begleitende Lernsoftware für den Unterricht (Schul-Mehrplatz-Lizenz BN 600238; netzwerkfähige Lizenz BN 600467)
- das Hörbuch (BN 603784)

Redaktion: Bernhard Lutz, Regensburg
Illustration (S. 166): Ursula Lautenschläger, Berlin
Gesamtgestaltung: Katharina Wolff
Technische Umsetzung: Verlagsbüro Bauer & Lutz GbR, Regensburg

Cornelsen online http://www.cornelsen.de

Die Internetadressen und -dateien, die in diesem Lehrwerk angegeben sind, wurden vor Drucklegung geprüft (Stand: Januar 2005). Der Verlag übernimmt keine Gewähr für die Aktualität und den Inhalt dieser Adressen und Dateien oder solcher, die mit ihnen verlinkt sind.

1. Auflage Druck 4 3 2 1 Jahr 08 07 06 05

Druck: Saladruck, Berlin

ISBN 3-464-68026-6

Bestellnummer 680266

Gedruckt auf Recyclingpapier, hergestellt aus 100 % Altpapier.